AGROECOLOGIA E REFORMA AGRÁRIA POPULAR

Um projeto ecológico das Jornadas de Agroecologia

ALFIO BRANDENBURG (ORG.)

AGROECOLOGIA E REFORMA AGRÁRIA POPULAR

Um projeto ecológico das Jornadas de Agroecologia

1ª edição

EXPRESSÃO POPULAR

São Paulo • 2022

Preparação: Cecília Luedemann
Revisão: Dulcineia Pavan
Projeto gráfico, capa e diagramação: Zap Design

Dados Internacionais de Catalogação na Publicação (CIP)

A281

Agroecologia e reforma agrária popular: um projeto ecológico das jornadas de agroecologia / Organizado por Alfio Brandenburg. – São Paulo : Expressão Popular, 2022.
412 p. : il.

ISBN: 978-65-5891-067-1

1. Ecologia. 2. Jornadas de agroecologia. I. Brandenburg, Alfio.

CDD: 577
CDU: 574

And Books: André Queiroz – CRB-4/2242

1ª edição: junho de 2022

EXPRESSÃO POPULAR
Rua Abolição, 197 – Bela Vista
CEP 01319-010 – São Paulo – SP
Tel: (11) 3112-0941 / 3105-9500
livraria@expressaopopular.com.br
www.expressaopopular.com.br
ed.expressaopopular
editoraexpressaopopular

Sumário

Prefácio

Sônia Maria Pessoa Pereira Bergamasco
Vera Lúcia Silveira Botta Ferrante

Nestes tempos difíceis, em que a precarização dos direitos parece se sobrepor, o livro *Agroecologia e reforma agrária popular: um projeto ecológico das Jornadas de Agroecologia* nos traz experiências de esperança, de aparência de novos valores, de resistência e de ação transformadora de forças frequentemente silenciadas por uma modernidade subordinada ao circuito invisível da agricultura capitalista.

Esta inversão de valores é discutida no livro por meio das jornadas agroecológicas que se realizam anualmente no estado do Paraná, lugar de formação de princípios da agroecologia. Sem dúvidas, a centralização das jornadas na agroecologia parte de uma posição crítica frente ao modo de fazer a agricultura capitalista dominante.

Entretanto, as jornadas vão muito além da valorização de um modo diferenciado de praticar agricultura, pois sugerem e põem em ação formas alternativas de produção e reprodução social.

Ao privilegiar o diálogo, a discussão, as jornadas centram-se em conteúdos oriundos de um saber-fazer herdado de vivências que não se resumem a criticar o sistema existente, mas se concretizam em experiências singulares, em uma construção ecológica que abre o caminho para a emergência de agroecologias.

Cabe ressaltar que esta ecologia emergente não se restringe a uma prática agrícola nem se insere em uma concepção de transição agroecológica tendo nas experiências sociais e políticas do campesinato o lugar de sua gestão; e nas jornadas agroecológicas a perspectiva de resgatar uma história de lutas que envolve mulheres e homens, jovens e velhos comprometidos com uma força transformadora, capaz de construir uma utopia e realizar sonhos.

Teriam as utopias condições de gerar projetos? Sim, elas são estruturantes de projetos reais construídos pela experiência de atores que têm, em comum, a crítica aos instrumentos da racionalidade dominante, permeada pela mística que marca a identidade das jornadas, expressa no encontro do lado objetivo com o lado subjetivo da agroecologia.

A jornada abraça vários sujeitos da terra, envolvendo segmentos que são, via de regra, representantes da comunidade LGBT, estudantes, com elos de identificação e de alimentação de sonhos.

Nesta busca por uma alternativa de vida, a luta pelo acesso à terra, reforçada pela ecologização dos assentamentos, requalifica a Reforma Agrária como um processo ecológico, o que não o isenta de enfrentar constrangimentos e bloqueios.

Da primeira Jornada com o tema "Terra Livre de Transgênicos" até a última edição, completou-se um ciclo de busca de experiências e de realização de debates relacionados com a agricultura camponesa e a agroecologia.

Acrescente-se a força mobilizadora da mística, dimensão muito significativa na recuperação da memória de eventos marcantes. Reafirma identidades, traduz mensagens e expressa sentimentos não apreendidos pela racionalidade capitalista instrumental.

Neste cenário, ganham espaço as mulheres que têm ampliado seu lugar no processo de ecologização, afirmando-se como sujeitos com lugar estratégico na experiência ecofeministas.

As jornadas expressam, de diferentes formas, um movimento de construções cognitivas de contestação. Nas apresentações musicais, na animação dos jovens, nas oficinas de troca de experiências, nas rodas de conversa vêm à tona ressignificações da luta pela terra no sentido de pensar novos caminhos para a compreensão do que possa ser uma reforma agrária no Brasil atual.

Não somente agricultores são protagonistas das jornadas. São diferentes sujeitos que se nutrem da esperança de lutar e de ter alternativas de vida que possam liberar perspectivas emancipatórias sustentadas pela crítica ao sistema dominado pelo capital e colonizado pela modernidade.

Transformam-se em um lugar estratégico e privilegiado para a construção de processos emancipatórios nos quais destacam-se as experiências dos agricultores em agroecologia, em uma prática diretamente contrária à forma de transmissão fundamentada na Revolução Verde.

Sem se furtar aos dilemas decorrentes das divergências de conteúdo, a transição com base agroecológica do modelo de produção convencional se faz presente na crítica ao excesso de aplicação de agrotóxicos nas culturas alimentares e nos alertas às consequências para a saúde humana.

O apoio à produção agroecológica aparece sob diferentes prismas nos textos deste livro que nos apresentam perspectivas de reafirmar a necessidade de difundir e repensar as lutas pela conquista e manutenção da terra por parte de distintos grupos sociais marginalizados política e economicamente.

Sem dúvidas, a reforma agrária enfrenta desafios há muitos anos.

Tais desafios se dão em função do próprio papel dessa importante política pública (estrutural, inclusive) no processo de desenvolvimento nacional. Afinal, o país já realizou sua "revolução industrial", prescindindo de uma ampla distribuição de terras aos trabalhadores rurais.

Restou, no entanto, a chamada dívida social dessa marcha acelerada, além de importantes lacunas em termos de desenvolvimento regional, com distintas características. Requalificar a reforma agrária no século XXI passa por entender os novos e velhos processos e sujeitos que têm no rural seu espaço de vida e trabalho, tarefa a que tem se dedicado as jornadas na construção de uma utopia e de um projeto ecológico de vida.

A ilusão do desenvolvimento, com uma economia agropecuária modernizada tecnicamente, deixou um rastro de degradação ambiental e crise social em boa parte do território nacional. Em todas as regiões, no entanto, embora sempre com um certo engessamento dos parâmetros para implantação de assentamentos rurais, distintas estratégias de desenvolvimento das experiências de reforma agrária foram implementadas pelos assentados – no mais das vezes, fortemente limitados pelos poderes locais avessos à reforma agrária, bem como pelas conjunturas oscilantes dos sucessivos governos estaduais e federais.

Principalmente, entendendo a diversidade regional do país e as formas de inserção e desenvolvimento da agricultura familiar em cada território, as jornadas buscam abrir – em seus fóruns – caminho para novas estratégias de acesso à terra para aqueles que lutam por um modo de vida que alie a ampliação dos direitos de cidadania, a moradia no rural e uma inserção mais autônoma na economia agropecuária. Com isso, procuram contribuir para uma substantiva mudança na sociedade brasileira, no sentido da superação do abismo social que separa alguns setores mais protegidos das classes trabalhadoras, a classe média e aqueles que genericamente chamaremos de "endinheirados" de uma ampla gama de trabalhadores destituídos de quaisquer direitos, nas cidades, nos territórios periurbanos de regiões mais ou menos dinâmicas e no rural.

É evidente para todos nós a conjuntura plenamente adversa para a bandeira da reforma agrária. Assistimos a uma forte diminuição no ritmo da criação de novos assentamentos, desde o primeiro governo Dilma, chegando a praticamente zero nos anos Bolsonaro. O governo-tampão de Temer, cumprindo o que dele era esperado, extinguiu o Ministério do Desenvolvimento Agrário, por vezes criticado, mas que institucionalizava a luta pela reforma agrária no âmbito do estado brasileiro. A panaceia da titulação dos assentamentos federais, vendida atualmente como a emancipação dos agricultores assentados das garras do Estado, esconde o risco – pouco velado – da reconcentração fundiária a partir dos projetos de assentamentos.

Projetos aprovados recentemente no estado de São Paulo sinalizam para novos conflitos, dada sua capacidade de transformar os lotes de beneficiários de programas de redistribuição fundiária em propriedade privada, com implicações tais como a promoção da desterritorialização impactando negativamente a luta pela reforma agrária iniciada há mais de meio século.

A questão da reforma agrária é sempre resolvida pela conflitualidade. O "título de propriedade" é muito mais a condição desta territorialização do que a condição de desenvolvimento, discussão a ser incorporada, sem dúvidas, à agenda das jornadas.

É neste cenário que o Movimento dos Trabalhadores Rurais Sem Terra, o MST, depois de muitos anos de discussão lança o projeto de uma reforma agrária popular, que se encontra no âmago das Jornadas de agroecologia, discutidas no livro aqui prefaciado.

Questões como terra a serviço de todo o povo, a eliminação do latifúndio; a construção da soberania alimentar por parte dos trabalhadores; a diversificação e o uso de técnicas de produção agroecológicas; a difusão, multiplicação e preservação de sementes crioulas; o uso da água e da floresta como direito de todo cidadão; a implementação de formas diversas de cooperação agrícola com vistas a desenvolver forças produtivas e relações sociais no campo; o respeito e a demarcação de todas as áreas pertencentes ou de usufruto das comunidades tradicionais; o impedimento de apropriação das terras e territórios nacionais pelo capital estrangeiro; educação pública de qualidade em todos os níveis, fazem parte do projeto de uma reforma agrária popular. Essa proposta orienta a construção de um novo modelo de produção baseado em uma matriz de produção agroecológica, com produção de alimentos saudáveis, respeito à biodiversidade, sem uso de agrotóxicos, com industrialização do campo e autonomia da agricultura familiar e camponesa, indo além de um processo de democratização da terra e propondo como estratégia o estabelecimento de um sistema agrícola em contraposição ao agronegócio.

Há um terreno movediço a justificar a continuidade das jornadas. Tais marcos, movidos por ações para intervir no meio rural de forma a ampliar a democracia, por meio do incremento das liberdades se defrontam, como já afirmado, com uma altíssima concentração fundiária, característica estrutural da dimensão agrária do país e sua modernidade inconclusa, geradora de desigualdades que confrontam uma proposta de desenvolvimento como liberdade.

Discutir a reforma agrária como política pública, como forma possível para viabilizar a construção de uma sociedade solidária voltada à erradicação da pobreza e da marginalização ou entendê-la como utopia, força a mobilizar distintos segmentos sociais, justificam e reforçam a continuidade das jornadas e sua capacidade de mobilizar, como tem feito em sua trajetória, a ação política de diferentes grupos sociais que vivem no campo.

Fica vivamente uma recomendação e um convite à leitura deste livro, expressão de nossa convicção de que as jornadas são sementes potencializadoras de dar voz e ação àqueles que encontram na terra e nos territórios sua identidade cultural e seu projeto de vida.

Um pouco da história desse livro...

Alfio Brandenburg

Foi José Maria Tardin, em uma manhã de sábado, na Feira Agroecológica do Passeio Público, quem me provocou para que fizesse um estudo sobre as Jornadas de Agroecologia. Estava conversando sobre os avanços e desafios da agroecologia quando Tardin me incitou a fazer uma pesquisa sobre a contribuição da Jornada de Agroecologia para a agricultura. A proposta de imediato ressoou como um convite irrecusável. Fiquei estimulado, pois como interessado em estudar o movimento agroecológico, a proposta trazia uma ideia inédita: a de revelar o projeto ecológico que surge nas jornadas. Após a conversa a ideia amadureceu e assumi o compromisso de tratar do assunto. Tinha condições de fazer o trabalho junto com alunos da pós-graduação e outros pesquisadores que participavam do Centro de Estudos Rurais do Paraná (Ceru) da Universidade Federal do Paraná (UFPR). Reuni o grupo formado por estudantes e professores; após discussão sobre a proposta, ficamos motivados a fazer a pesquisa.

O passo seguinte foi conversar com a organização da Jornada de Agroecologia para que pudéssemos participar dos eventos com o propósito de realizar a pesquisa. Contatamos Roberto Baggio, coordenador do MST e da Jornada, que prontamente nos acolheu e estimulou para que fizéssemos o trabalho. Elaboramos, então, um projeto para obter recursos junto aos órgãos financiadores de pesquisa como Capes e CNPq. As duas entidades nos negaram apoio. Estávamos em um período de crise política, social e econômica, que culminou no golpe de 2016, e com a negativa de financiamento ficamos sem recursos. Os desafios, no entanto, permaneceram e resolvemos fazer a pesquisa com os recursos humanos e financeiros que possuíamos.

A equipe de pesquisa formada por professores da Pós-Graduação em Sociologia, Nutrição, Direito, Educação e Meio ambiente, e alunos da Pós-Graduação em Sociologia e Meio Ambiente resolveu entrar em campo em 2016, na 15ª Jornada de Agroecologia realizada na Lapa. Antes, já tínhamos participado informalmente de outras jornadas, mas sem compromisso de realizar uma pesquisa sistematizada. A investigação exploratória levou os participantes da pesquisa a definirem seus planos individuais para em seguida realizar a investigação propriamente dita. Os recursos utilizados foram os das bolsas de estudos dos alunos da Pós-Graduação e os da taxa de bancada referente a Bolsa Pesquisa e Produtividade.

Mais tarde somam-se outros participantes da organização da Jornada e militantes do MST, conforme está explicito no capítulo introdutório do livro. Assim fizeram parte da equipe: professores, alunos da pós-graduação e participantes da Jornada e militantes do MST, em um esforço conjunto, no qual prevaleceu o ideal em fazer pesquisa e gerar conhecimento público compromissado com os interesses de atores sociais envolvidos na temática de pesquisa.

Estávamos interessados em compreender a Jornada de Agroecologia como um fórum gerador de um projeto ecológico para a agricultura, considerando seus princípios e narrativas e o cotidiano dos agricultores nos assentamentos e unidades familiares. Tratava-se de compreender como a experiência dos grupos de camponeses, agricultores familiares, camponeses, povos tradicionais, indígenas, acampados e assentados mobilizados pelo Movimento dos Trabalhadores Rurais Sem Terra constroem um projeto ecológico em disputa com o projeto da agricultura agroindustrial, em particular com agronegócio. Para tal tarefa buscamos referências de análise que nos permitissem traduzir uma ecologia em construção, que não estivessem vinculados aos parâmetros de escolas clássicas do pensamento como agricultura orgânica, agroecológica, biodinâmica etc. Nosso propósito era compreender a ecologia tal como ela é concebida a partir do mundo vivido pelos diversos atores. Assim, foram as categorias de análise da abordagem colonial e decolonial que nos abriram a portas para entrar nesse universo complexo que é a busca por um viver ecológico.

Esse desafio nos fez mergulhar na trajetória das Jornadas de Agroecologia, embora tenhamos focado nos últimos eventos para aprofundar estudos de temas específicos. Nesse sentido, este estudo somente se tornou possível graças à participação dos diversos atores envolvidos na organização da jornada em especial aqueles que são os sujeitos dessa construção ecológica. Sem eles nosso trabalho não teria sido possível.

Não havendo condições de nominar todos os participantes deste trabalho, nosso agradecimento se estende a todos aqueles que direta e indiretamente estiveram envolvidos nessa tarefa conjunta de produzir conhecimento.

Curitiba, maio de 2022

Jornadas de Agroecologia: uma arena de construção de um projeto ecológico para agricultura

Alfio Brandenburg

Esta obra é dedicada à reflexão sobre a Jornada de Agroecologia, que se realiza anualmente no Estado do Paraná, como uma arena de discussão e de formulação de princípios e de propostas da Agroecologia. Surgiu em Ponta Grossa/PR a partir de uma mobilização de um conjunto de forças sociais que procuram implementar um modelo agrícola baseado em uma lógica de organização socioprodutiva oposta à agricultura agroindustrial, hegemônica na agricultura. Embora naquele momento já houvesse experiências agroecológicas em diversos locais no estado do Paraná, o argumento principal que perpassava as discussões foi de que seria importante impulsionar a disseminação dessas experiências.

Nesse sentido, a proposta seria realizar uma assembleia propositiva itinerante que incorporasse um conjunto de novos atores comprometidos com a Agroecologia e com o campesinato. Assim, surgiu a 1ª Jornada, que foi realizada em Ponta Grossa com a denominação de Jornada Paranaense de Agroecologia. A proposta de construir um projeto de agricultura ecológica, popular e massivo, partia do princípio de que era necessário retirar a Agroecologia do âmbito dos nichos produtivos, bem como desenvolver um projeto situado além de uma perspectiva técnica, muito presente nas discussões e nos estudos sobre transição ecológica naquele momento. Subjacente à ideia de desenvolver um projeto popular e massivo, de modo a envolver um número crescente de atores comprometidos com a Agroecologia, havia a compreensão de que essa ação correspondia a uma reação à agricultura capitalista mediante o resgate de forças e experiências sociais silenciados pela modernidade-colonial (Pessoa, 2020).

A partir de Ponta Grossa foram realizadas 18 edições da Jornada em diversas regiões do estado, conforme é possível ver no capítulo 2 ("Jornada de Agroecologia: a formação e a trajetória de um projeto agroecológico no estado do Paraná"). A partir de 2020, a Jornada tem sido procrastinada sucessivamente devido à pandemia. As Jornadas de Agroecologia formam uma arena de encontro de um conjunto de atores que se posicionam criticamente frente ao modo de fazer agricultura dominante. Nesse sentido, constitui um espaço que não reproduz os modelos de esfera pública alinhados ao sistema, tal como sublinhado por Habermas (2012). Ao contrário, é um espaço de construção de uma proposta de resgate de experiências ocultas do modo de vida camponês, que produzirão um discurso que integra as experiências individuais à ação coletiva. O espaço da Jornada não é um movimento do sistema que coloniza as experiências do indivíduo. É o inverso: são as experiências individuais que, mediante um conjunto de vozes, vão reformular os pressupostos do sistema. Nesse caso, como afirma Bauman, "não é mais verdade que o 'público' tente colonizar o 'privado'. O que se dá é o contrário: é o privado que coloniza o espaço público" (Bauman, 2001 p. 54). Os indivíduos camponeses ou seus porta-vozes se posicionam mediante uma linguagem que não representa o sistema, mas construções cognitivas de contestação. Essas contestações são formuladas levando em conta a práxis e a reflexão crítica sobre colonização sistêmica. Desvelam e explicitam experiências alternativas.

Para reforçar essa perspectiva, o espaço da Jornada privilegia o encontro, a troca de experiências, o diálogo, a discussão. É uma contestação que não se resume a um discurso, mas apresenta conteúdos propositivos oriundos do saber-fazer herdado de gerações, de uma trajetória de vida. Esse conhecimento geracional é posto à prova à medida que se confronta com outros saberes e técnicas modernas, mediante troca de saberes e práticas de cultivo que resultam em um pragmatismo que só os agricultores e os assentados têm a habilidade de fazer. Constrói-se, assim, outra cultura agrícola ou "agricultura", que não se resume a seguir os padrões de uma prática produzida pelo sistema agroindustrial moderno. Ao contrário, são experiências oriundas de atores e territórios que restabelecem a relação com a natureza, fazendo dela uma parceira, uma aliada nos processos de produção agrícola. Nesse sentido, as práticas agrícolas são recursos naturais de gestão agrícola, e não instrumentos ou artifícios fabricados de domínio e controle da natureza que visam a substituí-la. Tendo como base os recursos naturais, constrói-se então uma ecologia que emerge de experiências singulares, sendo que elas mesmas se mostram plurais. São "Agroecologias" as experiências que são gestadas nos espaços das Jornadas.

Essa ecologia emergente tem um caráter diferenciado de outros âmbitos em que ocorre o processo de ecologização. Ela não se restringe a uma prática agrícola, tampouco se insere em uma concepção de transição agroecológica, analisada classicamente pelos estudos atuais. Oriunda de uma condição camponesa, e de experiências do campesinato, essa ecologia se configura como uma experiência social e política. Surge de uma matriz camponesa em que o social, o cultural e o técnico estão intrinsicamente associados. Se, por um lado, essa ecologia, tal como nos mostra Santos (2002), foi ocultada pela modernidade colonial, o espaço das Jornadas, por outro, forma uma arena que a valoriza e lhe dá expressividade.

A Jornada é uma arena de lugares e eventos diversos que no conjunto forma um ambiente cultural único, configurando uma ecologia cultural que encontra sentido nas apresentações musicais, na animação dos jovens em cada início de atividade, nas palestras, nas oficinas de troca de experiências, nas exposições de objetos de arte, nas barracas de comercialização, nas rodas informais de conversa, no túnel do tempo que resgata a história das Jornadas etc. A Jornada é um espaço de socialização. É formada por um cenário que a cada evento adquire uma expressão relacionada com a conjuntura e o mundo dos atores. A mística, dimensão subjetiva que anima os eventos (conforme capítulo 3, "Místicas das Jornadas de Agroecologia: uma experiência pessoal de encontro com o Movimento"), marca a identidade das Jornadas. Elas revelam o encontro do lado objetivo com o lado subjetivo da Agroecologia.

Mas a Jornada não é formada somente por camponeses, assentados, acampados e agricultores e pesquisadores rurais ecológicos. Nela transitam uma diversidade de atores, muitos deles ainda curiosos ou sem entender muito do que ela trata. Estão lá por incentivo do MST, ou ainda por militarem por uma causa ou identidade social como os representantes da comunidade LGBT. Isso, contudo, não constrange os camponeses ou assentados, pois, segundo uma participante "a Jornada não é somente do agricultor, é de todos, dos LGBTs, dos estudantes". São pequenas "tribos" que se nutrem de esperança e formam uma força transformadora capaz de construir uma utopia e realizar um sonho.

Como produto da ação dos sujeitos da ecologia, que são os camponeses, a Jornada é uma construção de uma utopia e de um projeto ecológico de vida. É uma utopia na medida em que reúne sentimentos, ideias e princípios que mobilizam seus atores para um devir que lhes dá esperança. É um projeto ecológico de vida, porque, em primeiro lugar, encontra na experiência dos assentados e na natureza a fonte inspiradora e realizadora de suas práticas e, em segundo, porque inspira a construção de novas relações sociais, pautadas na razão e no sentimento. Como projeto de vida, é um projeto real, porque é construído por experiência de atores que estão na base do movimento.

No ambiente da Jornada, os atores são informados e nutridos por reflexões, que advêm das discussões, das palestras, das oficinas, dos materiais didáticos, das místicas. Essas informações lhes permitem tomar posição no campo de disputa com outros atores, na formulação de projetos agrícolas, como o agronegócio. Essa posição surge da crítica aos instrumentos da racionalidade dominante. Os agrotóxicos, os transgênicos, os adubos e os pesticidas e as consequências de sua aplicação são analisados e levam à fundamentação da busca por alternativas, como a Agroecologia. A explicitação da lógica e da racionalidade da agricultura dominante provoca indignação nos atores, porque os exclui, os marginaliza e leva à deterioração do ambiente e à desintegração da vida social camponesa.

A Jornada é um ato político, um momento em que o ator se sente legitimado e descobre pelo coletivo que não está sozinho. Nesse sentido, o sentimento individual se expressa no coletivo, ao mesmo tempo que o coletivo leva o ator individual a refletir sobre suas ações. Esse duplo movimento, próprio dos novos movimentos sociais, faz da Jornada uma arena singular de constituição de sujeitos. A ecologia que mobiliza os atores da Jornada se configura como mediadora desse processo. Dessa forma, é preciso entender a ecologia como política. O encontro da Jornada de Agroecologia promove a crítica à racionalidade dominante, instiga, revigora, dá esperança para a luta em busca de uma alternativa de vida. A ecologia, nesse sentido, opera como força emancipadora de um lado, e como luta pela reapropriação da natureza de outro, conforme Leff (2014). A luta pelo acesso à terra, agora reforçada pela ecologização dos assentamentos, requalifica a reforma agrária como uma reforma agrária ecológica (conforme capítulo 10, "Jornadas da Agroecologia: construindo as bases de uma reforma agrária popular e ecológica").

A Jornada de Agroecologia libera potenciais emancipatórios, recria identidades culturais e constrói um projeto ecológico para a agricultura e para a reforma agrária. A construção desse projeto, mediante sua dinâmica, compreende dois níveis: nos fóruns itinerantes, conforme será apresentado no capítulo 4 ("Agência das mulheres camponesas na construção das jornadas de Agroecologia do Paraná"), 5 ("A juventude e as jornadas agroecológicas"), 7 ("As jornadas de Agroecologia: alimentando e nutrindo conexões entre campo-cidade"); e no âmbito dos territórios (capítulos 4, "Agência das mulheres camponesas na construção das jornadas de Agroecologia do Paraná", 5 "A juventude e as jornadas agroecológicas", 6 "A construção coletiva do saber-fazer agroecológico: as oficinas da jornada de Agroecologia do estado do Paraná", 8 "Educação do campo e jornadas de Agroecologia no Paraná: fortalecimento da territorialização da Agroecologia", 9 "O sujeito ecológico: condições e espaços de sua constituição", 10 "Jornadas da Agroecologia: construindo as bases de uma reforma agrária popular e ecológica"), de onde provêm os atores que participam das assembleias. Faz-se, assim, um projeto em cujo âmbito se forma um pensamento crítico, gerando princípios e propostas que alimentam reflexivamente os atores. No domínio dos territórios, o projeto adquire objetividade, considerando-se que é no cotidiano do fazer agrícola que a atividade prática é experimentada. Essas experiências práticas são trazidas para o interior da Jornada, no qual são reconstruídas a partir de formulações teóricas e cognitivas. Essa ação reflexiva reproduz a construção dinâmica do projeto, que foi analisado por uma proposta de pesquisa que deu origem aos artigos aqui apresentados.[1] Dessa forma, os textos correspondem aos dois âmbitos de construção de um projeto ecológico: o espaço da Jornada de Agroecologia e espaço dos assentamentos rurais. Alguns desses textos (capítulos 1, 2, 3, 4, 5, 9) provém de teses e dissertações, e os demais (capítulos 6, 7, 8, 10) são resultados de estudos realizados por pesquisadores e participantes das equipes organizadores das Jornadas e do MST. No seu conjunto, os artigos publicados como capítulos deste livro permitem melhor compreender o sentido de um projeto ecológico construído coletivamente.

O capítulo 1, Atores, organização e estrutura da Jornada, de autoria de Kauê Pessoa, Alfio Brandenburg e Jakeline Furquim Pivato, nos traz a informação de como a Jornada é constituída e reproduzida em sua trajetória. Mostra, inicialmente, quem são os atores construtores das Jornadas, em particular os que têm maior protagonismo frente ao seu processo organizacional. Atores estes que são de diferentes tipos: originários dos movimentos sociais, pesquisadores e pesquisadoras, das organizações da sociedade civil, representantes de órgãos governamentais.

Os atores compõem a comissão organizadora da Jornada, assumindo tarefas concernentes à realização do evento. São eles que definem o tema das Jornadas, a data e o local de sua realização. As comissões, em função de sua própria constituição,

---

1 Jornadas de Agroecologia: o protagonismo do MST na construção de um projeto ecológico.

também vão formatar a dinâmica das Jornadas. Ao longo da sua trajetória, as principais atividades que se repetem formam o que pode ser definido como a estrutura: a marcha; as conferências e os seminários temáticos; as oficinas agroecológicas; as trocas de sementes crioulas; as atividades culturais, a mística e o túnel do tempo; a feira; a elaboração da carta e o ato político. As Jornadas têm atraído um número significativo de atores, como nos mostra o texto do capítulo em questão. Estima-se que aproximadamente 4 mil pessoas transitam pela Jornada. Elas são as portadoras da mensagem de um projeto que se constrói e se reconstrói nos diferentes territórios regionais e locais.

A construção do projeto agroecológico é resultado das Jornadas que percorrem diferentes regiões do Paraná. São analisadas no capítulo 2 "Jornada de Agroecologia: Formação e Trajetória de um Projeto Agroecológico no Estado do Paraná", de Kauê Pessoa e Alfio Brandenburg. São 18 Jornadas realizadas de 2002 a 2019, em oito cidades de diferentes regiões do estado. O local das Jornadas é definido em função de interesses estratégicos da coordenação, sendo estipulado com a participação de atores locais e regionais, que também definem a agenda da programação. A cada região surgem novos temas que, ao se somarem aos anteriores, vão adquirindo força na afirmação do projeto agroecológico.

As Jornadas se originaram em Ponta Grossa com o lema "Terra Livre de Transgênicos" e seguiram até Curitiba, quando o objetivo estratégico foi promover uma maior aproximação entre campo e cidade. Até a última edição de Curitiba, as jornadas completaram um ciclo virtuoso de busca de experiências e realização de debates relacionados com a agricultura camponesa e a Agroecologia. Ao final, o acúmulo dos temas originados dos debates e da imersão na realidade de cada local aponta para um projeto agroecológico de vida, que ocupa, no campo de disputas de projetos para a agricultura, um lugar oposto ao do agronegócio. Dessa forma, a trajetória das Jornadas revela um projeto ecológico com experiências e ações ocultadas por um sistema dominado pelo capital e colonizadas pela modernidade.

As Jornadas são animadas por atividades culturais diversas, destacando-se, entre elas, a mística. Ela é analisada no capítulo 3, intitulado "Mística das Jornadas de Agroecologia: uma experiência pessoal de encontro com o movimento", de autoria de Priscila Cristina dos Santos. A mística constitui uma atividade que é desenvolvida nas atividades do MST e reproduzida nas Jornadas com o intuito de expressar o sentimento coletivo dos participantes. Ela é realizada como uma prática de vivência coletiva dos participantes, desperta motivação, reafirma identidade e potencializa as ações do Movimento. No artigo, é analisado o sentido da mística para as Jornadas, bem como suas dimensões mais marcantes: o poder unificador, a força de mobilização, o modo de vida ecológico, a mística das sementes e a partilha como sentido. No seu conjunto, a mística atua como uma força mobilizadora que recupera a memória de eventos marcantes, que reafirma identidade, que traduz mensagens e expressa sentimentos de que a razão não dá conta. Revela-se como um dispositivo do *habitus* da vida camponesa, sendo que a Jornada faz com que os atores se sintam intersubjetivamente compartilhados em seu projeto de vida.

A mística e as outras atividades culturais são desempenhadas por atores participantes, em especial pelos jovens e pelas mulheres. Estas vêm ocupando um lugar especial no processo de ecologização, como mostra o capítulo "Agência das mulheres camponesas na construção das Jornada de Agroecologia", de Cristiane Coradin, María de los Angeles Arias Guevara e Sônia Fátima Schwendler. As autoras mostram como, nas "franjas da colonialidade", as mulheres resistem ao pensamento patriarcal e, por meio de ações conjuntas e de trocas de experiências ecológicas, se instituem como sujeitos. Esse processo de construção é realizado coletivamente, envolvendo família e organizações coletivas. A análise adota a abordagem do "ecofeminismo camponês popular", a qual tem caráter familiar, comunitário e territorial, perfazendo-se no âmbito do território dos assentamentos, onde ocorrem as negociações, as tensões e os conflitos relacionados com as experiências ecofeministas.

Essas e outras experiências de organizações coletivas são trazidas para o debate no interior das Jornadas, repercutindo no cotidiano das mulheres no âmbito familiar. A Jornada é, assim, o lugar estratégico para aprendizagem de práticas sociais e construção da agência feminina. Sob o ponto de vista ecofeminista, ao praticar-se a ecologia, a decolonialidade não opera somente nas relações de gênero, mas também no âmbito da natureza. Dessa forma, à medida que as mulheres questionam as relações patriarcais e a ecologia, o processo emancipatório se constrói nos dois sentidos: no social e no natural.

O mesmo se dá com os jovens, que têm presença marcante nas Jornadas de Agroecologia. Percebe-se que a juventude tem aumentado ano a ano a sua participação na Jornada. Essa participação na construção do projeto ecológico é analisada por Nádia Luzia Balestrin no capítulo 5, "A juventude e as Jornadas de Agroecologia". O artigo evidencia como a Jornada constitui importante espaço de formação dos jovens. Trabalhando com a categoria de "geração" e "patriarcalismo", a autora mostra como a ecologia vem operando no afrouxamento das relações de dominação e de controle dos pais sobre os jovens. Essa mudança se dá em meio às tensões e aos conflitos que ocorrem principalmente no âmbito das unidades familiares de produção. O estudo, realizado em quatro áreas de assentamentos rurais, mostra como a Jornada constitui uma força que induz a mudanças. Contrariando a ideia de que o jovem rural não tem interesse em continuar no campo, o estudo mostra também que, desde que superados os entraves relacionados com o processo de legalização das terras e de seus procedimentos burocráticos, esses atores se sentem motivados a continuar no campo e a atuar como importantes vetores no processo de ecologização da agricultura. Vale ressaltar, nesse trabalho, a importância dos movimentos sociais, como é o caso do MST, via Jornada, no processo de formação e instituição do jovem ator ecológico.

As Jornadas delimitam um lugar estratégico para debates, troca de experiências e sua legitimação. Dessa forma, as oficinas constituem uma das atividades mais aguardadas e procuradas nos eventos. Elas são analisadas por Adriano da Costa Valadão e Silvana dos Santos Moreira no capítulo 6, cujo título é "Construção coletiva do saber-fazer agroecológico: as oficinas da Jornada de Agroecologia do estado do Paraná". Nesse artigo, os autores discutem o papel das oficinas na construção de um conhecimento ecológico mediante a recuperação das experiências dos agricultores em diálogo com o conhecimento técnico moderno. A partir de uma visão freireana, o texto analisa criticamente a forma de transmissão fundamentada na revolução verde. As oficinas são espaços que reorientam o processo de construção de conhecimento, considerando o que Santos (2002) denominou como "epistemicídio". Os diversos temas das oficinas das Jornadas emergem de propostas de agricultores e dos organizadores das oficinas e variam segundo as experiências dos atores. Seguindo a trajetória dos eventos, o texto mostra a Jornada realizada em Francisco Beltrão como uma das mais significativas, uma vez que se deu em um contexto rico de experiências da agricultura camponesa.

Mais recentemente, o destaque seria para as oficinas realizadas na Jornada da Lapa, realizadas majoritariamente nas unidades produtivas dos assentados, que puderam trazer para dentro das oficinas experiências de um dos assentamentos considerados como referência em Agroecologia.

Assim como as oficinas, os espaços destinados à "Culinária da Terra" são também lugares de trocas de experiências e de divulgação de saberes e cardápios alimentares, como são analisados no capítulo 7, "Jornadas de Agroecologia: alimentando e nutrindo conexões entre campo-cidade", de Islandia Bezerra, entre outros. Nesse trabalho, os autores fazem uma análise crítica da questão alimentar subordinada à produção agroindustrial. Questionam a perda da soberania alimentar e a produção de *commodities* em detrimento da produção para alimentação. A análise da questão alimentar é realizada à luz de múltiplas dimensões, tais como a reforma agrária, a pobreza e a desigualdade social, sobretudo no que diz respeito à qualidade dos alimentos. Nesse sentido, os alimentos processados encontram sua alternativa nos espaços destinados à Culinária da Terra, que é analisada diante da trajetória das Jornadas. A partir de Londrina, esses espaços adquiriram relevância, fortalecendo-se até as Jornadas de Curitiba, quando o coletivo da Jornada se alinhou à estratégia de uma maior aproximação com a cidade. São regatadas, pois, experiências de culinárias regionais, assim como experiências promovidas pelos sem-terra de outras regiões do país. A comida passou a ser comercializada junto ao grande público, que frequenta a Jornada com o desafio de se educar e se informar sobre a importância do alimento ecológico.

A importância da dimensão educativa na Agroecologia perpassa todos os temas tratados na Jornada, mas é no capítulo 8, "Educação do campo e Jornadas de Agroecologia no Paraná:

fortalecimento da territorialização da Agroecologia", de autoria de Sônia Fátima Schwender e outros, que a educação é analisada em maior profundidade. Nesse trabalho, a educação é analisada em três momentos. No primeiro, a Agroecologia é compreendida como espaço pedagógico de educação do campo, momento em que se demonstra a vinculação entre Agroecologia e educação. Essa questão adquiriu importância principalmente nas últimas Jornadas, quando se abriu um espaço na agenda para a discussão do tema. A educação agroecológica, muito mais do que prática agrícola com ausência de agrotóxico, é entendida como educação para vida. Esse princípio reverbera nos territórios onde a própria ecologia é construída como estratégia de resistência. Em um segundo momento, ao retomar a perspectiva da trajetória da Jornada, são analisados os eventos do "túnel do tempo" como contribuição para a formação dos atores, sobretudo dos jovens. Uma análise é realizada relacionando educação formal e informal. Por fim, em um terceiro momento, o tema do "conhecimento em movimento" aborda a ecologia como movimento cultural em um contexto de luta de classes. Nesse sentido, o ator é entendido como sujeito político. O conhecimento em movimento trata, então, de uma discussão com a população, em praça pública, sobre ciência, universidade pública, saberes populares e Agroecologia.

A discussão sobre sujeito, categoria que já é citada no artigo anterior e em outros textos deste livro, é aprofundada no capítulo 9, "O sujeito ecológico: condições e espaços de sua constituição", de Silvana Silva e Alfio Brandenburg. Considerando a teoria de sujeito, de Alain Touraine (1994), os autores analisam o significado de ser sujeito em espaços da Jornada de Agroecologia e do Assentamento Oito de Junho. Os dois universos completam a pesquisa visando a entender a constituição do sujeito no plano coletivo e individual. No âmbito da Jornada, as palestras, os seminários, as conferências e os debates levam a produzir uma narrativa em que o ator emerge como contestador e crítico à agricultura agroindustrial de produção agrícola, ao mesmo tempo que este estabelece alianças e se sente reforçado na luta pela sua afirmação como sujeito. Nos assentamentos, é realizada uma pesquisa que mostra como o ator se faz sujeito nas relações comerciais, nas atividades laborais e na construção de um projeto de "viver bem". Essa análise situa-se no plano individual dos atores, considerando o cotidiano da vida familiar e das atividades agrícolas. O artigo mostra como o ator ecológico, que reproduz uma condição de vida camponesa, embora fortemente orientado por uma racionalidade econômica, combina elementos de uma racionalidade ambiental e substantiva. O estudo atesta como a ligação entre racionalidade e subjetividade é parte constitutiva da formação do sujeito moderno.

Este trabalho culmina, pois, no capítulo 10, intitulado "Jornadas de Agroecologia: construindo as bases para uma reforma agrária popular ecológica", de Katya Regina Isaguirre Torres. O texto traz uma análise sobre a reforma agrária ecológica a partir do resgate histórico do direito à terra e da contribuição da proposta construída na Jornada quanto à "requalificação da reforma agrária em termos da justiça social e ambiental". A autora analisa a legislação agrária e a importância do Estado ao recuperar a bibliografia existente. No centro do debate está a importância da agricultura familiar para a biodiversidade, para o equilíbrio socioambiental e para a construção de justiça social e ambiental, incluindo relações de classe, gênero e raça. Como direito social, o texto traz ainda uma discussão que vincula direito à terra com direito à "soberania, segurança alimentar e nutricional". Para completar sua análise, a autora estabelece a conexão entre a Jornada de Agroecologia e o assentamento José Lutzemberger, no litoral do Paraná, no sentido de mostrar como os elementos de uma prática de reforma agrária ecológica se reproduzem no assentamento. A reforma agrária ecológica faz parte de um processo de democratização que não se restringe à distribuição da terra, mas inclui alternativas de acesso ao mercado, de produção e consumo de alimentos e de geração de um conhecimento por meio da troca de saberes.

Referências

BAUMAN, Zigmunt. *Modernidade líquida*. Rio de Janeiro: Zahar, 2001.

HABERMAS, Jürgen. *Teoria do agir comunicativo* II. São Paulo: Martins Fontes, 2012.

LEFF, Enrique. *La apuesta por la vida*: Imaginación sociológica e imaginarios sociales em los territorios ambientales del sur. México: Siglo XXI Editores, 2014.

PESSOA, Kauê. *Agriculturas em disputa*: a Jornada de Agroecologia como expressão de um projeto agroecológico no Paraná. 2020. 304f. Tese (Doutorado em Sociologia), Setor de Ciências Humanas, Universidade Federal do Paraná, Curitiba, 2020.

SANTOS, Boaventura de Souza. Para uma sociologia das ausências e uma sociologia das emergências. *Revista Crítica de Ciências Sociais*, n. 63, p. 237-280, 2002.

TOURAINE, Alain. *Crítica da modernidade*. Petrópolis: Vozes, 1994.

Atores, organização e estrutura da jornada de Agroecologia do Paraná[1]

Kauê Pessoa
Alfio Brandenburg
Jakeline Cristiane Furquim Pivato

Desde o ano de 2002, campesinos e campesinas, indígenas, quilombolas, comunidades tradicionais, ribeirinhos, juventude do campo e da cidade, organizados em movimentos sociais e articulados junto a um amplo campo científico das principais universidades do Paraná, têm se unido em um amplo movimento agroecológico de resistência e luta permanente de questionamento da lógica do agronegócio. Esta luta tem se expressado há dezoito anos em um grande encontro anual que chamamos "Jornada de Agroecologia".

As Jornadas constituíram-se em um processo permanente de acúmulo de forças que resistem aos projetos das transnacionais do agronegócio, tornando-se um dos mais importantes eventos políticos do Brasil para se construir uma proposta agroecológica. É uma escola popular permanente que se renova ao longo de cada

---

1 Este texto foi elaborado com base na tese de doutorado intitulada *Agriculturas em disputa:* a Jornada de Agroecologia como expressão de um projeto agroecológico no Paraná (Pessoa, 2020), defendida em 2020, no Programa de Pós-Graduação em Sociologia da Universidade Federal do Paraná (UFPR), sob a orientação de Alfio Brandenburg.
O presente trabalho foi realizado com apoio da Coordenação de Aperfeiçoamento de Pessoal de Nível Superior – Brasil (Capes) – Código de Financiamento 001.

ano nos territórios camponeses, assentamentos, acampamentos, pequenas propriedades familiares, escolas, cooperativas, povos tradicionais, posseiros, quilombolas, indígenas, pescadores, faxinalenses, ribeirinhos, mulheres e jovens em geral. Segue, com isso, atraindo novas organizações de estudantes, de consumidores, de pesquisadores de extensionistas rurais e coletivos de várias universidades e escolas públicas. O evento se consolidou como um dos principais espaços para a troca de experiências das ações que promovem a Agroecologia, tendo como lema central "Terra Livre de Transgênicos e sem Agrotóxicos".

A Jornada de Agroecologia surge a partir da mobilização de atores individuais e coletivos engajados na luta pela ecologização da agricultura no estado do Paraná. Esses atores trazem como experiência uma bagagem de conhecimento organizacional e de estratégias de lutas que demarcam campos de disputa por diferentes projetos sociais e agriculturas. Assim, a Jornada de Agroecologia, como expressão de um projeto social que também representa os interesses do movimento de camponeses e camponesas sem-terra e do movimento ecológico na agricultura, vai demarcar um espaço de questionamento e luta contra o modelo moderno-colonial de agricultura, hegemônico no rural brasileiro. Os atores sociais aqui representados posicionam-se de modo geral por uma reforma agrária ecológica e popular. Dessa maneira, o Movimento dos Trabalhadores Rurais Sem Terra (MST), como protagonista desse projeto agroecológico e com sua experiência de luta, será um importante arquiteto das comissões de trabalho e da estrutura de atividades dos eventos da Jornada de Agroecologia. Frente a isso, buscamos, neste capítulo, apresentar e analisar três aspectos: os atores sociais da Jornada de Agroecologia; b) as comissões organizadoras da Jornada de Agroecologia e; c) a estrutura de funcionamento da Jornada de Agroecologia, ou seja, sua dinâmica.

Os atores e os eventos da jornada de Agroecologia

A Jornada de Agroecologia, ainda que seja protagonizada pelo MST, resulta de um esforço de mobilização de múltiplos atores, entidades e órgãos governamentais. Os diferentes contextos e a conjuntura da realização do evento vão configurar a amplitude e engajamento da sociedade civil, bem como dos órgãos governamentais, em especial dos governos municipais. De modo geral, podemos destacar os seguintes tipos de atores presentes na Jornada de Agroecologia (Quadro 1, ao final do capítulo): 1) movimentos sociais, representando os camponeses e camponesas, agricultores e agricultoras familiares, assentados, assentadas, acampados e acampadas, diretamente envolvidos com o processo de ecologização da agricultura e dos ambientes rurais; 2) pesquisadores, pesquisadoras, técnicos, técnicas, docentes, estudiosos e estudiosas da questão agrária de modo geral; 3) organizações da sociedade civil, grupos de apoiadores e de assessoria aos movimentos sociais; 4) representantes de órgãos governamentais de modo geral, em especial das prefeituras municipais.

Conforme se observa no Quadro 1, nem todos os atores listados participam de todas os eventos da Jornada de Agroecologia. Isto porque os eventos são organizados em âmbito regional, e cada edição conta com a participação de atores locais engajados regionalmente. Alguns atores, no entanto, participaram de todas os eventos da Jornada de Agroecologia. São atores-chave na mobilização de todos os eventos, pois atuam no âmbito do estado e mesmo fora dele, como a Via Campesina. Entre os atores que atuam no âmbito estadual e, portanto, articularam todos os eventos, destacam-se: Movimento dos Trabalhadores Rurais Sem Terra (MST), Associação de Estudos, Orientação e Assistência Técnica Rural (Assesoar), Comissão Pastoral da Terra (CPT), Movimento dos Atingidos por Barragens (MAB), o Movimento dos Pequenos Agricultores (MPA), Sindicato dos Trabalhadores, e a Terra de Direitos. Participaram ainda, da maior parte dos eventos: Associação de Agricultura Orgânica do Paraná (AOPA), Agricultura Familiar e Agroecologia (AS-PTA), Centro de Apoio e Promoção da Agroecologia (Capa), Centro Missionário de Apoio ao Campesinato (Cempo), Comunidades Tradicionais, Escola Latino-Americana de Agroecologia (ELAA), Escola Milton Santos (a partir do evento de Maringá), Federação dos Estudantes de Agronomia do Brasil (Feab), Instituto Equipe de Educadores Populares, Movimento de Mulheres Camponesas (MMC) e Rede Ecovida. Assim, desde o início, lideram a organização da Jornada de Agroecologia, representando a sociedade civil: cinco movimentos sociais e três entidades de assessoria. Formam um segundo grupo de mobilizadores: três movimentos sociais, sete organizações de assessoria e uma entidade de classe.

O Quadro 1 demonstra a liderança dos movimentos sociais, indicando a força da sociedade civil organizada na participação e articulação dos eventos. Representa o que Touraine (2006) define como um movimento cultural, na medida em que esses movimentos sociais lutam por uma mudança de paradigma socioprodutivo na agricultura e um projeto social de vida que questiona a lógica da modernidade-colonialidade, em especial a agricultura industrial representada pelo agronegócio. Esses movimentos articulados, como novos movimentos, tal como definido na literatura (Gohn, 2014), possuem evidentemente um adversário e uma estratégia de disputa no campo da agricultura. Assumem não apenas uma posição crítica de denúncia, mas desenvolvem ações contestadoras e propositivas, como constatado no âmbito da Jornada de Agroecologia. Esses movimentos surgidos no final do século XX apresentam uma trajetória de luta e de experiência que os torna reconhecidamente uma força mobilizadora na formulação de projetos sociais, entre eles o MST, um dos principais movimentos sociais da contemporaneidade. É do âmbito desses movimentos que provém a experiência organizacional que vai estruturar o funcionamento dos eventos da Jornada de Agroecologia.

A articulação desses atores coletivos com objetivo de organizar os eventos da Jornada de Agroecologia mobilizou em média 4 mil participantes em suas edições.[2]

Comissões de organização

Os eventos da Jornada de Agroecologia são organizados por comissões ou equipes de trabalho que dividem as tarefas concernentes à realização do evento. As comissões se repetem em praticamente todos os eventos da Jornada de Agroecologia, tendo variações pontuais em função da programação local. Nesse sentido, tomamos como referência as equipes da Jornada de Agroecologia realizada em Curitiba, que traduz o maior grau de complexidade organizacional, uma vez que a realização do evento na capital trouxe novidades, como as atividades culturais e da feira de alimentação, que foram ampliadas. A organização da Jornada é resultado de um acúmulo de experiência, trazida principalmente pelo MST, que tem na sua trajetória de lutas a experiência de organização por setores (Miranda e Cunha, 2013). Assim, embora todos os atores que participam da Jornada façam parte das comissões, as comissões de organização são formadas por representantes de entidades e atores e são lideradas por atores experientes com presença constante na articulação da Jornada de Agroecologia. Dão forma à Jornada de Agroecologia várias comissões ou equipes de trabalho. Uma das primeiras comissões

2 Os detalhes dos eventos da Jornada de Agroecologia, como os locais e quantidade de participantes, são retomados no capítulo 2 "Jornada de Agroecologia: a formação e a trajetória de um projeto agroecológico no estado do Paraná".

a funcionar no evento é a da Infraestrutura Geral que demanda a chegada antecipada das caravanas; em média umas 50 pessoas uns 15 dias antes do evento. Assim, constituem as comissões da Jornada: Infraestrutura Geral (MST, Cooperativas, acampados e assentados da região), Projetos e Finanças (MST, Terra de Direito), Túnel do Tempo e Ciranda (MST, entidades ligadas à educação, sindicatos), Comunicação (MST, Terra de Direitos, UFPR), Feira de Alimentação e Sementes (agentes locais, assentados e MST), Saúde Popular (assentadas, rede feminista de saúde), Culinária da Terra (especialmente em Curitiba, com participação de nutricionistas da UFPR), Campanha contra Agrotóxico (especialmente em Curitiba, com profissionais da área de meio ambiente), AgitProp (comissão formada por jovens que tratam de animar o evento no início de cada programação), Seminários (professores e pesquisadores ligados a universidades e órgãos de pesquisa), Atividades Culturais (MST e Universidades), Segurança e Disciplina (MST), Cartilhas da Jornada (MST), Oficinas (especialmente nos últimos eventos da Jornada de Agroecologia (MST, CPRA, IAPAR), Secretaria-geral (MST), e Ato Político e Carta (MST e toda coordenação da Jornada de Agroecologia).

As equipes listadas formatam a Jornada de Agroecologia e imprimem uma dinâmica que vai depender dos atores participantes. Todavia, pode-se afirmar que se reproduz uma estrutura de funcionamento ao longo da trajetória dos eventos, apresentando apenas ligeiras variações em função dos interesses e conjunturas locais. As equipes possuem autonomia nas proposições de funcionamento de suas ações e cumprem um papel de coordenação junto ao núcleo político de condução dos eventos da Jornada de Agroecologia. A regra do processo de organização da jornada carrega o princípio da coletividade, mediante o máximo de entrosamento entre a diversidade de sujeitos que se somam em um movimento agroecológico.

Estrutura de funcionamento da Jornada de Agroecologia

Na sequência, apresentaremos a estrutura de funcionamento dos eventos da Jornada de Agroecologia conforme os "momentos" das atividades desenvolvidas pelas equipes mencionadas. Dessa maneira, em cada subitem descrevemos e analisamos esses momentos "internos", que reproduzem a dinâmica e visibilizam a Jornada de Agroecologia. Devemos destacar que, embora indiquemos esses momentos de maneira sequencial, é preciso ter em conta que não necessariamente eles ocorrem nesse esquema durante os eventos. Além disso, é preciso ressaltar que esses momentos possuem uma temporalidade, ou seja, eles podem ocorrer durante todo o evento ou somente em um período determinado. Finalmente, também é necessário indicar que os momentos se conectam com as denominadas místicas e atividades AgitProp (do grupo de animação da juventude do MST), que possuem a capacidade de recuperar memórias e sentimentos, ampliando os processos de lutas e resistências dos camponeses e camponesas a um plano emocional, como relata a Liderança Paraná B. Cabe relembrar que essa é uma prática adotada no projeto agroecológico como uma herança direta do MST, como revela a Liderança citada, que, nesse aspecto, destaca: "Isso todo mundo sabe e reconhece, porque é o movimento que assimilou na sua funcionalidade, de sempre iniciar seus eventos pela mística" [*sic*] (Informação verbal).[3]

[3] Liderança Paraná B. Curitiba, outubro de 2016, entrevista. Para preservar o anonimato dos entrevistados e entrevistadas, que correspondem aos atores-chave do projeto agroecológico, adotamos o termo Liderança Paraná, acompanhado por uma letra. O objetivo é evitar a ideia de hierarquia. Além disso, citamos as entrevistas como "informação verbal", assinalando com uma nota de rodapé as respectivas informações, maneira de citar entrevistas não publicadas de acordo com as normas ABNT, segundo Amadeu *et al.* (2017).

Assim, nós podemos indicar que esses momentos compreendem: a marcha; as conferências e os seminários temáticos; as oficinas agroecológicas; as trocas de sementes crioulas; as atividades culturais, a mística e o túnel do tempo; a feira; a elaboração da carta e o ato político.

Marcha

A marcha possui um roteiro preestabelecido durante os eventos, buscando cruzar o município e terminar com um ato político. Geralmente, a marcha é realizada durante o primeiro dia do evento, procurando desse modo anunciar o projeto agroecológico para a sociedade local. Podemos ressaltar que, durante esse momento, busca-se colocar em questionamento as narrativas dominantes do projeto do agronegócio, assim como se dá visibilidade a atores sociais e suas narrativas silenciadas, além dos símbolos do projeto agroecológico, representados pelos cantos, bandeiras, camisetas e bonés. Ademais, devemos reconhecer que se estimula uma solidariedade e se reitera uma identidade coletiva por meio de um conjunto de símbolos e causas que se mantêm em comum. Por sua vez, é essencial assinalar que o projeto agroecológico nem sempre é bem recebido, acima de tudo por determinados atores locais, o que terminava impactando sobre esse momento, uma vez que é realizado em vias públicas. Cascavel é exemplo disso, uma vez que, durante os eventos realizados no município, as disputas com os e as protagonistas do projeto do agronegócio aumentaram (Pessoa, 2020).

Contudo, devemos relembrar que o MST, um dos protagonistas do projeto agroecológico, tem utilizado de maneira recorrente a marcha, imprimindo-lhe um aspecto político, assim como destaca (Chaves, 2000). Nesse aspecto, a Liderança Paraná

D nos relata essa característica associada a esse momento, como é possível ver na sequência:

> Você abre com uma manifestação de rua, porque a gente entende que o problema da Agroecologia não se resolve só da porteira para dentro, ele tem um problema político. A disputa para construir esse projeto, ela se dá no campo político, a sociedade tem que entender que os agricultores e agricultoras tão indo para a rua porque eles querem construir algo diferenciado, baseado na Agroecologia [*sic*]. (Informação verbal)[4]

Nota-se, desse modo, que esse momento possui um caráter simbólico e político. É revelado por meio de uma ação coletiva e pública durante os eventos, ação esta que questiona e denuncia um projeto dominante que é produtor de ausências e carências e que também ressalta um projeto que está buscando resgatar conhecimentos e práticas silenciados historicamente.

Conferências e seminários temáticos

Esse momento revela para os camponeses e as camponesas e todas as pessoas presentes nos eventos elementos sobre a dinâmica e impactos produzidos desde o projeto do agronegócio sobre a conjuntura política, social, econômica e ambiental brasileira, como também coloca em destaque temas relacionados com a Agroecologia e com o campesinato. Para isso, protagonizam esse momento as lideranças dos movimentos sociais e do projeto agroecológico e os atores sociais convidados, comprometidos com as bandeiras desse projeto, como docentes, técnicos e técnicas e estudantes de diferentes áreas do conhecimento. Dessa maneira, é preciso reconhecer que, por ser composto por esses atores sociais mencionados, o momento se diferencia dos demais no processo de formação do conhecimento, que são protagonizados por camponeses e camponesas. Devemos assumir, porém, que todos esses

---

4 Liderança Paraná D. Curitiba, maio de 2016, entrevista.

conhecimentos possuem validade para o projeto agroecológico, embora seja preciso deslocar as hierarquias e os domínios estabelecidos com as ciências e que seus e suas protagonistas sustentam (Pessoa, 2020).

Nesse aspecto, esse momento possui uma dinâmica que podemos entender como "clássica" no que diz respeito à formação de conhecimento, ou seja, as pessoas nesse momento se depararam com uma posição de expectadoras. Em termos materiais, os espaços onde ocorrem conferências e seminários temáticos mantêm uma estrutura similar, um palco e cadeiras dispostas adiante. No entanto, cabe assinalar que, nos eventos mais recentes, esse momento também passou a ocupar novos espaços, como teatros e universidades (Pessoa, 2020). A seguir, é possível notar os temas que predominaram durante esse momento nos 18 eventos da Jornada de Agroecologia associados aos pontos indicados.

Quadro 2 – Temas predominantes das conferências e seminários temáticos

Temas		
A. Familiar – Camponesa	Criminalização	Políticas Públicas
Agroecologia	Cuidado Meio Ambiente	Projeto Agronegócio
Agrotóxicos	Golpe – Democracia	Questão Ambiental
Alimentos	Direitos Sociais	Reforma Agrária
Análise Capital	Disputas e Lutas Terras	Saúde
Autonomia Camponesa	Educação	Segurança Alimentar
Biodiversidade	Gênero	Semente Crioula
Campo – Cidade	Comer. – Renda – E. Solidária	Soberania Alimentar
Ciência – Cultura	Juventude	Soberania Popular
Contaminação Alimentos	Lutas Camponesas	Solidariedade
Contaminação Genética	Mercantilização Natureza	Trabalho Escravo
Contaminação Humana	Mercantilização Sementes	Transgênicos
Contaminação Natureza	Orgânicos	
Crédito Rural	Organização Popular	

Fonte: Adaptado de Jornada de Agroecologia (2007, 2008, 2009, 2010, 2011, 2013, 2014, 2015, 2016, 2017, 2018, 2019).

Os temas revelam uma procura por analisar, questionar e denunciar dinâmicas e impactos provocados pelo projeto do agronegócio, além da conjuntura nacional em termos políticos, sociais, econômicos e ambientais, assim como uma procura por colocar em destaque os processos de lutas e resistências dos camponeses e camponesas, a partir do que a Agroecologia passa a ter o protagonismo e passa a estimular um saber-fazer agricultura direcionado à justiça social e à sustentabilidade ambiental. Por sua vez, embora a presença de temas relacionados aos aspectos ambientais, sociais e econômicos no meio rural seja evidente em um evento de Agroecologia, os temas associados ao projeto do agronegócio também são essenciais, já que é preciso entender a dinâmica e as narrativas desse projeto dominante para, desse modo, poder colocá-lo em questionamento (Pessoa, 2020). Nesse aspecto, a Liderança Paraná C assinala que é preciso conhecer os "inimigos" e ressalta que desde o início o projeto agroecológico teve o interesse e o compromisso de estudar e analisar o capitalismo e o seu momento na agricultura (Informação verbal).[5]

Desse modo, podemos reconhecer que as conferências e seminários temáticos terminam por revelar um conjunto de elementos para os atores sociais presentes, estimulando-os a recuperar e promover saberes silenciados, como também a elaborar novos conhecimentos, em oposição e como alternativa à racionalidade dominante que direciona o projeto do agronegócio, destacando então uma atividade epistemológica e coletiva essencial nesse aspecto (Pessoa, 2020).

Oficinas agroecológicas

O momento das ditas oficinas agroecológicas cumpre com um papel essencial para o projeto agroecológico, impulsionando um

5 Liderança Paraná C. Curitiba, maio de 2016, entrevista.

processo que é direcionado para recuperar, elaborar e promover conhecimentos e técnicas agroecológicas e camponesas.

A Liderança Paraná C indica que nos primeiros eventos havia um incentivo para que os camponeses e as camponesas relatassem seus conhecimentos e técnicas, tais como os insumos, os equipamentos e os demais elementos usados em suas comunidades rurais. Esse processo era tomado como uma maneira de estimular trocas de saberes (Informação verbal),[6] que ajudou a conformar esse momento. Sendo assim, podemos reconhecer que esse momento revela aquilo que Santos (2002) denominou ecologia dos saberes.

Devemos ter em conta, pois, que esse momento impulsiona o rompimento com aqueles conhecimentos e técnicas dominantes e a recuperação e promoção de conhecimentos e técnicas silenciadas, que colaboram para a formação de um saber-fazer agroecológico. Nota-se, assim, que ter associado a esse momento uma busca por ir além dos aspectos promovidos durante as conferências e seminários temáticos cumpre com um objetivo determinado, ainda que possuam certo valor. Com isso, procura-se, em realidade, somar novos elementos, complementando esses momentos (Pessoa, 2020). Nesse aspecto, é possível recorrer a Liderança Paraná C, que relata:

> Para não ficar só naquela conferência pesada ou ao contrário: uma boa oficina, mas daí é muito técnico. [...]. Porque daí a base teórica, duas, três grandes falas já supre e aqui vira uma gasolina interna. É por isso que nós dedicamos um dia inteiro, um dia inteiro só para visitar as comunidades, porque depois estabelece um intercâmbio permanente né e cria dinâmica entre eles [*sic*]. (Informação verbal)[7]

Devemos tomar como ponto de partida essa demanda e a capacidade de somar novos elementos e ir além dos elementos

6 Liderança Paraná C. Curitiba, maio de 2016, entrevista.
7 Liderança Paraná C. Curitiba, maio de 2016, entrevista.

promovidos durante as conferências e seminários temáticos, já que são projetados pelos camponeses e camponesas e ajudam a decolonizar os conhecimentos. Nesse caminho, é preciso reconhecer que os saberes agroecológicos e camponeses assimilados durante esse momento do projeto agroecológico têm sido replicados nas comunidades rurais do estado do Paraná, fazendo com que outros atores sociais, que não puderam estar presentes nos eventos, possam ter acesso a esses conhecimentos (Pessoa, 2020). Nesse caminho, podemos recorrer à Liderança Paraná D, que relata que essas trocas de saberes promovem o envolvimento dos camponeses e das camponesas. Caso as trocas sejam desprezadas pelo projeto agroecológico, a chance de esses atores sociais abandonarem os eventos seria maior, o que poderia levar ao acesso ou retornar ao pacto tecnológico do projeto do agronegócio[8] (Informação verbal).[9]

Assim, com o reconhecimento do valor que possui esse momento para o projeto agroecológico e, acima de tudo, para os camponeses e as camponesas, o projeto passou a receber cada vez mais destaque nos eventos. Como exemplo, podemos pontuar que no quinto evento, que ocorreu em Cascavel, esse destaque estava evidente ao serem ampliadas as atividades para mais de 50, de maneira que essas atividades receberam melhores estruturas e um aumento no número de atores sociais presentes (Terra de Direitos, 2006). Vale lembrar, porém, que foi nos eventos da Lapa

8 Precisamos reconhecer que muitos camponeses e camponesas paranaenses continuam adotando as tecnologias e métodos agronômicos estimulados pelo projeto do agronegócio. Os dados do IBGE (2019) nos revelam esse ponto. Processo associado a elementos como a relativa simplicidade em acessar e operar as tecnologias e os métodos agronômicos ou os mercados já estabelecidos, embora esses atores sociais reconheçam os riscos e os impactos que esse modelo promove.

9 Liderança Paraná D. Curitiba, maio de 2016, entrevista.

que teve início um melhoramento notável, quando as atividades desse momento foram levadas para as comunidades rurais dos camponeses e das camponesas, aumentando dessa maneira o contato e as trocas – na Lapa está localizado o Assentamento Contestado e neste assentamento, a Escola Latino-Americana de Agroecologia (Pessoa, 2020). A Liderança Paraná C destaca que, ao receberem e promoverem essas oficinas, as comunidades rurais, além de terem vivenciado as trocas de saberes, ajudaram com um "salto metodológico" para o projeto agroecológico (Informação verbal).[10]

> Aplicamos esse método na última Jornada de Agroecologia e foram 30 ônibus, você imagina 30 ônibus com pessoas que passaram um dia de campo conhecendo um conjunto de experiências diferentes, é uma riqueza que vira um dia de intercâmbio. Foi muito bonito, muitas trocas nas comunidades, e ficou um dia de convívio com essa experiência aqui. (Informação verbal)[11]

Por sua vez, a Liderança Paraná C revela que esse é um momento muito disputado pelos camponeses e camponesas, pois sabem que podem acessar inúmeros conhecimentos e técnicas diversas. Ou seja, há um desejo de estar presente nesse momento por ser possível dar e receber, realizar uma troca, o que para essa liderança é o melhor método para poder aprender. Destaca: "na dúvida, vai conversar com quem já praticou para te dar os elementos: '– ó, aqui deu certo, aqui errado... pode ser assim...'"[*sic*] (Informação verbal).[12] Esse relato nos destaca o papel que esse momento desempenha para o projeto agroecológico e para camponeses e camponesas ao criar um espaço onde são revelados elementos para promover um saber-fazer

[10] Liderança Paraná C. Curitiba, maio de 2016, entrevista.

[11] Liderança Paraná C. Curitiba, maio de 2016, entrevista.

[12] Liderança Paraná C. Curitiba, maio de 2016, entrevista.

agricultura associado à justiça social e econômica e à sustentabilidade ambiental.

Apresentações Culturais, Mística e Túnel do Tempo

Para entender esse momento, devemos ter em conta que os espaços rurais correspondem a espaços de vida para muitos camponeses e camponesas, como expõe Wanderley (2009). Nesse caminho, Brandenburg (2010) destaca que é preciso reconhecer esses espaços como espaços de reproduções sociais e culturais, onde estão presentes identidades e expressões camponesas, além de diversos entendimentos e relações com a natureza. Esta, por sua vez, é reconhecida como uma aliada por esses atores sociais por prover elementos para a reprodução de suas vidas, e dessa maneira eles procuram acompanhá-la. Desse modo, são deslocados os pressupostos capitalistas, que reconhecem os espaços rurais somente como espaços de produção econômica, o que termina por impulsionar o desperdício das experiências sociais nos termos da sociologia das ausências de Santos (2002).

Retomando o projeto agroecológico, pode-se assinalar que esse momento está associado de maneira direta com um processo de recuperação, de valorização e de promoção de memórias, costumes, tradições, saberes e patrimônios culturais camponeses, em termos materiais e simbólicos (Pessoa, 2020). Para a Liderança Paraná C, esse aspecto cultural começou a possuir maior destaque nos eventos, quando se reconheceu que o projeto agroecológico deveria ser um projeto cultural. Desse modo, identidades e expressões camponesas e agroecológicas – como elementos cotidianos e costumes alimentares, por exemplo – passaram a ser representadas e a receber cada vez mais espaço nos eventos (Informação verbal).[13]

13 Liderança Paraná C. Curitiba, maio de 2016, entrevista.

Dessa maneira, procuramos apresentar e analisar determinadas identidades e expressões que aparecem nos eventos, como as apresentações culturais, as místicas e o túnel do tempo.

As apresentações culturais sempre estiveram presentes nos eventos e cumprem com um papel-chave. Por meio delas, procura-se estimular e revelar sentimentos e emoções, bem como recuperar as identidades e expressões camponesas e agroecológicas, assinalando dessa maneira que camponeses e camponesas são produtores de conhecimentos e cultura. Em termos práticos, as apresentações culturais representam atividades, comumente levadas adiante por camponeses e camponesas, com destaque para a música, a dança, o teatro e os poemas, que, além de gerarem lazer e interações, representam atos de resistências aos processos de silenciamento das identidades e expressões camponesas e agroecológicas. Por sua vez, é preciso assinalar que, nos eventos de Curitiba, foram estabelecidas novas estruturas com a participação de artistas consolidados fora dos espaços rurais – muitos com reconhecimento nacional e que levantam as bandeiras da Agroecologia e do campesinato. Cria-se assim um canal de comunicação e intercâmbio do projeto agroecológico com seus e suas integrantes e com o público da cidade. Além disso, devemos assinalar que, em Curitiba, os camponeses e as camponesas ocuparam espaços tradicionais da cultura elitista, como é o caso dos teatros (Teatro Guaíra e Teatro da Reitoria), onde foi possível realizar inúmeras apresentações em um evidente ato que representou a decolonização dos espaços (Pessoa, 2020).

Quanto à mística, podemos destacar que está associada a um aspecto espiritual, mas também tem sido relacionada a aspectos sociais e culturais da luta política, como destacado por Bogo, (2012). Para ele, os movimentos sociais começaram a entender que a luta política está associada a um plano emocional, ressaltando que a política se recria como arte, e assim a arte passa a ter compromisso político. Dessa maneira, a mística passa a dar ânimo para aqueles e aquelas que lutam, além de sustentar a solidariedade (Bogo, 2012).

Por sua vez, a Liderança Paraná B relata o valor que possui a mística para os camponeses e as camponesas, assinalando que com a mística é possível traduzir os contextos das lutas, vitórias e também derrotas para um plano emocional. Relembra também que a mística está relacionada com a maioria dos momentos da dinâmica dos eventos. Nota-se que, desse modo, por meio das místicas, os camponeses e camponesas também revelam um retrato dos espaços rurais, ajudando a destacar identidades e expressões camponesas e agroecológicas que possuem a capacidade de emocionar as pessoas presentes, como é lembrado por essa liderança (Informação verbal).[14] Cabe assinalar que as místicas e seu papel nos eventos e também para o projeto agroecológico serão retomados com maiores detalhes no capítulo 3, "Místicas das Jornadas de Agroecologia: uma experiência pessoal de encontro com o movimento", deste livro.

O túnel do tempo também cumpre com um papel essencial para o projeto agroecológico. Ajuda com um processo de recuperação, valorização e promoção de identidades e expressões camponesas e agroecológicas ao narrar as trajetórias dos processos de lutas e de resistências dos movimentos sociais. Podemos reconhecer que essa atividade representa a aproximação dessas identidades e expressões, que está formada por um "túnel" decorado com ferramentas, sementes, fotos, maquetes etc., estabelecendo um caminho que é narrado e comentado pela juventude camponesa, responsável por essa atividade (Pessoa, 2020).

[14] Liderança Paraná B. Curitiba, outubro de 2016, entrevista.

Retomando os relatos das lideranças, programações e pesquisa de campo, podemos indicar que o túnel do tempo surge em Cascavel, no sétimo evento da Jornada de Agroecologia. No entanto, essa proposta aparece durante o primeiro evento com a presença de docentes e estudantes de São João do Triunfo. Ernst (2015) assinala que havia um cenário que representava os processos de lutas e resistências camponesas, o que, por sua vez, estimulou a criação de um túnel do tempo para narrar a história desse município e sua relação com a agricultura. Com isso, essa ideia foi posteriormente incluída no projeto agroecológico como proposta pedagógica para a juventude.

Começou então a existir um envolvimento direto da juventude camponesa com o projeto agroecológico e com a promoção dessa atividade pedagógica e coletiva de educação popular, que requer comprometimento da juventude. Em termos práticos, o túnel do tempo é montado em uma tenda no espaço onde é realizado o evento. O interior da tenda está separado por espaços que apresentam temas e períodos diferentes da história brasileira relacionados à agricultura, os quais buscam questionar o projeto do agronegócio e valorizar a Agroecologia e o campesinato. Nota-se que esses processos são narrados e comentados pela juventude, responsável pelas pesquisas e pela elaboração do túnel do tempo.

Dessa maneira, é possível reconhecer que essas atividades que perfazem esse momento ajudam a recuperar, a valorizar e a promover um plano cultural, composto por inúmeros aspectos que colaboram para estimular a justiça social e econômica e a sustentabilidade ambiental.

Feira

A feira é um momento que está presente desde o início do projeto agroecológico. No entanto, só com o passar dos eventos é que começou a receber maior destaque. Cabe indicar que durante os eventos mais recentes a feira mudou de patamar. Esse processo ocorreu, porque a feira era entendida como um espaço social e econômico de venda e compra, bem como um espaço de apresentação da proposta agroecológica e de troca de saberes com a pessoas das cidades. Sua notoriedade passou a ser representada em termos estruturais, ocupando um espaço de amplo movimento durante os eventos recentes na capital do estado do Paraná, a Praça Santos Andrade. Ademais, possui uma área destinada exclusivamente à alimentação, chamada Culinária da Terra.

Devemos reconhecer que a feira é um estímulo para os camponeses e as camponesas, como também para os consumidores e as consumidoras das cidades, de modo que incentiva um comércio solidário de produtos e alimentos agroecológicos, ou seja, é justo em termos sociais e econômicos, além de ser ambientalmente sustentável. Além disso, por serem produtos e alimentos produzidos e comercializados pelos camponeses e pelas camponesas, podemos assinalar que carregam identidades e expressões camponesas, a essência desses atores sociais, somando-se a isso os cuidados que possuem com a natureza e com a vida.

Com isso, a feira termina promovendo os chamados circuitos curtos de comercialização e a venda direta, os quais se opõem às vendas indiretas promovidas pelas redes multinacionais e ajudam a aproximar produtores e produtoras com consumidores e consumidoras. A venda direta é um canal de comercialização que exclui possíveis intermediários e ajuda a aumentar o lucro desses atores. Por outro lado, os consumidores e consumidoras podem acessar alimentos agroecológicos, produzidos de maneira justa em termos sociais e econômicos e ambientalmente sustentáveis.

A feira, dessa maneira, ajuda-nos a colocar em debate o modelo dominante de produção e de consumo de alimentos. Nesse aspecto, podemos retomar a ecologia da produtividade, proposta por Santos (2002), que representa iniciativas que buscam colocar em questionamento o modelo de produção capitalista e revelar os valores de sistemas alternativos de produção, como é o caso das feiras agroecológicas.

Trocas de sementes crioulas

Esse momento possui um aspecto simbólico para os camponeses e as camponesas, levando em conta que as sementes crioulas estão associadas à reprodução da vida social e biológica para esses atores sociais. Terminam reconhecendo-as como um bem material e permitem a produção de alimentos que promovem a segurança alimentar e nutricional como imaterial, já que representam memórias, saberes e cuidados, possuindo dessa maneira inúmeros valores associados (Pessoa, 2020). Por sua vez, podemos assinalar que as sementes crioulas são aquelas sementes melhoradas por meio dos conhecimentos e das técnicas de seleção camponesas e que foram passadas de geração a geração. Representam uma unidade da seleção natural com a seleção social (Petersen, 2007).

É preciso reconhecer que essas sementes possuem um alto valor genético. Altieri e Nicholls (2003) sinalizam que os diferentes manejos camponeses e indígenas ajudam nesse processo devido aos cuidados que esses atores sociais têm com essas sementes. Destacam que nos locais onde há um maior número de camponeses, camponesas e indígenas também há maior biodiversidade, os chamados abrigos genéticos. Cabe indicar que, por possuírem alta diversidade genética, essas sementes possuem a capacidade de se adaptar a diferentes condições naturais, o que gera maior segurança para esses atores sociais (Altieri e Nicholls, 2003).

Reconhecendo o valor dessas sementes crioulas, o projeto agroecológico concede-lhes um papel de destaque. A esse respeito, a Liderança Paraná D assinala: "eu vejo que sem as sementes não dá para fazer Agroecologia e sem ter feira de sementes não dá para fazer a Jornada de Agroecologia. Porque não é só o conhecimento" [*sic*] (Informação verbal).[15] Um ponto que também é sinalizado pela Liderança Paraná C:

> Hoje não tenho dúvida nenhuma que é uma questão central, de certa forma está como uma parte de uma cultura e justamente nós queríamos que transformasse numa cultura consciente no sentido de que tudo que é movimento vai partilhar os componentes que tem da biodiversidade, principalmente sementes e mudas [*sic*]. (Informação verbal)[16]

Desse modo, podemos destacar que as trocas dessas sementes, estimuladas pelo projeto agroecológico, têm ido além dos eventos promovidos. Esse momento estabeleceu uma dinâmica permanente de trocas que evidentemente ajuda a mantê-las, como assinala a Liderança Paraná D:

> Tem uma história de uma mulher vizinha da minha família lá em Santa Catarina... que eu sabia que ela tinha uma cebola, que ela produzia umas cebolas grandes, roxa e coisa assim, mas que ela não passava a semente para ninguém. Eu fui lá visitar e aí ela me deu a cebola e eu plantei para fazer a semente em casa, aqui na horta. Era a cebola que a gente tinha quando era criança, que fazia semente... muda de cebola. Você plantava uma cebola e fazia 10, mas hoje você não acha mais semente ou muda. Esse processo só vai conseguir fazer se alguém levar para Jornada de Agroecologia, senão você não recupera mais isso, por isso que eu acho que na Jornada de Agroecologia a semente é central [*sic*]. (Informação verbal)[17]

Com isso, a troca das sementes crioulas passou a ser um dos momentos mais esperados durante os eventos, devido ao simbolismo que carrega, como é ressaltado pela Liderança Paraná B (Informação verbal).[18] Nota-se que esse é um ato que vai além das

---

15 Liderança Paraná D. Curitiba, maio de 2016, entrevista.

16 Liderança Paraná C. Curitiba, maio de 2016, entrevista.

17 Liderança Paraná D. Curitiba, maio de 2016, entrevista.

18 Liderança Paraná B. Curitiba, outubro 2016, entrevista.

simples trocas de sementes. Está associado às trocas de patrimônios, que passam a dar lugar à vida e que contêm memórias, saberes e cuidados.

Cabe assinalar que durante as trocas de sementes crioulas também são realizados a mística e um pronunciamento, quando os camponeses e as camponesas assumem o compromisso de cuidar das sementes e levá-las para os próximos eventos. Estabelece-se assim um ciclo, como é destacado pela Liderança Paraná B (Informação verbal).[19] No capítulo 2 deste livro ("Jornada de Agroecologia: a formação e a trajetória de um projeto agroecológico no estado do Paraná"), é possível entender mais sobre a mística realizada durante as trocas de sementes.

Assim, além do caráter simbólico relacionado às sementes e às características genéticas que possuem, elas também carregam um caráter político que é essencial e que é promovido por esse projeto agroecológico, o qual pode ser analisado sob a luz da ecologia política. Podemos assinalar que têm sido promovidos processos de luta e resistência em oposição à apropriação e à capitalização das sementes pelas multinacionais. Cabe lembrar, nesse caso, a ocupação da área da Monsanto após o evento, em 2003, área esta transformada no Centro Chico Mendes de Agroecologia, e a ocupação da área da Syngenta, em 2006.

Elaboração da carta e ato político

Na maioria dos eventos, esse momento procura encerrar o evento em questão apresentando um balanço do projeto agroecológico e das demandas camponesas e agroecológicas para a sociedade e autoridades. Normalmente, está separado em duas etapas: primeiro, ocorre um debate e a subsequente redação de uma carta política,

---

19 Liderança Paraná B. Curitiba, outubro 2016, entrevista.

atividade que é realizada pelas lideranças do projeto agroecológico, para que no próximo momento seja realizada a leitura do documento a todas as pessoas presentes no ato (Pessoa, 2020).

Devemos reconhecer que esse documento possui um valor simbólico e político essencial para o projeto agroecológico, pois coloca em manifesto o questionamento ao projeto dominante do agronegócio, assim como demanda medidas das autoridades em prol de uma sociedade justa em termos sociais e econômicos e que seja sustentável ambientalmente. É possível notar, no relato a seguir, o valor simbólico e político do documento.

> Esse documento é importante porque a Jornada de Agroecologia sempre atacava o agronegócio e as transnacionais na sua ação direta, ela dialogava com a sociedade nas manifestações públicas, como na marcha da Jornada de Agroecologia, mas ela incidia sobre o Estado quando fazia esses documentos. A Jornada de Agroecologia não tinha essa perspectiva de somente mudar o jeito de fazer agricultura no campo, mudar as práticas de agricultura para passar para a Agroecologia e acabar aí, tinha essa dimensão política de incidir sobre o Estado [*sic*]. (Informação verbal)[20]

Em termos práticos, podemos assinalar que esses documentos possuem um modelo que apresenta diferenças segundo a conjuntura nacional de cada ano. No entanto, procuram revelar os pontos tratados diretamente durante os eventos, mas que estão na pauta do projeto agroecológico. Em suma, é possível destacar que esses pontos estão relacionados com o questionamento e com a denúncia ao projeto do agronegócio e ao neoliberalismo e com a busca por valorizar e promover a Agroecologia e o campesinato (Pessoa, 2020).

Considerações finais

Neste texto, procuramos apresentar e analisar os atores sociais, a organização e a estrutura da Jornada de Agroecologia, que sur-

20 Liderança Paraná D. Curitiba, maio de 2016, entrevista.

giu na década de 2000 no estado do Paraná. Podemos assinalar que o MST é um dos principais protagonistas da organização da Jornada de Agroecologia, embora ela seja articulada de maneira conjunta por inúmeros atores sociais, como os movimentos sociais que representam os camponeses e as camponesas, assentados e assentadas, acampados e acampadas; os pesquisadores e pesquisadoras, técnicos e técnicas, docentes e estudantes; as organizações da sociedade civil; e os representantes e as representantes de órgãos governamentais. Cumprem com um papel essencial no processo de fomento da Jornada de Agroecologia e na formação de um projeto agroecológico, promovendo a Agroecologia e o campesinato no estado do Paraná.

De modo conjunto, esses atores sociais construíram as Jornadas, estruturando a dinâmica dos eventos que os sustentam em termos materiais e simbólicos. Essa dinâmica, por sua vez, é formada pelos denominados "momentos", a saber: a marcha; as conferências e seminários temáticos; as oficinas agroecológicas; as trocas de sementes crioulas; a valorização das identidades e das expressões camponesas e ecológicas; a feira; e a elaboração da carta e do ato político. Dessa maneira, esses momentos cumprem com um objetivo prático ao promover as ferramentas que ajudam a colocar em questionamento a agricultura capitalista, bem como ajudam a fomentar alternativas por meio de um saber-fazer Agroecologia. Cumprem também com um objetivo simbólico, ao recuperar e revelar elementos e memórias camponesas.

Ressaltamos que a Jornada de Agroecologia, organizada segundo os interesses estratégicos de atores representantes de movimentos sociais revela-se como uma das maiores mobilizações de construção de um projeto agroecológico, com capacidade de estimular as condições para a recuperação e criação de conhecimentos e práticas camponesas e agroecológicas.

Quadro 1 – Atores participantes dos eventos da Jornada de Agroecologia

Atores	Eventos																	
	1	2	3	4	5	6	7	8	9	10	11	12	13	14	15	16	17	18
ABAI (Associação Brasileira de Amparo à Infância)														X	X	X	X	X
ADAF (Associação para o Desenvolvimento da Agricultura Familiar)	X	X																
APP SINDICATO	X	X													X	X	X	X
Associação de Agricultura Orgânica do Paraná (AOPA)	X	X	X	X	X			X	X					X	X	X	X	X
Agricultura Familiar e Agroecologia (AS-PTA)	X	X	X	X				X	X					X	X	X	X	X
Associação de Estudos, Orientação e Assistência Técnica Rural (ASSESOAR)	X	X	X	X	X	X	X	X	X	X	X	X	X	X	X	X	X	X
Associação de Reflexão e Ação Social de Maringá												X	X					
Articulação Estadual pela Articulação no Campo												X	X	X	X	X	X	X
Centro de Formação Irmã Araújo (CEFURIA)												X	X		X	X	X	X
Centro de Apoio e Promoção da Agroecologia (CAPA)		X	X	X	X			X	X					X	X	X	X	X
Centro Missionário de Apoio ao Campesinato (CEMPO)							X	X	X	X	X	X	X	X	X	X	X	X
Comunidades Tradicionais				X	X	X	X	X	X	X	X	X	X	X	X	X	X	X
Comissão Pastoral da Terra (CPT)	X	X	X	X	X	X	X	X	X	X	X	X	X	X	X	X	X	X
CPRA (Centro Paranaense de Referência em Agroecologia)														X	X	X	X	X
CRABI (Comissão Regional dos Atingidos por Barragens do Rio Iguaçu)				X	X	X	X											
CRESOL COOPERATIVA		X	X	X				X	X					X	X	X	X	
Departamento de Estudos Socioeconômicos Rurais (DESER)	X	X	X	X														
ENCONTRA (Coletivo de Estudos sobre o Conflito de Território e da Terra)														X	X	X	X	X
Escola Latino-Americana de Agroecologia (ELAA)					X	X	X	X	X	X	X	X	X	X	X	X	X	X
Escola Milton Santos de Agroecologia										X	X	X	X	X	X	X	X	X
Federação dos Estudantes de Agronomia do Brasil (FEAB)	X	X	X	X	X	X	X	X	X	X	X	X	X				X	
Federação dos Trabalhadores da Agricultura Familiar (FETRAF-SUL)	X	X	X	X				X	X					X	X	X		
Fóruns Regionais	X	X	X	X				X	X									
Grupos de Agroecologia de Ponta Grossa	X	X	X															
Grupos de Agroecologia de Maringá												X	X					
Grupos de Agroecologia de Londrina										X	X							

IAPAR (Instituto Agronômico do Paraná)														■	■	■	■	■
IAF (Instituto Ambiental do Paraná)	■	■	■	■														
Instituto Equipe de Educadores Populares (IEEP)			■	■	■	■	■	■	■	■	■	■	■	■	■	■	■	■
Movimento dos Atingidos por Barragens (MAB)	■	■	■	■	■	■	■	■	■	■	■	■	■	■	■	■	■	■
Movimento de Mulheres Camponesas (MMC)			■	■	■	■	■	■	■	■	■	■	■	■	■	■	■	■
Movimento dos Pequenos Agricultores (MPA)	■	■	■	■	■	■	■	■	■	■	■	■	■	■	■	■	■	■
Movimento dos Trabalhadores Rurais Sem Terra (MST)	■	■	■	■	■	■	■	■	■	■	■	■	■	■	■	■	■	■
Núcleo de Agroecologia e Desenvolvimento Sustentável													■					
OMTR (Associação de Mulheres Trabalhadoras Rurais)	■	■	■	■	■	■	■											
Pastoral da Juventude Rural (PJR)	■	■	■	■	■	■	■	■										
Rede de Economia Solidária														■	■	■	■	■
Rede Ecovida	■	■	■	■			■	■	■	■	■	■	■	■	■	■	■	■
RURECO (Fundação Desen. da Econ. Rural da Região Centro-Oeste do Paraná)	■	■	■	■														
Sindicatos dos Trabalhadores Rurais (STR)	■	■	■	■	■	■	■	■	■	■	■	■	■	■	■	■	■	■
Sindicato dos Engenheiros de Maringá												■	■					
Governo Municipal de Londrina		■																
Governo Municipal de Maringá		■																
Governo Municipal de Palmeira		■																
Governo Municipal de Ponta Grossa		■																
RESA (Rede Sementes da Agroecologia)														■	■	■	■	■
Terra de Direitos	■	■	■	■	■	■	■	■	■	■	■	■	■	■	■	■	■	■
Universidade Estadual de Londrina (UEL)										■	■							
Via Campesina*					■	■	■	■	■	■	■	■	■	■	■	■	■	■

Fonte: Pesquisa de campo.

Eventos: 1 a 3 (2002 a 2004): Ponta Grossa; 4 a 7 (2005 a 2008): Cascavel; 8 e 9 (2009 e 2010): Francisco Beltrão; 10 e 11 (2011 e 2012): Londrina; 12 e 13 (2013 e 2014): Maringá; 14 (2015): Irati; 15 e 16 (2016 e 2017): Lapa; 17 e 18 (2018 e 2019): Curitiba. 2020 e 2021: Não houve eventos em função da pandemia.

*Via Campesina: organização formada por um conjunto de entidades (MST, MPA, MAB, MMC), mais a CPT, PJR, CEMPO, FEAB, Escola Latina, IEEP e Terra de Direitos.

Referências

ALTIERI, Miguel A.; NICHOLLS, Clara I. Sementes nativas: patrimônio da humanidade essencial para a integridade cultural e ecológica da agricultura camponesa. *In:* CARVALHO, Horácio Martins (org.) *Sementes*: patrimônio do povo a serviço da humanidade. São Paulo: Expressão Popular, 2003.

AMADEU, Maria Simone Utida dos Santos; *et al. Manual de normalização de documentos científicos de acordo com as normas da ABNT.* Curitiba: Editora UFPR, 2017.

BOGO, Ademar. Mística. *In:* CALDART, Roseli Salete *et al.* (org.) *Dicionário da Educação do Campo.* Rio de Janeiro; São Paulo: Escola Politécnica de Saúde Joaquim Venâncio/Expressão Popular, 2012.

BRANDENBURG, Alfio. A colonização do mundo rural e a emergência de novos atores. *Ruris*, v. 4, n. 1, p. 167-194, 2010.

CHAVES, Christine de Alencar. *A marcha nacional dos sem-terra.* Um estudo sobre a fabricação do social. Rio de Janeiro: Relume Dumará, 2000.

ERNST, Priscila. Túnel do Tempo sobre a Guerra do Contestado encanta visitantes. Jornada de Agroecologia, 2015.

GOHN, Maria da Gloria. *Novas teorias dos movimentos sociais.* São Paulo: Edições Loyola, 2014.

IBGE. Censo Agropecuário 2017. Rio de Janeiro: IBGE, 2019. Disponível em: https://sidra.ibge.gov.br/pesquisa/censo-agropecuario/censo-agropecuario-2017. Acesso em: 25 mar. 2020.

JORNADA DE AGROECOLOGIA. Programação: 6ª Jornada de Agroecologia. Cascavel, 2007.

JORNADA DE AGROECOLOGIA. Programação: 7ª Jornada de Agroecologia. Cascavel, 2008.

JORNADA DE AGROECOLOGIA. Programação: 8ª Jornada de Agroecologia. Francisco Beltrão, 2009.

JORNADA DE AGROECOLOGIA. Programação: 9ª Jornada de Agroecologia. Francisco Beltrão, 2010.

JORNADA DE AGROECOLOGIA. Programação: 10ª Jornada de Agroecologia. Londrina, 2011.

JORNADA DE AGROECOLOGIA. Programação: 12ª Jornada de Agroecologia. Maringá, 2013.

JORNADA DE AGROECOLOGIA. Programação: 13ª Jornada de Agroecologia. Maringá, 2014.

JORNADA DE AGROECOLOGIA. Programação: 14ª Jornada de Agroecologia. Irati, 2015.

JORNADA DE AGROECOLOGIA. Programação: 15ª Jornada de Agroecologia. Lapa, 2016.

JORNADA DE AGROECOLOGIA. Programação: 16ª Jornada de Agroecologia. Lapa, 2017.

JORNADA DE AGROECOLOGIA. Programação: 17ª Jornada de Agroecologia. Curitiba, 2018.

JORNADA DE AGROECOLOGIA. Programação: 18ª Jornada de Agroecologia. Curitiba, 2019.

MIRANDA, Roberto de Sousa; CUNHA, Luis Henrique Hermínio. A estrutura organizacional do MST: lógica política e lógica prática. *In: Caderno CRH*, v. 26, n. 68, p. 363-376, 2013.

PESSOA, Kauê. *Agriculturas em disputa*: a Jornada de Agroecologia como expressão de um projeto agroecológico no Paraná. 2020. 304f. Tese (Doutorado em Sociologia) – Setor de Ciências Humanas, Universidade Federal do Paraná, Curitiba, 2020.

PETERSEN, Paulo. Editorial. *Revista Agriculturas*, v. 4, n. 3, p. 2, 2007.

SANTOS, Boaventura de Sousa. Para uma sociologia das ausências e uma sociologia das emergências. *Revista Crítica de Ciências Sociais*, n. 63, p. 237-280, 2002.

TERRA DE DIREITOS. Encerramento da 5ª Jornada de Agroecologia reafirma necessidade de mudança da matriz de produção. Terra de Direitos, 2006. Disponível em: https:terradedireitos.org.br/noticias/noticias/encerramento-da-5-jornada-de--Agroecologia-reafirma-necessidade-de-mudanca-da-matriz-de-producao/437. Acesso em: 3 maio 2020.

TOURAINE, Alain. *Um novo paradigma*: para compreender o mundo de hoje. Petrópolis: Vozes, 2006.

WANDERLEY, Maria Nazareth Baudel. *O mundo rural como um espaço de vida.* Reflexões sobre a propriedade da terra, agricultura familiar e ruralidade. Porto Alegre: Editora UFRGS, 2009.

Jornada de Agroecologia: a formação e a trajetória de um projeto agroecológico no estado do Paraná[1]

Kauê Pessoa
Alfio Brandenburg

Introdução

O presente trabalho é resultado da pesquisa de doutorado que realizamos durante os anos de 2016 a 2020. Possui como tema a Jornada de Agroecologia do Paraná. Podemos entendê-la como a expressão de um projeto agroecológico fomentado no estado do Paraná em resistência e como alternativa à agricultura capitalista, que se apresenta atualmente sob a dinâmica do projeto do agronegócio. Esse paradigma da agricultura está sustentado por uma narrativa dominante que tem revelado inúmeros âmbitos de colonialidade, dos quais podemos destacar a colonialidade do poder (Quijano, 2000), a colonialidade do saber (Lander, 2000), a colonialidade do ser (Maldonado-Torres, 2007) e a colonialidade da natureza (Alimonda, 2011).

1 Este texto foi elaborado com base na tese de doutorado intitulada *Agriculturas em disputa: a Jornada de Agroecologia como expressão de um projeto agroecológico no Paraná* (Pessoa, 2020), defendida em 2020, no Programa de Pós-Graduação em Sociologia da Universidade Federal do Paraná (UFPR), sob a orientação de Alfio Brandenburg. O presente trabalho foi realizado com apoio da Coordenação de Aperfeiçoamento de Pessoal de Nível Superior – Brasil (Capes) – Código de Financiamento 001. Uma primeira versão reduzida deste texto foi publicada na revista *Estudos Sociedade e Agricultura* (Pessoa e Brandenburg, 2022).

Nesse caso, podemos assinalar que a dinâmica estabelecida pelo projeto do agronegócio tem provocado mudanças nos espaços rurais a partir da sua territorialização. Em termos sociais, como nas relações de trabalho, tem condicionado trabalhadores e trabalhadoras a uma crescente precarização e proletarização, ampliando a pobreza nos espaços rurais e nas cidades (Canuto, 2004). Em termos ambientais, podemos indicar uma crescente desnaturalização e mercantilização da natureza, que tem ajudado a aumentar a crise ambiental (Leff, 2004). Ademais, tem colaborado com um aumento nos níveis de insegurança alimentar (Paula, 2017), intoxicado pessoas e animais e contaminado solos e alimentos pelo uso de agrotóxicos (Londres, 2011; Carneiro *et al.*, 2015). No entanto, como resposta à agricultura capitalista e aos impactos que tem ocasionado, surgem processos de lutas e resistências sociais e ambientais que, sob a ótica do pensamento decolonial e da ecologia política, entendemos que procuram proteger territórios e vidas. O projeto agroecológico que é gestado pela Jornada de Agroecologia é um exemplo-chave nesse aspecto.

Assim, mobilizamos as perspectivas do pensamento decolonial e da ecologia política para apresentar e analisar a trajetória e a formação do projeto agroecológico no estado do Paraná por meio da Jornada de Agroecologia. De maneira complementar a essas perspectivas, recorremos aos pressupostos das sociologias das ausências e das emergências destacadas por Santos (2002), que fomentam condições para recuperar experiências sociais ocultadas e desperdiçadas, bem como para o surgimento de novas experiências sociais. Compreendemos, assim, que essas perspectivas, apesar de possuírem suas singularidades, são complementares.

Em suma, podemos destacar que o pensamento decolonial, que pode ser entendido como um "modo diferente de pensamento" (Escobar, 2003), disponibiliza elementos que nos ajudam a compreender e colocar em questionamento a racionalidade da modernidade-colonialidade, que é dominante e está presente em inúmeros níveis da vida cotidiana e, assim, a promover um giro decolonial (Maldonado-Torres, 2008). A ecologia política, por sua vez também está relacionada com processos de questionamentos e atuações sociais. Nesse aspecto, contudo, os processos estão associados às apropriações e explorações socioambientais realizadas por protagonistas dessa racionalidade dominante, de maneira que também contribuem para compreendermos os processos de lutas e resistências dos atores sociais impactados por aspectos da colonialidade, que buscam o que Leff (2004) ressalta como reapropriação social da natureza. Dessa maneira, à luz dessas perspectivas, entendemos ser possível examinar e compreender o processo de formação desse projeto agroecológico por meio da Jornada de Agroecologia.

Desse modo, o trabalho está composto por três seções, além desta introdução e da posterior conclusão. Na primeira seção, revelamos o surgimento do projeto agroecológico, apresentando as etapas desse momento, culminando na criação da Jornada de Agroecologia na década de 2000. Na segunda seção, apresentamos o manifesto e os símbolos do projeto agroecológico, que comunica seus valores associados. Finalmente, na terceira seção, apresentamos e examinamos a trajetória e a formação do projeto agroecológico por meio da Jornada de Agroecologia.

O surgimento do projeto agroecológico

O caminho que levou ao surgimento do projeto agroecológico que destacamos começou a tomar forma durante o ano de 2001 e está relacionado a momentos ou passos complementares. Devemos aclarar que, embora os passos indicados possam comunicar uma ideia de continuidade ou simplicidade, é preciso reconhecer as complexidades e as disputas que ocorreram durante todo esse processo (Pessoa, 2020).

O primeiro deles está diretamente associado ao interesse de uma equipe de técnicos e técnicas municipais de Ponta Grossa em estimular a Agroecologia em uma comunidade rural chamada Itaiacoca,[2] que possuía problemas sociais, econômicos e ambientais. Com esse objetivo, a equipe entrou em contato com a associação AS-PTA para que ela elaborasse um projeto técnico indicando maneiras de estimular a Agroecologia no município. Teve início, dessa maneira, a união desses dois atores institucionais com o intuito de elaborarem uma política municipal de Agroecologia. À medida que os trabalhos avançaram, as conversas sobre a conjuntura da Agroecologia no estado do Paraná foram ganhando espaço, de modo que surgiu um argumento em comum, ou seja, a necessidade de ampliar as iniciativas agroecológicas no Paraná, bem como colocar em contato as iniciativas que dispunham de uma trajetória (Informação verbal).[3]

É essencial relembrar que até aquele momento, no início da década de 2000, as iniciativas agroecológicas no estado do Paraná eram localizadas e possuíam limitações, ainda que, é preciso reconhecer, tivessem evidente valor (Informação verbal).[4] Nesse caminho, a Liderança Paraná A comenta que as iniciativas de "agricultura alternativa" – modo como menciona – além de serem

2 Associados à Secretaria Municipal de Agricultura, Pecuária e Abastecimento.

3 Liderança Paraná B. Curitiba, outubro de 2016, entrevista. Para manter o anonimato das pessoas entrevistadas, que representam os atores-chave do projeto agroecológico, usamos o termo Liderança Paraná, seguido por uma letra. A intenção é escapar da ideia de hierarquia. Ademais, citamos as entrevistas como "informação verbal", destacando com uma nota de rodapé com as informações necessárias, como devem ser citadas as entrevistas não publicadas conforme as normas ABNT, de acordo com Amadeu *et al.* (2017).

4 Liderança Paraná B. Curitiba, outubro de 2016, entrevista.

pontuais, eram direcionadas em maior medida desde um caráter técnico, ou seja, não possuíam um caráter massivo e popular (Informação verbal).[5]

Para a Liderança Paraná B, o interesse em comum desses atores sociais, somado ao apoio do governo municipal, ajudou a projetar uma proposta que podia reunir os atores sociais comprometidos com a Agroecologia e com o campesinato no estado do Paraná. Como um segundo passo, foi preciso promover esse interesse e acionar novos atores. Nesse caminho, podemos destacar que o PT do Paraná começou a colaborar com essa proposta e a desempenhar um papel essencial, ajudando a reunir representantes dos movimentos sociais paranaenses em torno da bandeira da Agroecologia e do campesinato (Informação verbal).[6] Nesse aspecto, cabe destacar que a Liderança Paraná D nos relembra que durante aquele momento o PT soía realizar debates sobre a territorialização do capital na agricultura e os impactos desse processo sobre os camponeses e camponesas paranaenses. Além disso, também vale lembrar um ponto de destaque: candidatos e candidatas petistas haviam sido eleitos nas eleições municipais de 2000 e começaram a indicar pessoas ligadas às demandas camponesas para comporem as secretarias municipais de agricultura, o que evidentemente ajudou nesse processo (Informação verbal).[7]

A Liderança Paraná B destaca que o envolvimento desses atores sociais com a proposta permitiu dar um terceiro passo nesse caminho, que estava direcionado ao surgimento do projeto agroecológico: o método de atuação. Dessa maneira, apresentaram-se duas propostas: a criação de um congresso de Agroecolo-

5 Liderança Paraná A. Curitiba, agosto de 2016, entrevista.

6 Liderança Paraná B. Curitiba, outubro de 2016, entrevista.

7 Liderança Paraná D. Curitiba, maio de 2016, entrevista.

gia, colocando em destaque um caráter acadêmico;[8] e a criação de um projeto popular e massivo reunindo aqueles movimentos sociais e atores socais comprometidos com a Agroecologia e com o campesinato no estado do Paraná (Informação verbal).[9]

Um passo relatado pela Liderança Paraná B:

> Foi estabelecido nessa reunião dois caminhos possíveis: aquele que era defendido pelo [...] para nós realizarmos no Paraná um congresso de Agroecologia, um congresso acadêmico que priorizaria mais esse nível da elaboração da Agroecologia; e eu que defendi a ideia de que nós deveríamos gerar um processo de articulação massiva do movimento camponês de base agroecológica. Aí é lógico que na Secretaria Agrária [do PT] todo mundo aderiu a essa proposta. Mas de qualquer maneira, a gente manteve [esboçar a proposta]. O [...] elaborou uma proposta do congresso e eu da Jornada de Agroecologia. Eu já propunha como Jornada de Agroecologia mesmo, para dar essa ideia de processo permanente e contínuo e que o encontro estadual seria um momento, não é como um congresso que é um evento. O que que aconteceu? Eles levaram [as propostas] para uma reunião do Diretório Estadual do PT que aconteceu em Londrina e apresentaram as duas, e a proposta da Jornada de Agroecologia venceu [*sic*]. (Informação verbal).[10]

Nesse aspecto, a Liderança Paraná C nos relatou que havia um entendimento em comum de que a necessidade naquele momento era de promover um projeto popular e massivo que pudesse somar atores. Avaliava-se que realizar um congresso poderia ser um modo de limitar a Agroecologia somente para determinados atores sociais (Informação verbal).[11] Assim, podemos entender que se colocou em debate a Agroecologia que queriam promover, entendimento que é possível analisar a seguir:

> Ela tinha que ser a expressão de todas as forças de trabalhadores do campo. A Jornada de Agroecologia tinha que ser das diversas frações da

8 Na década de 1990 e início da década de 2000, foram realizados congressos acadêmicos cujo tema central era Agroecologia.

9 Liderança Paraná B. Curitiba, outubro de 2016, entrevista.

10 Liderança Paraná B. Curitiba, outubro de 2016, entrevista.

11 Liderança Paraná C. Curitiba, maio de 2016, entrevista.

> classe camponesa, essa era a ideia. Desde o começo teve uma questão de princípio, que era muito importante. Na sua fase inicial, a Jornada de Agroecologia tinha um pouco o embate: a Agroecologia é de quem? Quem tem que fazer a Agroecologia? Tinha um debate: é possível fazer uma Agroecologia massiva ou a Agroecologia é de alguns produtores, de alguns agrônomos, de alguns sabidos, de alguns cientistas? Tinha esse debate que no fundo representava o período que vinha, porque tinha algumas experiências pontuais de Agroecologia [*sic*]. (Informação verbal).[12]

Ademais, para a Liderança citada, a Agroecologia somente se enraizaria se fosse tomada como um movimento político-social e cultural protagonizado pelos camponeses e camponesas, como podemos observar a seguir:

> A Jornada de Agroecologia vem um pouco com essa filosofia: "– Não! Para a gente derrotar a matriz transgênica das grandes empresas tem que ser uma ação massiva, tem que ser um fenômeno de massa, aderido pelos camponeses, camponeses diversos; camponeses da reforma agrária, familiar, todo mundo". Tem que ser um movimento massivo, não pode ser um movimento de meia dúzia ou de alguns. Isso entrou no debate da Jornada de Agroecologia como uma questão central. No seu período histórico, esse foi o grande acerto, do ponto de vista de ter historicamente madurado, amadurecido e visualizado de que para enraizar uma matriz tem que ser parte do desejo, da vontade dos camponeses. Por que senão como você vai fazer a Agroecologia? De certa forma isso foi muito positivo, no sentido de que a Agroecologia só se enraizaria se fosse um movimento social, político, cultural, que essencialmente quem? Os agricultores. Eles que têm que ser os cientistas no sentido de praticar a Agroecologia [*sic*]. (Informação verbal).[13]

Desse modo, podemos reconhecer que o surgimento desse projeto agroecológico, popular e massivo, que culmina na Jornada de Agroecologia, uma materialização desse projeto, está associado às demandas e aos interesses de atores sociais comprometidos com a Agroecologia e com o campesinato no estado do Paraná, de modo que também é preciso reconhecer que essa é uma proposta pioneira, na qual devemos caracterizar como resposta à agricultura

12 Liderança Paraná C. Curitiba, maio de 2016, entrevista.

13 Liderança Paraná C. Curitiba, maio de 2016, entrevista.

capitalista. A proposta pioneira da Agroecologia tem a capacidade de reunir um conjunto de atores sociais, sobretudo os que historicamente têm sido silenciados pela racionalidade dominante e que assumem o protagonismo do projeto (Pessoa, 2020).

Manifesto e símbolos: valores associados ao projeto agroecológico

Com o envolvimento de demais atores sociais e um método de atuação determinado, era momento de colocar o projeto em atividade e levá-lo adiante. Nesse aspecto, a Liderança Paraná B nos menciona que a primeira medida tomada pela equipe recém-estabelecida foi elaborar um manifesto para poder delimitá-lo politicamente e representar a sua unidade e diversidade,[14] como também para promovê-lo (Informação verbal).[15]

Em síntese, é possível destacar que o manifesto nos revela o entendimento que possuíam os atores sociais protagonistas desse

14 Quanto a esse aspecto, a Liderança Paraná B nos relata: "Aí a gente então define fazer o primeiro encontro, esse coletivo vai se reunindo com certa periodicidade para construir a metodologia, o programa, os conferencistas. Esse coletivo aqui que vem se reunindo em 2001 e passa a ter representantes, um ou dois de cada organização, que vai criar o que a gente denomina de coordenação da Jornada de Agroecologia. Esse grupo tem reuniões periódicas, depois do lançamento do manifesto, ele passa a ter reuniões mais ou menos mensais para discutir o programa, a metodologia, o local, a formação das equipes, arrumar dinheiro, infraestrutura. O coletivo se reunia mesmo, eram reuniões todas em Ponta Grossa, porque aí o evento iria ser lá, a gente tinha que se deslocar de onde fosse para ir para lá. Aí monta o programa, a mobilização social de cada organização, cada uma era responsável né, encher o ônibus de gente, arrumar semente, toda a atividade que iria ter na Jornada, cada um tinha as suas obrigações. As reuniões eram de dois dias, cara – era muito legal os debates, as propostas vinham de um lado, vinham de outro, fazia trabalho de grupo, voltava, era um processo muito bonito de construção coletiva. Então, quando a gente realiza o primeiro encontro em Ponta Grossa, em 2002, esse grupo se firma mais porque a gente reuniu muito mais gente do que esperava [...]" [*sic*] (Informação Verbal, Liderança Paraná B. Curitiba, outubro de 2016, entrevista).

15 Liderança Paraná B. Curitiba, outubro de 2016, entrevista.

projeto agroecológico quanto ao contexto econômico, social e ambiental daquele momento (Pessoa, 2020). Nesse caso, nós podemos reconhecer dois aspectos do manifesto: uma oposição à agricultura capitalista, que é colocada em destaque, com o questionamento dos interesses dos seus e suas protagonistas; e a dinâmica que é promovida por esse modelo, com sua crescente territorialização e uso de tecnologias mecânicas, químicas e biológicas determinadas, sem deixar de mencionar os impactos provocados por tal modelo como um aumento da desigualdade social e econômica e da degradação ambiental. Também se colocou em destaque a necessidade de estimular um saber-fazer agricultura diferente, que fosse baseado em narrativas e manejos que promovessem a sustentabilidade ambiental e a justiça social e econômica. Nota-se, com esse manifesto, que o projeto revela internamente seus objetivos e direcionamentos, mas também revela para a sociedade suas bandeiras e demandas (Jornada Paranaense de Agroecologia, 2002).

Após ter sido elaborado e aprovado, o manifesto precisava ser apresentado à sociedade, o que também era entendido como uma maneira de lançar o projeto agroecológico. Para lançá-lo, a Liderança Paraná B relata que foi realizado um evento de Agroecologia na comunidade rural de Itaiacoca, em Ponta Grossa. Um evento tomado como um ato simbólico, que contou com a presença de inúmeros atores sociais, e durante o qual se destacou o compromisso com o reconhecimento e com a promoção da Agroecologia e do campesinato, assim como se comunicou que seria realizada a primeira edição de um evento pioneiro de Agroecologia: a Jornada Paranaense de Agroecologia (Informação verbal).[16]

Cabe destacar que, além do manifesto, era preciso estabelecer os símbolos do projeto agroecológico como um modo de

16 Liderança Paraná B. Curitiba, outubro de 2016, entrevista.

representá-lo. Foram elaborados dois símbolos com a intenção de representar e de comunicar os valores associados com o projeto, símbolos caracterizados como uma identidade visual e como um lema (Pessoa, 2020). Stedile e Fernandes (2005), por sua vez, relatam que os símbolos possuem uma capacidade de unir os atores sociais e estabelecer uma identidade, um ponto essencial, e que devemos ter isso em conta.

Quanto aos símbolos em si, nós podemos retomar a Liderança Paraná B. Ela pontua que a intenção da identidade visual era promover o aspecto visual, associar o projeto a uma imagem. Quanto à imagem, segundo a Liderança, buscou-se elaborar algo que pudesse relacionar e representar a natureza e os símbolos do estado do Paraná (Informação verbal).[17] Podemos ver esse processo relatado a seguir:

> A outra discussão importante é a simbologia. Para nós chegarmos nessa gralha aqui foi um negócio muito legal. Nós falamos: '– Ó, nós temos que criar um símbolo. Como é que nós vamos reportar simbolicamente?' Aí a gente começou as discussões na coordenação e aparece essa ideia: '– O Paraná tem o pinheiro e tem a gralha azul como símbolos. A gralha azul e o pinheiro são parte de um fenômeno ecológico importante'. E aí começa a discussão e vai, vai, e aí aprova, com a representação da araucária e a representação da gralha [*sic*]. (Informação verbal).[18]

Podemos notar, a seguir, que a identidade visual elaborada para o projeto agroecológico, usada atualmente, revela um jogo de imagem, como nos relata a Liderança:

> A gente falou: '– Vamos fazer um desenho mais estilizado, mais contemporâneo, em que a gralha a princípio você olha e vê um pinhão; e quando você olha o pinhão você vê a gralha'. Era para dar essa coisa mesmo do mutualismo que eles realizam na natureza" [*sic*]. (Informação verbal).[19]

---

17 Liderança Paraná B. Curitiba, outubro de 2016, entrevista.

18 Liderança Paraná B. Curitiba, outubro de 2016, entrevista.

19 Liderança Paraná B. Curitiba, outubro de 2016, entrevista.

Figura 1: Identidade visual do Projeto Agroecológico

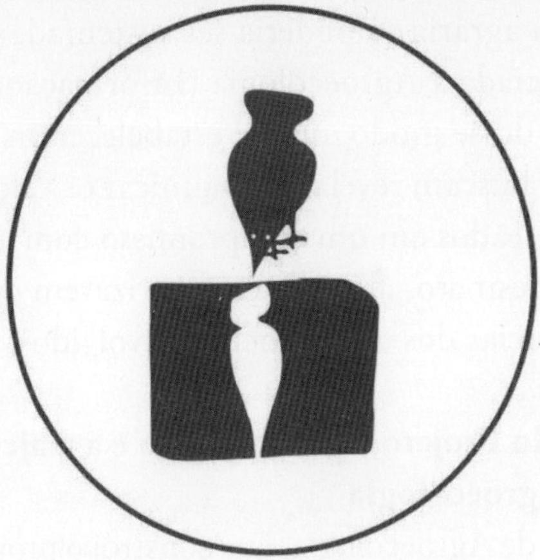

Fonte: Adaptado do site de Jornada de Agroecologia

Quanto ao lema, a intenção naquele momento estava em relacionar dois elementos, que também estavam presentes no manifesto: colocar em questionamento a agricultura capitalista e suas tecnologias; e a necessidade de recuperar e estimular um saber-fazer agricultura diferente e impulsionar as lutas pelo acesso à terra, que é uma reconhecida demanda de camponeses e camponesas. Desse modo, elaborou-se o seguinte lema: "Jornada de Agroecologia: terra livre de transgênicos e sem agrotóxicos" (Informação verbal).[20] Porém, a Liderança Paraná D relembra que determinados atores relutaram em aceitar esse lema por não entenderem o caráter político que carrega o projeto agroecológico, ainda que o lema procure destacar que sem a terra não é possível promover a Agroecologia (Informação verbal).[21] Esse aspecto também é colocado em destaque pela

20 Liderança Paraná B. Curitiba, outubro de 2016, entrevista.

21 Liderança Paraná D. Curitiba, maio de 2016, entrevista.

Liderança Paraná A, que indicou que há um entendimento de que a reforma agrária só poderia ser sustentada atualmente se estivesse associada à Agroecologia (Informação verbal).[22] Podemos notar, desse modo, que se estabeleceram dois símbolos essenciais que buscam revelar e comunicar os valores associados ao projeto, baseados em um compromisso com a Agroecologia e com o campesinato, além de caracterizarem os processos de lutas e resistências dos atores sociais envolvidos.

A formação do Projeto Agroecológico e a trajetória da Jornada de Agroecologia

A Jornada de Agroecologia, que constrói o projeto agroecológico, está associada às demandas e aos interesses de atores sociais comprometidos com a Agroecologia e com o campesinato no estado do Paraná. Teve seu primeiro evento em 2002, e foram realizados eventos anualmente até o ano de 2019. Durante esses anos, a Jornada de Agroecologia passou por diferentes etapas, disputas e municípios, que possuem características históricas, político-sociais, culturais, econômicas e ambientais particulares, ajudando a definir a trajetória do projeto agroecológico. Não podemos esquecer de mencionar os apoios, interesses, capacidades e disposições dos atores locais em receber o projeto e realizar um ou mais eventos da Jornada de Agroecologia. No quadro a seguir, elencamos esses municípios, além de ressaltarmos o ano de cada edição e o número de participantes.

22 Liderança Paraná A. Curitiba, agosto de 2016, entrevista.

Quadro 1 – Municípios onde ocorreram eventos da Jornada de Agroecologia

Edição	Município	Ano	Participantes
1ª	Ponta Grossa	2002	3 mil
2ª	Ponta Grossa	2003	4 mil
3ª	Ponta Grossa	2004	5 mil
4ª	Cascavel	2005	6 mil
5ª	Cascavel	2006	5 mil
6ª	Cascavel	2007	5 mil
7ª	Cascavel	2008	3,5 mil
8ª	Francisco Beltrão	2009	3,5 mil
9ª	Francisco Beltrão	2010	3 mil
10ª	Londrina	2011	4 mil
11ª	Londrina	2012	4 mil
12ª	Maringá	2013	3 mil
13ª	Maringá	2014	2 mil
14ª	Irati	2015	4 mil
15ª	Lapa	2016	3 mil
16ª	Lapa	2017	-
17ª	Curitiba	2018	10 mil
18ª	Curitiba	2019	-

Fonte: Adaptado de Jornada de Agroecologia (2002; 2003; 2004; 2005; 2006; 2007a; 2008a; 2009a; 2010a; 2011a; 2012; 2013a; 2014a; 2015a; 2016a; 2017a; 2018a; 2019a).

De maneira complementar, apresentamos o mapa do estado do Paraná, revelando a localização dos municípios onde ocorreram os eventos da Jornada de Agroecologia.

Figura 2 – Municípios onde ocorreram eventos da Jornada de Agroecologia no estado do Paraná

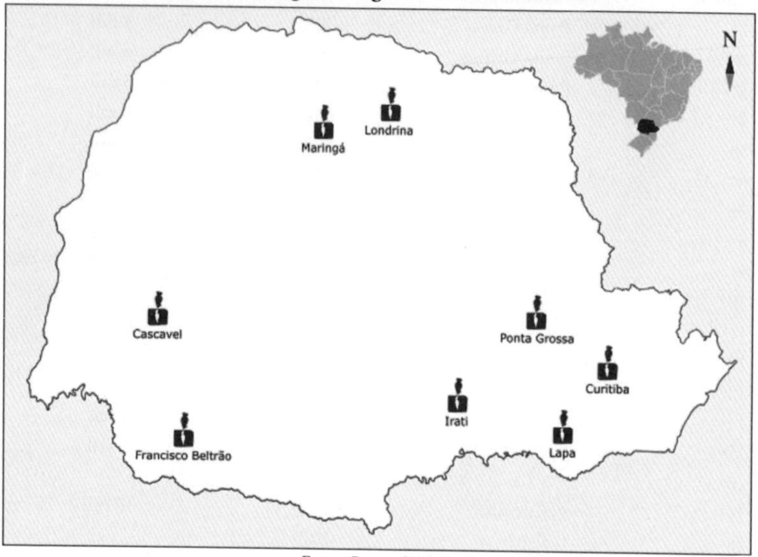

Fonte: Pessoa (2020).

Ponta grossa: do surgimento do projeto agroecológico às disputas com protagonistas do projeto do agronegócio

O projeto agroecológico teve sua origem em Ponta Grossa, em 2001, como uma proposta associada às demandas e aos interesses de atores sociais comprometidos com a Agroecologia e com o campesinato no estado do Paraná.

Por sua vez, cabe destacar que Ponta Grossa está situada no Centro-Oriental paranaense e conta com uma ampla presença do projeto do agronegócio, representado acima de tudo pela produção de *commodities*, o que levou a históricas disputas sociais e ambientais. Em Ponta Grossa, o projeto agroecológico emergiu e começou a receber apoio de diversos atores sociais que viam na Agroecologia uma alternativa ao projeto do agronegócio, uma maneira de incentivar um saber-fazer agricultura diferente, social e economicamente justo e ambientalmente sustentável.

Dessa maneira, realizou-se, em 2002, o primeiro evento da Jornada de Agroecologia, de 17 a 20 de abril, uma data escolhida para homenagear Eldorado dos Carajás, como descreve a Liderança Paraná B (Informação verbal).[23] Esse evento pôde reunir ao redor de 3 mil pessoas, provenientes de dezenas de municípios paranaenses, comprovando a relevância dessa proposta (Jornada de Agroecologia, 2002).

O primeiro evento, porém, foi tomado como modesto. Representava o início de um projeto, mas teve a capacidade de reunir um conjunto de atores sociais plurais para debater e ponderar sobre a dinâmica das agriculturas presentes no estado do Paraná, como é relatado pela Liderança Paraná F (Informação verbal).[24]

O segundo evento da Jornada de Agroecologia foi realizado em 2003, de 7 a 10 de maio, reunindo aproximadamente 4 mil pessoas, o que representou um aumento relevante para aquele momento, quando o projeto agroecológico estava no seu início (Jornada de Agroecologia, 2003). Nesse evento, buscou-se ampliar a proposta do projeto, ou seja, o compromisso em valorizar e promover a Agroecologia e o campesinato. Para isso, foi posta em destaque a necessidade de acentuar as lutas por uma "terra livre de transgênicos e sem agrotóxicos", expandindo o questionamento e as denúncias contra as empresas multinacionais.

O terceiro evento da Jornada de Agroecologia foi realizado em 2004, de 12 a 15 de maio, reunindo cerca de 5 mil pessoas e revelando que o projeto agroecológico estava vivenciando um processo de ampliação (Jornada de Agroecologia, 2004).

23 Liderança Paraná B. Curitiba, outubro de 2016, entrevista.

24 Liderança Paraná F. Curitiba, maio de 2019, entrevista.

Um ponto de destaque desse período é o protesto e a ocupação de uma área da empresa multinacional Monsanto, um campo experimental que a empresa usava para realizar pesquisas e testes com soja e milho, o que na época não era contemplado por lei. Nesse aspecto, podemos assinalar que apoiadores e apoiadoras do projeto agroecológico se reuniram para protestar no dia 10 de maio de 2003 nesse campo experimental e acamparam em sua entrada. Após seis dias de acampamento, um coletivo de sem-terras resolveu ocupar aquela área, contando com o apoio do projeto agroecológico (Tardin; Jantara, 2004).

Vale pontuar que esse apoio dado não ocorreu de uma maneira consensual, incentivando que determinados atores sociais abandonassem o projeto agroecológico naquele momento, como indicou a Liderança Paraná D (Informação verbal).[25] Esse processo terminou por elevar os ânimos e as disputas por parte desses protagonistas de dois projetos opostos para a agricultura, já que houve uma imensa repercussão na mídia nacional e internacional.

Nota-se que esse protesto e sua consequente ocupação do campo experimental da Monsanto revelaram o questionamento do projeto do agronegócio e de suas tecnológicas (agrotóxicos e transgênicos). O agronegócio é um projeto dominante e avançava naquele momento no estado do Paraná (aliás, continua avançando). Assim, podemos entender que os atores sociais que ocupam o espaço de uma empresa multinacional o fazem para demandar acesso à terra e melhores condições para a reprodução da vida no campo, além de colocarem em evidência um saber-fazer agricultura diferente, ressaltando o compromisso com a Agroecologia e com o campesinato. Como um desdobramento desse processo, os camponeses e camponesas criaram nesse campo

[25] Liderança Paraná D. Curitiba, maio de 2016, entrevista.

experimental o que eles denominaram de Centro Chico Mendes de Agroecologia. É preciso reconhecer que ele teve a capacidade de materializar os processos de lutas de camponeses e camponesas na construção de um projeto ecológico (Pessoa, 2020). Nesse aspecto, podemos compreender que esse processo está associado ao que Leff (2004) assinala como reapropriação social da natureza. Evidencia também experiências de uma sociologia das ausências e das emergências ressaltadas por Santos (2002).

Nesse processo que se refere a uma ecologização da agricultura, foram produzidas inúmeras variedades de feijão, batata, mandioca, arroz, milho, soja, adubos, hortaliças, frutas e de espécies nativas, como assinalam Tardin e Jantara (2004). Porém, após aproximadamente dois anos de atividades, cumprindo com um papel social e ambiental e promovendo conhecimentos e técnicas camponesas e agroecológicas, determinou-se que os camponeses e camponesas deviam abandonar aquela área, levando ao encerramento de todas as atividades realizadas. Com isso, para a Liderança Paraná F, essa disputa pôde revelar à sociedade quais eram – e quais são – os interesses e os impactos promovidos pelo projeto do agronegócio (Informação verbal).[26] Por sua vez, cabe indicar que, embora esse embate tenha acontecido diretamente com uma empresa multinacional (Monsanto), que é uma protagonista do projeto do agronegócio, as disputas ocorreram em níveis variados, bem como com diferentes atores sociais que representavam esse projeto, inclusive com os atores locais como os detentores e detentoras de terras.

Assim, podemos entender que os eventos da Jornada de Agroecologia realizados em Ponta Grossa estiveram marcados pelo pioneirismo de atores sociais plurais que levaram adiante o

26 Liderança Paraná D. Curitiba, maio de 2016, entrevista.

projeto agroecológico com o compromisso de valorizar e promover a Agroecologia e o campesinato no estado do Paraná, o que resultou em disputas com protagonistas do projeto do agronegócio, mas que também condicionou a formação de um saber-fazer agricultura que está baseado na justiça social e econômica e na sustentabilidade ambiental. A Liderança Paraná C relata, pois, que o balanço desses eventos foi o salto que a luta social pôde dar em termos de entendimento de quem era o "inimigo", sendo consideradas, naquele caso, as empresas multinacionais e nacionais que se apropriavam da natureza (Informação verbal).[27]

Cascavel – disputas com protagonistas do projeto do agronegócio

Em 2005, o projeto agroecológico foi descolocado para Cascavel, local que também conta com uma expressiva territorialização do projeto do agronegócio. O projeto permaneceu lá de 2006 a 2008. Em Cascavel, a Jornada recebeu um apoio essencial dos atores e dos movimentos sociais comprometidos com a Agroecologia e com o campesinato, como o MST e a Via Campesina. O apoio de todos eles foi fundamental para que o projeto agroecológico pudesse ter continuidade. Dessa maneira, podemos assinalar que esse deslocamento esteve diretamente associado com o apoio, o interesse e a capacidade de recebê-lo, mas também com os interesses e a disposição de aprofundar os questionamentos e manter a disputa com o projeto do agronegócio (Pessoa, 2020).

O primeiro evento em Cascavel ocorreu de 25 a 28 de maio de 2005 e reuniu ao redor de 6 mil pessoas (Jornada de Agroecologia, 2005). Contou com a presença de atores sociais reconhecidos tanto pela academia como pelos movimentos sociais, como Ana

[27] Liderança Paraná C. Curitiba, maio de 2018, entrevista.

Maria Primavesi e Sebastião Pinheiro. Ademais, foram realizadas ao menos dez oficinas agroecológicas práticas e 17 teóricas, que traduziram os interesses dos atores sociais presentes (Terra de Direitos, 2005).

O segundo evento em Cascavel ocorreu em maio de 2006 e reuniu aproximadamente 5 mil pessoas (Jornada de Agroecologia, 2006). Foram realizadas mais de 50 oficinas agroecológicas (Terra de Direitos, 2006), que desempenharam um papel fundamental, em termos político-pedagógicos, para decolonizar o conhecimento. O aumento expressivo de oficinas revelou a importância desse momento para os camponeses e para as camponesas. Observa-se que no segundo evento houve um aumento significativo do número de oficinas, que começaram a se consolidar como um lugar em que, por um lado, o conhecimento técnico da modernidade-colonialidade é posto em questão, de modo que, por outro, o projeto agroecológico pautou a construção de um conhecimento baseado em experiências agroecológicas e camponesas.

A Liderança Paraná C relata que esse período em Cascavel foi marcado por disputas, ressaltando que o Oeste paranaense é uma arena histórica de embate com detentores e detentoras do capital que controlam as terras – e que em muitos casos usam a violência (Informação verbal).[28]

O ápice das disputas em Cascavel foi a ocupação do campo experimental da empresa multinacional Syngenta, localizado em Santa Tereza do Oeste, próximo a Cascavel, onde também eram realizadas pesquisas e testes com sementes transgênicas (Via Campesina, 2006). Por sua vez, devemos ressaltar um agravante, o campo experimental estava localizado em uma área próxima ao Parque Nacional do Iguaçu, patrimônio ambiental nacional

28 Liderança Paraná C. Curitiba, maio de 2018, entrevista.

transformado em unidade de conservação. Com isso, essa área representava um ataque direto à biodiversidade nacional, o que caracterizava um crime ambiental, segundo a Lei n. 10.814 (Brasil, 2003), de 2003, a qual vetava o plantio de sementes transgênicas em unidades de conservação e nas suas respectivas zonas de amortecimento. Contraditoriamente, é a mesma lei que liberou o plantio e a comercialização da soja transgênica da safra de 2004 (Brasil, 2003). Dessa maneira, a ocupação do campo daquela área representava um método evidente de luta e resistência em oposição ao projeto do agronegócio, resistência essa amparada no questionamento aos transgênicos e na denúncia da ilegalidade das atividades promovidas e executadas pela Syngenta.

A primeira ocupação foi realizada em março de 2006, e em novembro daquele ano o governo estatal ordenou, a favor de lutas e resistência camponesa e agroecológica, a expropriação do campo experimental da Syngenta por decreto. O decreto foi contestado e levado à justiça pela Syngenta, que o suspendeu temporariamente. Contudo, os camponeses e camponesas continuaram na área, onde promoveram trocas de conhecimentos e práticas agroecológicas, com mais de 60 hectares plantados com alimentos agroecológicos. Em 2007, após 16 meses de ocupação e a partir de uma ordem judicial e constantes ameaças e violência, os agricultores abandonaram área, mas meses depois resolveram reocupá-la. O episódio foi marcado, em outubro de 2007, pelo assassinato do camponês Valmir Mota de Oliveira (Keno) por seguranças privados contratados pela Syngenta (Via Campesina, 2007; Terra de Direitos, 2007).

O assassinato de um camponês não é um acontecimento isolado. Resulta da violência histórica utilizada por protagonistas do projeto do agronegócio. Porém, o que diferiu nesse episódio foi a forma como esta disputa ocorreu, envolvendo uma empresa multinacional que cometia um crime ambiental. A esse respeito, o Liderança Paraná C relata:

> Assim como a ação violenta foi bárbara, desumana, a reação a ela foi enorme no mundo todo. No mundo todo teve uma reação tão grande de condenar a atitude da Syngenta, que ela começou a perder negócios no mundo [*sic*].

Assim, segundo a Liderança, foram realizadas numerosas denúncias e, devido à pressão e ao desgaste, a Syngenta aceitou doar a área ao Estado, mas não aos movimentos sociais, com a intenção de evitar que isso levasse a novas ocupações em todo o mundo. Esse episódio, embora tenha sido doloroso por conta do assassinato de Keno, é considerado como uma conquista para os camponeses e camponesas e para o projeto agroecológico como um todo, como ressalta a Liderança (Informação verbal).[29]

O terceiro evento realizado em Cascavel também reuniu aproximadamente 5 mil pessoas e ocorreu no mês de julho de 2007 (Jornada de Agroecologia, 2007a). Foram discutidos temas fundamentais que expressavam os interesses dos atores protagonistas do projeto agroecológico, como Agroecologia, alimentos, capital, autonomia camponesa, biodiversidade, cuidado com o meio ambiente, lutas camponesas, questões ambientais, sementes crioulas, soberania alimentar e solidariedade (Jornada de Agroecologia, 2007b).

Finalmente, o quarto evento em Cascavel reuniu aproximadamente 3,5 mil pessoas em julho de 2008 (Jornada de Agroecologia, 2008a). Durante o evento, procurou-se recuperar a memória das disputas com protagonistas do projeto do agronegócio, acima de tudo com a Syngenta, como foi revelado em sua programação com a apresentação do documentário "Nenhum minuto de

[29] Liderança Paraná C. Curitiba, maio de 2018, entrevista.

silêncio – Fora Syngenta do Brasil". Além dos temas anteriores, surgiram na pauta de debates os seguintes tópicos: contaminação genética, a criminalização, educação, mercantilização de sementes, organização popular, projeto popular, reforma agrária, segurança alimentar (Jornada de Agroecologia, 2008b).

Os eventos da Jornada de Agroecologia de Cascavel, ao mesmo tempo que foram realizados sob forte tensão política, avançaram na sua programação incorporando temas centrais para a construção do projeto agroecológico. Um projeto que não se limitou às práticas agrícolas, quando se discutiu Agroecologia, mas que abrangeu dimensões ambientais, econômicas, sociais, nutricionais e de direito. Esse processo, ainda em função do acirramento de embates locais, não impediu que muitos atores recuassem da sua participação nos eventos. Nesse sentido, também foi possível observar que, se por um lado houve recuo, por outro se deu um aumento do protagonismo dos movimentos sociais associados à Via Campesina, como relatou a Liderança Paraná G (Informação verbal).[30]

Devemos, pois, à luz da ecologia política, reconhecer que a Agroecologia vai além de estimular transformações em termos técnicos. Está associada a uma luta político-social, cultural, econômica e ambiental por melhores condições de reprodução da vida, social e biológica, principalmente para os camponeses e camponesas (Pessoa, 2020).

Francisco Beltrão – Valorização e promoção da Agroecologia e do campesinato

Após sua passagem por Cascavel, o projeto agroecológico dirigiu-se para o Sudoeste paranaense, a saber para a cidade de Francisco Beltrão, permanecendo por lá dois anos: 2009 e 2010.

[30] Liderança Paraná G. Curitiba, agosto de 2019, entrevista.

No Sudoeste paranaense, o projeto agroecológico buscou recuperar a memória, destacar o campesinato e estimular a Agroecologia em um território com uma expressiva presença camponesa, território que possui uma base política consolidada devido aos processos históricos de lutas para evitar as expropriações de suas terras, como é ressaltado pela Liderança Paraná C. Somam-se a isso as iniciativas agroecológicas presentes no Sudoeste, com destaque para aquelas que buscam recuperar as sementes crioulas, como assinala a liderança acima citada (Informação verbal).[31] A esse respeito, podemos lembrar das iniciativas de assessoramento nesse território, impulsionando as denominadas "tecnologias alternativas", com destaque para a Associação de Estudos, Orientação e Assistência Rural (Assesoar).

A intenção com esse deslocamento passava por ampliar e enraizar a Agroecologia em um território que possui historicamente uma expressiva presença do campesinato. Além disso, também é um território que apresenta importantes iniciativas agroecológicas. Procurava-se, então, motivar camponeses e camponesas para que pudessem potenciar iniciativas agroecológicas, como é indicado pela Liderança Paraná C (Informação verbal).[32] Nota-se que esse deslocamento passou a operacionalizar as chamadas sociologias das ausências e emergências, relatadas por Santos (2002), com o incentivo, por meio das ecologias, de meios para recuperar conhecimentos e práticas silenciadas, bem como a emergência de novas experiências.

Havia também a intenção de diminuir a intensidade das disputas com protagonistas do projeto do agronegócio naquele momento, uma vez que as disputas sempre estiveram presentes.

---

[31] Liderança Paraná C. Curitiba, maio de 2018, entrevista.

[32] Liderança Paraná C. Curitiba, maio de 2018, entrevista.

Assim, devemos reconhecer que esse recuo esteve associado ao desgaste daqueles sete anos de disputas, além do assassinato que ocorrera em Cascavel, como assinalado pela Liderança Paraná G. Esta liderança indica que o projeto agroecológico retomou temas associados ao campesinato e à Agroecologia em um plano mais simbólico, como também prático (Informação verbal).[33] Nota-se com isso que se iniciava então uma nova etapa para o projeto agroecológico, embora seja preciso reconhecer que os temas tratados nessa nova etapa sempre estiveram presentes, mas em menor destaque.

Como resultado dessa nova etapa, muitos dos atores sociais que abandonaram o projeto naquele momento de maiores disputas terminaram se aproximando novamente. É possível destacar que um dos atores que passou a ter maior destaque durante esses eventos e que estava associado à sua presença e reconhecimento local foi a Assesoar, como assinalado pela Liderança Paraná G (Informação verbal).[34]

Dois eventos foram realizados no Sudoeste. O primeiro ocorreu de 27 a 30 de maio de 2009 e reuniu aproximadamente 3,5 mil pessoas (Jornada de Agroecologia, 2009a). Conforme a programação, foram debatidos temas fundamentais para a construção do projeto agroecológico, traduzindo interesses e demandas dos atores locais e regionais. Foram reveladas experiências da agricultura familiar e camponesa e da agricultura ecológica já praticada por conta da ação da Assesoar. Ocuparam a agenda de debate naquele momento temas como: capital, biodiversidade, contaminação dos alimentos, gênero – que aparece como novidade nesse evento –, projeto popular, reforma agrária, segurança alimentar, semente crioula e soberania alimentar. Ademais, deve-se assinalar

33 Liderança Paraná G. Curitiba, agosto de 2019, entrevista.

34 Liderança Paraná G. Curitiba, agosto de 2019, entrevista.

a realização da formatura da turma de agronomia da ELAA, que representou uma conquista essencial em termos de incentivo a conhecimentos e práticas com base na Agroecologia (Jornada de Agroecologia, 2009b).

O segundo evento no Sudoeste paranaense ocorreu praticamente um ano após o primeiro, de 19 a 22 de maio de 2010, e reuniu aproximadamente 3 mil pessoas (Jornada de Agroecologia, 2010a). Nesse evento, novos temas foram acrescentados à discussão além dos já discutidos no encontro anterior, a saber: agrotóxico, crédito rural, criminalização, direitos sociais, educação, comercialização, renda e economia solidária, orgânicos, organização popular, políticas públicas, projeto popular, questões ambientais, solidariedade e transgênicos (Jornada de Agroecologia, 2010b).

Observou-se, nesse segundo evento de Francisco Beltrão, um destaque para as questões organizacionais, ambientais e relacionadas com políticas públicas. Além das experiências de práticas agrícolas alternativas, resultante de uma atuação de entidades de assessoria, a região contribuiu com uma visão ampliada da Agroecologia, mediante o resgate de experiências ocultadas pela territorialização do projeto do agronegócio, que prioriza uma racionalidade técnica. Ganhou força nesse evento a construção de uma racionalidade ambiental, nos termos de Leff (2004), indo de encontro aos pressupostos da ecologia política.

Londrina – O protagonismo educacional, universidades

Depois de sua passagem de dois anos pelo Sudoeste paranaense, o projeto agroecológico foi direcionado para Londrina, onde esteve por mais dois anos: 2011 e 2012.

Recorrendo à Liderança Paraná H, podemos assinalar que o deslocamento para esse novo local esteve diretamente relacionado com os seguintes elementos:

1. O interesse, acima de tudo, de continuar promovendo o campesinato e a Agroecologia, em um local que possuía – e ainda possui – uma destacada presença do projeto do agronegócio, de modo que tinha diminutas iniciativas agroecológicas, quando comparado com as demais localidades do estado do Paraná (Informação verbal).[35] É essencial relembrar que nesse local está situado o Assentamento Eli Vive, estabelecido em 2010, que foi uma chance de estimular um saber-fazer agroecológico para muitos assentados e assentadas e ajudou a promover um projeto de assentamento diferente, como relata a Liderança Paraná I (Informação verbal).[36]
2. O interesse em aproximar o campo à cidade. Nesse caso, cabe lembrar que Londrina é o segundo município mais populoso do estado do Paraná. Assim, procurou-se dar os primeiros passos para aproximar o projeto agroecológico aos consumidores e às consumidoras da cidade, um plano que foi retomado com maior destaque na capital do estado, colocando em pauta a necessidade de promover a segurança alimentar e nutricional e a soberania alimentar, como é ressaltado pela Liderança Paraná C (Informação verbal).[37]
3. O interesse em potencializar as raízes com atores educacionais (nesse caso, as universidades) e promover um aspecto educacional (Informação verbal).[38] Naquele momento, a Agroecologia já estava presente na pauta de muitos coletivos comprometidos – compostos por docentes,

[35] Liderança Paraná H. Curitiba, outubro de 2019, entrevista.

[36] Liderança Paraná I. Curitiba, outubro de 2019, entrevista.

[37] Liderança Paraná C. Curitiba, maio de 2018, entrevista.

[38] Liderança Paraná H. Curitiba, outubro de 2019, entrevista.

pesquisadores, pesquisadoras e estudantes – estimulando o apoio para com o projeto agroecológico, como descreve a Liderança Paraná I (Informação verbal).[39] Apoio que ocorreu inclusive em termos estruturais com os eventos realizados no campus da UEL e com uma ampla presença do movimento estudantil, que estimulou a juventude a pensar a Agroecologia, como indica a Liderança Paraná B (Informação verbal).[40]

Este terceiro elemento terminou caracterizando a passagem por esse local da Jornada – embora os demais elementos tenham cumprido um papel-chave. Por sua vez, é preciso recorrer à Liderança Paraná G, que procurou chamar a atenção para o fato de que muitos desses coletivos representavam as áreas da educação e das ciências sociais, havendo pouco comprometimento de atores das áreas essenciais para a Agroecologia (Informação verbal).[41] Nesse aspecto, esse processo está relacionado com um domínio das ciências, inclusive de determinadas áreas sobre as demais, e que historicamente tem sido reproduzido nas universidades (Pessoa, 2020).

O primeiro evento em Londrina ocorreu de 22 a 25 de junho de 2011 e reuniu aproximadamente 4 mil pessoas (Jornada de Agroecologia, 2011a). Conforme a programação organizada pelos atores locais, os temas discutidos durante esse evento retomaram as experiências da agricultura familiar e camponesa. Vários assuntos foram discutidos: Agroecologia, agrotóxicos, alimentos, capital, relação campo e cidade, ciência e cultura, contaminação humana e da natureza, educação, gênero, comercialização, renda

---

39 Liderança Paraná I. Curitiba, outubro de 2019, entrevista.

40 Liderança Paraná B. Curitiba, outubro de 2016, entrevista.

41 Liderança Paraná G. Curitiba, agosto de 2019, entrevista.

e economia solidária, mercantilização da natureza, orgânicos, organização popular, políticas públicas, projeto popular, questões ambientais, reforma agrária, saúde, segurança alimentar, semente crioula, soberania alimentar e soberania popular (Jornada de Agroecologia, 2011b).

O segundo evento em Londrina ocorreu de 11 a 14 de julho de 2012, contando com a mesma quantidade de pessoas do evento anterior (Jornada de Agroecologia, 2012). Porém, nesse caso, não conseguimos acessar a programação, embora possamos destacar, com base nos relatos das lideranças, que a dinâmica se repetiu, assim como foram discutidos muitos dos temas do evento anterior.

Alguns temas foram se repetindo nos eventos da Jornada de Agroecologia, pois reafirmavam um conteúdo de projeto que ganhava legitimidade à medida que o projeto agroecológico avançava. Mas os temas relação campo e cidade, ciência e cultura eram novos na agenda em função da influência e da participação de atores locais. Os eventos da Jornada de Agroecologia de Londrina, como já comentado anteriormente, constituíram essa estratégia de reafirmação de um projeto que já ia ganhando espaço nos meios acadêmicos. Isso provocou um questionamento quanto aos parâmetros clássicos de construção do conhecimento científico, que tradicionalmente se restringe aos "intramuros" de laboratórios e universidades. A relação da universidade com os movimentos sociais vai contribuir ao mesmo tempo para esse diálogo com as entidades sociais da sociedade civil.

Maringá – O protagonismo educacional, movimentos sociais

Após dois anos, o projeto da Agroecologia foi direcionado para Maringá, permanecendo por lá também dois anos: 2013 e 2014.

Em Maringá, o projeto agroecológico também esteve associado ao aspecto educacional, mas, nesse caso, o objetivo foi impulsionar uma perspectiva pedagógica popular da Agroecologia relacionada aos movimentos sociais. Aqui, é preciso assinalar que as universidades continuaram mantendo o apoio e, nesse contexto, quem cedeu apoio com maior destaque foi a Universidade Estadual de Maringá (UEM). Ao buscar impulsionar essa perspectiva, o projeto agroecológico tinha a intenção de recuperar e colocar em destaque saberes e técnicas camponesas e agroecológicas (Pessoa, 2020). À luz dos pressupostos de Santos (2002), podemos então reconhecer que esse movimento intencional acabou operacionalizando e promovendo uma ecologia do saber.

Vale mencionar também que, pela primeira vez, foi realizado um evento no território do campesinato, na Escola Milton Santos de Agroecologia, permitindo dessa maneira dar um passo a mais no processo de formação do projeto agroecológico, como destaca a Liderança Paraná G (Informação verbal).[42] Para a Liderança Paraná C, o aspecto simbólico de poder realizar um evento em um território camponês foi imenso, mas ressaltou que também havia um aspecto prático, o de estimular as trocas de conhecimentos e técnicas camponesas e agroecológicas em um espaço de formação político-pedagógica que já estava enraizado. Para essa liderança, foi preciso cada vez mais promover uma ciência que fosse comprometida com os interesses de atores sociais silenciados, de modo que esses espaços foram buscando pavimentar esse caminho ao promover uma "revolução educacional plural" (Informação verbal).[43] Perspectiva que é revelada aqui:

42 Liderança Paraná G. Curitiba, agosto de 2019, entrevista.

43 Liderança Paraná C. Curitiba, maio de 2018, entrevista.

> Ó, vamos potencializar, vamos reconhecer, vamos valorizar as iniciativas de cursos de nível médio e nível superior. [...]. Ou seja, para que a ciência seja apropriada pelos camponeses e multiplicar iniciativas para formar uma geração de técnicos, cientistas e militantes que assumissem a Agroecologia como uma perspectiva de transferência de tecnologia. Para ser uma base... para ir se enraizando no movimento agroecológico [*sic*]. (Informação verbal)[44]

Nesse caminho, também é possível reconhecer que esses espaços de formação político-pedagógica cumpriam com uma demanda camponesa histórica, a da assistência técnica. Toná (2016), ao analisar o papel que desempenha a Escola Milton Santos para os camponeses e camponesas, ressalta que atualmente a assistência técnica está orientada a um recorrente repasse das tecnologias e métodos agronômicos da agricultura capitalista para camponeses e camponesas com pouco ou nenhum compromisso com os assentamentos rurais. Dessa maneira, precisamos ter em conta a necessidade e a relevância dos espaços como os das escolas de Agroecologia dos movimentos sociais para promover a Agroecologia.

A esse respeito, a Liderança Paraná I assinala que, ao receber esses dois eventos, a Escola Milton Santos, além de compartilhar os saberes de seus atores sociais, tornou-se palco de saberes plurais e acumulados pelos atores associados à escola e pelos atores que participaram do projeto agroecológico (Informação verbal).[45]

Quanto à realização do evento, o primeiro ocorreu de 7 a 19 de agosto de 2013 e reuniu ao redor de 3 mil pessoas (Jornada de Agroecologia, 2013a). Retomando a programação, é possível assinalar que foram discutidos temas como: a agricultura familiar e camponesa, Agroecologia, agrotóxicos, capital, biodiversidade, direitos sociais,

44 Liderança Paraná C. Curitiba, maio de 2018, entrevista.

45 Liderança Paraná I. Curitiba, outubro de 2019, entrevista.

projeto popular, reforma agrária, semente crioula, soberania alimentar e transgênicos (Jornada de Agroecologia, 2011b).

O segundo evento ocorreu de 4 a 7 de junho de 2014, contando com 2 mil de pessoas aproximadamente (Jornada de Agroecologia, 2014a). No caso desse evento, debateram-se temas já discutidos na Jornada anterior, mas foram incorporados novos temas como: educação, juventude – que aparece com relevância –, políticas públicas, questões ambientais (Jornada de Agroecologia, 2014b). Cabe destacar que durante o encerramento desse segundo evento houve uma novidade: o lançamento do Plano Nacional de Agroecologia e Produção Orgânica (Planapo) – resultado do Política Nacional de Agroecologia e Produção Orgânica (Pnapo) aprovado em 2012. O lançamento foi tido como uma conquista para camponeses e camponeses e para os atores sociais comprometidos com a Agroecologia, como indicado pela Liderança Paraná C (Informação verbal).[46]

Nos eventos de Maringá, o aspecto educacional teve um forte apelo associado ao projeto agroecológico, assumindo uma perspectiva pedagógica popular da Agroecologia, relacionada aos movimentos sociais. A questão dos direitos sociais e da juventude acrescentou ao projeto outra dimensão, qualificando-o como pluridimensional. Isso denota a emergência de uma ecologia que é própria de um evento itinerante que vai arregimentando forças, acumulando saberes e propostas em consonância com os interesses dos camponeses, camponesas e atores participantes.

Irati – Memórias da criminalização dos movimentos sociais

Depois desses anos, promovendo um aspecto educacional em diferentes níveis, o projeto agroecológico foi direcionado para Irati, permanecendo por um ano, em 2015.

46 Liderança Paraná C. Curitiba, maio de 2018, entrevista.

Irati está situada no Sudeste paranaense, área que possui inúmeras iniciativas agroecológicas e ampla presença do campesinato em suas diversas expressões, com destaque para os chamados faxinalenses. Essas características e o apoio do governo municipal, interpretado como um fator decisivo nesse caso, ajudaram a estimular o deslocamento do projeto agroecológico. Nesse aspecto, a Liderança Paraná B relembra que o vice-prefeito era um camponês agroecológico e que trabalhava para expandir a Agroecologia (Informação verbal).[47]

A Jornada de Agroecologia ocorreu de 22 a 25 de julho de 2015 e reuniu aproximadamente 4 mil pessoas (Jornada de Agroecologia, 2015a). Conforme a programação do evento, foram discutidos temas essenciais que representavam os interesses dos atores participantes que contribuíram para dar continuidade à construção do projeto agroecológico. Com a agricultura familiar e camponesa predominando na região, essas formas de organização social e produtiva foram objeto da pauta de discussão do evento. Além disso, conforme a programação, discutiu-se a Agroecologia, os agrotóxicos, os alimentos, o avanço do capital, a criminalização, o cuidado com o meio ambiente, as disputas e lutas pela terra, a educação, as lutas camponesas, as políticas públicas, o projeto popular, a reforma agrária, a segurança alimentar, as sementes crioulas, o trabalho escravo e os transgênicos, sem contar as práticas discutidas nas oficinas agroecológicas (Jornada de Agroecologia, 2015b).

De acordo com Moreira *et al.* (2018), foram realizadas aproximadamente 50 oficinas agroecológicas que recuperaram saberes agrícolas. Algumas oficinas foram realizadas em escolas públicas, buscando fortalecer as trocas com a comunidade. Elas cumpriram

---

47 Liderança Paraná B. Curitiba, outubro de 2016, entrevista.

um papel prático importante, procurando recuperar e promover conhecimentos e práticas camponesas e agroecológicas ao processar uma ecologia dos saberes, tal como preconizado por Santos (2002).

Nesse evento, a questão das sementes crioulas se revelou como central, seja mediante o discurso proferido nas conferências e seminários temáticos para o público do evento, seja na feira de alimentos e nas trocas de sementes crioulas, em que participaram diversos produtores de sementes locais e de outras regiões. A semente, entendida como princípio da vida, como proferido pelo conferencista, é central para a produção agroecológica. Apropriada e mercantilizada por grupos de interesse do capital, a semente hibridizada artificialmente e geneticamente modificada representa uma relação de poder sobre a natureza, a colonialidade da natureza, conforme Alimonda (2011). Assim, produzir a própria semente significa decolonizar e reconquistar a autonomia, além de promover variedades nativas e a biodiversidade.

Naquele momento, também se recuperou a memória da criminalização dos movimentos sociais, um processo que infelizmente está presente na vida cotidiana de camponeses e camponesas e das pessoas que lutam pela justiça social, econômica e ambiental no país. Nesse caso, colocou-se em destaque o episódio da denominada "Operação Agrofantasma",[48] realizada pela Polícia

48 Quanto à operação, pode-se ressaltar que teve início como processo criminal em 2011, sob responsabilidade da Polícia Federal. Tinha como objetivo buscar supostos desvios de recursos associados ao PAA que fossem vinculados à sua má condução durante o período de 2009 a 2013, intervalo de tempo no qual foi apontado que os camponeses e as camponesas estariam adulterando notas ao declararem o envio de uma maior quantidade de alimentos. Nesse caso, isso era considerado uma simulação da operacionalização do programa, o que representava uma irregularidade. No entanto, essas supostas irregularidades foram um mal-entendido provocado pela burocracia e pela impossibilidade de substituir os alimentos, desconsiderando que esses alimentos eram perecíveis (Pimentel *et al.*, 2017).

Federal. Foi uma operação que, além de criminalizar esses atores sociais, comprometeu associações e cooperativas camponesas, de maneira que também colaborou para desestruturar o Programa de Aquisição de Alimentos (PAA) no Paraná, que representa uma importante política pública que visa a estimular a segurança alimentar e nutricional, como a Agroecologia (Informação verbal).[49]

Nesse aspecto, Grisa *et al.* (2010) pontuam que o PAA tem ajudado a alterar as bases de produção e de consumo ao estabelecer um mercado institucional e elevar os preços dos alimentos e produtos, assim como auxiliou a recuperar e promover costumes e técnicas associadas a alimentos locais. Por sua vez, no caso do Sudeste paranaense, Pimentel *et al.* (2017) assinalam que o PAA cumpre um papel-chave ao estimular a substituição do cultivo de fumo pelo cultivo de alimentos.

Dessa maneira, a Liderança Paraná C, além de ressaltar o valor do PAA para camponeses e camponesas, destacou que as disputas também ocorriam no campo das políticas públicas e, com isso, acabou incluindo mais um nível de disputas (Informação verbal).[50]

Dessa maneira, nota-se que, além dessa busca por recuperar a memória da criminalização dos movimentos sociais, queriam ressaltar o valor das políticas públicas para os camponeses e camponesas, assim como para a promoção da Agroecologia. Houve, durante esse evento, um movimento em prol de recuperar a memória da criminalização dos movimentos sociais e de valorizar e promover a Agroecologia e o campesinato por meio de políticas públicas.

[49] Liderança Paraná C. Curitiba, maio de 2018, entrevista.

[50] Liderança Paraná C. Curitiba, maio de 2018, entrevista.

Lapa – Valorização e promoção da Agroecologia e do campesinato

Após realizar somente um evento no Sudeste paranaense, o projeto agroecológico encaminhou-se para a Lapa, permanecendo dois anos: 2016 e 2017. Vale destacar que a Lapa está localizada em um território que, além de contar também com uma expressiva presença do campesinato, é considerado um importante berço das inciativas agroecológicas no estado do Paraná, como descreve a Liderança Paraná E (Informação verbal).[51] Havia, assim, a intenção de dar continuidade à busca de valorização e promoção da Agroecologia e do campesinato nos demais territórios do estado do Paraná, como vinha ocorrendo desde aqueles eventos realizados no Sudoeste paranaense, o que foi assinalado pela Liderança Paraná C (Informação verbal):[52]

> depois para a Lapa. Acho que é um pouco nessa dinâmica, que também tem um pouco do Sudoeste. [...]. Uma grande região camponesa ainda, onde o modelo agrário não conseguiu padronizar tudo nesse modelo agroconservador. [...] e tem ainda muita biodiversidade, tem muito recurso natural, tem muita presença camponesa, tem muita cultura da agricultura familiar, diversas expressões do campesinato, justamente o que nós queríamos, enraizar e preservar [*sic*]. (Informação verbal)[53]

Nesse aspecto, podemos lembrar que no município da Lapa está situado o Assentamento Contestado, importante conquista do MST e referência na produção agroecológica. Lá está localizada a Escola Latino-Americana de Agroecologia (ELAA), que desde o seu estabelecimento, em 2005, tem sido um reconhecido espaço pedagógico direcionado à Agroecologia. É possível ressaltar que o Assentamento Contestado e a ELAA cumpriram com um

---

[51] Liderança Paraná E. Curitiba, junho de 2018, entrevista.

[52] Liderança Paraná E. Curitiba, junho de 2018, entrevista.

[53] Liderança Paraná C. Curitiba, maio de 2018, entrevista.

papel-chave ao apoiar e contribuir com projeto agroecológico. No entanto, além desses elementos assinalados, devemos lembrar que o deslocamento da Jornada está diretamente associado com o contexto, com os interesses de atores sociais locais e com aspectos estruturais para a realização dos eventos (Pessoa, 2020).

Na Lapa, a primeira Jornada ocorreu de 27 a 30 de junho de 2016 e reuniu aproximadamente 3 mil pessoas (Jornada de Agroecologia, 2016a). Por sua vez, cabe destacar que durante o evento um novo método foi adotado para as oficinas, levando-as para as comunidades rurais. Segundo a Liderança Paraná C, isso possibilitou que o projeto agroecológico pudesse dar um "salto metodológico" (Informação verbal).[54] No evento, ganhou ainda mais espaço a feira de sementes crioulas, podendo movimentar mais de 100 variedades e 1,5 tonelada de sementes, conforme assinalam Pacheco e Torinelli (2016). Conforme a programação, foram debatidos temas que traduziam o período e os interesses dos atores sociais associados ao projeto agroecológico, tais como: agricultura familiar e camponesa, Agroecologia, agrotóxicos, capital, biodiversidade, cuidado com o meio ambiente, educação, lutas camponesas, projeto popular, sementes crioulas e soberania alimentar (Jornada de Agroecologia, 2016b).

O segundo evento na Lapa ocorreu de 20 a 23 de setembro de 2017, contando com aproximadamente 2 mil pessoas (Jornada de Agroecologia, 2017a). A programação reproduz praticamente os mesmos temas da agenda anterior, mas um tema ganhou projeção. Embora já discutidos em edições anteriores, a temática "gênero e Agroecologia" foi abordada na conferência: "Gênero e Agroecologia: O desafio da construção de novas relações de resistência e transformação". Isso propiciou que o tema ganhasse força nas

[54] Liderança Paraná C. Curitiba, maio de 2016, entrevista.

discussões sobre o sentido da ecologia, apontando para formas de resistência e emancipação social (Jornada de Agroecologia, 2017b). Outro ponto de destaque é que, em 2017, no segundo evento, perfazia dez anos do episódio Syngenta, quando Keno foi brutalmente assassinado. Foram realizadas então inúmeras homenagens a Keno, começando pelo lema do evento: 16ª Jornada de Agroecologia – Keno Vive!

Devemos lembrar que esses eventos também estiveram marcados pela conjuntura nacional: o *impeachment* da presidenta Dilma Rousseff e o começo do desmoronamento das conquistas de políticas públicas do campesinato e da Agroecologia. O projeto agroecológico, em conjunto com demais setores progressistas da sociedade, procurou pôr em destaque processos de lutas e conquistas camponesas e agroecológicas até aquele momento, como também demandas e compromissos para a ampliação dessas conquistas no presente. Os eventos da Jornada de Agroecologia na Lapa ocorreram em um momento complicado da história política do país, em que retrocessos em diferentes áreas começavam a aparecer com mais expressão, os quais foram lembrados e debatidos durante o evento. Procurou-se também remarcar a necessidade de seguir com as lutas e recarregar as esperanças, sem deixar de considerar as conquistas já obtidas pelo projeto agroecológico (Pessoa, 2020).

Curitiba – Aproximação campo e cidade

Após todos esses anos, o projeto agroecológico foi direcionado para a capital do estado do Paraná, permanecendo aí outros dois anos: 2018 e 2019. Esse deslocamento esteve associado à tentativa de aproximar o campo à cidade – aspecto que também esteve presente em eventos anteriores, embora em menor medida. O objetivo, nesse caso, era apresentar essa proposta do projeto agroecológico para a sociedade, inclusive suas memórias, e incentivar dessa maneira um diálogo de camponeses e camponesas com consumidores e consumidoras, como é ressaltado pela Liderança Paraná E (Informação verbal).[55]

Nesse caso, a Liderança Paraná A assinala que, naquele momento, havia o entendimento em comum de que os alimentos representavam um meio de "comunicação" essencial com esses atores sociais, sobretudo quando se colocava em destaque que era preciso impulsionar uma produção de alimentos livres de transgênicos e sem agrotóxicos (Informação verbal).[56] Nota-se, dessa maneira, que os alimentos passaram a ser uma estratégia e uma ferramenta de comunicação, usados para promover um saber-fazer agricultura alternativo baseado na Agroecologia, e a necessidade de incentivar e garantir o acesso à terra para que fosse possível levar adiante essa produção de alimentos, assim como colocar em questionamento e denunciar o projeto do agronegócio e suas tecnologias.

> quando você diz que a reforma agrária é a única maneira de você comer de uma maneira saudável, aí ela pensa, porque é isso mesmo, o agronegócio nunca vai produzir sem veneno, portanto ele vai te envenenar sistematicamente até que um dia você morre de câncer. Então, a Agroecologia, a produção de alimento saudável, tem sido nos últimos três anos a principal maneira de nós dialogarmos com a população da cidade e é impressionante a simpatia, a sinergia e o debate [*sic*]. (Informação verbal)[57]

Assim sendo, na capital do estado do Paraná, o projeto agroecológico passou a ter um espaço novo para poder atuar, de modo que começou a contar com novos atores sociais aliados: consumidores e consumidoras. Porém, por esse motivo era preciso que o projeto agroecológico se adaptasse aos novos contextos e aspectos, especialmente em relação ao modo de comunicar a sua proposta, uma

---

55 Liderança Paraná E. Curitiba, junho de 2018, entrevista.
56 Liderança Paraná A. Curitiba, agosto de 2016, entrevista.
57 Liderança Paraná A. Curitiba, agosto de 2016, entrevista.

vez que muitos desses novos atores sociais que se aproximavam do projeto desconheciam a realidade camponesa, haja vista as disputas estabelecidas nos espaços rurais. Ademais, era necessário adaptar os eventos em termos estruturais, dadas as características dessa nova sede da Jornada de Agroecologia, uma capital de estado, como é assinalado pela Liderança Paraná G (Informação verbal).[58]

> Se for olhar a programação das edições da Jornada de Agroecologia, por vários anos elas são muito parecidas. O formato vai ser muito parecido ao longo de todos os anos, o que vai mudar radicalmente é a partir do ano passado e desse ano, mas a programação da Jornada de Agroecologia era sempre a mesma, desde os dias da semana até o roteiro que era desenvolvido nesses dias. Ela mais ou menos surge com esses debates, esse formato já no início. Se a gente for pegar [...] é o mesmo formato, a gente vai observar, acho que muito provável, elementos como oficinas, sementes, as cartilhas vão existir desde a primeira, então, no geral, esse formato não vai mudar até que a gente chega em Curitiba [*sic*]. (Informação verbal)[59]
>
> A gente entendeu também que o formato até a 16ª Jornada de Agroecologia não contemplava o que a gente estava pautando para Curitiba, que é um formato muito mais de expor o projeto e de apresentar as alternativas construídas e aquilo que a gente está conseguindo aglutinar nesse coletivo. Era mais para anunciar do que promover para nós mesmo, né [*sic*]. (Informação verbal)[60]

Por sua vez, ao elaborar tal proposta, entendia-se que a melhor maneira para comunicar e incentivar o diálogo com consumidores e consumidoras deveria ser por meio de uma feira de alimentos. A Liderança Paraná G lembra que essa proposta teve como incentivo a Feira da Reforma Agrária do MST, realizada em São Paulo (Informação verbal).[61]

> essa coisa da feira não era tão forte, sempre existiu, mas agora ela inverte a posição e assume a frente [...] o momento político já é outro, a intencionalidade

58 Liderança Paraná E. Curitiba, junho de 2018, entrevista.
59 Liderança Paraná G. Curitiba, agosto de 2019, entrevista.
60 Liderança Paraná G. Curitiba, agosto de 2019, entrevista.
61 Liderança Paraná E. Curitiba, junho de 2018, entrevista.

> desse diálogo é outra e, então, esse formato já não dá mais conta. Quando a gente fala que a gente precisa fazer uma boa feira e a feira tem que ser o carro-chefe, então esse formato já não dá mais conta de adequar [*sic*]. [...] quer dizer, não vamos transformar a Jornada de Agroecologia numa feira, mas vamos manter essa estrutura da Jornada de Agroecologia readequando com esse peso especial para feira. A feira nacional também traz muito esse olhar para a gente conseguir entender isso. Daí, a partir disso, ali na Lapa, a gente tenta aproximar a feira, mas na Lapa também tava num espaço separado, num parque e aí fica longe, não tava a sociedade ali dentro, até que a gente se sente maduro para poder avançar para dentro da capital, mas é isso as condições gerais políticas e sociais, conjunturais, a gente teve que readequar todo o formato em condição disso, né [*sic*]. (Informação verbal)[62]

Desse modo, a feira de alimentos passou a ter maior protagonismo no interior do projeto agroecológico, recebendo atenção especial durante esses dois eventos realizados, inclusive em termos estruturais, uma vez que foi realizada em uma das praças de maior movimento da capital, na Praça Santos Andrade.[63] Podemos indicar que o segundo evento envolveu 100 coletivos, os quais comercializaram mais de 18 toneladas de alimentos agroecológicos (Jornada de Agroecologia, 2019c). Essa feira de alimentos, por sua vez, estimulou o estabelecimento de um espaço coletivo e plural, permitindo fomentar a aproximação por meio de vendas diretas de produtos e alimentos agroecológicos desses atores sociais, assim como ajudou a destacar que é possível produzir alimentos sem transgênicos e sem agrotóxicos mas com

62 Liderança Paraná E. Curitiba, junho de 2018, entrevista.

63 É necessário assinalar que estavam disponíveis alimentos *in natura* e minimamente processados e produtos da economia solidária a preços acessíveis para os consumidores e consumidoras, produzidos e vendidos pelos próprios camponeses e camponesas do estado do Paraná e também pelos camponeses de outros estados brasileiros. Isso tudo ajudou a promover um comércio solidário, justo em termos sociais e econômicos, e sustentável ambientalmente. Também houve um espaço para a alimentação, onde era possível encontrar uma variedade de comidas elaboradas pelos próprios colaboradores e colaboradoras do projeto agroecológico e camponeses e camponesas, o que foi chamado de culinária da terra.

justiça social e econômica (Pessoa, 2020). Nesse caso, recorrendo novamente a Santos (2002), pode-se reconhecer que, por meio da feira de alimentos, é operada a denominada ecologia da produtividade, que coloca em questionamento a dinâmica capitalista de produtividade e promove sistemas alternativos de produção e venda, como os alimentos agroecológicos.

Além da feira de alimentos, ampliaram-se também as apresentações culturais durante esses eventos, sobretudo no segundo evento, quando foram realizadas 27 apresentações. Esses eventos, por sua vez, começaram a contar com o apoio direto de atores sociais consolidados nacionalmente, como cantores e cantoras que, evidentemente, levantavam a bandeira do campesinato e da Agroecologia. Desse modo, criou-se um canal de comunicação que vai além dos alimentos agroecológicos e que também ajudou a apresentar o projeto agroecológico, acima de tudo para os atores sociais que, em um primeiro momento, não eram os consumidores e consumidoras de alimentos agroecológicos.

Desse modo, nessa tentativa de poder aproximar campo e cidade, a Jornada precisou se adaptar em determinados aspectos, como, por exemplo, nas suas narrativas e na dinâmica de seus eventos, com o intuito de poder "dialogar para fora" do projeto agroecológico, como assinalou a Liderança Paraná G (Informação verbal).[64] Devemos reconhecer que o projeto da Agroecologia passou a ocupar, nesse momento, um espaço que está além de seu tradicional espaço de disputas, em que pode apresentar uma nova ótica sobre a realidade e memórias desses espaços e representar os motivos das disputas para a sociedade. Com base no que descrevemos, podemos reconhecer que houve, durante esse

64 Liderança Paraná G. Curitiba, agosto de 2019, entrevista.

período, uma aproximação do campo com a cidade por meio de diferentes canais de comunicação.

Durante o primeiro evento de Curitiba, que ocorreu de 6 a 9 de junho de 2018, passaram aproximadamente 10 mil pessoas (Jornada de Agroecologia, 2018a), o que representou um expressivo aumento no número de participantes, devido sobretudo a esse novo modelo que tinha sido assumido. Conforme a programação, podemos notar que foram debatidos temas importantes que resgatavam os interesses dos atores participantes, como agricultura familiar e camponesa, Agroecologia, agrotóxicos, relação campo e cidade, ciência e cultura, contaminação humana, contaminação da natureza, crédito rural, criminalização, cuidado com o meio ambiente, democracia, direitos sociais, educação, gênero, comercialização, renda e economia solidária, lutas camponesas, políticas públicas, projeto popular, reforma agrária, saúde, soberania alimentar (Jornada de Agroecologia, 2018b).

O segundo evento em Curitiba se deu de 29 de agosto a 1 de setembro de 2019 (Jornada de Agroecologia, 2019a). A programação reproduziu muitos dos temas do evento anterior. As novidades, porém, foram: alimentos, biodiversidade, disputas e lutas pela terra, sementes crioulas e soberania alimentar (Jornada de Agroecologia, 2019b).

Além da estratégia de promover uma maior aproximação na relação com a cidade, por meio da feira agroecológica e da abertura de espaço dos eventos culturais para o público em geral, os eventos da Jornada de Agroecologia de Curitiba reafirmaram um projeto agroecológico, que por sua vez ratificou temas que vinham sendo discutidos nos eventos anteriores. O projeto assumiu um desenho que envolvia múltiplas questões relacionadas com a ecologia, conforme foi possível observar nos dois eventos. Dessa forma, considerando o percurso realizado pelo projeto agroecológico até aqui, configurou-se uma ecologia cujo alcance foi além de uma prática de saberes agrícolas e por isso se traduz como um projeto de vida ecológico que se constrói na relação com a sociedade.

Considerações finais

Neste texto, buscamos apresentar e analisar a trajetória e a formação do projeto agroecológico no estado do Paraná por meio da Jornada de Agroecologia. Um caminho que foi traçado com base nos apoios, nos interesses, nas capacidades e nas disposições dos atores locais de recebê-la e de realizar um ou mais eventos dessa natureza. Durante essa trajetória, o projeto da Agroecologia tem sido construído, de modo coletivo e plural, por atores comprometidos com a Agroecologia e com o campesinato, muitos dos quais têm sido silenciados historicamente. A Agroecologia se apresenta em resistência e como alternativa à agricultura capitalista, atualmente sob a égide da dinâmica do projeto do agronegócio. Para essa análise, mobilizamos as perspectivas do pensamento decolonial, da ecologia política e das sociologias da ausências e emergências de Santos (2002).

O projeto agroecológico foi sendo construído ao longo da trajetória da Jornada de Agroecologia, segundo as estratégias definidas pelos seus e suas protagonistas e conforme as agendas temas da programação de cada evento (Tabela 1). Sendo assim, podemos considerar como estratégias as justificativas ou razões atribuídas à realização de cada evento em diferentes regiões. São de interesse: valorizar e reconhecer o campesinato; os embates que irão firmar posição no campo de disputas como os e as protagonistas do agronegócio; a valorização das experiências agroecológicas e da educação, a aproximação com as universidades e institutos de pesquisa, no sentido de tensionar os paradigmas de construção de conhecimento; a recuperação da memória de criminalização dos camponesas e camponesas; a aproximação das relações campo-cidade.

Tabela 1: Temas que predominaram nos eventos da Jornada de Agroecologia

Temas	Edição											
	6ª	7ª	8ª	9ª	10ª	12ª	13ª	14ª	15ª	16ª	17ª	18ª
A. Familiar – Camponesa			■	■	■	■	■	■	■		■	
Agroecologia	■	■	■	■	■	■	■	■	■		■	■
Agrotóxicos				■	■	■		■	■		■	■
Alimentos	■				■		■	■				■
Análise Capital	■	■	■	■	■	■	■	■	■	■		
Autonomia Camponesa	■											
Biodiversidade	■	■	■	■		■			■			■
Relação Campo – Cidade					■						■	
Ciência – Cultura					■						■	■
Contaminação Alimentos			■	■								
Contaminação Genética		■										
Contaminação Humana					■						■	■
Contaminação Natureza					■						■	
Crédito Rural				■								
Criminalização		■		■				■		■	■	
Cuidado Meio Ambiente	■							■	■		■	■
Golpe – Democracia										■	■	
Direitos Sociais				■		■				■	■	
Disputas e Lutas Terras								■				■
Educação		■		■	■		■	■	■		■	■
Gênero			■	■	■					■	■	■

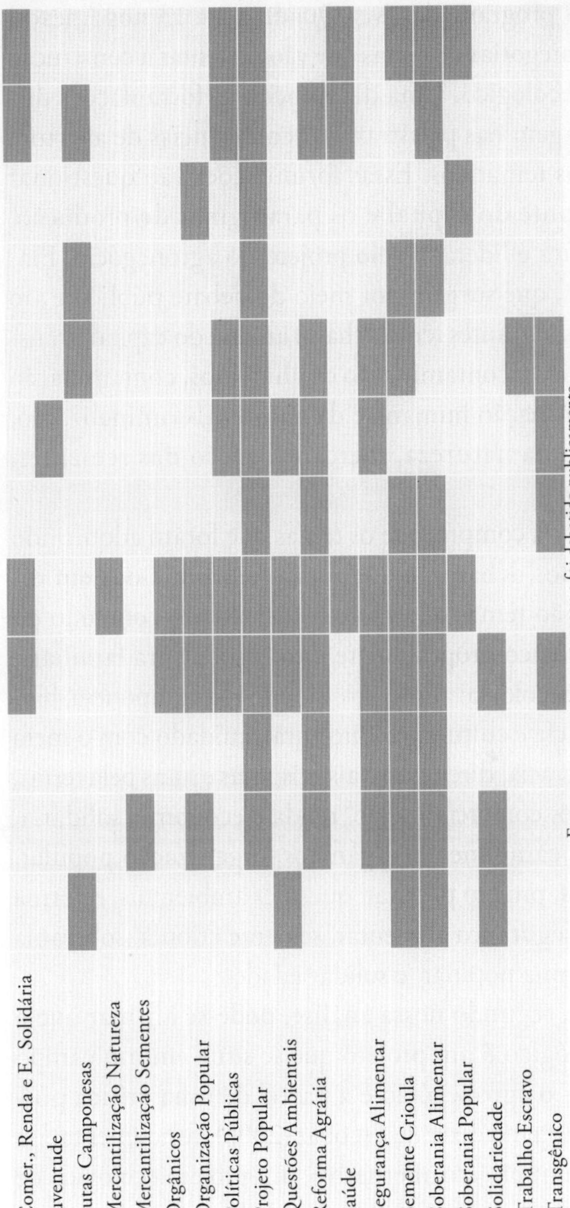

Eventos em que o tema apareceu e foi debatido publicamente

Fonte: Adaptado de Jornada de Agroecologia (2007b; 2008b; 2009b; 2010b; 2011b; 2013b; 2014b; 2015b; 2016b; 2017b; 2018b; 2019b).

Das agendas programadas (ver Quadros 2 a 13 nos Anexos) surgiram duas categorias de temas que vão sustentar a construção do projeto agroecológico. Uma diz respeito às formulações discursivas, que surgem nas palestras, nas conferências de abertura e nos seminários temáticos. Essas formulações vão questionar a lógica dominante do capital e os paradigmas de produção, que na agricultura é liderada pelo projeto do agronegócio. Elas suscitam críticas, que surgem por meio do debate público e são formuladas pelas seguintes temas-chave: análise do capital, transgênicos, agrotóxicos, contaminação de alimentos, contaminação genética, contaminação humana e da natureza, criminalização, mercantilização da natureza, mercantilização das sementes, trabalho escravo.

Outra categoria compreende os temas que foram adquirindo força na arena dos debates, e que foram reproduzidos em diversos eventos. São temas que vão dar formato do conteúdo do projeto agroecológico propriamente dito: agricultura familiar e camponesa, Agroecologia; alimentos, autonomia camponesa, biodiversidade, ciência e cultura, crédito rural, cuidado com o meio ambiente, democracia, direitos sociais, disputas e lutas pela terras, educação, gênero, comercialização, renda e economia solidária, juventude, lutas camponesas, orgânicos, organização popular, políticas públicas, projeto popular, questões ambientais, reforma agrária, saúde e segurança alimentar, semente crioula, soberania alimentar, soberania popular, e solidariedade.

Dessa forma, segundo nossa análise, pode-se afirmar que o projeto agroecológico é um projeto que se situa em um campo de disputas com o agronegócio e a partir de uma crítica pós-desenvolvimentista, no dizer de Escobar (2005), fundamentando a construção de um projeto alternativo, um projeto ecológico de vida. Esse projeto que emerge da trajetória da Jornada de Agroecologia reconecta com uma condição de vida própria do campesinato e restabelece formas de relação com a natureza e com as relações sociais, que têm como pressupostos a justiça social e econômica e a sustentabilidade ambiental. Os temas que sustentam o projeto certamente não formam um projeto acabado, mas estruturam princípios, diretrizes e propostas que a ação reflexiva reproduz e recria segundo o interesse dos atores sociais.

Referências

ALIMONDA, H. La colonialidad de la naturaleza. Una aproximación a la ecología política latinoamericana. *In:* ALIMONDA, H. (org.) *La naturaleza colonizada. Ecología política y minería en América Latina.* 1. ed. Buenos Aires: Clacso, 2011.

AMADEU, M. S. U. dos S.; MENGATTO, A. P. de F.; STROPARO, E. M.; ASSIS, T. T. S. *Manual de normalização de documentos científicos de acordo com as normas da ABNT.* 1. ed. Curitiba: Editora UFPR, 2017.

BRASIL. Lei n. 10.814, de 15 de dezembro de 2003. Estabelece normas para o plantio e comercialização da produção de soja geneticamente modificada da safra de 2004, e dá outras providências. Diário Oficial da União, v. CXL, n. 244, 2003.

CANUTO, A. Agronegócio: a modernização conservadora que gera exclusão pela produtividade. *Nera*, v. 7, n. 5, p. 1-12, 2004.

CARNEIRO, F. F.; AUGUSTO, L. G. da S.; RIGOTTO, R. M.; FRIEDRICH, K.; BÚRIGO, A. C. *Dossiê Abrasco*: um alerta sobre os impactos dos agrotóxicos na saúde. 1. ed. Rio de Janeiro; São Paulo: Escola Politécnica de Saúde Joaquim Venâncio – Fiocruz; Expressão Popular, 2015.

ESCOBAR, A. Mundos y conocimientos de otro modo. El programa de investigación de modernidad/colonialidad latinoamericano. *Tabula Rasa*, v. 1, p. 51-86, 2003.

ESCOBAR, A. El postdesarrollo como concepto y práctica social. *In:* MATO, D. (org.) Políticas de economía, ambiente y sociedad en tiempos de globalización. Caracas: Facultad de Ciencias Económicas y Sociales, Universidad Central de Venezuela, 2005.

GRISA, C.; SCHMITT, C. J.; MATTEI, L. F.; MALUF, R. S.; LEITE, S. P. O Programa de Aquisição de Alimentos (PAA) em perspectiva: apontamentos e questões para o debate. *In: Retratos de assentamentos*, v. 13, n. 1, p. 137-170, 2010.

JORNADA DE AGROECOLOGIA. Carta: 1ª Jornada Paranaense de Agroecologia. Ponta Grossa, 2002.

JORNADA DE AGROECOLOGIA. Carta: 2ª Jornada de Agroecologia. Ponta Grossa, 2003.

JORNADA DE AGROECOLOGIA. Carta: 3ª Jornada de Agroecologia. Ponta Grossa, 2004.

JORNADA DE AGROECOLOGIA. Carta: 4ª Jornada de Agroecologia. Cascavel, 2005.

JORNADA DE AGROECOLOGIA. Carta: 5ª Jornada de Agroecologia. Cascavel, 2006.

JORNADA DE AGROECOLOGIA. Carta: 6ª Jornada de Agroecologia. Cascavel, 2007a.

JORNADA DE AGROECOLOGIA. Programação: 6ª Jornada de Agroecologia. Cascavel, 2007b.

JORNADA DE AGROECOLOGIA. Carta: 7ª Jornada de Agroecologia. Cascavel, 2008a.

JORNADA DE AGROECOLOGIA. Programação: 7ª Jornada de Agroecologia. Cascavel, 2008b.

JORNADA DE AGROECOLOGIA. Carta: 8ª Jornada de Agroecologia. Francisco Beltrão, 2009a.

JORNADA DE AGROECOLOGIA. Programação: 8ª Jornada de Agroecologia. Francisco Beltrão, 2009b.

JORNADA DE AGROECOLOGIA. Carta: 9ª Jornada de Agroecologia. Francisco Beltrão, 2010a.

JORNADA DE AGROECOLOGIA. Programação: 9ª Jornada de Agroecologia. Francisco Beltrão, 2010b.

JORNADA DE AGROECOLOGIA. Carta: 10ª Jornada de Agroecologia. Londrina, 2011a.

JORNADA DE AGROECOLOGIA. Programação: 10ª Jornada de Agroecologia. Londrina, 2011b.

JORNADA DE AGROECOLOGIA. Carta: 11ª Jornada de Agroecologia. Londrina, 2012.

JORNADA DE AGROECOLOGIA. Carta: 12ª Jornada de Agroecologia. Maringá, 2013a.

JORNADA DE AGROECOLOGIA. Programação: 12ª Jornada de Agroecologia. Maringá, 2013b.

JORNADA DE AGROECOLOGIA. Carta: 13ª Jornada de Agroecologia. Maringá, 2014a.

JORNADA DE AGROECOLOGIA. Programação: 13ª Jornada de Agroecologia. Maringá, 2014b.

JORNADA DE AGROECOLOGIA. Carta: 14ª Jornada de Agroecologia. Irati, 2015a.

JORNADA DE AGROECOLOGIA. Programação: 14ª Jornada de Agroecologia. Irati, 2015b.

JORNADA DE AGROECOLOGIA. Carta: 15ª Jornada de Agroecologia. Lapa, 2016a.

JORNADA DE AGROECOLOGIA. Programação: 15ª Jornada de Agroecologia. Lapa, 2016b.

JORNADA DE AGROECOLOGIA. Carta: 16ª Jornada de Agroecologia. Lapa, 2017a.

JORNADA DE AGROECOLOGIA. Programação: 16ª Jornada de Agroecologia. Lapa, 2017b.

JORNADA DE AGROECOLOGIA. Carta: 17ª Jornada de Agroecologia. Curitiba, 2018a.

JORNADA DE AGROECOLOGIA. Programação: 17ª Jornada de Agroecologia. Curitiba, 2018b.

JORNADA DE AGROECOLOGIA. Carta: 18ª Jornada de Agroecologia. Curitiba, 2019a.

JORNADA DE AGROECOLOGIA. Programação: 18ª Jornada de Agroecologia. Curitiba, 2019b.

JORNADA DE AGROECOLOGIA. 18ª Jornada de Agroecologia comercializa 18 toneladas de alimentos em Curitiba. 2019b. Disponível em: https://jornadade-Agroecologia.org.br/2019/09/02/18a-jornada-de-Agroecologia-comercializa-18--toneladas-de-alimentos-em-curitiba/. Acesso em: 29 abr. 2020c.

JORNADA PARANAENSE DE AGROECOLOGIA. 1ª Jornada Paranaense de Agroecologia: Terra livre de transgênicos e sem agrotóxico. Ponta Grossa: Gráfica Popular, 2002.

LANDER, E. Ciencias sociales: saberes coloniales y eurocéntrico. *In:* LANDER, E. (org.): *La colonialidad del saber*: eurocentrismo y ciencias sociales. Buenos Aires: Clacso, 2000.

LEFF, E. Racionalidad ambiental: La reapropiación social de la naturaleza. Cuidad de México: Siglo XXI, 2004.

LONDRES, F. Agrotóxicos no Brasil: um guia para ação em defesa da vida. Rio de Janeiro: AS-PTA, 2011.

MALDONADO-TORRES, N. Sobre la colonialidad del Ser: contribuciones al desarrollo de un concepto. *In:* CASTRO-GÓMEZ, S.; GROSFOGUEL, R. (orgs.). *El giro decolonial:* reflexiones para una diversidad epistémica más allá del capitalismo global. 1. ed. Bogotá: Siglo del Hombre; Universidad Central; Pontificia Universidad Javeriana, 2007.

MALDONADO-TORRES, N. La descolonización y el giro des-colonial. *Tabula Rasa*, n. 9, p. 61-72, 2008.

MOREIRA, S. DOS S.; VALADÃO, A. DA C.; SHIMANSKI, É.; BRANDENBURG, A. 14ª Jornada de Agroecologia em Irati, Paraná: espaço de resistência contra a criminalização dos agricultores executores do PAA. *Cadernos de Agroecologia*, v. 13, n. 1, p. 1-7, 2018.

PACHECO, I.; TORINELLI, M. *Jornada de Agroecologia reafirma necessidade de construir espaços de resistência e autonomia frente ao capital.* MST, 2016. Disponível em: https://mst.org.br/2016/08/02/jornada-de-Agroecologia-reafirma-necessidade-de-construir--espacos-de-resistencia-e-autonomia-frente-ao-capital/. Acesso em: 3 mai. 2020.

PAULA, N. M. A insegurança alimentar e a ordem neoliberal: desafios para uma agenda contra-hegemônica. *Revista Paranaense de Desenvolvimento*, v. 38, n. 133, p. 23-37, 2017.

PESSOA, Kauê. Agriculturas em disputa: a Jornada de Agroecologia como expressão de um projeto agroecológico no Paraná. 304f. Tese (Doutorado em Sociologia) – Setor de Ciências Humanas, Universidade Federal do Paraná, Curitiba, 2020.

PESSOA, Kauê; BRANDENBURG, Alfio. Jornada de Agroecologia: estratégias e disputas na construção de um projeto ecológico para a agricultura no estado do Paraná. Estudos Sociedade e Agricultura, Rio de Janeiro, v. 30, n. 1, p. 1-26, 2022.

PIMENTEL, A. G.; SALES, J. DE O.; ISAGUIRRE-TORRES, KATYA REGINA SOUZA FILHO, C. F. M. A repressão político-judicial do Estado: a violência legítima da operação Agrofantasma e suas consequências para os agricultores campesinos da Região Sudeste do Paraná. *Emancipação*, v. 17, n. 2, p. 246-264, 2017.

QUIJANO, A. Colonialidad del poder y clasificación social. *Journal of World-Systems Research*, v. 6, n. 2, p. 342-386, 2000.

SANTOS, B. de S. Para uma sociologia das ausências e uma sociologia das emergências. *Revista Crítica de Ciências Sociais*, n. 63, p. 237-280, 2002.

STEDILE, J. P.; FERNANDES, B. M. *Brava gente*: A trajetória do MST e a luta pela terra no Brasil. 3. ed. São Paulo: Fundação Perseu Abramo, 2005.

TARDIN, J. M.; JANTARA, A. E. Centro Chico Mendes de Agroecologia: terra livre de transgênicos e sem agrotóxico. *In: Cartilha 3ª Jornada de Agroecologia*. Curitiba: Editora Gráfica Popular, 2004.

TERRA DE DIREITOS. Jornada de Agroecologia inicia dia 25 em Cascavel. *Terra de Direitos*, 2005. Disponível em: https://www.terradedireitos.org.br/noticias/noticias/jornada-de-Agroecologia-inicia-dia-25-em- cascavel/287. Acesso em: 3 maio 2020.

TERRA DE DIREITOS. Encerramento da 5ª Jornada de Agroecologia reafirma necessidade de mudança da matriz de produção. *Terra de Direitos*, 2006. Disponível em: https://www.terradedireitos.org.br/noticias/noticias/encerramento-da-5-jornada-de-Agroecologia-reafirma-necessidade-de-mudanca-da-matriz-de-producao/437. Acesso em: 3 maio 2020.

TERRA DE DIREITOS. Via Campesina produz agroecológicos no antigo campo da Syngenta. *Terra de Direitos*, 2007. Disponível em: https://www.terradedireitos.org.br/noticias/noticias/via-campesina-produz-agroecologicos-no- antigo-campo-da-syngenta/391. Acesso em: 1 abr. 2020.

TONÁ, N. Contribuição dos egressos da Escola Milton Santos para a promoção da Agroecologia e desenvolvimento dos assentamentos de reforma agrária no Paraná. Maringá: Universidade Estadual de Maringá, 2016.

VIA CAMPESINA. Via Campesina ocupa área con cultivo ilegal de transgénicos en Paraná, 2006. Disponível em: https://viacampesina.org/es/vcampesina-ocupa-a-con-cultivo-ilegal-de-transgcos-en-paran/. Acesso em: 25 jan. 2019.

VIA CAMPESINA. Syngenta: milicias privadas y asesinatos, 2007. Disponível em: https://viacampesina.org/es/syngenta-milicias-privadas-y-asesinatos/. Acesso em: 25 jan. 2019.

Místicas das jornadas de Agroecologia: uma experiência pessoal de encontro com o Movimento[1]

Priscila Cristina dos Santos

A mística é fruto da religiosidade camponesa e de seu modo de vida. Ela é realizada em diversos movimentos sociais e no MST passou por diversas transformações ao longo dos anos, agregando sentidos e um ideal de libertação muito forte. Este capítulo buscou evidenciar os sentidos que a mística adquire nas Jornadas de Agroecologia, ou seja, sua dimensão educativa, unificadora e de mobilização no MST e no projeto de vida agroecológico.

Se, em um primeiro momento, a palavra mística é de difícil compreensão, é justamente pela dificuldade de descrever a magnitude que tal ato ganha nos movimentos sociais, ato este que ultrapassa os limites da encenação e que não deve ser definido como um teatro ou uma apresentação cultural.

A mística passa durante o processo de construção do MST por transformações em sua forma de ser e de fazer, pois ela acompanha a dinâmica do movimento e suas transformações. Nascida de uma

1 Este texto refere-se à dissertação de mestrado da autora intitulada Mística da Luta: um estudo de caso das Jornadas de Agroecologia do MST no Paraná (Santos, 2019). O presente trabalho foi realizado com apoio da Coordenação de Aperfeiçoamento de Pessoal de Nível Superior – Brasil (Capes) – Código de Financiamento 00.1

perspectiva de cunho católico, hoje congrega diferentes crenças, mistura-se com a ciência para tratar de temas atuais, traz símbolos importantes para o movimento e constrói em cada pessoa uma relação diferente com o momento apresentado.

O sentido da mística e as Jornadas de Agroecologia

Se, para a teologia, a mística é descrita como uma experiência pessoal de encontro com o absoluto (Vaz, 2000), no MST pode ser considerada como uma experiência pessoal de encontro com o movimento, ou seja, toda pessoa traz um aprendizado da mística e têm uma experiência que é única. No entanto, a construção e a vivência da mística são dadas de forma coletiva, cujos temas são, geralmente, relacionados ao MST, à sua luta, à ideologia, à história, à vivência etc.

Bogo (2003), importante teórico do MST, cuja caminhada como acadêmico e como militante do movimento é de grande expressividade, descreve a mística como algo que surge no movimento, primeiro sem muitas definições, na prática do dia a dia, e posteriormente passa a ser teorizada e analisada para que houvesse uma conceituação a seu respeito. Portanto, a mística é apreendida pelos integrantes do movimento, na prática, onde se aprende a fazer, fazendo mística.

Seu estudo tem sido algo recorrente na academia. Autores da sociologia, antropologia, educação e de diversas outras áreas têm buscado compreender o sentido desse elemento no Movimento dos Trabalhadores Rurais Sem Terra. Esse interesse, talvez, venha da dificuldade em definir e explicar algo tão complexo e que tem tanta proporção dentro de diversos movimentos sociais, não só no MST.

Quando a razão foge dos sentidos e quando não se vê motivos para continuar a lutar, experiências como a mística ajudam os movimentos a seguir, seja pela memória de um companheiro morto, pela esperança da terra prometida, da luta pelo dom da vida ou pelo direito de usar e produzir a terra. A mística traz aos sem-terra o fervor que as dificuldades insistem em retirar. Nas Jornadas de Agroecologia, as místicas carregam diversos sentidos e sentimentos, entre eles a fé na luta e a esperança na formação de um mundo socioambientalmente justo.

Segundo uma das integrantes do Movimento, a mística é "o detalhe, a sutileza, é a benzedeira, a música, a preparação, a mística não é só o momento final, a apresentação, ela é toda a construção do nosso povo". Essa frase resume o que a mística representa para a Jornada de Agroecologia. Ela funciona como *síntese* de toda a riqueza e a diversidade que o campesinato possui e está intimamente integrada à religiosidade do catolicismo rústico/popular. É algo pertencente ao *habitus* camponês, expressando-se nos comportamentos pessoais, coletivos, formas de lutas, ideias e convicções (Netto, 2007, p. 657). Isso fica expresso na forma como os participantes da Jornada e os integrantes do movimento compreendem a mística. Vai de encontro ao que outra integrante do movimento define como tal. Segundo ela:

> a Mística tá dentro do coração da gente. É para que a gente *reflita e vivencie ela todos os dias em tudo que a gente fazer.* Se a gente tá lavando uma roupa a gente vai vivenciá a mística, se a gente tá fazendo uma comida, vai vivenciá a mística, se a gente estiver na roça, a gente vai vivenciá a mística, se estiver brincando de roça, a gente tá vivenciando a mística, se a gente estiver na luta, numa mobilização, numa ocupação, se a gente tiver na Jornada, se a gente tiver numa reunião, nós estamos vivendo a mística.

Novamente, a definição de mística dada aqui retoma elementos do dia a dia e do *habitus* do campo, demonstrando que não há mística que não esteja integrada com a prática permanente e cotidiana do MST. Sendo assim, a mística pode ser resumida como um ritual fundamental para o modo de vida camponês expresso pelos movimentos sociais, em especial o MST.

A primeira mística das Jornadas, de abertura, tem um cunho mais de crítica política. A segunda mística, chamada de mística das sementes ou mística de encerramento, tem como foco principal passar a mensagem da Agroecologia. Ela retrata a partilha e outro modelo de vida. Normalmente, as místicas seguem as temáticas da Jornada. Portanto, se o tema central for "terra livre de transgênicos", a mística provavelmente seguirá a mesma linha, assim como na Jornada de 2017, cujo tema era "Keno vive", e as místicas retrataram a vida e morte do "companheiro Keno".

A mística de abertura da 16ª Jornada de Agroecologia tratava do enfrentamento do povo camponês com o modelo de produção capitalista do agronegócio. Nessa mística, em específico, o confronto revivenciado era o do movimento com a empresa Syngenta e a morte de um dos integrantes do movimento, Keno. Essa foi uma ocasião de grande emoção da Jornada, no qual os integrantes do Movimento estavam visivelmente emocionados ao revivenciarem um momento de tamanha dor, a morte de um companheiro de luta. Nessa mística, o grito de "guerra" era "*Keno vive*", acompanhado do grito "Para cada companheiro ou companheira tombado, nem um minuto de silêncio, mas toda uma vida de luta!". Era repetido diversas vezes pelos integrantes do movimento e com muita força. Essa mística era, portanto, a representação da resistência do povo camponês. Mais importante até: ela era a retomada da memória social do movimento. Roberto Baggio disse,[2] em entrevista a Julio Carignano, que:

[2] Coordenador estadual (Paraná) do Movimento no ano de 2017.

> Keno simboliza a semente que germina na militância que segue na construção de um projeto soberano e popular de agricultura. Ele [Keno] é a força de energia para a luta. Ele é símbolo do camponês que se rebelou e lutou até os últimos dias de sua vida, acrescenta. Simbologia presente na poesia, nos versos que relatam que Keno não morreu, virou semente. Semente permanente. Hoje e sempre. (Carignano, 2017)

Essa fala é de extrema importância para entender os elementos da mística e seus sentidos. "Keno virou semente", ou seja, sua luta se multiplica pelo movimento. Cada vez que sua história é contada, seu exemplo de força dá sentido e incentivo aos integrantes do MST para continuar na caminhada por uma vida mais justa socialmente. Essa mística de abertura, em homenagem a Keno, foi constituída por um grupo de aproximadamente 40 pessoas pertencentes à Região Oeste, segundo o panfleto de programação.

Ela contou com diversos elementos, como música, dança, representação do confronto, poesia, carta e áudio de uma entrevista dada por Keno falando da importância da luta camponesa. Havia uma grande quantidade de instrumentos e objetos do dia a dia do trabalho camponês e da luta do movimento, a saber: foices, enxadas, pás, armas, bombas (bombinhas reais), cartazes, alimentos produzidos pelo movimento e diversas bandeiras, não só do MST e da Via Campesina, mas do movimento das mulheres e a bandeira LGBTQI.

Toda a emoção da mística já era sentida muito antes do seu início, desde a abertura com a banda do próprio movimento cantando músicas e trazendo gritos de ordem (Figura 1). Naquele momento, a plenária já estava cheia e todos cantavam e gritavam com fulgor:

> As músicas cantadas são reflexivas, dão ânimo, fortalecem a ideologia do movimento e expressam as contradições do sistema capitalista. A tenda de abertura é impactante, pois a imagem do 'Keno' está presente como foco principal de toda decoração. (Caderno de Campo, 2017)

Figura 1 – Palco da 16ª Jornada de Agroecologia

Fonte: A autora (2017).

A Figura 1, anterior, demonstra justamente o que a passagem do caderno de campo diz, que o palco foi todo construído para rememorar a imagem do Keno, com a banda trazendo a animação, a emoção, o hino e os gritos de ordem, tão importantes para acionar as emoções. Esse palco de abertura fez a preparação do público para receber a mística, que se iniciou com a entrada de diversos cartazes que levavam o nome de grandes empresas do agronegócio, como Monsanto, Syngenta, entre outros, como mostrado na Figura 2.

Posteriormente, simulou-se o enfrentamento do povo camponês com essas empresas, representando o enfrentamento do projeto político e ideológico do Movimento com o projeto do capital. Foi nesse momento que o massacre cometido por essas grandes empresas sobre os sem-terra foi demonstrado, e onde a representação se tornou mais real.

Figura 2 – 16ª Jornada de Agroecologia: Cartazes representando as grandes empresas do agronegócio

Fonte: Autora (2017)

Era possível observar, naqueles que assistiam, certa tensão. Havia um silêncio absoluto na tenda e todos prestavam atenção no que estava sendo representado pela mística: "as crianças ficam assustadas, algumas chegam a chorar, todos estavam em absoluto silêncio" (Caderno de Campo, 2017).

Após esse momento de enfrentamento e diante da morte de diversos integrantes do Movimento, a mística demonstrou que a luta não acabou e que dela nasceram diversos produtos, assim como "*Keno não morre, vira semente*". A mística trouxe então o nascimento da vida (Figura 3), os objetos do trabalho (pás e enxada), da produção (verduras, banana, entre outros alimentos), diferentes bandeiras e frentes que compõem o Movimento (Mulheres, Via Campesina, LGBTQIA+, entre outras), sendo que as muitas crianças representavam as gerações mais novas da luta e do trabalho camponês.

Figura 3 – 16ª Jornada de Agroecologia: renascimento da esperança e da luta

Fonte: Autora (2017)

A Figura 4 retrata o momento em que a vida nasceu no Movimento, que, mesmo após a queda no enfrentamento, a luta de Keno e dos outros companheiros virou "semente", ou seja, dá força, ânimo e coragem para o Movimento seguir e lutar. Mesmo após a queda e o massacre, o MST e sua luta permaneciam vivos.

Na Figura 4, a produção, as gerações do Movimento, os parceiros e a força de trabalho renascem para dar vida à luta. "Keno virou semente" aparece de forma clara na mística, na qual, depois do enfrentamento, da dor, do sangue, nascem a esperança, a produção e a vida. O sacrifício de sua morte renasce em força de luta para o Movimento. Portanto, ele e sua experiência de vida foram sementes para a luta camponesa pela reforma agrária, resultando na produção, na conquista e na resistência.

Figura 4 – 16ª Jornada de Agroecologia: frutos da luta

Fonte: João Luiz dos Santos (2017).

Para encerrar a mística, foram realizadas a leitura de uma carta sobre o "Keno" e a transmissão do seu áudio, no qual fala da importância da luta e da união no Movimento, além da ecologia como importante modo de vida e produção do campesinato. Durante toda a mística houve a participação de músicos do MST, com diferentes músicas para cada contexto representado. Enquanto na batalha a música falava da morte e do sangue derramado, no levante do Movimento a música dizia "A terra ela é sagrada, nas mãos de quem trabalha a terra, suor, vida, trabalho e terra, o direito à terra é de quem trabalha".[3] Portanto, todos os elementos pertencentes a esta mística estavam interligados a uma única mensagem, a um único sentido, que, se pudesse ser expresso

3 Canto da Terra Sagrada, de Rubinho do Vale (2000).

por uma frase, seria: "Para cada companheiro ou companheira tombados, nem um minuto de silêncio, mas toda uma vida de luta". Esse grito foi entoado diversas vezes durante esta Jornada.

A 17ª Jornada de Agroecologia trouxe para dentro do Teatro Guaíra (local onde foi realizada a abertura do evento) uma enorme mística de abertura, que gerou grande emoção com a música "Cio da Terra" (Chico Buarque e Milton Nascimento, 1977), sempre cantada e lembrada pelo MST. Ela representa a relação do campesinato com a terra, a transformação do alimento, o fruto do trabalho camponês, com os seguintes versos:

> Debulhar o trigo
> Recolher cada bago do trigo
> Forjar no trigo o milagre do pão
> E se fartar de pão
>
> Decepar a cana
> Recolher a garapa da cana
> Roubar da cana a doçura do mel
> Se lambuzar de mel
>
> Afagar a terra
> Conhecer os desejos da terra
> Cio da terra, a propícia estação
> E fecundar o chão

O trigo sempre foi um elemento bastante simbólico na religiosidade camponesa. Aparece em várias passagens bíblicas, é dele que vem o pão, símbolo importante, pois Jesus é o pão da vida (Jo 6, 27), é ele quem alimenta a fé, assim como é o pão que alimenta homem. Na Bíblia, o trigo também pode ser considerado como o homem justo, como na parábola do joio e do trigo (Mt 13, 18), na qual apenas o trigo seria levado ao celeiro, que seria o reino de Deus. Essa canção traz a relação íntima do camponês com a terra, com o cuidado, com o trabalho e com o conhecimento que ele tem com ela, da qual brotam elementos tão simbólicos como o trigo, ou como o mel, também elemento bastante importante na Bíblia, pois na terra prometida "emanava leite e mel" (Dn 26, 9), assim como é a "terra prometida" para o MST, um local no qual brotará o fruto do trabalho e da justiça social.

Enquanto a música era cantada, havia a representação de diversos jovens (aproximadamente 20) realizando o que a música descreve, o "milagre" da produção, o trabalho camponês. Em seguida, houve a leitura de uma carta que fazia a descrição da trajetória da Jornada até chegar a Curitiba e os motivos pelos quais ela estava na capital no ano de 2018, ou seja, a busca pela aproximação entre campo e cidade, produtor e consumidor, movimento social e capital do Estado. Houve a entrada de diversos camponeses e camponesas acompanhados de bonecos, instrumentos e bandeiras. Eles se posicionaram diante do palco (aproximadamente 30) e alguns no palco (aproximadamente dez), entoaram gritos de ordem como "Terra livre de transgênicos e sem agrotóxicos".

Figura 5 – 17ª Jornada de Agroecologia: bonecos gigantes representando a grandeza dos camponeses

Fonte: Juliana Adriano (2018).

A Figura 5 mostra o momento em que grandes bonecos representando os camponeses, diversas bandeiras, materiais de trabalho (como pás) e os camponeses adentraram o teatro para se posicionar em frente ao palco e dar ainda mais força à mística que estava sendo realizada. O mesmo é visto na Figura 6, a seguir, em que todos os camponeses entoam o grito de ordem "Terra livre de transgênicos e sem agrotóxicos".

Essa mística, diferentemente da mística de abertura da 16ª Jornada, na Lapa, teve um caráter muito mais de celebração do modo de vida camponês e da história da Jornada de Agroecologia. Ela trouxe também a luta, com as bandeiras, as ferramentas de trabalho, o grito de ordem, mas não trouxe de forma tão explícita o enfrentamento do Movimento com o agronegócio, como ocorreu em 2017 com a encenação da morte de militantes na luta. A mística de abertura de 2018 estava muito relacionada aos conceitos estabelecidos pela 17ª Jornada de Agroecologia, de destacar a *relação campo-cidade, a história das lutas, a produção e os ciclos ligados ao modo de vida camponês.*

A observação participante trouxe a compreensão de que a mística, para os integrantes do MST, é o que Bourdieu compreende por *habitus*, ou seja, é o que ele define como um sistema de disposições práticas, de condutas regulares que podem ser previstas, fazendo com que os agentes se comportem de determinada maneira em determinadas circunstâncias (Bourdieu, 2004, p. 98). Essa conclusão se deu ao observar que a mística é algo tão naturalizado no movimento que sua preparação se dá de forma muito tranquila e natural, ocorrendo muitas vezes com pouquíssima antecedência. É como se todos soubessem o que fazer e como fazer.

Figura 6 – 17ª Jornada de Agroecologia

Fonte: Juliana Adriano (2018).

Para esses sujeitos, planejar e participar da mística é fonte de orgulho, tendo em vista que apareceram, ao longo da pesquisa, e em diversas oportunidades, as seguintes falas: "Eu sempre participo", "Já participei de muitas místicas" etc. Dona Maria (Figura 7) foi uma das figuras centrais da realização da 17ª Jornada. Ela foi a responsável pela produção de todas as toalhas de crochê utilizadas na ornamentação do evento e a responsável pelas costuras que deram vida à decoração e às místicas. Dona Maria[4] veio de Porecatu uma semana antes da Jornada para auxiliar na produção e na composição do evento, estando presente na organização e na ornamentação de todos os espaços onde a mística foi realizada, ou

4 Este capítulo é dedicado a Dona Maria, que veio a falecer no ano de 2020. Camponesa, guerreira e exemplo de pessoa para todos, Dona Maria virou semente e vive por meio de seus ensinamentos e trabalho. À Dona Maria meu muito obrigada.

seja, ela participou de toda a complexidade que envolve a mística, do todo que muitas vezes não fica aparente.

Figura 7 – Criadores das artes da Jornada, D. Maria e seus crochês e fabrico e o símbolo que deu vida à 17ª Jornada de Agroecologia

Fonte: Juliana Adriano (2018).

A mística, nas Jornadas de Agroecologia, ganha dimensões importantes na formação dos atores do Movimento e se estabelece como uma das principais formas de participação e comunicação entre o povo camponês assentado ou acampado. Abordaremos a seguir as principais dimensões encontradas nas místicas vivenciadas nas Jornadas de Agroecologia.

A mística e suas dimensões

Dimensão educativa

A mística possui o sentido educativo no Movimento dos Trabalhadores Rurais Sem Terra (MST). Na Jornada, esse sentido se repete colaborando com a dimensão educativa que a própria Jornada apresenta, tendo por base a concepção popular de educação, a saber, emancipatória e libertária, como afirma Freire (1981).

Essa dimensão é fundamental para a Agroecologia, uma vez que ela se apresenta como proposta para os camponeses integrantes do movimento que foram submetidos ao processo de modernização do campo, o que fez com que a prática agrícola fosse separada dos saberes camponeses. A Agroecologia vem, então, reaproximar os saberes e emancipar os agricultores da tecnociência.

Segundo um dos acampados, participante da Jornada, a mística "É uma preparação para ter mais conhecimento sobre Agroecologia". Para ele, a participação na mística é essencial, principalmente para quem vem à Jornada pela primeira ou segunda vez, pois ela é fundamental para adquirir conhecimento.

Depoimentos como estes ("Sempre ajuda no conhecimento, às vezes na palestra você não entende, mas se tem a mística você compreende", "A mística é uma escola para a gente, aqui assisto uma mística, em outro lugar assisto outra e a gente nunca esquece") são comuns e retratam o papel fundamental que exerce na Jornada de Agroecologia. Isso vai de encontro ao que autores como Bogo (2003), Castro (2005), Nascimento e Martins (2008) haviam destacado como um dos importantes sentidos que a mística exerce para o MST.

Ela está assentada sobre as bases pedagógicas do Movimento, no qual a dialogicidade é fundamental para o processo de ensino e aprendizagem (Nascimento e Martins, 2008), além de estar amparada no que Bogo (2003) destaca como a forma camponesa de aprender, ou seja, por meio da prática e da troca de experiências e significados. Na Figura 8, esse movimento de educação por meio da prática se torna claro, tendo em vista que diferentes gerações compartilham esse momento e vivenciam essa experiência. Nesta imagem a seguir (Figura 8), é possível ver uma jovem entoando um grito de ordem na mística de abertura da 16ª Jornada, compreendendo desde cedo sobre que bases e que lutas se ampara esse movimento social.

Figura 8 – Grito de ordem na abertura da 16ª Jornada de Agroecologia

Fonte: Autora (2017)

Na Figura 9, novamente é possível ver a integração geracional que as Jornadas proporcionam. Nela, o jovem, além de aprender a história do Movimento, reconhece-se nas práticas demonstradas, aprende a fazer mística fazendo e ainda traz para dentro desse momento sua contribuição tão importante.

Quando uma das camponesas expõe que “Participar é totalmente diferente de assistir, porque, quando você planeja, tira várias coisas para pensar depois”, ela está se referindo justamente à possibilidade que a mística traz de vivenciar, experimentar e praticar determinados conhecimentos, assim como demonstram as imagens 7 e 8, apresentadas anteriormente. Sendo assim, a mística dá um sentido educativo ao Movimento, que, segundo Castro, representa uma forma ampla de atuação e ensino dentro do MST, agregando uma (Castro, 2005, p. 19):

> dimensão simbólica de representar as condições materiais e emocionais do povo. A constituição de uma realidade que agrega em torno da esperança de partilhar o sonho da luta pela terra, de um lugar com novas

condições de vida, com novas relações. As esferas de razão e emoção, pensamento e sentimento devem desta forma compor os aspectos formativos e educativos da Mística.

Figura 9 – 16ª Jornada de Agroecologia: pintura sendo realizada a partir da terra

Fonte: Autora (2017)

A mística como processo educativo atua também no que um dos camponeses expôs como uma oportunidade de "trabalhar em grupo, com diversas opiniões", indo de encontro ao que outra camponesa definiu como "gratificante poder expressar as opiniões, uma forma de expressar a minha opinião, respeitando a dos outros e tendo a minha respeitada", ou seja, demonstrando o papel de troca que a mística possibilita, em que é necessário se expressar, mas também ouvir o outro.

O poder unificador da mística

Outro ponto muito importante destacado pelos integrantes do movimento é o *sentido da mística como elemento de inserção e participação efetiva* na construção da Jornada, pois, segundo uma das camponesas, assentada e organizadora do evento, a mística, além de "trazer de volta a cultura, é também a inserção de todo mundo", referindo-se à oportunidade que todos têm de participar e de formular algo que contribua com a Jornada. Ela afirma que a mística é uma forma de "poder se expressar por meio da arte, protesto e defesa do que acredita". Demonstra como isso é fundamental, assim como proporciona o que outra camponesa descreveu: "Me senti útil, me orgulho de ter participado".

Esse elemento de participação efetiva no movimento tem importância fundamental como fonte de empoderamento para os sujeitos no que tange à sua experiência como militante e protagonista do Movimento Sem Terra. Bedoya (2012, p. 38) destaca que:

> uma correta interpretação de qualquer tipo de valorização institucional da mística deveria ter como base de apoio o sentido pessoal que a experiência mística tem para os/as militantes. Deste modo evita-se o risco de induzir a uma compreensão meramente instrumental da mística, encobrindo seu real valor experiencial [...]

Portanto, percebe-se que todo e qualquer sentido que seja associado à mística deve levar em conta seu valor como experiência individual dos sujeitos e como construção coletiva do movimento. Olhar de forma unívoca para a mística pode deixar passar elementos importantes de análise do seu papel e da sua real importância como *habitus*, pois ela carrega consigo o papel de ser um dos elementos centrais de ligação entre o individual e o coletivo, entre os objetivos pessoais e as ideologias do movimento, entre o poder de aprendizagem do sujeito e seu papel de formadora dos militantes. Ela é a subjetividade socializada.

Depoimentos como "Eu tenho pouco estudo, conheço um pouco do mundo, eu aprendi bastante coisa nos encontros, aprendi a conviver, ter uma relação de amizade, a lidar com o povo; o estudo faz falta, mas eu aprendi muito" demonstram esse papel experiencial da mística. Essa fala, de um camponês assentado, se refere à importância dela como afirmação do sujeito, de ter a certeza de que, mesmo com pouco ou sem nenhum estudo formal, há com ele conhecimento que pode ser passado e pode ser apreendido por outros meios que não sejam a escola.

Para além da importância institucional de formação da mística para os sujeitos, ela tem também a importância fundamental no reforço da autoestima, do orgulho e do sentido para o conhecimento tradicional camponês, nem sempre valorizado. Para esses sujeitos, planejar e participar da mística é fonte de orgulho, como é possível observar nas seguintes falas observadas durante a pesquisa, já citadas neste texto previamente: "Eu sempre participo", "Já participei de muitas místicas" etc.

Mística e força de mobilização

Além desses dois aspectos (educação e participação no Movimento), a mística representa também um importante *elemento de incentivo e força de mobilização.* Isso aparece de forma muito clara em praticamente todas as entrevistas e conversas realizadas durante a pesquisa. A mística é o que uma das camponesas definiu como "um pouco desse ânimo, esse continuar, é complexo", é o que, segundo ela, "mantém o pessoal animado, é uma utopia". A palavra utopia aparece nessa entrevista no sentido de algo que está em anunciação, um prenúncio do que vai acontecer, lembrando bastante o que Vaz (2000, p. 520-527) descreve como uma mística profética, a mística que une a "fé e a palavra", a mística que tem por base a contemplação.

Portanto, a mística no Movimento não perde seu sentido inicial, que tem suas raízes na teologia ocidental cristã. Ela é, porém, ressignificada, ganhando o sentido camponês de experiência mística. A contemplação ocorre na produção, na transformação dos alimentos, nas marchas, nas reuniões. Faz parte da mística e do modo de vida camponês. Ela une o aspecto contemplativo do modo de vida camponês e a busca dos sonhos, representada pela busca de um mundo melhor (Bogo, 2003, p. 310). As Figuras 10 e Figura 11 rememoram esse sentido do modo de vida camponês. Trazem elementos centrais a esse modo de vida, tais como a terra, o alimento, o trabalho e a luta.

A mística desperta também o que uma camponesa relatou como "emoção e indignação", o que ela compreende como "um momento espiritual, eu participo dela e me reencontro". Segundo ela, a importância da mística está: "em tudo, é muito especial, onde você se reencontra com a pessoa amiga, espiritualmente, paz, alegria, mostrar aquilo que você é, o que sente, passar paz para as pessoas", indo de encontro ao que Bogo (2003) descreve como "o belo e o sentimental, vinculado com a parte racional existente nos encontros". Moscal (2017, p. 35) segue na mesma linha e descreve:

> As místicas realizadas pelo Movimento são um exemplo de como objetivos e fatos históricos da luta são ativados através de uma linguagem que mescla recursos artísticos e religiosos, em um ritual proposto para provocar sentimentos coletivos. Observá-las é também ser tomado pelas emoções que elas acionam. A pertença ao Movimento se constitui neste ideário, presente não só na mística, mas em todas as formas de expressão sem-terra. A coragem para lutar, necessária aos homens e mulheres que ingressam em suas fileiras, é articulada neste ideário, que pressupõe ações e desejos coletivos.

Essa emoção e força expressas na mística aparecem também em inúmeros outros trabalhos que tratam sobre o tema, como em Chaves (2000), que relata a Marcha Nacional dos Sem Terra, Indursky (2014), Vieira (2008), Netto (2007), entre outros. Esse é o sentido mais trabalhado da mística dentro do movimento. Indursky (2014, p. 113) coloca que:

Figura 10 – 10ª Jornada de Agroecologia

Fonte: Arquivo da Secretaria Estadual do MST (PR)

Figura 11 – 12ª Jornada de Agroecologia

Fonte: Arquivo da Secretaria Estadual do MST (PR)

> a *mística* nas práticas do MST mobiliza o *sujeito desejante* cuja *pulsão é de natureza político-social*. Essa *pulsão político-social* se materializa nas *místicas* que se fazem presentes nas práticas do MST e sustentam a *produção coletiva do desejo* dos sujeitos que se identificam com os saberes sem-terra. Essas *místicas* podem assumir formas diferenciadas, visando todas o reforço da identificação desses acampados com a causa do Movimento Sem Terra e seus saberes. Por seu viés, seus organizadores buscam a *construção de uma identidade sem-terra*. A *mística* é, pois, no contexto do MST, da *ordem do político*. Através dessas práticas ritualísticas, os acampados são capturados pela ideologia e se identificam com a Forma-Sujeito Sem-Terra ou, ainda, por seu viés reafirmam sua identificação.

Houve também aqueles que não souberam definir a mística, mesmo tendo participado e organizado diversas ao longo da vida. Aqui abordamos uma nova questão: a mística é aprendida na prática, não há oficinas para aprender o que é a mística e como fazê-la, ela é *habitus* do movimento internalizado e estruturado como dia a dia da rotina de ser assentado e acampado. É o que Bourdieu (2004) definiu como "princípio gerador e unificador que retraduz características intrínsecas e relacionais de uma posição em um estilo de vida unívoco, isto é, em um conjunto unívoco de escolas de pessoas, de bens e práticas" (p. 21). Sendo assim, nem sempre ela é racionalizada como um conceito a ser definido por aqueles que a praticam, pois faz parte do modo de vida e da religiosidade camponesa.

Os depoimentos e conversas com os camponeses são cercados de palavras que definem como eles se sentem com a mística e a sua importância para o seu dia a dia, mas eles não estão preocupados em defini-la, pois a mística é aprendida pela vivência e não é formalmente ensinada. Segundo uma das camponesas e organizadoras do evento:

> A Mística faz parte do processo de formação da consciência, então se você não consegue vivenciar a mística, se você não consegue internalizar a mística, então você não consegue ter uma prática do dia a dia daquilo

> que você tá vendo. Então eu acho que a mística, principalmente pra quem não conhece mística, ela não tem palavras certas pra você distinguir e dizer isso é mística. A mística é aquilo que a gente tá vendo ali, a luta é a mística, aquilo que você sente no dia a dia é a mística, a música é a mística, a letra é a mística, então a partir do momento que você internaliza aquilo você sente a mística, você sente que ela vai fazer parte da sua vida todos os dias.

Isso também ocorre com a Agroecologia, com a Jornada. Dificilmente há a dissociação dela com as práticas e com os planos de futuro dos camponeses entrevistados. Apesar de a Jornada fornecer diversos espaços de aprendizagem, são as oficinas e as trocas com outros companheiros que fomentam a fala dos agricultores ao se referirem à Agroecologia. Isso fica evidente nas conversas, interações e entrevistas realizadas durante as Jornadas.

Mística e o modo de vida ecológico

Segundo uma das camponesas participantes da Jornada, a Agroecologia é:

> um modo de vida onde você consegue desenvolver todas as questões da vida da gente, seja na produção, do relacionamento com a família, com a comunidade, e o entendimento também ele é bem diferenciado dentro da Agroecologia.

Portanto, a Agroecologia é para esses camponeses muito mais que um instrumento de produção, é uma forma de ver e viver no mundo, é o que outra camponesa definiu como "ajudar a natureza, futuro, uma nova relação", o que ela chamou de "união" e de "mais saúde".

As definições feitas pelos camponeses abordaram elementos da esfera individual, comunitária e ambiental, ou seja, associaram Agroecologia a palavras como saúde, saudável, orgânico, qualidade de vida, união, modo de vida, forma de se relacionar com o solo, ajudar a natureza, esperança e futuro. Essas palavras demonstram que o entendimento do que é a Agroecologia para os camponeses participantes da Jornada é complexo, uma vez que associam a Agroecologia com modo de vida, indo muito além da visão da mesma como matriz produtiva. Para eles, ela é algo essencial para a própria saúde, para a da família, para a comunidade e para o ambiente, além de ser uma esperança para um futuro mais harmônico e socialmente justo.

Assim, mesmo que boa parte dos camponeses tenham mencionado ou associado a Agroecologia à "produção sem veneno", durante o decorrer da conversa eles aprofundaram esse conceito e relataram a sua importância nesses outros aspectos mencionados anteriormente. Demonstraram que, no seu entendimento, ela é algo que vai além da produção orgânica e incorpora aspectos como saúde, preservação da natureza, mudança de hábitos, variedades de sementes, importância do trabalho da mulher, entre outros.

Na Jornada, as místicas sempre trazem elementos da Agroecologia, seja denunciando grandes empresas, seja demonstrando a importância do solo, relembrando companheiros de luta, demonstrando a variedade cultural e produtiva do campesinato ou partilhando o pão e a semente entre os participantes da Jornada.

Mística das sementes e a partilha como sentido

As místicas, em especial a das sementes, trazem à tona o debate em torno da construção de outra racionalidade ambiental cuja posição seja crítica frente à razão instrumental e à lógica de mercado. Desta forma, a mística, ao propor, por exemplo, a troca de sementes, estabelece justamente essa relação, na qual o saber tradicional dos sujeitos é considerado como contrapondo à biopiratária das grandes empresas e do agronegócio.

A semente aparece como grande destaque da Jornada de Agroecologia e possui uma mística toda dedicada a ela. A semente é a representação do enfrentamento dos sujeitos do campo ao capitalismo agrário pregado pelo agronegócio, no qual as sementes são modificadas e monopolizadas por grandes empresas, desprezando assim um importante elemento do modo de vida camponês, que é a variedade de produções e tipos de plantas, o conhecimento e o trato das sementes passados de geração em geração.

Segundo Wanderley (2009), o camponês "conhece de modo especial e detalhado a terra, as plantas e os animais, que são seus, [camponês] que, por esta razão, se sente comprometido com o respeito e a preservação da natureza". É esse conhecimento que se torna essencial para a Agroecologia e que é retratado e rememorado pela mística das sementes. Nela, em específico, fica claro o afeto pela terra, pela produção e principalmente pelas sementes. A semente, que é tratada como princípio do trabalho camponês, é valorizada e partilhada. O sentido da mística vai de encontro, na Jornada, ao sentido da Agroecologia. Para Altieri, os camponeses (2008, p. 30):

> regularmente trocam sementes com os vizinhos (Grigg, 1974). A diversidade genética resultante aumenta a resistência às doenças que atacam espécies particulares de plantas, possibilita aos agricultores explorar diferentes microclimas, atender às suas necessidades nutricionais e obter, ainda, outros benefícios através de sua utilização.

Os agricultores tradicionais preservam a biodiversidade não somente nas áreas cultivadas, mas também naquelas sem cultivos. Muitos camponeses mantêm áreas cobertas por florestas, pastagens, arroios e pântanos, no interior ou em áreas adjacentes aos seus campos de cultivos, suprindo-se, assim, de produtos úteis, como alimentos, materiais de construção, medicamentos, fertilizantes orgânicos, combustíveis e artigos religiosos.

A Jornada é a luta por formação e expõe projetos de sociedade em disputa. É luta por reconhecimento, por um novo paradigma de produção e de formação dentro e fora do movimento. É a expressão do conflito entre um projeto popular de agricultura e um projeto das elites. A Jornada é a busca por um projeto emancipatório e a afirmação de uma cultura e de um modo de vida.

A mística das sementes demonstra toda essa complexidade mencionada. Ela é a expressão efetiva do conhecimento tradicional ligado à biodiversidade e partilhado com outros camponeses. Nela, cada camponês traz sua contribuição de casa e partilha com seus companheiros. É a dádiva expressa na Jornada: o dar, o receber e o retribuir se manifestando por meio das sementes e da conservação do conhecimento popular e da biodiversidade.

A mística das sementes é a contribuição efetiva do camponês para o crescimento e o fortalecimento da Agroecologia, é a afirmação de sua ideologia e projeto de mundo. Portanto, essa mística tem como sentido simbólico e político a conservação e a valorização do saber tradicional e do modo de vida camponês e agroecológico. A mística das sementes é a partilha em seu sentido mais solidário, estético e ético. Isso fica evidente quando se fala não somente de sementes e mudas, mas também do pão, retornando aqui ao seu sentido mais teológico de partilha e de encontro.

Na Figura 12, vê-se a partilha do pão e a celebração realizada por Leonardo Boff. Esse momento rememorou toda a historicidade da mística no movimento, pois trouxe um elemento religioso tão importante como o pão e sua partilha. Na Bíblia, Jesus multiplica o pão em uma passagem, reparte o pão e ceia junto aos seus apóstolos em outra e transforma-o em seu corpo. O pão representa a comunhão, assim como a mística, as sementes e a própria Jornada representam a comunhão de camponeses que têm no MST e na luta a esperança da terra prometida e de uma vida mais justa para todos. A mística das sementes é um momento bastante forte e emotivo. O pão e as sementes são compartilhados entre as pessoas.

Figura 12 – Bênção das sementes e do pão realizado por Leonardo Boff

Fonte: Juliana Adriano (2018).

Figura 13 – Distribuição das sementes na Praça Santos Andrade

Fonte: Juliana Adriano (2018).

A troca, como já mencionada, faz parte do dia a dia camponês. Troca-se comida, carnes, serviços, conhecimento, mas também se troca a semente para não perder determinadas variedades. Essa é uma prática comum no campesinato, pois, se o plantio de um não der certo e a do outro der, será salva somente aquela semente para os próximos anos. Portanto, o saber tradicional sempre teve por princípio básico preservar as sementes crioulas e assim manter a diversidade viva. Apesar do agronegócio e de toda a indústria de sementes, a troca e a conservação ainda resistem, havendo hoje inclusive festas das sementes crioulas, associações dedicadas à manutenção dessa biodiversidade, campanhas demonstrando a sua importância. Acima de tudo, há ainda a resistência camponesa, que preserva, planta e troca as sementes e permite que algo tão importante e básico se mantenha vivo.

A troca das sementes é um dos momentos mais esperados pelos agricultores. Estão ali ansiosos para ver o que há de diferente do que normalmente ele produz. É um momento de reencontro com algumas variedades que muitos não tinham acesso há algum tempo (Figuras 14 e 15). Durante as observações, foi possível ouvir frases como: "Quanto tempo eu não via essa semente" e a empolgação dos camponeses e camponesas em trocar e, mais importante, levar para suas regiões e comunidades. A troca das sementes nunca é apenas uma troca de uma semente pela outra, é o momento em que os camponeses se encontram, trocam saberes, contatos e subjetivamente comungam sentimentos. Ali, eles compartilham conhecimentos sobre o desenvolvimento de determinadas espécies em determinadas regiões, receitas e histórias.

Figura 14 – Agricultor observando a variedade de sementes para a troca

Fonte: A autora (2017).

Figura 15 – Agricultores observando a variedade de sementes para a troca

Fonte: A autora (2017).

Conclusão

Ser camponês é ter um modo de vida que envolve a resistência, a religiosidade, as trocas, a forma de trabalho e educação, a comunidade e diversos outros elementos. Quando se alia esse modo de vida rico e complexo a uma forma de expressão que emociona e propicia o encontro com os mais diversos sentimentos, a mística fica ainda mais rica e difícil de ser abordada. No MST, essa junção se tornou símbolo de educação, força, pertencimento e mobilização e é construída por todos os integrantes, contando a história do Movimento e passando a força que é pertencer a algo tão grande quanto o maior movimento social de luta pela terra do Brasil.

Quando o MST muda suas pautas e a questão ecológica passa a fazer parte dos debates, a mística se une à Agroecologia e ao encontro com o absoluto antes proposto pela mística em suas raízes, passa a ser agora o encontro com a diversidade, com a troca de histórias, de experiências e de saberes e o encontro com um modo de vida e produção que seja socioambientalmente justo.

A mística atua no sentimento, no sentido. Quando a razão deixa de dar conta de responder às questões, de motivar os camponeses a seguir, quando as dificuldades políticas e econômicas assolam a vida dos integrantes do movimento, quando uma palestra não dá conta de explicar ou de suprir a necessidade de passar uma mensagem, é a mística que o faz, é a mística que dá força aos sujeitos para seguir em busca da terra prometida, da semente crioula, da soberania alimentar e da Agroecologia.

A mística é a responsável também por recuperar memórias e trazer à tona a lembrança dos objetivos do Movimento, dos mártires de sua luta e das mazelas sofridas pelos camponeses durante a história. Talvez esse seja o maior ganho desta pesquisa, já que demonstra que, para um Movimento que vivencia tantos desafios, em que seus participantes passam por diversas "provações", usando o sentido bíblico da palavra, a racionalidade apenas não dá conta de propiciar o sentimento de ânimo, de pertencimento e força necessários para enfrentar a luta sem-terra. A mística vem como elemento que toca os sentimentos, que causa um impacto grande em quem a faz e assiste a ela.

Cabe aqui mencionar que a mística não é a única responsável pelo projeto de vida agroecológico. Ela é, porém, uma das dimensões mais importantes à medida que sua mensagem fica marcada por um bom tempo em quem a produz e em quem assiste. Sua linguagem simples e sua forma de acionar os sentimentos trazem em cada pessoa um significado, uma mensagem e uma vivência.

A mística tem ainda hoje um sentido religioso, pois ainda é a congregação, a partilha e o encontro com um sentimento e um sentido maior sobre o que muitas vezes a racionalidade não consegue alcançar. No entanto, ela não é estritamente a mística descrita por Vaz (2000), nem é a mesma em todas as ocasiões e anos. Ela é feita pelos camponeses. Como eles se modificam, a mística também se modifica. Ela é o fruto do campesinato e do Movimento, e está, portanto, em constante construção.

Referências

ALTIERI, M. *Agroecologia*: a dinâmica produtiva da agricultura sustentável. 5. ed. Porto Alegre: Ed. UFRGS, 2008.

BEDOYA, L. E. T. *A força emancipadora da espiritualidade e da mística no MST*: experiências formadoras na vida dos/as militantes como poder catalisador do movimento. Fortaleza: [s.n.], 2012.

BOGO, A. *O arquiteto dos sonhos*. São Paulo: [s.n.], 2003.

BOURDIEU, P. *Razões práticas*. São Paulo: Brasiliense, 2004.

BUARQUE, Chico; NASCIMENTO, Milton. Cio da Terra. São Paulo: Philips, 1977.

CARIGNANO, Julio. "Keno não morreu, virou semente. Semente permanente. Hoje e sempre." Terra de Direitos, 22 set. 2017. Disponível em: https://terradedireitos.org.br/noticias/noticias/poremnet-keno-nao-morreu-virou-semente-semente-permanente-hoje-e-sempre/22621. Acesso em: 3 maio 2022.

CASTRO, C. V. *A mística de tornar-se jovem no MST*: a experiência do I curso de realidade brasileira para jovens do meio rural. Rio de Janeiro: [s.n.], 2005.

CHAVES, C. A. *A marcha nacional dos sem-terra*: um estudo sobre a fabricação do social. Rio de Janeiro: Ed. UFRJ, 2000.

FREIRE, P. *Ação cultural para a liberdade*. 5. ed. Rio de Janeiro: Paz e Terra, 1981.

INDURSKY, F. *O ritual da mística no processo de identificação e resistência*. [S.l.: s.n.], 2014.

MOSCAL, J. *Sentimentos da luta*: música e mística no Movimento dos Trabalhadores Rurais Sem Terra. Florianópolis: [s.n.], 2017.

NASCIMENTO, C.; MARTINS, L. *Pedagogia da mística:* As experiências do MST. Paraíba: [s.n.], 2008.

NETTO, S. L. F. V. A mística da resistência: culturas, histórias e imaginários rebeldes nos movimentos sociais latino-americanos. São Paulo: [s.n.], 2007.

SANTOS, Priscila Cristina dos. Mística da luta: um estudo de caso das Jornadas de Agroecologia do MST no Paraná. Dissertação (Mestrado). Programa de Pós-Graduação em Sociologia da Universidade Federal do Paraná. Curitiba, UFPR, 2019.

VALE, Rubinho do. Canto da Terra Sagrada, CD Viva o povo Brasileiro. Belo Horizonte: Gravadora Independente, 2000.

VAZ, H. C. *Escritos de filosofia V*: introdução à ética filosófica 2. São Paulo: Loyola, 2000.

VIEIRA, L. C. A mística no MST: um ritual político. Rio de Janeiro: [s.n.], 2008.

WANDERLEY, M. *O mundo rural como espaço de vida*. Porto Alegre: Ed. UFRGS, 2009.

Agência das mulheres camponesas na construção das jornadas de Agroecologia do Paraná[1]

Cristiane Coradin

María de los Angeles Arias Guevara

Sônia Fátima Schwendler

> Vengo a decir que en los rincones
> más difíciles del planeta
> están cantando las mujeres
> con voz de pueblos escarmentado.
> Se supone que vociferan
> *para morir un poco menos*
> Maria Elena Walsh

Introdução

Este texto pretende dar visibilidade ao protagonismo das mulheres na construção das Jornadas de Agroecologia no estado de Paraná. O projeto agroecológico anunciado por meio das Jornadas tem em seu percurso uma larga trajetória que nos remete sempre à luta das mulheres assentadas da reforma agrária, mulheres quilombolas e indígenas por reafirmar no cotidiano um modo de vida em solidariedade e afeto com a natureza da qual dependem e consideram-se parte e por defender os princípios da

1 O presente trabalho foi realizado com apoio da Coordenação de Aperfeiçoamento de Pessoal de Nível Superior – Brasil (Capes) – Código de Financiamento 001

Agroecologia frente ao sistema capitalista patriarcal que cerceia suas vidas por meio da imposição do agronegócio.

A reflexão resulta da pesquisa de doutorado da primeira autora, da pesquisa de pós-doutorado da segunda e da articulação dos projetos intitulados "Jornadas de Agroecologia e a construção de um projeto agroecológico",[2] "Educação, gênero, cultura e trabalho: um estudo de caso em assentamento de reforma agrária no Paraná" e "Formação em gênero, trabalho e sexualidade",[3] os dois últimos sob a coordenação da terceira autora.

Os pressupostos epistêmicos que adotados, baseados em feminismos decoloniais e os ecofeminismos camponeses populares, assim como a metodologia assumida, nos permitiram interrogar o campo. Identificamos certa incongruência entre a expressividade participativa das mulheres em todo o processo que conduzia as Jornadas e a opacidade das questões de gênero em suas agendas. Apesar das mulheres terem assumido a autoria na construção da Agroecologia em seus territórios de vida, nesses espaços e nos espaços das Jornadas, ainda se reproduzem narrativas que não interseccionalizam gênero, classe e raça na construção do projeto agroecológico.

Assim, como interlocutoras da pesquisa, apontamos quanto tem sido desafiador para os movimentos de mulheres romper com

---

2 Este projeto é coordenado pelo professor Dr. Alfio Brandenburg, no âmbito das Jornadas de Agroecologia do Estado do Paraná.

3 Sob a coordenação da professora Dra. Sonia Fatima Schwendler, estes projetos, com financiamento MCTI/CNPQ/MEC/Capes, edital n. 22/2014 e Proec/UFPR, edital 3/2019, buscaram viabilizar a formação de mulheres, professores e jovens do Assentamento Contestado – Lapa – PR, com ênfase na promoção da igualdade de gênero e de combate à discriminação e violência contra as mulheres, no território, com o movimento social e no âmbito do trabalho curricular. Além disso, buscaram visibilizar e analisar a experiência, o conhecimento e o protagonismo das mulheres na construção de práticas agroecológicas.

um discurso que ainda segue subordinando o debate de gênero aos debates de classe, subsumindo o primeiro ao segundo. Foi então a agência dos grupos de mulheres, expressa no cotidiano do caminho que conduzia a cada Jornada, o que impulsionou a construção de outras práxis que as reconhecessem como protagonistas e que deram visibilidade às suas autorias na construção do projeto agroecológico expressos nas Jornadas, construindo assim outras narrativas. Sendo essa nossa hipótese de trabalho como guia da pesquisa.

As Jornadas de Agroecologia do Paraná nascem na Cidade de Ponta Grossa a partir dos anos 2000 como confluência de três situações principais: por um lado, fruto de um contexto nacional especifico, em que o Movimento dos Trabalhadores Rurais Sem Terra (MST), em 2000, decide assumir a Agroecologia como parte da proposta da Reforma Agrária Popular; de um contexto político favorável no Brasil, no Estado do Paraná e na cidade de Ponta Grossa; e pela confluência crítica de atores locais, territoriais e estaduais, que trabalhavam com agricultura familiar, camponesa e Agroecologia e estavam inquietos com a liberação de sementes transgênicas no Brasil. A articulação entre agricultores (as) familiares engajados(as) na Rede Tecnologias Alternativas-Sul com movimentos sociais do campo participantes da Via Campesina e Organizações Não Governamentais[4] tornaram possível a I Jornada de Agroecologia realizada em 2002, manifestando um apelo coletivo contra o uso dos transgênicos e contra a transnacionalização da agricultura brasileira.

As Jornadas de Agroecologia subsequentes, realizadas em diferentes cidades do Paraná, sempre apresentaram dois momentos

4 Referimo-nos a OGNs: Terra de Direitos -TDD; Associação de Estudos Orientação e Assistência – Assesoar e AS-PTA- Agricultura Familiar e Agroecologia.

principais: um primeiro destinado à divulgação da denúncia do modelo de agricultura hegemônico, e um segundo que anuncia, discute e mobiliza a construção social de alternativas baseadas na Agroecologia. As agendas das Jornadas costumam serem compostas por conferências, seminários, oficinas práticas, feiras livres, atividades culturais, cirandas infantis e marchas. Sua intencionalidade política cultural se atualiza sempre nas falas de quem participa como é "o celebrar a vida, a denúncia da violência no campo, a violência do veneno, ou seu papel formativo e de trocas de experiência" (Interlocutora Ipê Amarelo).

Por meio de diferentes campos, realizamos a pesquisa social inspirada em epistemologias feministas do Sul (Minõso, Correal e Munõz, 2014), em epistemologias decoloniais (Lugones, 2008; 2014; Segato, 2011, 2014; Walsh 2009), em diálogo com perspectivas ecofeministas (Puleo, 2013; Mies e Shiva, 1993; Warren, 1996) e com o feminismo camponês e popular (Schwendler, 2015, 2017; Seibert, 2019; Via Campesina, 2020; Paulilo, 2021), dando ênfase às experiências, vozes e agências das interlocutoras de pesquisa engajadas nas Jornadas. Com o intuito de romper com as epistemologias presumidamente neutras adotamos a perspectiva das sociologias das ausências e das emergências (Santos, 2007).

Os estudos relacionados com o gênero e a Agroecologia constituem o lócus privilegiado para contrastar as questões de pesquisa levantadas desde os feminismos, e a partir de nossas imersões no campo se constituem as reflexões que ora apresentamos. É nessa perspectiva que nos posicionamos decisivamente ao levantar questões que concernem às mulheres relacionadas com as Jornadas de Agroecologia, suas agências e subjetividades, o que dificulta ou favorece sua atuação na construção da Agroecologia em seus territórios de vida; valorizando suas experiências como mulheres desde uma reflexividade em termos interseccionais.

Desde o ponto de vista metodológico no percurso da pesquisa se entretecem nossas vozes como autoras que também participávamos das Jornadas em diálogo com as falas das mulheres camponesas pesquisadas. Foram nossas participações e observações no cotidiano das Jornadas e nos espaços de vida dessas mulheres, as análises de documentos produzidos pelas Jornadas e, especialmente, a escuta atenta das falas a partir de entrevistas, o que permitiu refinar nossa hipótese de trabalho.

Assumimos as entrevistas narrativas para compreender a experiência. Esse tipo de entrevista nos permite entender como as mulheres problematizam a condição de gênero, abrangendo aspectos da subjetividade, que implica dar sentido às configurações do presente. Dessa forma, as narrativas podem ser compreendidas "como resultado das práticas cotidianas que, por sua vez, podem considerar-se históricas e denunciar as regras que as governaram e produziram" (Caetano, 2016, p. 33, tradução nossa).

As narrativas permitem olhar por meio delas, e compreender a conformação da trama social que relaciona o aparentemente invisível com a estrutura econômico-social mais ampla. Para Karen Warren (1997), a narrativa em primeira pessoa constitui um elemento imprescindível para o feminismo, pois inclui a sensibilidade de sentir-se em interconexão, mostrando determinadas atitudes, como neste caso, na participação nas Jornadas. Assim, mostra sua relevância argumentativa ao sugerir que aquilo que narramos é significativo.

Para isso, tomamos como centralidade o uso da história de vida oral. Complementamos essas informações pelo uso de observações de campo. A história oral, tal como conceituada por Thompson (1997) significa "a interpretação da história e das mutáveis sociedades e culturas através da escuta das pessoas e do registro de suas lembranças e experiências" (Thompson, 1997, p.

9). Esse autor aponta para a relevância do uso de instrumentos variados de coletas de dados, associando entrevistas com observações de campo, pois acredita "que essa combinação interdisciplinar de métodos representa o maior potencial para a pesquisa do futuro" (Thompson, 1997, p. 12).

Na presente pesquisa optou-se pela história oral temática que é aquela que "focaliza uma etapa ou um determinado setor da experiência em questão. [...] Nesse procedimento metodológico, destacamos a noção de entrevista narrativa. Essas entrevistas temáticas têm caráter qualitativo, em que o pesquisador busca obter informes contidos na fala dos atores sociais". Não sendo expressões neutras, a pesquisa e as narrativas expressas são contextualizadas e estão voltadas às "interpretações subjetivas, tais como valores e significações atribuídas pelos sujeitos pesquisados a determinado tema" (Minayo, 2012, p. 58).

Não pretendíamos estabelecer previamente uma amostra específica, tampouco prestar atenção a questões de representatividade, pois nosso objetivo era o de compreender a experiência e não realizar generalizações. No entanto, a diversidade (demarcada por questões étnico-raciais, territoriais e geracionais) constituiu-se em fator primordial para compreender com profundidade as trajetórias de vida das mulheres Sem Terra.

Entre os meses de março e outubro de 2018 foram realizadas 22 entrevistas com atoras-chave, entre elas: mediadoras sociopolíticas nacionais e estaduais engajadas com o setor de gênero, agricultoras-mediadoras ecológicas locais e regionais; professoras de universidades estaduais e federais; mediadoras sociotécnicas, agentes de assistência técnica e extensão rural, locais e regionais; mediadoras de organizações não governamentais; e de sindicatos de trabalhadores rurais. A partir dessas mulheres, chegamos a mais algumas outras mulheres dos territórios onde as Jornadas de

Agroecologia foram realizadas. As entrevistas foram realizadas em sete das oito cidades onde ocorreram Jornadas de Agroecologia ao longo desses dezoito anos.[5] Para compreender as conexões nacionais e internacionais das Jornadas, foram utilizados dados coletivos de três entrevistas semiestruturadas, realizadas com mediadores nacionais e locais realizadas entre os anos de 2016 e 2017. Esses dados foram complementados com as narrativas de 12 mulheres do Assentamento Contestado, que participaram em entrevistas de história oral temática, no período de novembro de 2017 a julho de 2019, de partir do Projeto de Extensão "Formação em gênero, trabalho e sexualidade" e de Pesquisa "Educação, gênero, cultura e trabalho: um estudo de caso em assentamento de reforma agrária no Paraná".[6]

Por fim, complementamos essas informações com observações de campo, realizadas no período de junho de 2017 a setembro 2019. Por intermédio das observações de campo, realizadas nos acampamentos e assentamentos de reforma agrária, bem como nas Jornadas de Agroecologia, buscou-se preencher possíveis lacunas deixadas pelas entrevistas, aprofundando os entendimentos sobre as dinâmicas analisadas.

Com base nesses múltiplos dados empíricos, buscamos compreender por meio da experiência das mulheres camponesas a inter-relação entre a agência corporizada por elas na construção das Jornadas de Agroecologia e transformações de relações de gênero.

---

5 Ponta Grossa, Irati, Cascavel, Francisco Beltrão, Londrina, Lapa e Curitiba. Não foi possível entrevistar mediadoras de Maringá.

6 Para manter o anonimato das interlocutoras de pesquisa usamos como identificação os nomes populares de árvores, frutas, plantas medicinais e flores, que simbolizam na Agroecologia força, resistência, resiliência, sabor, beleza e harmonia. Para padronizar, usamos o mesmo procedimento para os depoimentos que já foram publicizados em documentários.

O artigo se estrutura em cinco tópicos inter-relacionados. Inicialmente, apresentamos nossa reflexão analítica e metodológica sobre a temática desenvolvida. Na sequência, fundamentamos a inter-relação entre a colonialidade de gênero e a colonialidade da natureza, para mostrar a partir das narrativas das mulheres, no terceiro tópico, como é construída sua agência em um contexto de tensões socioambientais e da luta pela terra, assim como sua participação e aprendizagens que se efetivam no processo que as leva às Jornadas e durante esses espaços. No quarto refletimos sobre a experiência e o agenciamento, os sentidos e significados da atuação feminista camponesa popular nas Jornadas. Apontamos, nas considerações finais, o potencial e os desafios que nascem das experiências e da agência das mulheres camponesas nas trajetórias das Jornadas, na construção de agendas inclusivas que incorporam a diversidade das vozes que fazem possíveis a Agroecologia no estado de Paraná, bem como pela construção de uma sociedade mais democrática e igualitária, capaz de reconhecer as mulheres e as diversidades sexuais como sujeitas de direitos.

Colonialidade de gênero, colonialidade na natureza

Para compreendermos a agência das mulheres Sem Terra na construção social de resistências contra-hegemônicas no contexto das Jornadas de Agroecologia, fundamentamos nossa pesquisa em perspectivas epistêmicas feministas decoloniais, buscando compreender como se constitui a colonialidade de gênero (Lugones, 2008, 2014; Segato, 2011), em relação com a colonialidade da natureza (Walsh, 2009), correlacionando-as com a experiência empírica pesquisada.

A colonialidade de gênero constitui condição estrutural e interseccional da dominação racializada dos povos ameríndios. O colonialismo das Américas se constitui com base na dominação, na exploração e na violência patriarcal, branca, eurocêntrica e de classe. Esse padrão de dominação que se reatualiza, mantém-se vigente de diferentes formas e em distintos espaços até os dias atuais. Outrossim, segue sendo questionado pelas resistências contra-hegemônicas exercidas pelos diversos sujeitos da opressão colonial, desde seus territórios de vida (Lugones, 2008, 2014; Segato, 2011, 2014).

A dominação da modernidade, ao negar a coexistência de outros mundos com diferentes pressuposições ontológicas, produz a colonialidade, constituída por meio de uma violência física e simbólica sistemática, que por sua vez, gera o apagamento e o silenciamento dos conhecimentos, subjetividades e cosmovisões dos sujeitos subalternos, considerados inferiores por natureza. Produz-se assim não só uma dicotomia entre humano e natureza, entre humano e não humano, mas também a imposição de uma ontologia e uma cosmologia como forma legítima de se ver e compreender o ser humano e sua presença no mundo.

Lugones (2014) e Segato (2011) argumentam que esse padrão somente se tornou possível na medida em que assumiu, como condição interseccional a dominação de gênero. Para assegurar a dominação colonialista, reconstrói-se nas Américas um sistema sexo-gênero patriarcal e racializado, que legitima a dominação, a exploração e a violência patriarcal, eurocêntrica e branca dos homens sobre as mulheres no Sul global. Esse sistema de dominação de sexo-gênero foi assumido e reproduzido pelos homens colonizados (Segato, 2011).

Frente a essa dominação, as mulheres resistem no espaço da diferença colonial. Lugones (2014) argumenta que as resistências se tornam possíveis no que ela denomina de lócus fraturado – “pela presença que resiste, a subjetividade ativa dos/as colonizados/as contra a invasão colonial de si próprios/as na comunidade desde o habitar-se a si mesmos/as" (Lugones, 2014, p. 943). É nesse espaço que se torna possível o seu questionamento – onde as resistências se tornam presenças e emergências. Nesse contexto, Lugones propõe a construção de feminismos decoloniais, que resistem ao seu próprio hábito epistemológico de apagar a diferença colonial. [...] Ao pensar o ponto de partida desde a coalizão, porque o lócus fraturado é comum a todos/as, é nas histórias de resistência na diferença colonial onde devemos residir, aprendendo umas sobre as outras" (Lugones, 2014, p. 948).

As resistências são aqui compreendidas como parte do agenciamento e da experiência. A resistência é a tensão entre a sujeitificação (a formação/informação do sujeito) e a subjetividade ativa, aquela noção mínima de agenciamento, necessária para que a relação de resistência seja uma relação ativa (Lugones, 2014) A agência é definida por Lugones como a capacidade mínima de ação, que questiona e desconstrói intersubjetiva e materialmente a colonialidade de gênero, afirmando a construção de outras intersubjetividades e materialidades possíveis. Nessa esteira, Teresa de Lauretis (1994) define a agência ou o agenciamento como a capacidade de ação do sujeito na sociedade. A agência do sujeito ao mesmo tempo em que é construída pelos sistemas de representação social, constrói essas relações e representações sociais por meio da experiência – uma categoria útil que designa o processo pelo qual "a subjetividade é construída para todos os seres sociais [...] mais exatamente como um complexo de efeitos, hábitos, disposições, associações e percepções significantes que resultam da interação semiótica do eu com o mundo exterior." (Lauretis, 1994, p. 288). A experiência, que implica as relações sociais de gênero, se altera para cada sujeito e é continuamente aperfeiçoada, por meio do seu sucessivo engajamento na realidade social (Lauretis, 1994).

A análise das experiências de práticas agroecológicas vivenciadas pelas mulheres e dos processos descolonizadores de gênero e da natureza que disparam é fundamental para compreender os processos de ecologização da reforma agrária. Para isso, em associação à colonialidade de gênero, é importante compreender como as naturezas não humanas da Terra também se encontram imersas em relações sociais de dominação colonialista.

Ao refletir sobre processos de colonialidade do poder, interculturalidade e pedagogia intercultural na América Latina, Catherine Walsh introduz a categoria colonialidade da natureza como objeto de análise, compreendendo-a como uma das dimensões constitutivas da colonialidade do poder. "É a colonialidade cosmogônica ou da mãe natureza, que se relaciona à força vital-mágico-espiritual da existência das comunidades afrodescendentes e indígenas, cada uma com suas particularidades históricas" (Walsh, 2009, p. 15). Por meio dessa forma de colonialidade, que se estabelece a partir da dessacralização de cosmovisões que interseccionam cultura, raça, território e natureza, acentua-se a dicotomização entre os seres humanos e a natureza não humana da Terra, de modo a anular as "cosmovisões, filosofias, religiosidades, princípios e sistemas de vida, ou seja, a continuidade civilizatória das comunidades indígenas e as da diáspora africana" (Walsh, 2009, p. 15). Fortalecendo-se, com isso, a expropriação e exploração da natureza, ao mesmo tempo em que se mobiliza processos de desumanização e de desterritorialização desses povos e culturas. Considerando esses elementos, pode-se afirmar que os processos de descolonização dos seres humanos adquirem substância e assumem práxis efetivas, na medida em que se associam a processos de descolonização das naturezas não humanas da Terra. Esses processos se articulam indissociavelmente com os territórios, entendidos como construções sociais, materiais e simbólicas em permanente processo de reprodução e mudança social.

Para o caso brasileiro, entendemos que a colonização da natureza se deu com base na dessacralização de cosmovisões autóctones, bem como na construção de uma racionalidade instrumental, baseada em uma visão de mundo do Brasil como uma grande fonte de extração de recursos (Pádua, 2002). Esses dispositivos simbólicos legitimaram a revolução verde na década de 1970, bem como a transnacionalização atual da agricultura brasileira e seu domínio por impérios agroalimentares globais (Ploeg, 2008), compondo parte do que Porto-Gonçalves (2017) entende por sistema mundo moderno-colonial. A colonialidade da natureza abrange tanto a colonização de cosmovisões autóctones quanto as territorialidades, identidades e subjetividades dos sujeitos humanos que habitam esses territórios, assim como as biodiversidades e os organismos daqueles seres não humanos que habitam os diferentes agroecossistemas e sistemas agroalimentares nesses espaços. Para exercer tal domínio, esse sistema mundo moderno-colonial lança mão da expropriação e da violência material e simbólica, sistemática e estrutural, como forma de apropriação e de controle desses diferentes corpos-territórios, sejam eles humanos ou não humanos da Terra.

Frente ao processo de colonização dos povos e da natureza em territórios latino-americanos e brasileiros e os impactos sofridos com a ampliação dos grandes empreendimentos, destaca-se a resistência e a afirmação de modos de existência outros (Escobar, 2014; Porto, Pacheco e Leroy, 2013). A produção das resistências ocorre por meio da agência dos sujeitos subalternos no espaço da diferença colonial, que é onde justamente se torna possível o questionamento dessa dominação, bem como a produção de existências outras, de caráter emancipatório, para além da dominação, exploração e violência colonialista, racista e patriarcal. E é esse espaço da produção da resistência coletiva das mulheres Sem

Terra, por meio da construção de experiências agroecológicas, que buscamos analisar nos itens subsequentes.

Participação e aprendizagem das mulheres nas Jornadas

Desde a primeira edição da Jornada de Agroecologia do Paraná as mulheres pautaram a necessidade da paridade de gênero na formação das delegações e nas diferentes instâncias de organização coletiva. Isso promoveu a construção de delegações e coordenações mistas, com 50% de homens e 50% de mulheres. A esse respeito, Schwendler (2015) destaca que a paridade de gênero, que desde 2000 passa a ser assumida como uma norma e um princípio organizativo do MST, "tem ampliado as possibilidades de desenvolvimento do capital político e cultural das mulheres" (Schwendler, 2015, p. 102). Desde as primeiras Jornadas, foram criadas também as cirandas infantis para assegurar a participação das mães nos espaços. Essas iniciativas favoreceram a inserção das mulheres nos processos organizativos, sociopolíticos de aprendizagem das Jornadas. Com relação à participação das mulheres, argumenta-se que:

> É notório como sempre houve uma boa participação das mulheres em toda a luta, como uma busca desse debate da equidade, de ter a participação dos companheiros, das companheiras, mas organizativamente a gente foi ganhando qualidade. Que as mulheres ao longo das Jornadas elas foram se inserindo nos processos organizativos centrais das Jornadas. [...] *as mulheres foram se percebendo nesses espaços e construindo esses espaços. Então é uma cultura política que foi se fortalecendo.* (Interlocutora Dente de Leão).

Para as interlocutoras de pesquisa as Jornadas de Agroecologia constituem espaços fundamentais para apropriação dos conhecimentos e das práticas agroecológicas. Elas foram unânimes em afirmar que as Jornadas foram fundamentais para apoiar, incentivar, mobilizar e materializar os processos de construção da Agroecologia em seus territórios de vida, como destaca a interlocutora Begônia: "Então nesse processo que se começou a discutir no movimento, a partir dos anos 2000, que se começou a discutir o projeto da Agroecologia. A gente começou a se questionar e a refletir sobre as nossas práticas, mas assim individualmente, foi a partir das Jornadas."

Na pesquisa de campo elas destacaram principalmente as oficinas como os espaços onde puderam aprender sobre as técnicas de agricultura ecológica, tais como biofertilizantes, compostagem, mudas, sementes, entre outros temas. "Então tem sete Jornadas que eu participo. Geralmente a gente vai para aprender mais como trabalhar com o agroecológico, como mandar os bichinhos embora, melhorar a terra, caldas, fertilizantes" (Interlocutora Gloxínia).

Compartilhar experiências e conhecer novas formas de fazer agricultura, por meio de metodologias dialógicas, a partir do diálogo de saberes, assume por elas centralidade nesses espaços. Com base freireana, o diálogo de saberes pode ser compreendido tanto como um método de trabalho de base, quanto como uma modalidade de pesquisa-ação, no âmbito dos movimentos sociais da Cloc/Via Campesina na América Latina, em específico, nas experiências do MST. Objetiva desencadear processos de promoção da transição e consolidação da Agroecologia nos assentamentos de reforma agrária e nas comunidades camponesas (Rezende, 2018). O diálogo de saberes é um meio de construir conhecimentos agroecológicos que se constituem nas práticas camponesas em diálogo com a ciência. Nesse processo, os "saberes de experiência feito" (Freire, 1970) das mulheres do campo, construídos historicamente dentro dos limites da divisão social e sexual do trabalho, se fazem e refazem nos espaços das Jornadas. A participação das mulheres nas oficinas, seja como ouvintes ou como facilitadoras, contribui com a sua construção de conhecimento em Agroecologia. Com isso, percebe-se tanto a apropriação da Agroecologia, quanto a ampliação da autoestima e da autoconfiança das Sem Terra na sua capacidade de criar experiências agroecológicas em seus territórios de vida, como destaca a interlocutora Gloxínia: "É através das oficinas que tem lá na Agroecologia [nas Jornadas] que a gente vai implantando lá [nos territórios], né".

Nessa esteira, elas também destacam a importância das feiras e trocas de sementes crioulas como importantes espaços de aprendizagem sobre agrobiodiversidade, em especial, para obtenção, multiplicação e troca de sementes, como revela a interlocutora Cravo: "Até as coisas na prática, as compostagens, as sementes que a gente nunca mais tinha visto. Na Agroecologia a gente trocou né, nas Jornadas, [...] então lá a gente leva as sementes para trocas, alguns levam mais raras."

Através dessas aprendizagens observamos ampliação da capacidade de agência e subjetividade ativa dessas mulheres, assegurando maior autonomia e igualdade de gênero, para dentro (nos espaços das Jornadas) e para fora (em seus territórios de vida). São resistências coletivas que se constroem nas fraturas da colonialidade de gênero e da natureza e contribuem, dessa forma, com processos que acontecem simultaneamente, e que intervém conjuntamente na decolonização de gênero e da natureza. A esse respeito, a Rosa Vermelha afirma:

> A Jornada de Agroecologia para as mulheres aqui ela é fundamental, porque ela é o espaço historicamente, [...] um espaço que as mulheres aqui mais conseguem. Desde o início, essa da troca das oficinas, de ter que aparecer, as mulheres são as que mais vão. Levam semente, vão pras oficinas, trocam seu conhecimento. Primeiro ano que teve aqui na Lapa, que o intercâmbio foi o dia todo. É as que mais ajudaram nas oficinas... [...] e daí pela primeira vez o conhecimento delas é válido pra mais gente. Eu recebo um monte de gente que vê o que eu sei. Então no âmbito da autoestima e da valorização no conhecimento da mulher, pra mim, os intercâmbios e as oficinas são fundamentais.

Com relação às sementes, algumas das interlocutoras traçaram analogias entre o corpo delas, sobretudo com a maternidade e a fertilidade, com a infância e a juventude e com o cuidado, com a conservação e a troca das sementes crioulas. Para a interlocutora Jatobá, uma das organizadoras das Jornadas e das feiras de sementes:

> a questão das sementes, a ideia de partilhar, cada um traz a sua semente para doar, traz um pouco de si para doar. Isso é extremamente feminino né. [...] Não precisa necessariamente a presença de uma mulher, mas o ato em si ele traz essa lógica. Que era a lógica de você esparramar um monte de sementes e dizer [...] que a gente precisa preservar, precisa considerar, que a gente precisa cuidar. Eu acho que é um pouco disso que a gente tentou imprimir nas Jornadas de Agroecologia aqui, é esse cuidado com a vida, cuidado com a educação, cuidado com a formação, cuidado com todos os outros seres, todos que vêm para cá.

Aqui, simbologias cultural e historicamente vinculadas às mulheres, porém de forma desvalorizada e inferiorizada pela lógica dicotômica e hierárquica do patriarcado, tais como reprodução, gestação, fecundidade e infância, são acionadas e ressignificadas em sentido feminista, passando a ser valorizadas, reconhecidas e estendidas ao cuidado na conservação e a multiplicação das sementes crioulas. São essencialismos estratégicos, conforme análise de Vandana Shiva (Mies e Shiva, 1993) em pesquisa com experiências de mulheres rurais indianas que aqui também são acionados desde perspectivas emancipatórias de gênero e das naturezas não humanas.

No contexto pesquisado por Shiva (Mies e Shiva, 1993) as mulheres indianas acionaram representações sociais ligadas à centralidade da mobilização em torno da defesa da regeneração e manutenção de vida; a defesa da sacralidade da Terra, entendida como a grande mãe e os seres humanos como seus rebentos; a defesa da Terra como deusa, e das montanhas e das florestas como "entes sagrados"; e a defesa da reprodução social familiar em seus territórios de vida, a partir da subsistência familiar comunitária e da maternidade, como centralidade da mobilização pela resistência feminista coletiva no território. Todas essas simbologias são acionadas não para reafirmar papéis sociais binários e patriarcais ligados ao feminino e às mulheres, mas antes como estratégias políticas feministas capazes de friccionar o colonialismo de gênero e da natureza, por meio da valorização do trabalho produtivo e reprodutivo das mulheres e daquilo que constitui suas identidades, territorialidades e modos de vida e as tornam mulheres sujeitas de direitos, de modos de existência e de vida digna; o que constitui uma estratégia de resistência.

No caso das Sem Terra, esses essencialismos estratégicos também são acionados com vistas a valorização do seu corpo-território (Cabnal, 2010, 2015), das práticas e subjetividades relativas à fertilidade feminina e ao cuidado com a vida, acionadas por elas, como características centrais na defesa da conservação das sementes crioulas, da segurança e soberania alimentar e das naturezas não humanas da Terra.

Além disso, desde as Jornadas de Londrina (2010 a 2013), as mulheres ressaltaram o papel das feiras ecológicas, as quais, recentemente, passam a constituir importantes espaços protagonizados pelas mulheres, como revela a interlocutora Copaíba: "Tinha ali uma grande maioria de mulheres trabalhando na feira, vendendo seus produtos e interagindo com o público. A gente não tem a informação oficial de quantas mulheres estavam comprando [...], vendendo seus produtos, ensinando como preparar." As feiras das Jornadas têm um papel crucial na geração de renda, contribuindo com a autonomia financeira das mulheres. Em campo elas relataram que, por meio dos grupos de mulheres organizados em seus territórios de vida, puderam participar das

Jornadas e comercializar os produtos que haviam produzido em seus lotes, sejam eles artesanatos e/ou alimentos agroecológicos.

> A Agroecologia, ela vem fortalecer o protagonismo das mulheres, mas também vem trazer que mulheres, elas tenham renda, e já é uma coisa que a gente debatia, que eu aprendi num dos primeiros encontros, que uma senhorinha falou para mim e eu nunca mais esqueci, num debate ela falou assim 'olha, se a gente quer se emancipar, a gente tem que ter autonomia financeira, *porque nenhuma mulher se emancipa com bolso vazio'* (Interlocutora Violeta, grifo nosso).

Com as rendas obtidas nessas feiras, associadas às demais rendas que puderam adquirir em seus lotes por meio da produção agroecológica, elas ampliaram sua autonomia, e com isso ampliaram a creditação em si mesmas, a autoconfiança e autoestima, assumindo-se como sujeitas capazes de produzir, comercializar e gerir sua própria renda e atividade produtiva. Com isso, ampliam-se suas capacidades de descolonizar-se como gênero, na medida em que reduzem quadros de dependência financeira, e também violências contra a mulher e desigualdades de gênero, como afirma Violeta: "[...] a partir da Agroecologia, você consegue ter uma relação de diálogo mais fluente na família, então consegue ter com que essa renda, ela seja melhor distribuída dentro da família, porque o trabalho da mulher também passa a ser mais valorizado." Estudos de Emma Siliprandi (2015) também revelam que a Agroecologia, por se construir com base na valorização de atividades histórica e culturalmente praticadas por mulheres, tais como quintais produtivos e hortas, os quais têm o potencial de gerar maior autonomia econômica para elas, proporcionam transformações significativas nas relações de gênero, tornando-as mais igualitárias.

Em campo elas relatam que com os conhecimentos, sementes e rendas que obtiveram por meio das Jornadas, começaram a praticar Agroecologia em seus lotes, principalmente por meio do cultivo de hortas, quintais e pequenos pomares. A interlocutora Hibiscus mostra a dimensão educativa das Jornadas, como dispositivos pedagógicos de uma prática cultural para a liberdade, para a emancipação humana e a decolonização da natureza (Freire, 1982; Walsh, 2009). "E todas aprenderam nas Jornadas, como fazer, como aprender, como zelar. É a dinâmica da Agroecologia." Em sua fala, Hibiscus também traz presente uma ética do cuidado consigo, com a família e com a humanidade ao afirmar: "Então nós aprendeu, que agora nós estamos assentados, nós temos que produzir com qualidade para nosso bem e da humanidade. Então nós já tem para comer, para vender.".

Em suas narrativas, as entrevistas destacam a importância da organização coletiva, tanto do movimento social quanto das mulheres da Agroecologia, como nos revela a interlocutora Hibiscus: "E daí nós só teve força para levar enquanto coletivo. Esse último agora ali de Curitiba a nossa barraca estava linda, coletivo das mulheres do assentamento Eli Vive. Estava coisa mais linda, tinha semente de tudo jeito." Além disso, ela destaca a importância das Jornadas no processo de preservação, reprodução e de disseminação das sementes em seus lotes, visibilizando com isso o protagonismo das mulheres na conservação da agrobiodiversidade. "Nós levava sementes das Jornadas, agora nós estamos levando para as Jornadas para outros levar para casa". Em todos os casos analisados, identificamos que são as mulheres as primeiras a acreditar, iniciar, estruturar e sustentar reconstruções agroalimentares ecológicas em seus lotes. O depoimento de Violeta reforça essa perspectiva.

> Eu analiso assim, da seguinte forma, historicamente as mulheres, elas são protagonistas na preservação das sementes, na diversidade, na produção familiar, do alto sustento da família, porque esse pequeno cuidado dos pequenos animais, da vaca, da horta, esse, o cuidado ao redor do trabalho doméstico, quando já citado, ele é feito pelas mulheres, e nesses

> espaços menores, onde o espaço que a gente até diz que, o espaço onde os homens não frequentam, ou pouco frequentam. As mulheres não vão colocar insumos agrícolas, não vão comprar agrotóxicos, porque é o espaço e porque elas têm entendimento que essa alimentação é pra família, então a mãe na sua consciência, não vai dar veneno pro seu filho comer. Então, essa relação do trabalho agroecológico, do trabalho sem utilização de agroquímico, de adubação, de fertilizantes, ele começa nesse pequeno trabalho que é desenvolvido com as mulheres e por isso que eu acredito que a Agroecologia, ela vai ser levada a frente e ela tá sendo levada pra frente, porque foi uma coisa que as mulheres abraçaram pra si, né? E que hoje os homens também, mas foram elas, pela preservação das sementes, pelo cultivo em pequenas escalas, pela alimentação, pela questão da soberania alimentar, pela questão de trazer o alimento saudável para família primeiramente. Então por isso que a relação das mulheres com Agroecologia e com a preservação das sementes e preservando as sementes, preserva toda a natureza, ela está diretamente ligada. E não tem uma distorção, porque são as mulheres que estão fazendo esse trabalho. O trabalho da alimentação é feito pelas mulheres.

Por uma condição camponesa cultural e historicamente construída, as mulheres rurais assumiram há séculos a reprodução social do abastecimento alimentar familiar, porém de forma invisibilizada e não monetarizada (Paulilo, 2016). E é essa herança histórica, feminina e camponesa, adquirida pela cultura do Movimento Sem Terra e construída nos territórios de reforma agrária por meio da experiência agroecológica agenciada por elas, que constrói condições para que as mulheres recriem e retomem de modo ecologizado o seu espaço produtivo na agricultura, como destaca a interlocutora Arnica Montana. "É, porque elas viram que era possível ter renda a partir do trabalho que elas fazem no entorno da casa, criar processo de diversificação, cuidado com as sementes, mesmo a qualidade da alimentação da família, da saúde." A entrevistada aponta que para as mulheres, esses aspectos melhoraram com a decisão de fazer a transição para a Agroecologia, e dessa forma, "*A Agroecologia devolveu para as mulheres o lugar delas na agricultura*" (Interlocutora Arnica Montana, grifo nosso).

Notamos que esse processo é fortalecido pela participação das mulheres em programas e políticas públicas vinculadas ao abastecimento alimentar de mercados institucionais (Programa de Aquisição de Alimentos, Programa Nacional de Alimentação Escolar), e outros mercados ecológicos diretos, tais como feiras livres e sacolas. Na avaliação de uma das interlocutoras:

> Eu acho que as políticas públicas que vieram depois desses programas de aquisição de alimento, mais recentemente o PNAE, fortaleceu tudo isso né, porque o assentamento com isso descobriu sua verdadeira vocação na produção, que essa é a produção de verduras dos legumes. Tinha um preço diferenciado para produtos agroecológicos, ao mesmo tempo tinha que ter um processo de certificação. As famílias se inserirem nesse processo de certificação, acho que também foi um grande momento de aprendizado, de avançar na Agroecologia e aos pouquinhos você vai vendo avanços aí. (Interlocutora Copaíba)

Inferimos por meio desses dados de campo que a Agroecologia em territórios de reforma agrária, vista desde as experiências, agências e vozes das mulheres, mobiliza simultaneamente processos de decolonização de gênero e da natureza. Na medida em que se observa que, para decolonizar-se como gênero, elas necessitam se apropriar da terra e desenvolver experiências agroecológicas, ao mesmo tempo que precisam desenvolver uma agência mínima, capaz de resistir à colonialidade de gênero, de criar condições para que elas construam maior autoconfiança, autoestima, ultrapassem o domínio do espaço doméstico e se reconheçam como sujeitos capazes de construir alternativas produtivas baseadas na Agroecologia.

Essa análise reforça as argumentações das ecofeministas Vandana Shiva, Maria Mies (Mies e Shiva, 1993), Alícia Puleo (2013), Karen Warren (1996) e Maristela Svampa (2015), na medida em que se observa, para esse caso estudado, que não há como separar as desigualdades, a exploração e a violência vivenciada pelas mulheres, da exploração e violência experienciada pela natureza, bem como a produção de resistências, uma vez que se identifica que uma dominação-exploração se nutre da outra. Isso ocorre justamente pela existência de um marco de opressão comum – baseado no patriarcado – e que afeta tanto as mulheres como as naturezas não humanas da Terra.

Para sustentar os processos de ecologização associados a sua decolonização de gênero, as interlocutoras relatam que as Jornadas de Agroecologia, associadas à sua organização feminista dentro do movimento social misto (MST), bem como a sua relação com redes de movimentos sociais feministas têm sido fundamentais. Esses espaços organizativos têm se constituído a partir das resistências cotidianas das mulheres, assim como de seu fortalecimento a partir da coletividade, tendo em vista que não "se resiste sozinha à colonialidade do gênero. Resiste-se a ela desde dentro, de uma forma de compreender o mundo e de viver nele que é compartilhada e que pode compreender os atos de alguém, permitindo assim o reconhecimento" (Lugones, 2014, p. 949). O depoimento da interlocutora Gloxínia elucida essa questão.

> Então, minha filha, ela faz parte do coletivo, o marido dela, machista mesmo, Deus o livre. [...] E começamos no coletivo, eu, minha nora e minha filha. Daí o marido falou assim, ah você não é só ir trabalhar com aquela lá. Eu quero tudo as coisas prontas aqui dentro de casa, [...] não quero um nada sem fazer dentro de casa. E pressionando ela, para que ela saísse, daí agora ele ajuda ela na horta. [...] então quer dizer, *as mulheres levantaram a cabeça*. [...] Só que tem uns machistas ainda (Interlocutora Gloxínia, grifo nosso).

Com esses processos familiares e coletivos de gênero associados à participação e à atuação das mulheres nas Jornadas, elas são estimuladas a sair mais de casa, a participar de encontros de mulheres, de encontros das redes de certificação ecológica, e a assumir instâncias de decisão no assentamento, acampamento, em cooperativas, em redes e movimentos agroecológicos. Isso tem ampliado suas capacidades de friccionar a colonialidade de gênero e, ao mesmo tempo, a colonialidade da natureza, anunciando alternativas e modos de existência outros, possíveis para ambos os gêneros e sujeitos, para além da dominação do sistema mundo moderno-colonial, eurocêntrico, racista e patriarcal.

Atuação feminista camponesa popular nas jornadas

Desde a sua fundação nos anos de 1980 o Movimento Sem Terra discute a temática de gênero. Desde então as mulheres participam das ocupações de terra, constroem assentamentos rurais, produzem e comercializam alimentos, educam-se, envolvem-se em coordenações e setores. Com isso, elas constroem a política do movimento social, embora nem sempre isso seja visibilizado e amplamente reconhecido. Isso pode ser evidenciado no depoimento de uma das interlocutoras de pesquisa que participa desses processos desde a fundação do MST.

> No Movimento as mulheres vêm se empoderando desde o início. Depois o Movimento teve a primeira direção nacional. Aí foi constituída uma comissão de mulheres vinculada à direção nacional. [...] Para nós entender que as mulheres sempre participaram, mas quando a gente conta a história a gente esquece que as mulheres estavam presentes. [...] eu acho que se nós chegamos hoje em um ponto de discutir marxismo e feminismo é graças a todo esse processo que se deu e todo esse trabalho de base que se deu e de direção. (Interlocutora Araucária)

De modo distinto de outros espaços políticos, tais como o sindicato, o partido político, que apartam a militância da relação familiar, "o MST envolve toda a família nas lutas e manifestações políticas ao colocar, no seu discurso, a libertação econômica, social e política para a família trabalhadora rural" (Esmeraldo, 2013, p. 249). O fato de o MST incluir a família camponesa em suas lutas sociais, "insere a mulher na esfera pública, na luta política" (Schwendler, 2015, p. 91).

Destaca-se neste processo a conexão da luta das mulheres pela igualdade de gênero, com a luta pela terra e a constituição do feminismo camponês popular (Schwendler, 2015, 2017, 2014). Schwendler (2015) ressalta a importância da organização feminista das mulheres no movimento social como condição para a promoção da igualdade de gênero na luta pela terra. Segundo ela, é a organização feminista das mulheres nas várias instâncias do movimento social, engajadas na luta pela terra, que assegura com que elas construam subjetividades ativas, conquistando reconhecimento de suas vozes e experiências. Esse processo, somado à articulação das mulheres camponesas em redes regionais, nacionais, latino-americanas e intercontinentais, tem sido crucial para a constituição de um feminismo de classe, com identidade campesina, constituído a partir das práticas feministas e de resistência coletiva.

O Feminismo Camponês e Popular, que se constitui a partir das práticas históricas de resistência das mulheres do campo, em sua diversidade, se fundamenta nas teorias da libertação e em um projeto de transformação social que vincula a igualdade de gênero com a luta de classe (Schwendler, 2014). A partir de uma ótica feminista, em sua concepção e nas práticas, defende um projeto popular de agricultura camponesa, fundamentado nos princípios da Agroecologia e da soberania alimentar com justiça de gênero e como um direito das comunidades camponesas e dos povos originários (Schwendler, 2017). Segundo Iridiani Seibert (2019, p. 157), esse feminismo está estruturado em três eixos:

> As práticas e lutas feministas, pelos direitos, pela autonomia, pelo fim da violência, pela participação política e igualdade da mulher na sociedade; a identidade camponesa, por um projeto de agricultura camponesa, acesso à terra, Agroecologia e produção de alimentos saudáveis; e seu caráter popular, com perspectiva de transformação da sociedade, inseridas nas lutas por construção de projetos populares que contribuam ao horizonte de uma sociedade socialista.

Essa perspectiva feminista perpassa as Jornadas de Agroecologia a partir da agência das mulheres e pauta as práticas e a agenda de gênero por elas defendidas nesses espaços. As interlocutoras destacaram em campo que, quando vieram para as Jornadas, trouxeram com elas as pautas e a força política adquirida pela organização de gênero no MST e com movimentos sociais feministas das diferentes regiões do Paraná. A esse respeito, a interlocutora Iris relata que antes de iniciarem as Jornadas de Agroecologia elas já tinham avançado na luta de gênero, visto que "desde o início do Movimento a gente foi organizando as mulheres". Essa organização, por meio de Coletivos de Mulheres e do Setor de Gênero no MST, coloca a agência das mulheres em um outro patamar. "E nas Jornadas a gente conseguiu juntar esses coletivos, essas experiências e socializar, trazer para as Jornadas o que a gente já tinha de experiências de Agroecologia nos espaços, né" (Interlocutora Íris).

A partir desses agenciamentos coletivos vivenciados nas Jornadas, as mulheres Sem Terra se encontram com outras mulheres do campo e da cidade, abrindo e ampliando a construção de enunciados e de práxis ecofeministas camponesas populares nesses espaços. Conquistam e assumem as dimensões e instâncias da organização das Jornadas. A interlocutora Jatobá revela que "nesse contexto a gente estava no auge do debate e da organização das mulheres da região sudoeste". Destaca que em todos os espaços de formação, a exemplo de Pedagogia da Terra, "tinha muito forte a questão da Agroecologia, questões de gênero e da juventude. Então isso automaticamente vai para dentro das Jornadas".

No âmbito do Paraná, as Jornadas de Agroecologia envolvem redes complexas de atores e movimentos sociais que ultrapassam o Movimento Sem Terra. Como unidades indissociáveis, redes, movimentos, territórios e identidades de sujeitos se encontram, interagem e se recriam por meio desses processos de ecologização. Para além do fortalecimento da agência coletiva das mulheres Sem Terra, destaca-se a relevância da Associação de Estudos Orientação e Assistência Rural (Assesoar), do Movimento das Mulheres Camponesas (MMC) e dos Sindicatos de Trabalhadores Rurais de Cascavel, Marmeleiro, que conseguiram, por meio de um trabalhado de práxis social intensa com debates de gênero, incluir a temática de gênero em todas as Jornadas ocorridas em Cascavel e Francisco Beltrão. Por meio da sua atuação feminista, ao logo da trajetória das Jornadas, as mulheres foram conquistando espaços de atuação e de fala, em especial por meio de oficinas, feiras ou coordenações. Isso se tornou possível na medida em elas se fortaleceram como organização feminista no MST e em redes de movimentos sociais feministas, assim como iniciaram e sustentaram experiências agroecológicas em seus lotes. A interlocutora Ipê Amarelo ressalta as pequenas iniciativas, "que foram conquistadas também, que ajudam a fazer essa discussão das Jornadas, porque pelo menos no Movimento a gente vai sempre discutindo isso dentro da direção".

A construção da Agroecologia em áreas de reforma agrária no Paraná ocorre concomitantemente com o fortalecimento da organização das mulheres Sem Terra. Um processo que se evidencia desde a primeira década de 2000, como destaca a interlocutora Copaíba, que afirma que a Agroecologia e essa questão de gênero "entram no Movimento com mais força, com uma definição política, na mesma época nesse congresso de 2000".

> Mas eu vejo que a gente tem uns dezoito anos dessa definição política, parece muito tempo, mas é pouco tempo. [...] Essas coisas são lentas, numa organização de um movimento que é muito grande, essas definições vão circulando nas instâncias, vão desencadeando processos e tal. Mas eu vejo vários avanços assim. A partir de 2006 teve uma grande virada nisso, que essas definições começam realmente a se efetivar. Mas eu

> acredito que um fato que acontece ali em 2006 para esse processo, foi o fato de as mulheres da Via Campesina terem feito aquela ação do viveiro [da Aracruz Celulose], e as mulheres inauguraram uma nova forma de fazer luta nos movimentos sociais, de uma luta contra o agronegócio. E aí eu acho que isso as joga lá pra cima em outro patamar. [...] A partir daquele momento as mulheres intensificam essa luta contra o capital, contra o agronegócio. A cada ano você vê ações mais criativas e mais bem organizadas, e isso tem provocado uma mudança muito grande pra dentro do Movimento, de reconhecimento dessas companheiras na luta. (Interlocutora Copaíba)

Esta forma de protesto, a exemplo da ocupação da Aracruz Celulose pelas mulheres da Via Campesina, no Rio Grande do Sul, em 2006, como destacado pela interlocutora Copaíba, revela a capacidade organizativa e propositiva das camponesas, bem como o capital político e cultural por elas adquirido no processo das lutas sociais (Schwendler, 2015). Com essa ação, que se coloca como parte dos processos de resistência feminista camponesa, há uma intersecção na luta pela decolonização do gênero e da natureza, como analisado por Lugones (2014) e Walsh (2009). Além de romper com os lugares e papéis sociais esperados das mulheres, ao protagonizarem a ocupação dos territórios do agronegócio, elas denunciam os impactos sociais, econômicos e ambientais gerados pelo modelo hegemônico de desenvolvimento da agricultura, como a criação do deserto verde com a monocultura do eucalipto e a produção de sementes e plantas transgênicas, bem como a expropriação das populações indígenas, quilombolas e camponesas de seus territórios (Schwendler, 2014). Em suas lutas e práticas feministas de resistência, elas afirmam uma agricultura camponesa e agroecológica, promotora da soberania alimentar com democracia de gênero, baseado numa ética do cuidado com a preservação dos agroecossistemas e de todas as formas de vida do planeta.

A confluência entre um contexto internacional latino-americano favorável no âmbito do fortalecimento dos protagonismos femininos das mulheres rurais em movimentos sociais populares, associado a um contexto nacional e estadual favorável, de fortalecimento de políticas públicas voltadas à agricultura familiar, à reforma agrária, à promoção da igualdade de gênero e à Agroecologia, foram fundamentais para ampliação da agência das mulheres Sem Terra do Paraná na construção da Agroecologia.

A partir das Jornadas, da experiência no território, da organização de gênero no movimento social e em redes de movimentos feministas, as mulheres Sem Terra construíram uma noção própria de Agroecologia e de feminismo camponês popular, aproximando-se de concepções ecofeministas camponeses populares latino-americanas, tais como aquelas apresentadas por Svampa (2015). Quando elas assumem a Agroecologia, trazem consigo essas formulações feministas camponesas populares e as correlacionam com a construção da Agroecologia. Isso as aproxima do pensamento ecofeminista latino-americano (Svampa, 2015), pelo caráter democrático, popular e coletivo que assume e as leva a repensarem a perspectiva de Agroecologia que constroem.

Na fala de uma das interlocutoras, ela esclarece que um conceito de Agroecologia camponesa popular foi sendo criado e amadurecido por meio das Jornadas de Agroecologia, em estreita relação com a expansão das experiências concretas dos territórios de reforma agrária do Paraná. A interlocutora Dente de Leão também ressalta o papel das mulheres nesse processo.

> em alguma medida, no início das Jornadas nós estávamos nos apropriando desse debate. De entender o que é a Agroecologia, de ela ser um projeto amplo, político, *muito mais que mudar uma matriz tecnológica, mudar um jeito de viver*. Então esse conceito foi sendo apropriado ao longo dos anos. À medida que a gente começou a entender isso como uma mudança de comportamento, uma mudança profunda dos homens e das mulheres, esse debate foi se materializando também. Então a gente [...] foi construindo ao longo desses anos a ideia da Agroecologia, mas ela teve uma base teórico-prática muito forte. Então à medida que ela foi se

> materializando, virando realidade, virando produção, virando economia, virando produto, para ser comercializada, ela começou também a dar resposta a esse pensamento ideológico da construção de outra agricultura. Então isso fortaleceu nosso debate político a partir dessa inserção econômica. E nesse sentido as mulheres cumpriram e cumprem um papel fundamental.

A partir dessa perspectiva de Feminismo Camponês Popular e de Agroecologia constrói-se uma noção ecofeminista camponesa popular própria, que se caracteriza pelo seu caráter territorial, familiar, comunitário e societário global. Nesse processo, a interlocutora Araucária ressalta a dimensão coletiva: "porque Agroecologia só existe com organização coletiva. Agroecologia não se sustenta no trabalho camponês individual, mas ela consegue se sustentar e produzir resultado se em algum momento ela se coletiviza".

O ecofeminismo, em suas diversas vertentes possíveis, interpreta que existe um marco opressor comum às mulheres e às naturezas não humanas da Terra. Esse marco opressor se baseia no patriarcado, que cria hierarquias valorativas binárias entre representações sociais vinculadas ao feminino e à natureza, tais como sensibilidade e racionalismo, afeto e razão, reprodução e produção, privado e público, diverso e homogêneo, circular e retilíneo, naturezas não humanas e humanidade, tomando as segundas como superiores e vinculadas ao masculino, e as primeiras como inferiores e vinculadas ao feminino, sendo as primeiras, portanto, tanto mulheres, quanto natureza, domináveis, expropriáveis e exploráveis (Shiva e Mies, 1993; Puleo, 2013; Warren, 1996).

O ecofeminismo emerge como resistência a esse pensamento patriarcal dicotômico e hierárquico, na medida em que assume essa ressignificação das simbologias relativas ao feminino e às mulheres, e que se relaciona com uma ética democrática de cuidado com a vida. Resiste à dominação, expropriação e exploração masculina dos corpos das mulheres e da Terra, e se propõe-se como práxis emancipatória do gênero, não apenas das mulheres, mas também das naturezas não humanas da Terra, em sendo regenerativo da vida.

Aqui o conceito de cuidado, entendido como senso de preocupação, empatia, reparação e preservação da vida, se torna central. O cuidado, de acordo com Joan Tronto significa:

> uma atividade da própria espécie que inclui tudo o que podemos fazer para manter, continuar e reparar nosso 'mundo' para que possamos viver nele da melhor maneira possível. Esse mundo inclui nossos corpos, nós mesmos e nosso meio ambiente, e tudo que procuramos intervir de forma complexa e autossustentável. (Fischer e Tronto, 1990 *apud* Tronto, 2007, p. 287)

O cuidado construído pelas Sem Terra inclui preocupações com a garantia da terra, a geração de renda para as mulheres, a segurança e a soberania alimentar e saúde para si, suas famílias, comunidades, consumidores, abrangendo pressupostos éticos e democráticos populares para toda a sociedade. É esse sentido ampliado e democrático de cuidado que caracteriza esse feminismo como um ecofemismo camponês popular. O trecho da interlocutora Araucária esclarece essas concepções:

> Quando nós nos encontramos na coletividade nós nos relacionamos. E essas relações, é preciso que a gente aflore esse outro jeito de fazer a produção, e que a gente explicite as diferenças no jeito de produzir orgânico, agroecológico e do jeito de produzir ferindo a terra e destruindo a natureza. É preciso que aflore por aqui, porque vai exigir uma mudança nas relações entre as pessoas e é preciso também explicitar isso entre as pessoas.

Essa práxis ecofeminista camponesa popular se constrói em conjunto com processos que reconectam seres humanos--natureza e que envolvem coletividades e territórios situados. São processos autorreflexivos e reflexivos coletivos, nos quais sujeitos se constroem e se reconstroem como alternativas ecológicas e feministas emancipatórias, para além da dominação do sistema mundo moderno-colonial patriarcal. Observamos em campo que a emergência dessa perspectiva ecofeminista camponesa popular por meio da experiência agroecológica das mulheres Sem Terra se constrói com base em uma noção de agenciamento mínimo (Lugones, 2014), entendido como subjetividade ativa que fricciona por meio da experiência a colonialidade de gênero (Lugones, 2014) e da natureza (Walsh, 2009).

E como práxis social, esse ecofeminismo camponês popular se constitui a partir do diálogo, da negociação e do conflito. Percebe-se que as tensões com lógicas patriarcais e coloniais de gênero e natureza são constantes e acontecem todo tempo, tanto no âmbito familiar, comunitário, das Jornadas e em outros espaços do movimento social e em redes de movimentos sociais. A interlocutora Íris ilustra essas questões ao afirmar que elas "sempre têm que ficar brigando pelo seu espaço. É uma briga constante e permanente de luta das mulheres para conseguir estar nos espaços de decisões políticas, principalmente nos espaços de grandes decisões políticas". Na mesma direção, a interlocutora Ipê Amarelo afirma que elas participam em inúmeros espaços, "mas na hora da decisão né, sempre" [...] [são os homens que decidem].

Outro aspecto dessa luta constante de gênero, dentro da luta política, é o fato de termos observado, nas experiências das Jornadas, a inexistência e mesmo resistências à assimilação de noções transversais que interseccionam gênero e classe e outras intersecções de desigualdades como raça, geração, sexualidade, na construção das agendas que problematizam suas realidades em diálogo com os temas nacionais e globais, das narrativas que constituem os espaços e construções teóricas centrais das

Jornadas, tais como plenárias e mesas principais, bem como a ausência do reconhecimento das autorias das mulheres na ecologização da reforma agrária no Paraná. A interlocutora Jatobá traz uma importante reflexão que evidencia não só os conflitos, mas também as concepções teóricas que perpassam as Jornadas de Agroecologia. Em sua fala, ela mostra a importância de trazer o debate de gênero com a intencionalidade pedagógica de buscar transformar as relações e as estruturas sociais, econômicas, políticas, culturais em nível macro e nos espaços micro do cotidiano.

> Uma leitura que eu faço, agora, é que me parece que quando você resolver as questões da classe as outras se diluem. Bom, os problemas da inserção da mulher e de tudo se resolvem quando a gente resolver as questões de classe. Só que intraclasse há muita violência, muita discriminação, então nós precisamos intraclasse resolver essas questões e trazer o debate. A classe por si só não vai se resolver por si só internamente. [...] Por mais que a gente tenha participação dos jovens e das mulheres nas Jornadas, se a gente não debater de fato, não superar essa questão de que o macro vai superar o micro, nós não vamos avançar. Mas me parece que é isso de fato, se nós resolvermos a questão da distribuição da terra, da produção de alimentos, a gente resolve todos os demais aspectos e a gente sabe que não é assim, não é automático. [...] o mundo da Jornada não é diferente do mundo externo. A gente tem influências externas [...]. Nós também temos atitudes extremamente machistas, e nós só nos damos conta depois que nós tivemos essas atitudes. Porque o mundo externo ele é tão violento sobre a gente que as vezes nós não conseguimos controlar. Então você carrega isso. (Interlocutora Jatobá)

Dessa forma, entendemos que a categoria gênero, em que pese tenha aparecido nas programações de algumas Jornadas como questão periférica, não constitui uma categoria central e transversal das narrativas constitutivas nos enunciados das Jornadas. Ela aparece apenas em algumas edições como uma especificidade e/ou uma exaltação da relação das mulheres com a natureza, dando ênfase ao papel reprodutivo das mulheres, ligado à geração de vida, produção e manutenção de sementes crioulas.

Entendemos que essa interpretação não interseccional de gênero provém da reprodução social de uma matriz teórica marxista ortodoxa de análise eurocêntrica, classista e patriarcal, que compreende que "resolvendo os problemas da classe", todas as demais desigualdades sociais estariam automaticamente resolvidas. Argumentação que não se sustenta pela práxis social observada nas Jornadas, em outras ações do MST e nem mesmo em outras experiências de movimentos sociais mistos.

A reprodução social desses marcos interpretativos nas Jornadas conduz à reprodução de invisibilidades de gênero, assim como de raça e sexualidade, gerando, dentre outras consequências, o não reconhecimento da autoria e do protagonismo das mulheres na construção da Agroecologia em contextos de reforma agrária no Paraná. Ainda que as mulheres sejam autoras, protagonistas e sustentem a maioria das experiências de Agroecologia em todo o estado do Paraná, ainda que participem da criação das concepções de Agroecologia camponesa popular através de suas práticas sociais, que coordenem espaços, oficinas, debates e produções de campo, tal como relatado nos itens anteriores, a autoria das mulheres na construção dessas experiências agroecológicas no Paraná continuam a ser invisibilizadas, não valorizadas e não reconhecidas de forma transversal e central nas narrativas apresentadas e debatidas nas várias edições das Jornadas e na construção do projeto agroecológico.

As interlocutoras de pesquisa reconhecem esses limites e fragilidades nos processos das Jornadas e apontam para esse reconhecimento público como um dos desafios das Jornadas. A esse respeito a interlocutora Ipê Amarelo afirma: "eu acho que uma das principais questões é a gente superar essas questões de gênero, as questões de experiências de ter mais práticas ecológicas né, que é, de não ficar só em questões de Jornadas".

Ao desconsiderar a categoria colonialidade de gênero como componente estruturante da colonialidade do poder e da natureza, perde-se a potência de análise que favorece enxergar que os protagonismos das mulheres têm sido fundamentais tanto na desconstrução de relações de gênero patriarcais, ou seja, na decolonização de gênero, quanto na desconstrução da colonialidade da natureza, a partir da ecologização de acampamentos e assentamentos rurais através das experiências agroecológicas.

Como unidades indissociáveis, a reconstrução de relações de gênero intervém estrutural e diretamente da reconstrução ecológica da agricultura. E não compreender a relevância estrutural dessa retroalimentação gênero-ecologia reproduz invisibilidades e epistemicídios (Santos, 2007), bem como desigualdades e violências de gênero, restringindo a capacidade de geração de processos emancipatórios mais ampliados.

Na construção da luta contra esses epistemicídios – apagamento e invisibilização dos conhecimentos e contribuições culturais e sociais não legitimados pelo "saber" e cultura ocidental – pode-se pensar em abrir caminhos para reconstruções de relações de gênero e de relação entre humanos e natureza mais equitativas. Esse trabalho passa pela valorização e reconhecimento das contribuições da autoria das mulheres, em sua diversidade de gênero, classe e raça, não somente na sustentação da base produtiva da Agroecologia em seus territórios de vida, mas também a internalização de compreensões e narrativas transversais, que assumam suas contribuições epistemológicas e cognitivas das mulheres à complexificação das noções do projeto camponês popular e de Agroecologia camponesa popular enunciadas pelas Jornadas de Agroecologia.

Nesse processo, destaca-se a importância de se compreender as intersecções entre gênero/sexo, raça e classe como opressões conjugadas e inseparáveis, produtoras de identidades e desigualdades sociais (Vigoya, 2016). Vigoya (2016) problematiza a necessidade da construção de uma noção de interseccionalidade cultural e historicamente situada para desafiar o modelo hegemônico de conceituação aritmética das desigualdades, bem como um modelo de mulher universal. Dessa forma, corroborando com a autora, reafirma-se o caráter sociocultural e histórico das intersecções entre gênero, classe e raça, situados a partir de contextos latino-americanos, como uma multiplicidade de diferentes opressões que se conectam em sobreposição e hibridação, componentes constitutivos da colonialidade de gênero. O seu reconhecimento e internalização nas narrativas debatidas nas Jornadas são, portanto, um imperativo para a decolonização do gênero e das naturezas não humanas, expressas nas experiências agroecológicas vivenciadas, tanto para dentro das Jornadas, quanto para fora, na sociedade ampliada.

Considerações Finais

A trajetória histórica das Jornadas Agroecológicas mostra um processo de desconstrução que, seguindo a autoras latino-americanas, assumimos como colonialidade de gênero e colonialidade da natureza, só possível por meio de uma agência feita do corpo coletivo das mulheres. A presença das mulheres na construção das Jornadas de Agroecologia é marcante desde suas primeiras edições. Quando elas vêm para as Jornadas, trazem consigo a organização de gênero presente tanto no Movimento Sem Terra, quanto com outros movimentos e organizações sociais que as constroem.

No âmbito da participação das Sem Terra, o MST desde o início buscou construir delegações mistas, constituir cirandas infantis, no sentido de favorecer e estimular a participação igualitária das mulheres nesses espaços. Nas Jornadas elas puderam aprender principalmente, por meio das oficinas, como trabalhar com a Agroecologia, conhecendo os manejos ecológicos, por meio das feiras e partilhas. Elas também aprenderam a conservar e multiplicar sementes crioulas, passando a traçar analogias entre seus corpos, a fertilidade feminina e o cuidado na conservação das sementes crioulas. Além disso, por intermédio das feiras elas puderam comercializar seus produtos e melhorar as condições de geração de renda e autonomia.

Com o que o possível aprendizado e conquistas por meio das Jornadas, as mulheres ampliaram sua agência e subjetividade ativa feminina, criando condições para que assumissem a construção e a sustentação de experiências agroecológicas em seus territórios de vida. Esses processos são fortalecidos pela organização feminista no âmbito do MST e em redes de movimentos sociais feministas, bem como pelo apoio de Programas de Segurança Alimentar e Nutricional, tais como PAA e PNAE.

Por intermédio da Agroecologia, elas reocupam seu espaço produtivo na agricultura, baseada sobretudo no cultivo da diversidade, e com isso transformam-se como gênero, passando a ter mais voz ativa, autonomia, autoconfiança e autoestima.

Quando elas vêm para as Jornadas trazem consigo os acúmulos das organizações e processos de organização social feminista que vinham construindo a partir de seus movimentos sociais mistos e organizações feministas. Com base nesses acúmulos, elas passam a pautar questões de gênero nas Jornadas, a abrir e ampliar espaços para atuação das mulheres nas Jornadas. Elas trazem consigo a experiência do Feminismo Camponês Popular, baseado em práticas feministas na luta pelos direitos e autonomia, na identidade camponesa, acesso à terra e à Agroecologia, bem como seu caráter popular, coletivo, comunitário e socialista e pautam essas questões para dentro e para fora das Jornadas.

Ao construírem essas experiências, elas constroem uma noção própria de Agroecologia, baseada na diversidade ecológica, na segurança e soberania alimentar, na organização coletiva e no cuidado com a vida. Essas noções de Agroecologia se aproximam de ecofeminismos camponeses populares latino-americanos e se configuram como uma noção própria de ecofeminismo camponês popular.

Identificamos que as mulheres assumiram a construção da Agroecologia em seus territórios de vida, encontrando nas Jornadas de Agroecologia um lócus estratégico de aprendizagem e construção de agência. O que, associado à sua organização feminista nesses espaços e em seus territórios de vida, e a programas públicos de SAN, potencializou a construção de experiências agroecológicas para dentro e para fora das Jornadas, nos acampamentos e assentamentos rurais, assumindo-se como protagonistas e autoras das Agroecologias que floresceram nesses espaços ao longo da trajetória das jornadas.

Dessa forma, por meio da experiência das mulheres nas Jornadas de Agroecologia, compreendemos que a decolonialidade de gênero se dá simultaneamente à decolonialidade da natureza, o que é promovido pela agência das mulheres, tanto na construção das Jornadas quanto em seus territórios de vida.

Entretanto, mesmo com todos os avanços que as mulheres puderam conquistar nesses espaços ao longo da trajetória das Jornadas, identificamos a persistência da reprodução social de marcos interpretativos e narrativas eurocêntricas, classistas e patriarcais presentes nos vários espaços desses eventos, bem como nas concepções de Agroecologia e de projeto camponês populares anunciadas nas Jornadas. Analisamos que isso decorre da persistência da reprodução social de um marco teórico interpretativo eurocêntrico, classista, hierárquico e patriarcal, que assume a categoria classe social como centralidade e considera gênero como especificidade, relegando-o à relevância secundária e a debates específicos. Isso invisibiliza o protagonismo e o reconhecimento das autorias das mulheres na centralidade da construção da Agroecologia nas Jornadas e em territórios de reforma agrária no Paraná.

A desconstrução de marcos teóricos e narrativas eurocêntricas, classistas e patriarcais, constitui um imperativo epistemológico necessário decolonização de gênero desses espaços, em prol da construção de epistemologias emancipatórias outras, baseadas em marcos interpretativos interseccionais, capazes de interssecionalizar gênero, classe e raça, como imperativo de decolonização das Jornadas de Agroecologia. Dessa forma, como desafios às Jornadas, as vozes das interlocutoras apontam para a necessidade da construção de novos marcos teóricos e narrativas interseccionais, capazes de reconhecer a autoria das mulheres na construção da Agroecologia em territórios de reforma agrária, nas Jornadas e na construção do projeto agroecológico.

Referências

CABNAL, L. Acercamiento a la construcción de la propuesta de pensamiento epistémico de las mujeres indígenas feministas comunitarias de Abya Yala. *In: Feminismos diversos*: el feminismo comunitario, ACSUR, 2010, p. 11-25.

CABNAL, L. Corps-territoire et territoire-terre: le féminisme communautaire au Guatemala. Entretien avec Lorena Cabnal. Disponível em: https://www.cairn.inforevue-cahiersdu-genre-2015-2-page-73.htm. Acesso em: 20 set. 2019.

CAETANO, Marcio. *Performatividades reguladas*: heteronormatividades, narrativas biográficas e educação. Curitiba: Appris, 2016

ESCOBAR, A. *Sentipensar con la tierra*: nuevas lecturas sobre desarrollo, territorio y diferencia. Medellín: Unaula, 2014.

ESMERALDO, G, G. S. O Protagonismo político de mulheres rurais por seu reconhecimento econômico e social. *In:* NEVES, D.P., MEDEIROS, L. S. *Mulheres camponesas*: trabalho produtivo e engajamentos políticos. Niterói. Editora Alternativa, 2013.

FREIRE, Paulo. *Pedagogia do Oprimido*. Rio de Janeiro: Paz e Terra, 1970.

FREIRE, P. *Ação cultural para a liberdade*. 5. ed. Rio de Janeiro: Paz e Terra, 1982.

LAURETIS, T. A tecnologia do gênero. Trad. Suzana Funk. *In:* HOLLANDA, H, B. *Tendências e impasses*: o feminismo como crítica da cultura. Rio de Janeiro: Rocco, 1994.

LUGONES, M. Colonialidad y género. Tabula Rasa. Bogotá – Colombia, n.9: 73- 101, jul.-dic. 2008.

LUGONES, M. Rumo a um feminismo decolonial. *Estudos Feministas*, Florianópolis, v. 22, n. 3, p. 935-952, set.-dez.2014.

MIES, M; SHIVA, V. *Ecofeminismo*. São Paulo: Epistemologia e Sociedade, 1993

MINAYO, M. C. S. (org.) *Pesquisa Social*. 18 ed. Petrópolis: Vozes, 2012.

MIÑOSO, Y, E; CORREAL, D, G; MUÑOZ, K, O. (org.) *Tejiendo de otro modo*: Feminismo, epistemología y apuestas decoloniales en Abya Yala. Popayán: Editorial Universidad del Cauca, 2014.

PAULILO, M.I.S. Mulheres rurais: quatro décadas de diálogo. Florianópolis: Editora UFSC, 2016.

PAULILO, M.I.S. Feminismo camponês e popular e pós-modernismo. *Estudos Sociedade e Agricultura*, Rio de Janeiro, v. 29, n. 2, p. 253-277, jun. 2021.

PLOEG, J. D.V. *Camponeses e impérios alimentares*: lutas por autonomia e sustentabilidade na era da globalização. Porto Alegre: Editora da UFRGS, 2008.

PORTO-GONÇALVES. C.W. *A globalização da natureza e a natureza da globalização*. Rio de Janeiro: Civilização Brasileira, 2017.

PORTO, M. F.; PACHECO, T.; LEROY, J. P. (orgs.). *Injustiça ambiental e saúde no Brasil*: o mapa de conflitos. Rio de Janeiro: Editora Fiocruz, 2013.

PULEO, A. *Ecofemismo para otro mundo possible*. Espanha: Kobo Editions, 2013.

REZENDE, Simone A. *Diálogo de Saberes no Encontro de Culturas*: o desafio da construção do conhecimento em Agroecologia na Educação do Campo. Dissertação de Mestrado. Curitiba: Programa de Pós-Graduação em Educação da UFPR, 2018.

SCHWENDLER, S. F. Dia Internacional da Mulher no campo brasileiro: novas formas de protesto político e de resistência (tradução de Camila Gomes da Silva). *Revista da Faculdade de Direito da UFG*, v. 38, n. 1, p. 50-80, jan./jun. 2014.

SCHWENDLER, S. F. O processo pedagógico da luta de gênero na luta pela terra: o desafio de transformar práticas e relações sociais. *Educar em revista*, Curitiba, Editora da UFPR, n. 55, p. 87-109, jan./mar. 2015.

SCHWENDLER, S. F. Feminismo camponês e popular: práticas, saberes e discursos de gênero, construídos nas conexões sociais e políticas dos movimentos sociais de campo. *In:* TAMANINI, M.; BOSCHILIA, R. (org.) *Teorias e Políticas de Gênero na Contemporaneidade*. 1. ed. Curitiba: Editora da UFPR, 2017.

SANTOS, B. Sousa *A crítica da razão indolente*: contra o desperdício da experiência. 3. ed. São Paulo: Cortez, 2001.

SEIBERT, I. *Feminismo Camponês Popular*: contribuição das mulheres camponesas à luta de transformação social. Dissertação de Mestrado. Universidade de Brasília, 2019.

SEGATO, R. Colonialidad y patriarcado moderno: expansión del frente estatal, modernización, y la vida de las mujeres. *In:* MIÑOSO, Y, E; CORREAL, D, G; MUÑOZ, K, O. (org.) *Tejiendo de otro modo*: Feminismo, epistemología y apuestas decoloniales en Abya Yala. Popayán: Editorial Universidad del Cauca, 2014.

SEGATO, R. Género y colonialidad: en busca de claves de lectura y de un vocabulario estratégico decolonial. *In:* Bidaseca, K. (coord.) *Feminismos y poscolonialidad*. Descolonizando el feminismo desde y en América Latina.Godot, 2011.

SILIPRANDI, E. *Mulheres e Agroecologia*: transformando o campo, as florestas e as pessoas. Rio de Janeiro: Editora da UFRJ, 2015.

SVAMPA, M. Feminismos del Sur y ecofeminismo. *Nueva Sociedad*, n. 256, p.127-131, mar-abr. 2015.

THOMPSON, A. Recompondo a memória. Questões sobre a relação entre história oral e as memórias. *Proj. História*, São Paulo, 15 abril 1997.

TRONTO, J.C. Assistência democrática e democracias assistenciais. *Sociedade e Estado*, Brasília, v. 22, n. 2, p. 285-308, maio/ago. 2007.

VIA CAMPESINA. El Feminismo Campesino y Popular, la identidad de las campesinas y de la clase trabajadora 2020 https://viacampesina.org/es/el-feminismo--campesino-ypopular-la-identidad-de-las-campesinas-y-de-la-clasetrabajadora/

VIGOYA, M. V. La interseccionalidad: una aproximación situada a la dominación. Debate feminista. N. 52. 2016. p. 01-17.

WALSH, C. Interculturalidade Crítica e Pedagogia Decolonial: in-surgir, re-existir e re-viver. *In:* CANDAU, V. M(org.) Educação Intercultural na América Latina: entre concepções, tensões e propostas. 2009.

WARREN, Karen. J. Filosofias ecofeministas. Icaria Editorial. 1996.

WARREN, Karen J. El poder y la promesa de un Feminismo ecológico. *In:* AGRA, María Xoxé (comp.) Ecología y feminismo. Traducción Carme Adán Villamartín, Granada: Comares, 1997, p. 117-146.

A juventude e as jornadas agroecológicas[1]

Nádia Luzia Balestrin

"A juventude é fogo no pavio, como a gente
diz nos nossos gritos de ordem;
e eu tenho uma frase que eu uso bastante,
assim quando vamos trabalhar,
fazer alguma coisa, eu sempre digo, a
gente precisa se movimentar
e daí eu coloco lá: eu tenho muita fé na juventude.
Tenho muita fé na juventude, não só na juventude,
mas eu tenho muita fé na capacidade feroz,
essa força feroz da juventude de revolucionar".
(Liderança do Coletivo de Jovens MST,
Jovem Acampado, Região Oeste, 22 anos)

Introdução

Iniciamos este capítulo com a fala empolgante de um jovem cheio de esperança e otimismo, que revela uma das características desta fase da vida. Como afirma Singer (2005, p. 29), "Os jovens tendem a acreditar que, devendo construir um novo mundo, eles

---

1 Esta discussão é resultado da pesquisa desenvolvida durante o Doutorado no Programa de Pós-Graduação em Sociologia na UFPR, sob a orientação do prof. dr. Alfio Brandenburg, que culminou na tese *Seguindo em frente*: caminhos de esperança e desafios para a juventude agroecológica do MST (Balestrin, 2021).

serão capazes de fazê-lo mais justo e mais livre do que o mundo em que vieram à luz". Essa é a expectativa que normalmente se deposita na juventude. Apesar dos possíveis conflitos intergeracionais, os jovens desafiam a reconstrução do olhar, a incorporação do novo, as mudanças, gerando um dinamismo nas relações sociais. Nesse sentido, podemos dizer que os jovens são a força motriz de uma sociedade quando imbuídos desse desejo inovador, ou que, dependendo dos contextos em que se inserem, podem assumir uma postura conservadora. Assim, falar de juventude significa dialogar com a heterogeneidade, com a diversidade. Existem "juventudes", que mesmo fazendo parte de uma mesma geração podem se conectar com perspectivas diferentes. A juventude com a qual estabelecemos nossa conexão neste capítulo é uma juventude que se afina com a perspectiva de mudança, de transformação, do desejo de construção de um mundo melhor, em uma proposta de sintonia equilibrada entre o homem e a natureza e que vem buscando isso por meio da Agroecologia e da participação nas Jornadas de Agroecologia.

Juventude e Jornadas de Agroecologia

Podemos dizer que as Jornadas de Agroecologia, desde sua origem, em 2002, vêm se constituindo em uma das expressões de uma nova racionalidade, ambiental, difundida no estado do Paraná. O Movimento dos Trabalhadores Rurais Sem Terra (MST), em parceira com outros atores de movimentos sociais ligados à Via Campesina, a ONGs e a sindicatos rurais, vem construindo, anualmente, esse evento. Por meio de ações conjuntas, esses atores passaram a se articular, somando forças em torno da proposta de construção de um projeto popular agroecológico e soberano para a agricultura e de denúncia dos malefícios provocados pelo agronegócio e danos ambientais produzidos pelo uso de agrotóxicos, insumos químicos, transgenia etc. As Jornadas Agroecológicas são decorrentes dessa consciência ambiental, que foi se formando e motivando os camponeses no processo de transição da agricultura convencional para a agroecológica. Elas também tomam a forma de promoção da Agroecologia e estímulo a uma nova prática agrícola.

As Jornadas, como movimento político-social, congregam atores que vislumbram a possibilidade da construção de outra agricultura, livre de agrotóxicos, de transgênicos, do domínio dos latifúndios, comprometidos com a segurança alimentar, a biodiversidade, a preservação dos recursos naturais, a Agroecologia, com a questão de gênero e a defesa da democracia no Brasil. Assim, elas têm se tornado espaços de aprendizado, debate, partilha e enfrentamento do modelo agrícola convencional desde os primeiros anos de sua realização. Isso significa que é um evento que foi sendo construído a partir de uma racionalidade ecológica. Ao mesmo tempo que promove o encontro de atores envolvidos nesse processo, as Jornadas também têm o potencial de despertar e reforçar essa racionalidade, tanto para os camponeses como para os participantes urbanos.

Embora não haja registros do número de jovens participantes, é visível a significativa presença deles em cada evento da Jornada. Vem sendo crescente e diversa a sua participação: jovens do campo, do MST, jovens quilombolas, indígenas, da agricultura familiar e jovens urbanos simpatizantes da causa camponesa e agroecológica.

Dessa forma, ela tem uma "marca juvenil" não só camponesa, mas também urbana. Os jovens camponeses do MST são os mais inseridos no processo de organização em diferentes setores e atividades como: túnel do tempo (atividade que envolve os jovens das escolas rurais, que apresentam seus estudos a partir de temáticas específicas da questão agrária e do campo), setor cultural, cirandas, barracas de alimentação, mística de abertura, animação musical, comunicação, dentre outras atividades de logística. É um movimento de atores que envolve e acolhe também pessoas urbanas de vários lugares, camponeses em fase de transição e simpatizantes não só do Paraná, mas de outros Estados e países.

Em 2017, durante a 16ª Jornada, realizada no município da Lapa (PR), desenvolvemos uma pesquisa exploratória com o intuito de mapear um pouco o perfil dos jovens participantes da Jornada. Nesta primeira etapa da pesquisa, estabelecemos um contato aleatório com 22 jovens camponeses: 11 jovens (masculinos) e 11 jovens (femininas), com faixa etária entre 16 e 28 anos. Dentre eles, um pré-assentado (MST), nove assentados (MST), dez acampados (MST), um quilombola e uma indígena. Desse universo, as famílias de cinco deles já haviam feito a transição completa para a Agroecologia. Os demais estavam em fase de transição e alguns encontravam resistência, principalmente por parte da figura paterna, em fazer esse processo transitório, reflexo da matriz agrícola incorporada a partir da revolução verde.

Para os jovens que estavam participando pela primeira vez da Jornada, havia um movimento de busca pessoal de conhecimento, de informação e o desejo de traduzir esse conhecimento em nova prática agroecológica nas suas comunidades. Isso apareceu nas falas dos jovens entrevistados: "Tenho interesse em aprender as coisas"; "O fato de poder conhecer o desconhecido"; "Para conhecer e aplicar na propriedade"; "Queria saber como funciona"; "Já tinha vontade de participar. Participo de outro movimento, das barragens".

Já para os jovens que tinham participado de outras Jornadas há mais tempo, os encontros tinham uma conotação de um espaço de interatividade, troca de experiência, fortalecimento da Agroecologia, debate, convivência e diversidade. As Jornadas eram compreendidas como: "Momento importante do ano em que se reafirma a Agroecologia"; "É um processo formativo. Inserção na Agroecologia"; "Ver experiências de outros acampamentos. Não se sentir sozinho na peleia"; "Troca de experiência, aprendizado, vivência, variedade de cultura"; "Além de contribuir para o debate reforçar a possibilidade de construir outra agricultura"; "Conhecer pessoas novas, troca de experiência, interação, convivência". Isso aponta para a relevância das Jornadas na vida dos jovens e no seu cotidiano. O encontro, a interatividade, a formação, aquece e alimenta a luta diária em seus espaços de vida.

A partir da pesquisa exploratória realizada na Jornada de 2017, na Lapa (PR), e da observação participante desenvolvida nas Jornadas de 2018 e 2019, em Curitiba (PR), constatamos a presença de "juventudes" nesse evento. Considerando essa diversidade, delimitamos o universo de nossa pesquisa para a juventude do MST, que já vinha desenvolvendo a Agroecologia na prática em seus assentamentos ou acampamentos. Focamos na juventude do MST pelo fato de ser um dos atores que ocupa uma posição de liderança na dinâmica das Jornadas e pela sua opção, ainda em 2000, pelo projeto de ecologização e transição para a Agroecologia e suas lutas.

Em 2020,[2] realizamos a coleta de dados, com o uso da história oral, com 11 jovens camponeses agroecológicos do MST,

2 Em 2020, não foi possível retornar à pesquisa de campo *in loco* devido à pandemia do Covid-19. A coleta de dados com os jovens do Assentamento São Joaquim, de Teixeira Soares, foi feita por meio de WhatsApp. Em 2021, também no modo *on-line*, coletamos dados com lideranças do Coletivo de Jovens da Região Centro, Noroeste e Oeste, Coordenação Nacional, Estadual e Representante do Paraná na Coordenação Nacional. Por ser uma amostra com características homogêneas, situamos essa pesquisa como um "caso extremo", que, segundo Florestan Fernandes, significa "aquele que apresentasse, em maior grau, todos os traços essenciais e característicos de certa modalidade de organização social" (1980, p. 134).

nos seguintes locais: Assentamento Contestado (3), situado no município da Lapa, Região Metropolitana de Curitiba (RMC); Acampamento Emiliano Zapata (3), situado em Ponta Grossa; Acampamento José Lutzenberger (2), situado em Antonina (litoral); e o Assentamento São Joaquim (3), no município de Teixeira Soares (região de Irati), e também com lideranças locais e Coordenação Estadual da Juventude do MST. Esses municípios, situados na mesorregião metropolitana, Sudeste e Centro-Oriental do Paraná, além de concentrarem uma forte presença de campesinato, se inserem em uma região que teve uma trajetória de destaque em relação às iniciativas de ecologização da agricultura. É considerada hoje a região com mais expressividade de experiências agroecológicas e com maior produtividade agroecológica no estado do Paraná, segundo o MST.

Além da trajetória de ecologização, essas regiões do Paraná apresentam relevância histórica referente à gênese e à consolidação das Jornadas de Agroecologia. Em Ponta Grossa, foram realizadas as três primeiras Jornadas (2002, 2003 e 2004). Em 2015, foi realizada em Irati, em 2016 e 2017 na Lapa, e as duas últimas ocorreram em Curitiba (2018 e 2019).

Desde o ano de 2000, o MST definiu como matriz tecnológica a Agroecologia, e ela ocupa hoje um lugar central na organização das Jornadas. Atualmente, a Agroecologia é uma das suas maiores bandeiras de luta. Contudo, não significa dizer que a adesão à Agroecologia, por parte dos camponeses integrantes do Movimento, tenha atingido sua totalidade. Existem particularidades e singularidades inerentes às realidades locais dos assentamentos e acampamentos, decorrentes de aspectos culturais, históricos e econômicos. Valadão (2012), em sua tese sobre o processo de transição agroecológica no estado do Paraná, identifica que as famílias camponesas envolvidas com a Agroecologia são aquelas que apresentam uma participação mais ativa no Movimento, por meio de encontros, eventos e parcerias. São atores que possuem maior afinidade ideológica com o MST e com o projeto da Agroecologia que vem sendo construído. E o desafio que o Movimento tem pela frente é estender essa transição para o maior número possível de camponeses. Nesse sentido, os jovens são atores fundamentais tanto para o fortalecimento da Agroecologia como para o processo de transição. Justifica-se assim a iniciativa do MST em investir na educação dos jovens e sua qualificação em Agroecologia.

Figura 1 – Localização de Assentamentos e Acampamentos do MST pesquisados no Paraná

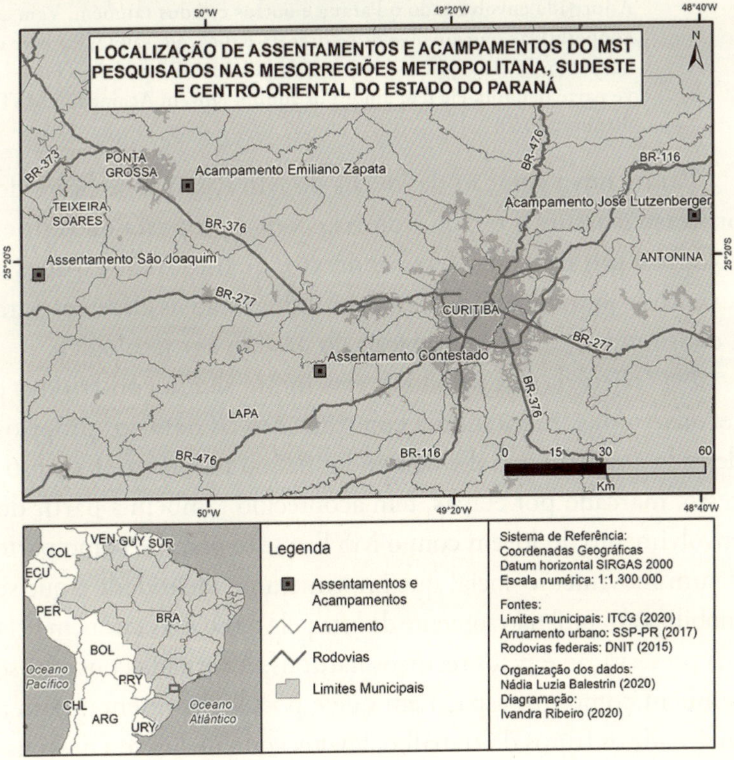

> Em todos os avanços e conquistas que tivemos, nessa nova fase de priorizar a produção de alimentos sadios, está o esforço, a militância e dedicação da juventude do MST que se transformaram em verdadeiros agricultores agroecológicos, dando exemplo para todo o MST e para outros movimentos com que dialogamos. (Coordenador Nacional do MST, 2021)

Com a iniciativa das Jornadas de Agroecologia, vai se renovando e reafirmando a Agroecologia não só no Movimento em si, mas também para os diversos atores envolvidos. Para os jovens agroecológicos pesquisados, as Jornadas contribuem para o reforço de sua identidade camponesa, além de exercer um fator de motivação e pertencimento.

> A Jornada envolve todo o Paraná e outros estados também. Vem as cooperativas que envolve os setores da educação, saúde, envolve o conjunto. Então o povo se vê parte daquilo, né. E, quando o povo se vê parte daquilo, ele tem amor por aquilo. (Jovem Acampado MST, 30 anos, 2020)

Para a nova geração de jovens do MST, sentir-se parte do processo e assumir o compromisso com a proposta da Agroecologia é um desafio. Nesse contexto, quanto mais espaços a juventude for ocupando, mais profundos serão os alicerces para a continuidade e a consolidação do projeto agroecológico.

Na trajetória das Jornadas, elas foram sendo construídas e reconstruídas, mantendo a conexão com os desafios próprios de cada contexto social e demandas de seu momento. Esse processo, marcado por etapas, tem acontecido também a partir do envolvimento do jovem com o MST, que se percebe como parte de um movimento social que imprime uma identidade e que se mobiliza em prol não somente da luta pela terra, mas também pela sua preservação e pelos recursos naturais. A Jornada constitui-se também como um espaço em que é possível apresentar para a sociedade os frutos do trabalho, favorecendo inclusive a desconstrução de estereótipos criados pelos meios de comunicação e a desinformação em torno dos movimentos sociais.

> Teve um processo de muita mudança entre as primeiras e até agora. As primeiras Jornadas era mais para compartilhar a ideia de Agroecologia pros assentados e os acampados pra dizer que isso existia e como faz Agroecologia. Então era primeiro dizer para as famílias que era possível produzir sem agrotóxico cuidando da natureza, da terra onde você vive [...]. As últimas três, quatro Jornadas foi trazer os agricultores ainda pra esse espaço de formação, de oficina, mas muito mais mostrar as produções, os resultados que a gente já tem desse processo de formação que era a Jornada de Agroecologia [...]. É um espaço onde a gente vem com as nossas produções agroecológicas pra dizer pra sociedade quem somos nós. Não somos aqueles baderneiros, aqueles arruaceiros, que a gente também produz. Somos seres humanos que tão cuidando e produzindo na natureza e lutando pelos nossos direitos ainda assim. É um espaço de denúncia, é um espaço de mostrar o que a gente faz, a boniteza do que a gente faz, mas também um espaço de denúncia do que está acontecendo na sociedade. (Jovem Assentada MST, 19 anos, 2020)

Em um movimento dialético, vai se estabelecendo uma nova prática, outro jeito de se colocar no mundo, uma nova racionalidade, talvez ainda longe de um ideal, mas em construção. As Jornadas vão também clarificando o que vem a ser a Agroecologia por meio dos espaços de formação, visualização de seus frutos, dos resultados concretos da sua produção, sendo também um palco para a diversidade de atores que se unem em uma perspectiva ecológica. Como afirma Leff (2016, p. 477), "as ações sociais orientadas pela racionalidade ambiental vão assinalando assim o horizonte e abrindo os caminhos para a sustentabilidade da vida". A imagem a seguir nos remete à 18ª Jornada Agroecológica, realizada em 2019, na cidade de Curitiba, no espaço da Praça Santos Andrade. Ela reflete a conexão que ocorre entre o campo e a cidade e a interatividade de seus participantes como atores que, de alguma forma, se afinam com a questão da Agroecologia e suas lutas, bem como a sustentabilidade da vida.

Figura 1 – Jornada Agroecológica de 2019. Praça Santos Andrade, Curitiba (PR). Feira de produtos e gastronomia.

Fonte: Priscila Santos, 2019.

As Jornadas Agroecológicas se constituem, pois, em um movimento na direção de outro modo de pensar a vida, com a ressignificação da diversidade, da autonomia, das estratégias produtivas, do território, da justiça social e ambiental, na perspectiva de um presente/futuro sustentável. Ainda com todas as limitações e contradições, inerentes a qualquer processo inovador, as jornadas e a Agroecologia demarcam uma posição de resistência e *r-existência*.[3] Constituem-se em uma proposta de resistência que se soma às demais existentes mundo afora, geralmente ignorada pela racionalidade instrumental, técnica e economicista. Apontam para outro caminho, possível de existir e resistir.

[3] Arturo Escobar (2014) redefine a resistência como *r-existência*, referindo-se à capacidade de resistir e redefinir a identidade, modo de produzir e sustentar de grupos étnicos e campesinos, que se organizam em movimentos emancipatórios.

Juventude e Agroecologia

Como já afirmamos anteriormente, os jovens são a força motriz do projeto de ecologização, bem como das Jornadas Agroecológicas. Para melhor situar a temática da juventude a partir dos estudos desenvolvidos ao longo do tempo, apresentamos alguns autores que se debruçaram sobre o tema. A categoria juventude (Ariès, 1981) emerge a partir do final do século XVII na sociedade industrial, moderna e capitalista. Isso ocorre devido à distinção que passa a ser construída entre público e privado e à universalização da escola e a ênfase dada à classificação de grupos etários. Groppo (2000) também considera que a sociedade moderna está assentada na cronologização da vida, em que o mercado, o lazer, a cultura, as instituições modernas como o Estado, o direito, a escola e o trabalho industrial se alinham à classificação das pessoas de acordo com as faixas etárias. Bourdieu (1983, p. 113) apresenta sua crítica à classificação dos indivíduos a partir da faixa etária ao afirmar que "a idade é um dado biológico socialmente manipulado e manipulável". Isso significa que tratar o tema da juventude somente a partir da faixa etária, sem levar em conta as particularidades de seu contexto social, histórico, econômico e social, pode ser limitante, manipulável e incoerente.

Outra abordagem em relação à juventude vem de Karl Mannheim. Este autor é considerado o pioneiro no estudo da Sociologia da Juventude. Sua grande contribuição se dá pela abordagem sobre as gerações. Para situar a categoria juventude, neste estudo, partimos da perspectiva de geração apresentada por Mannheim (1982). Consideramos que o entendimento da juventude, pelo conceito de geração, nos permite ir para além da classificação pelo coorte etário, que, no caso do Brasil, segundo o Estatuto da Juventude, seria na faixa etária entre 16 e 29 anos.

Na concepção de Mannheim (1982), a geração é composta por três dimensões: a *geração* como *posição/situação geracional*, situada pela presença em um contexto histórico-social, temporal e biológico; a *geração real* ou *conexão geracional*, que pressupõe um vínculo concreto na participação, pois

> não basta participar apenas 'potencialmente' de uma comunidade constituída em torno de experiências comuns, é preciso estabelecer um vínculo de participação em uma prática coletiva, seja ela concreta ou virtual. (Weller, 2007, p. 8)

E a terceira dimensão, as *unidades geracionais*, que são distintas e variadas. "As unidades geracionais desenvolvem perspectivas, reações e posições políticas diferentes em relação a um mesmo problema dado" (Weller, 2007, p. 8). Assim, existirão diferentes unidades geracionais em uma conexão geracional. Nesse desdobramento do conceito de geração, principalmente a unidade geracional dá o tom das particularidades e singularidades dos jovens que se afinam em torno de questões, causas e lutas em comum. Isso nos permite mergulhar no universo dos jovens participantes das Jornadas Agroecológicas como um grupo que apresenta essa unidade geracional a partir da sintonia com a Agroecologia e suas lutas.

No Brasil, os primeiros estudos sociológicos referentes à juventude datam da década de 1960 e 1970,[4] com enfoque na juventude urbana, avançando nas décadas posteriores, principal-

---

4 No início da década de 1960, ocorreram muitas manifestações de criticidade à sociedade advindas dos jovens, por meio do *rock*, da liberação sexual, da organização do movimento estudantil e da defesa dos direitos civis e da paz. Com a ditadura militar (1964), todas as manifestações democráticas foram silenciadas. Marialice Foracchi é considerada a pioneira nos estudos sociológicos sobre a juventude no Brasil. Dentre suas obras, destaca-se *A juventude na sociedade moderna* (Foracchi, 1972), na qual desenvolve um estudo sobre a juventude e o movimento estudantil (Weisheimer, 2015).

mente na década de 1990, com temáticas referentes à violência e à criminalização. Do ponto de vista institucional, é durante os governos Lula e Dilma que se desdobra um olhar mais atento às demandas da juventude com a criação do Conselho Nacional de Juventude (Conjuve), a Secretaria Nacional de Juventude (SNJ) e o Programa Nacional de Inclusão do Jovem (Projovem). Somente em 2013 foi criado o Estatuto da Juventude e o Sistema Nacional de Juventude (Sinajuve), possibilitando avanços em políticas públicas específicas para a juventude, as quais infelizmente vêm sendo enfraquecidas no governo atual.

Já quando nos referimos aos estudos sociológicos sobre a juventude rural, percebemos que são ainda mais recentes. Durston (1994) definiu como um campo heterogêneo em que os jovens, em muitas circunstâncias, permaneceram como um grupo pouco estudado e mencionado, de certa forma invisíveis. No século XXI, houve um avanço, e estudos sobre a juventude rural foram ganhando visibilidade um pouco mais expressiva, com temas relacionados à questão agrária e recampenização, permanência do jovem no campo, juventude e a questão de gênero e sucessão, juventude e ecologização, políticas públicas, dentre outros tópicos. Para Marin (2019) é preciso olhar para a juventude rural a partir das especificidades das relações construídas no seu tempo e espaço social, que por sua vez é marcado pela diversidade. Nossa pesquisa se insere nesse cenário diverso com o propósito de contribuir com o conjunto de reflexões acerca das Jornadas de Agroecologia, a que essa obra se propõe. Nosso enfoque é a juventude como geração envolvida com a Agroecologia, seja pela participação nas Jornadas, seja pelo compromisso com a sua construção objetiva, no conjunto de atores que se somam no estado do Paraná.

A concepção de Agroecologia, ao longo do tempo, tem tido diversos significados. Para o MST e o conjunto de atores envolvidos com as Jornadas, a Agroecologia se apresenta como uma proposta de agricultura em sintonia com o meio ambiente: o cuidado com a terra e os ecossistemas; a produção de alimentos saudáveis, livres de agrotóxicos e transgênicos; uma sociedade na qual todas as formas de vida sejam preservadas, incluindo outras lutas, como a de gênero, por diversidade cultural, por soberania e por segurança alimentar etc. A Carta da 4ª Jornada Agroecológica, realizada em 2005, aborda que

> a Agroecologia se caracteriza pela sua alta capacidade de preservar e reproduzir a vida e, nesta perspectiva, só é possível ser construída com bases na relação de gênero e geração, sendo que este princípio deve orientar as políticas públicas.

Dessa forma, a Agroecologia é uma proposta para além de tão somente uma prática agrícola, mas abraça outras lutas que remetem à transformação das relações sociais em que os jovens/geração e a relação de gênero também são colocados em pauta, dentre outras questões sociais.

Os desafios enfrentados pela geração atual e futura de jovens camponeses do MST diz respeito à construção de estratégias no campo como um lugar de vida e um espaço de produção com base na Agroecologia. Diferentemente da geração dos jovens pioneiros envolvidos com a gênese do movimento e a conquista da terra, a geração atual dos jovens é desafiada a dar um passo à frente e consolidar a mudança da matriz tecnológica para a Agroecologia e suas lutas nos assentamentos e acampamentos. Para a efetivação desse processo de ecologização, o MST apostou e continua apostando na formação por meio das Escolas de Agroecologia, como é o caso da Escola Latino-Americana de Agroecologia (ELAA), situada na Lapa (PR), e a Escola Milton Santos, em Maringá (PR). Isso se soma a todas as demais iniciativas formativas, como encontros de jovens, a organização dos Coletivos de Juventude, que a partir do ano de 2005 passaram a fazer parte da pauta em âmbito nacional, estadual e regional, com o intuito de criar espaço de participação mais efetiva por parte dos jovens no Movimento. O jovem, sem sombra de dúvida, é um importante ator para a consolidação do projeto agroecológico e, para tanto, requer que sua voz seja ouvida, assim como seus apelos e anseios, em uma perspectiva de diálogo geracional.

A Agroecologia, em sua polissemia, abre-se para um leque de princípios agronômicos/técnicos, ecológicos, sociais, econômicos e políticos. Podemos afirmar que a Agroecologia vivenciada pelos jovens camponeses do MST se dá em uma teia de relações entre todos esses campos, em um cenário em que o "novo" e o "velho" se confrontam. Assim, os jovens têm o potencial de ser agentes de transformação, primeiramente de si mesmos e de seu entorno. Nessa perspectiva, situa-se a ecologia política (Leff, 2016), marcada por relações de poder entre sociedade e natureza, por relações raciais e de gênero, de encontro e confronto, de construção de estratégias de reinvenção da vida de seus territórios, de descolonização do conhecimento, de lutas sociais e de apropriação da natureza. Assim, pensar a Agroecologia para o jovem do MST, é pensar também que

> mesmo que eu esteja fazendo Agroecologia, eu ainda não tô fazendo Agroecologia no máximo, porque eu tenho que deixar de ser racista. Então, deixar de reproduzir o machismo, deixar vários conceitos que a gente tem que derrubar pra conseguir chegar na Agroecologia. Não dá pra chegar na Agroecologia sendo machista, que daí não é. A gente produz agroecológico, a gente produz orgânico, lida com a terra, mas ainda assim tem que desenvolver o ser humano também. Envolve uma mudança da sociedade. Pra mim então Agroecologia é esse ciclo da vida e a transformação da natureza e do ser humano juntos. Que a gente se separa quando a gente evolui parece que a gente tá separado da natureza, mas Agroecologia seria isso desenvolvimento junto assim. A gente pode aprender e desenvolver a produção dentro da terra, da natureza, junto

> com a casa e se desenvolver como ser humano, aprender e evoluir. (Jovem Assentada MST, 19 anos, 2020)

A Agroecologia se situa em um campo de forças e conflitos e tem também uma conotação política. Vai para além da produção limpa "romantizada". A sua proposta é de desconstrução e crítica da racionalidade econômica e tecnológica, desconectada da natureza e da vida. Como é uma mudança radical de prática agrícola, algumas dificuldades e tensões acabam acontecendo. Foram apontadas pelos jovens, nesse processo, dificuldades técnicas: "A maior dificuldade é trabalhar com ela. Ela é bem complexa [...]. Nós estamos na orgânica, mas olhando pra Agroecologia. Estamos longe. Falta ainda muita coisa" (Jovem Acampada MST, 30 anos, 2020). "Tem muita praga, daí você não pode passar veneno. Dá mais trabalho pra você combater. Daí você tem que estudar as causas, pra um biofertilizante pra passar" (Jovem Acampado MST, 27 anos, 2020).

As tecnologias limpas usadas na Agroecologia seguem uma dinâmica fora do habitual e do convencional e requerem conhecimento, pesquisa e informação para sua aplicabilidade. Este é um aspecto que o MST vem abordando, como já dito, pela proposta de formação de agroecólogos pela ELAA e fortalecidas pelas Jornadas de Agroecologia. Porém, o processo de transição do modelo convencional para o agroecológico é exigente. Requer paciência, determinação e abertura para uma nova percepção, o que para alguns pode ser um fator limitador em função do elemento geracional.

> Acho que a maior dificuldade seria mais o processo de transição, porque o modelo convencional se tu planta um pé de milho e taca adubo desde pequeno e ureia em cima, o milho veio sobe. Se sai hoje desse sistema e pula direto pra Agroecologia, não é possível porque a Agroecologia é um modelo de cuidar da terra diferente, de limpar já é diferente [...], por exemplo eu tô ganhando no período x e aqui já cai pra um terço na Agro-

> ecologia porque tem esse processo querendo ou não de fazer a transição. [...] É difícil você chegar pra uma pessoa de 40 anos e dizer: 'olha, vamo sair daqui e mudá ali'. Então eu acho que esse processo de transição é muito importante, mas não só a transição, mas é uma conscientização no geral. (Jovem Assentado MST, 24 anos, 2020)

A formação de uma consciência ecológica é um primeiro passo para romper a oposição entre homem e natureza produzida pela racionalidade tecnocapitalista. A partir da sociedade industrial e de risco, Beck (2011) afirma que se intensificou a ação humana de controle, domínio, exploração e destruição da natureza como uma marca da ciência moderna, em que cada vez mais forças destrutivas acabam sendo desencadeadas e naturalizadas. Na atualidade, estamos vivenciando riscos reais e temos um futuro com ameaças projetadas e produzidas pelo próprio homem. A pandemia de Covid-19, por exemplo, que está assolando o planeta inteiro, é um exemplo das consequências desastrosas que podemos sofrer pelo desequilíbrio entre o homem e a natureza. A proposta agroecológica procura navegar na contramão desses malefícios.

> entendemos a *Agroecologia* como um método, um processo de produção agrícola – animal e vegetal – que resgata os saberes que a 'revolução verde' destruiu ou escondeu, incorporando-lhes os extraordinários progressos científicos e tecnológicos dos últimos 50 anos, configurando um corpo de doutrina que viabiliza a produção de alimentos e produtos limpos, sem venenos, tanto de origem vegetal como animal, e o que é fundamental, básico, indispensável, *em qualquer escala*. É, pois, uma tecnologia capaz de confrontar o agronegócio, em qualquer escala. (Machado Filho, 2017, p. 36)

Mas na perspectiva do MST e das Jornadas, a questão técnica e ecológica se soma a outras lutas: equidade de gênero, respeito à diversidade étnica e à orientação sexual, desigualdade social, questões políticas, soberania alimentar etc., como partes de um projeto de profundas mudanças. Constitui-se em um projeto de transformação social, em que temas como a diversidade em relação à orientação sexual (LGBTQIA+) também vão sendo incluídos na pauta, apesar de ainda estarem cercados de preconceitos. Assim, a Agroecologia compreendida como movimento social traz para o debate questões que precisam ser discutidas e desafia a desconstrução de preconceitos herdados culturalmente. Ou seja, ela tem a forma de uma proposta que "reivindica" uma profunda e complexa transformação social. Parafraseando uma liderança jovem do Movimento, "a Agroecologia é revolucionária".

Outro elemento que tensiona o "velho" e o "novo", do qual o jovem agroecológico é mensageiro, diz respeito à questão ecológica, de como cuidar da terra, da natureza: "a compreensão de que a natureza é nossa casa [...], que a terra que a gente pisa a gente precisa cuidar da terra como se fosse nosso filho, como se fosse nosso irmão [...], a gente aprende a destruir" (Jovem Assentada MST, 19 anos, 2020). Essa conexão com a natureza é muito presente nos povos tradicionais, indígenas e camponeses, considerados como os guardiões da natureza e comprometidos com a preservação da diversidade biológica e genética do planeta. Empenham-se em resistir e enfrentar as imposições da racionalidade capitalista. Pensar nos Direitos da Natureza, presentes na Constituição equatoriana (Acosta, 2016) pode contribuir na construção de outra percepção de sociedade, de vida e natureza, em uma conexão permanente.

> É necessária uma estratégia coerente para construir uma sociedade equitativa e sustentável, ou seja, uma sociedade que entenda que faz parte da Natureza e que deve conviver em harmonia com ela e dentro dela. (Acosta, 2016, p. 133)

A vivência dos jovens e o seu envolvimento com o projeto de ecologização da agricultura vai sinalizando para a expansão da consciência ambiental. Ela "mobiliza novos atores políticos num processo de reprodução da natureza que traz consigo a transformação das relações de produção e a geração de novos potenciais de produção para um desenvolvimento sustentável" (Leff, 2015, p. 102). Essa consciência ambiental inspira uma nova prática, outra relação com a natureza, outro modo de produzir e viver, no qual os jovens, como geração, são os principais atores. Quando encontram espaços favoráveis, assumem a posição de conexão do elo intergeracional, potencializando a transição de uma matriz agrícola convencional para a Agroecologia.

Observando outras experiências existentes no Brasil em relação à questão da juventude e Agroecologia, Silva (2017) aborda aspectos extremamente positivos, como maior autonomia nas unidades familiares, não somente no aspecto produtivo, mas também por outras iniciativas, como turismo e artesanato, que possibilitam maior autonomia financeira para os jovens. Além disso, os jovens assumem uma posição de protagonismo na experimentação dos conhecimentos agroecológicos. No universo em que estão inseridos, como suas famílias ou comunidades, são os multiplicadores da Agroecologia a partir dos conhecimentos adquiridos, como técnicas de manejo, alternativas de produção, o sistema agroflorestal e mandalas. No entanto, são considerados como desafios o limite da posse da terra e a resistência à mudança de prática nas unidades familiares, muitas vezes originando conflitos geracionais além da fragilidade das políticas públicas para o jovem do campo. Desafios esses que se assemelham com aspectos que identificamos em nossa pesquisa e que refletem ainda a existência de um olhar secundário às questões referentes à juventude.

Agroecologia, patriarcado e autonomia dos jovens

Um desses desafios encontrados pelos jovens está no enfrentamento das relações patriarcais nas quais se inserem. Em nossa pesquisa, abordamos a relação juventude e Agroecologia e o desafio da construção de sua autonomia e liberdade em um cenário ainda permeado por resquícios patriarcais. Aproximamos a Agroecologia da questão do poder no âmbito das relações familiares e sociais, ainda marcadas por elementos patriarcais e suas repercussões nos espaços da vida social em que os jovens estão inseridos. Essa temática não poderia ser negligenciada em função de que uma das interfaces da Agroecologia referenciada nas Jornadas e no MST, no seu conjunto de lutas, diz respeito também à questão de gênero.

Apesar de a questão de gênero não ser nosso tema específico de estudo, usamos como categoria teórico-analítica o patriarcado, a fim de auxiliar na compreensão dos desafios enfrentados pelos jovens no seu cotidiano, pois, seja no âmbito familiar ou no institucional, ainda são reproduzidos elementos de ordem patriarcal. A presença de elementos decorrentes do patriarcado legitima a hierarquia no contexto familiar, no qual as mulheres e os filhos são referenciados com um tratamento subordinado ao poder centrado na figura masculina. Ainda existem cenários que se apresentam ancorados em posições desiguais de poder e de decisão nas unidades domésticas e na sociedade de modo geral.

A cientista política Carole Pateman, considerada umas das mais relevantes feministas da segunda onda do feminismo, em sua obra *O contrato sexual* (Pateman, 1993), elabora uma revisão profunda do liberalismo e o modo de ver e organizar o mundo. A autora problematiza o liberalismo e refuta a teoria que afirma que o patriarcado foi eliminado no final do século XVII. Assim, o feminismo não seria somente um movimento de resistência ou de defesa contra a desigualdade e a subordinação, mas uma possibilidade de reordenar o mundo a partir de uma ótica não patriarcal. A existência de um "patriarcado moderno" possibilita a manutenção das premissas básicas do pensamento patriarcal, de poder natural dos homens como indivíduos sobre todas as instâncias da vida civil. Para a autora, "a sociedade civil como um todo é patriarcal" (Pateman, 1993, p. 167).

A autoridade paterna, o controle, a hierarquia de poder, decorrentes do modelo patriarcal, constituem-se como um elemento cultural, em função da legitimidade dada a esse modo de ordenar o mundo a partir da centralidade da figura masculina. Como consequência, apresentam-se nas relações familiares patriarcais e hierárquicas a centralização do poder e o controle. Isso se reflete na questão da autonomia, que atinge a família como um todo, incluindo jovens, mulheres e crianças. Podemos dizer que a centralidade de poder patriarcal atinge a juventude rural de modo geral, inclusive os jovens agroecológicos, podendo comprometer suas escolhas, a definição de que caminho seguir, ficar no campo ou não, a busca de alternativas de vida etc. Castro (2009) afirma que, no contexto familiar, o jovem marcado pelo peso da autoridade paterna é "vigiado e controlado". O fato de o jovem se sentir controlado ou vigiado justifica os casamentos precoces, pois o fato de constituir uma família coloca-o em outro patamar de relativa autonomia. Isso depende também das condições favoráveis para fazer suas escolhas e ter iniciativa com maior liberdade, já que as decisões na família de origem, em muitas circunstâncias, são limitadas à figura paterna.

> No plantio, as decisões são sempre dele. A minha mãe interfere também, mas quem mais decide as atividades da roça é ele. Mesmo que durante o ano todo ele não esteja tão presente no trabalho na roça, mas é ele que decide o que plantar. Às vezes ele até pergunta o que a gente vai plantar só que não dá resultado. Se eu disser pra plantar abóbora, não vai interferir se ele decidir que quer plantar pimentão. Claro que é uma coisa muito diferente da outra. (Jovem Assentada MST, 19 anos, 2020)

Para Alier (2017, p. 282), a questão de gênero e meio ambiente apresentada em sua obra *O ecologismo dos pobres* aponta para a realidade de que "as sociedades camponesas são lastimavelmente patriarcais". O reconhecimento de que existe um modelo de organização social, um princípio gerador, uma matriz cultural que alimenta as relações assimétricas entre homens e mulheres, pelas relações espelhadas no patriarcado e que se faz presente em todas as instâncias da vida social, já é um ponto de partida.

Schwendler (2017), estudiosa do feminismo camponês, na obra *Teorias e políticas de gênero na contemporaneidade*, nos coloca que, na trajetória histórica dos movimentos sociais do campo, a questão de gênero e da participação das mulheres esteve por certo tempo centrada na luta de classe e consolidação do socialismo. Mas essas duas bandeiras de luta das mulheres do MST não contemplavam os desdobramentos das questões relacionadas à dominação masculina e seus reflexos nas relações familiares.

> A família é compreendida a partir de uma visão harmônica e unitária, a partir da premissa de que o que é bom para todos os membros da família é bom também para a mulher, e que, ao beneficiar o chefe de família, todos os membros seriam beneficiados. [...] Essa visão harmônica da família aos poucos vem sendo questionada pelas mulheres que se organizam em lutas e movimentos específicos, a partir das contribuições de uma leitura feminista. (Schwendler, 2017, p. 155)

Com a criação dos Coletivos de Gênero no MST, essa temática vem forjando espaço a fim de produzir reflexões e questionamentos, dando voz às mulheres, o que por sua vez repercute na vida dos jovens que, no seio das relações familiares regidas pela centralidade do poder hierárquico, não têm espaço para liberdade e autonomia. Quanto mais avanços e conquistas na luta contra a assimetria de gênero, maior a possibilidade de diálogo familiar, possibilitando aos jovens espaços de construção de sua autonomia e participação. Quanto maior a democratização do poder, a partir da qual todas as vozes da família são ouvidas, mais espaços poderão ser construídos para a juventude.

A dinâmica existente no MST, expressa pela própria concepção de Agroecologia que o Movimento assumiu como proposta, a educação, a organização do feminismo camponês e dos coletivos de juventude repercutem na visão de mundo dos jovens camponeses. A geração atual tem a possibilidade de tecer uma leitura mais crítica das relações familiares assimétricas entre homens e mulheres e desenvolver a percepção de elementos de patriarcado ainda presentes e ir além disso. Contudo, esse é um processo muito lento, sem perder de vista que é uma questão muito mais abrangente e ainda tem um peso significativo no ordenamento das relações sociais na sociedade como um todo. Como afirma Pateman (1993), enquanto não se considerar a revisão do contrato social/contrato sexual com bases patriarcais, a democracia não é digna de assim ser chamada. Este é um longo caminho a ser percorrido e implica uma desconstrução do paradigma de dominação masculina, em que todas as vozes, independente da condição etária e de gênero, possam ser ouvidas no âmbito familiar e social.

Apesar de ser um processo longo e desafiador, marcado ainda por muitas contradições, identificamos em nossa pesquisa que alguns jovens agroecológicos vivenciam manifestações de maior diálogo familiar, decorrentes de certo "afrouxamento" da hierarquia e centralidade masculina. Assim como em nossa pesquisa empírica identificamos manifestações fortes de relações patriarcais, também constatamos que existe um movimento que aponta para relações de aproximação de gerações e afrouxamento das relações patriarcais. Um novo *habitus*[5] vai sendo construído.

5 O sociólogo francês Pierre Bourdieu (2011, p. 21-22) define o *habitus* como "princípio gerador e unificador que retraduz as características intrínsecas e relacionais de uma posição em um estilo de vida unívoco, isto é, em um conjunto unívoco de escolhas de pessoas, de bens, de práticas". O conceito de *habitus* concilia a oposição

Isso exerce uma influência positiva nos jovens e tem sido um dos pilares para eles no que diz respeito à sua autonomia: fazer suas escolhas e seus planos em relação ao plantio e ter seu próprio dinheiro.

> Eu tenho meu cantinho que eu planto o que quero. Eu tenho minhas verduras sozinha e tenho as verduras que eu trabalho junto com a mãe. Às vezes eu troco dia de serviço com a mãe, ou com o pai e ali eles me ajudam. Daí por conta de que tem coisa que a gente não consegue fazer sozinho, né. [...] Eu tenho meus morangos, eu tenho minhas verduras, tenho meu projeto. Eles sempre me incentivaram mesmo quando eu não tinha nada no meu nome, por causa de ser de menor de idade, com 16 anos ele me emanciparam pra eu ter meu próprio projeto e meu dinheiro mesmo. (Jovem Assentada MST, 21 anos, 2020)

Mesmo que isso não reflita a realidade dos jovens na sua totalidade, pode apontar para o fato de que a mudança familiar em relação ao poder, por parte da figura paterna, a emancipação materna, o diálogo e a criação de espaço para o desenvolvimento do próprio projeto, motiva o jovem a dar continuidade às atividades e permanecer no campo. Por mais adversas que possam ser outras questões, como não ter o Documento de Aptidão ao Programa Nacional de Fortalecimento da Agricultura Familiar/Pronaf (DAP), a possibilidade de ter responsabilidade, seu projeto, sentir confiança e ter o retorno financeiro de seu trabalho, em um clima mais democrático na família, impulsiona e motiva o jovem a olhar para frente, com autonomia.

> Os meus pais, tipo, conseguiram me mostrar que além de ter fartura, saúde, você consegue ainda ter uma boa renda com a agricultura. [...] e como eu tenho bastante interesse em ajudar, os meus pais cederam uma parte da horta onde eu cultivo e tenho a minha renda. Minha maior atividade é na horta, como nós produzimos muitas variedades sempre, tem carpida ou estamos mudando alguma coisa. No final de semana eu

entre a realidade exterior (estrutura) e as realidades individuais (estruturante). Expressa a troca entre o mundo objetivo e o mundo subjetivo dos indivíduos.

> gosto de fazer trilha, eu ando de moto nas trilhas. A minha moto eu comprei com o meu dinheiro, que eu trabalho e tenho a minha renda. (Jovem Assentado MST, 16 anos, 2020)

Mesmo tendo identificado, por meio da pesquisa, a existência de experiências que dão os primeiros passos rumo a uma relação de descentralização do poder e espaços que possibilitem ao jovem a autonomia, podemos dizer que há um longo caminho a percorrer. A ausência de autonomia do jovem decorrente das relações patriarcais constitui-se em um dos aspectos que podem colocar o jovem em uma situação desconfortável e desanimadora, levando-o a questionar a sua permanência no campo.

Todavia, o fato de estarem inseridos no projeto agroecológico do MST torna os jovens mais receptivos à percepção das contradições do próprio sistema capitalista e patriarcal e seus desdobramentos. Eles possuem uma conexão com a natureza e, apesar das limitações e dificuldades do acesso a sua própria terra e dos desafios relacionados à sua autonomia, apresentam-se nesse caminho e reconhecem sua relevância como geração na construção da Agroecologia. A proposta agroecológica, no conjunto de suas lutas, dentre elas a equidade de gênero, vem sinalizando o "afrouxamento" da hierarquia e da centralidade patriarcal. Mesmo que ainda frágeis e pontuais, apontam para um reordenamento familiar e para a democratização do poder, que repercute positivamente não somente na vida e nas escolhas dos jovens, mas também na vida familiar como um todo e no universo social em que estão inseridos.

Nesse sentido, a inserção dos jovens no movimento agroecológico e o desafio de assumir seu papel de protagonistas, como geração, e potencializadores de novas relações sociais e tecnológicas constitui-se em um fator motivador para a consolidação de seu projeto de vida no campo.

> A Agroecologia, para mim, é essencial, me motiva a ficar no campo. Cada dia eu vou lá e tem uma coisa diferente pra fazer. Tenho objetivo pra cumprir e é isso que vai me motivar a ficar mais aqui. (Jovem Assentado MST, 21 anos, 2020)

Quando o jovem encontra espaços de participação, reconhecimento e autonomia, ele se sente mais seguro e motivado em dar continuidade ao projeto agroecológico, que é familiar e coletivo.

> Com a Agroecologia, acho que muda, porque você tem um olhar diferente, de preservação, de trabalhar em grupo, melhorar as condições de vivência, as condições financeiras [...] o agroecológico ajuda bastante. (Jovem Acampado MST, 20 anos, 2020)

A vida que eu tenho aqui, eu não penso em sair, não. (Jovem Assentado MST, 16 anos, 2020)

Mesmo com os desafios inerentes à prática da Agroecologia ou com o processo de transição, existe otimismo por parte dos jovens em relação a essa proposta.

> A Agroecologia motiva o jovem a ficar no campo [...], mas produzir agroecologicamente não é fácil [...] a gente sabe que o agrotóxico mata, então um jovem consciente, um jovem agroecológico vai querer permanecer ali no campo, porque ele quer ter uma vida melhor. (Liderança Coletivo de Jovens MST, Região Centro, Jovem Acampada, 21 anos, 2021)

A Agroecologia apresenta-se assim como uma possibilidade de o jovem consolidar seu projeto de vida pessoal e coletivo imbuído por uma racionalidade guiada pela matriz ecológica em diálogo com outras lutas que se afinam com a proposta de relações sociais democráticas e justas. O jovem é, sem dúvida, a força motriz, é o "fermento na massa"[6] para a construção do

[6] Afirmação da Coordenação Estadual do MST (2021): " [...] a juventude é esse fermento, no meio dessa massa camponesa envolvida no seu conjunto de iniciativas [...] é esse fermento novo que faz crescer esse potencial de iniciativas produtivas, associativas, cooperadas, educacionais, culturais que fortalecem uma identidade camponesa a ser esse sujeito, que no meio desse processo histórico, nesse andar,

projeto agroecológico, seja no MST ou fora dele. Contudo, colocam-se como desafio a construção e o reforço de estratégias que motivem o jovem a abraçar essa causa. Ao mesmo tempo que se constroem expectativas em relação aos jovens, é preciso conectar-se com seus sonhos, considerar o contexto de sua geração, ouvir suas necessidades e angústias, tanto na família como no Movimento. Isso fortalece o elo intergeracional e cria condições que favorecem a permanência do jovem no campo e a consolidação do projeto agroecológico.

Considerações finais

"Tenho muita fé na juventude, não só na juventude, mas eu tenho muita fé na capacidade feroz, essa força feroz da juventude revolucionar". Parafraseando o jovem entusiasta, citado no início deste capítulo, também temos muita fé na juventude, na sua capacidade criativa e inovadora. A perspectiva agroecológica, seja pela sua vivência na prática, pela participação nas Jornadas de Agroecologia, pela educação, contribui para a formação dos jovens como sujeitos de transformação, em um processo em marcha de desconstrução de racionalidades baseadas na destruição ambiental, nas relações patriarcais e na racionalidade moderna colonial etc.

Constatamos em nossa pesquisa que existe uma predisposição dos jovens para assumir a Agroecologia como um projeto de vida e fazer parte de um projeto que se coloca em uma escala maior no MST em parceria com os demais atores que trilham o caminho da ecologização. Ao mesmo tempo, no entanto, são desafiados pela fragilidade das políticas públicas específicas para os jovens do

---

se lapida e será no futuro a classe dirigente que será capaz de construir esse novo projeto campesino em aliança do campo com a cidade".

campo, a dificuldade de ter acesso ao Documento de Aptidão ao Pronaf (DAP) e o acesso à terra, a existência de relações patriarcais na família, a participação dos jovens nos coletivos, os conflitos intergeracionais, a desconstrução dos rótulos em torno do jovem como alguém que não sabe o que quer, a ausência de diálogo, de serem ouvidos em seus anseios e expectativas etc.

A significativa participação dos jovens nas Jornadas de Agroecologia possibilita defini-los como dinamizadores desse evento. Ao mesmo tempo, estabelecem uma conexão com os jovens urbanos, apontando para uma unidade geracional em torno de uma causa comum. Vai sendo construída coletivamente uma racionalidade ambiental e um posicionamento político em torno da ação predatória da racionalidade tecnocapitalista. Assim, as Jornadas tomam uma forma de resistência/*r-existência*, de confirmação de uma identidade política, social e ecológica, de enfrentamento à racionalidade dominante. E os jovens, como "fermento na massa", são a força motriz para a construção da proposta agroecológica com todas as suas lutas, que, por sua vez, é a luta de todos nós.

Referências

ACOSTA, A. *O Bem Viver*: uma oportunidade para imaginar outros mundos. São Paulo: Editora Elefante e Autonomia Literária, 2016.

ARIÈS, P. *História social da criança e da família*. Rio de Janeiro: Guanabara, 1981.

ALIER, J. M. *O ecologismo dos pobres*. São Paulo: Contexto, 2017.

BECK, U. *Sociedade de risco*: rumo a outra modernidade. São Paulo: Editora 34, 2011.

BOURDIEU, P. Juventude é apenas uma palavra. Entrevista com Pierre Bourdieu. *In:* BOURDIEU, P. *Questões de sociologia*. Rio de Janeiro: Marco Zero, 1983.

BOURDIEU, P. *Razões práticas*: sobre a teoria da ação. Campinas: Papirus, 2011.

BRANDENBURG, A. *Projeto Jornadas Agroecológicas*. Curitiba: UFPR, 2016.

CASTRO, E. G. *et al. Os jovens estão indo embora?* Juventude rural e a construção de um ator político. Rio de Janeiro: Mauad; Seropédica, EDUR, 2009.

DURSTON, J. *Juventude rural, modernidade e democracia:* desafio para os noventa. Juventude e desenvolvimento rural no Cone Sul Latino-Americano. Série Documentos Temáticos. Brasil, RS, jun. 1994.

ESCOBAR, A. *Sentipensar con la tierra:* nuevas lecturas sobre desarrollo, territorio y diferencia. Medellín: Unaula, 2014.

GROPPO, L. A. *Juventude:* ensaios sobre Sociologia e história das juventudes modernas. Rio de Janeiro: Difel, 2000.

LEFF, E. *Saber ambiental.* Petrópolis: Vozes, 2015.

LEFF, E. *A aposta pela vida:* imaginação sociológica e imaginários sociais nos territórios ambientais do Sul. Petrópolis: Vozes, 2016.

MACHADO, C. P.; FILHO, L. C. P. M. *A dialética da Agroecologia:* contribuição para um mundo com alimentos sem veneno. São Paulo: Expressão Popular, 2017.

MANNHEIM, K. O problema sociológico das gerações. *In:* FORACCHI, M. M. (org.) *Mannheim, Coleção Grandes Cientistas Sociais.* São Paulo: Ática, 1982.

MARIN, J. O. B. Juventudes rurais: processos sociais e temáticas de pesquisa. *In:* MARIN, J. B.; FROEHLICH, J. M. (orgs.) *Juventudes rurais e desenvolvimento territorial.* Santa Maria: Editora UFSM, 2019.

PATEMAN, C. *O contrato sexual.* Rio de Janeiro: Paz e Terra, 1993.

SCHWENDLER, S. F. Feminismo camponês e popular: práticas, saberes e discursos de gênero, construídos nas conexões sociais e políticas dos movimentos sociais do campo. *In:* TAMANINI, M.; BOSCHILIA, R.; SCHWENDLER, S. F. (orgs.) *Teorias e políticas de gênero na contemporaneidade.* Curitiba: Editora UFPR, 2017.

SILVA, J. N. Juventudes rurais e Agroecologia: um diálogo imprescindível. *Revista Redes*, Santa Cruz do Sul, Universidade de Santa Cruz do Sul, v. 22, n. 2, p. 208-226, maio/ago. 2017.

VALADÃO, A. *Transição agroecológica nos assentamentos rurais:* estratégias de resistência e produção de novidades, 2012. Tese (Doutorado em Sociologia) – Setor de Ciências Humanas, Letras e Artes, Universidade Federal do Paraná, 2012. Disponível em: https://acervodigital.ufpr.br/handle/1884/28256. Acesso em: 11 jun. 2020.

WELLER, W. Karl Mannheim: um pioneiro da Sociologia da Juventude. *In: XIII Congresso de Sociologia.* Recife: 2007. Disponível em: https://www.researchgate.net/publication/228652175_Karl_Mannheim_Um_pioneiro_da_sociologia_da_juventude. Acesso em: 15 mai. 2020.

A construção coletiva do saber-fazer agroecológico: as oficinas da Jornada de Agroecologia do estado do Paraná

Adriano da Costa Valadão

Silvana dos Santos Moreira

Introdução

As Jornadas de Agroecologia representam uma articulação entre movimentos sociais, setores do poder público, pesquisadores e estudantes que têm uma posição crítica em relação à agricultura convencional e ao modelo do agronegócio. As Jornadas propõem a Agroecologia como saída para a produção de alimentos saudáveis com sustentabilidade econômica, ambiental e social.

A Agroecologia se consolidou como um campo científico em meados das décadas de 1980 e 1990, procurando fornecer os princípios e as bases metodológicas para estudar os agroecossistemas que praticavam agricultura não convencional ou agriculturas alternativas, como eram conhecidas as suas diversas correntes, a saber, agricultura orgânica, biológica, biodinâmica entre outras.

Na década de 1990, os produtos orgânicos certificados tinham uma oferta limitada e eram destinados geralmente às famílias com maior renda, de alto poder aquisitivo ou para exportação. Por outro lado, grande parte das populações camponesas ainda praticavam uma agricultura com base em conhecimentos tradicionais e sem o uso dos agroquímicos, fornecendo eventualmente produtos a mercados locais por valores acessíveis. O estudo das práticas desses agricultores tradicionais forneceu as bases conceituais e metodológicas para as primeiras pesquisas, que culminaram na Agroecologia. Foi então a partir da década de 1980 que a Agroecologia ganhou expressão.

As bases epistemológicas da Agroecologia foram pensadas de maneira diversa e como crítica a um modelo cartesiano de ciência propondo uma valorização do conhecimento tradicional camponês. Pesquisadores constataram que os camponeses possuíam profundo conhecimento sobre os agroecossistemas nos quais estavam inseridos e desenvolviam práticas sustentáveis ambientalmente por gerações. Dessa forma, a Agroecologia propõe um diálogo de saberes entre diferentes tipos de conhecimento: o tradicional e o científico. Essa proposta contrastava com o enfoque da agricultura convencional, baseada exclusivamente nas técnicas modernas e homogeneizadoras da agricultura. A agricultura convencional, a partir de sua base epistemológica cartesiana, ao longo de sua penetração no meio rural, principalmente por meio dos serviços de extensão rural, desqualificam o conhecimento camponês, considerado como atrasado e não científico em um modelo já criticado por Freire (1992) em seu livro *Extensão ou Comunicação.*

Com a emergência da Agroecologia, diversos movimentos sociais do campo passaram a defendê-la como base para a produção, principalmente para a agricultura camponesa. Na década de 1990, ONGs, grupos de agricultores e os movimentos sociais ampliaram as experiências em Agroecologia. Entre elas, destaca-se a produção de sementes de hortaliças por meio da Bionatur, no Rio Grande do Sul (Cortez, Correa e Moreira, 2006), de grupos de agricultores organizados principalmente em torno da Rede Ecovida de Agroecologia e do trabalho realizado por organizações não governamentais como a Assessoria de Projetos em Tecnologia

Alternativa (ASPTA) com agricultores camponeses na Região Centro-Sul do Paraná e Norte Catarinense.

Entre os movimentos sociais, destaca-se o Movimento dos Trabalhadores Rurais Sem Terra (MST), que a partir do seu IV Congresso Nacional, realizado em 2000 na cidade de Brasília, assume mais claramente a bandeira da Agroecologia (Valadão, 2012), impulsionando outros movimentos sociais organizados na Via Campesina Brasil a avançarem na discussão e disseminação de práticas agroecológicas. É nesse contexto que se inicia o processo de organização das Jornadas de Agroecologia, a partir de 2002, no estado do Paraná, sendo o MST um dos principais organizadores da Jornada junto com a ASPTA. Essa decisão marca definitivamente a entrada da pauta da Agroecologia na questão agrária brasileira.

As atividades da Jornada têm como auge o evento anual com a presença majoritária de camponeses e camponesas, mas também com uma importante e crescente presença de pesquisadores, estudantes e militantes da Agroecologia e dos movimentos sociais de forma geral. O encontro, que dura cerca de quatro dias, tem em sua programação, grandes conferências, feiras, mobilizações, marchas, atos políticos, noites culturais, seminários e oficinas de intercâmbios de experiências. Neste texto, destacamos as oficinas realizadas durante as Jornadas de Agroecologia. Essas oficinas têm como proposta a realização de atividades essencialmente práticas. As atividades devem demonstrar soluções e/ou experiências realizadas ou estudadas por determinada organização, técnicos e também por agricultores. Consistem em procurar demonstrar quais soluções práticas relacionadas à Agroecologia foram encontradas ou desenvolvidas em determinado contexto. Em cada evento da Jornada, as oficinas foram ministradas por agricultores, estudantes, pesquisadores ou extensionistas que procuravam discutir e demonstrar soluções práticas, demonstrando as possibilidades e a viabilidade das práticas agroecológicas. Nesse contexto, indagamos: qual seria o papel das oficinas na divulgação e na socialização das práticas e das experiências agroecológicas realizadas nas Jornadas de Agroecologia?

Dessa forma, temos como objetivo, neste texto, resgatar elementos da história das oficinas nas Jornadas, assim como refletir sobre o seu papel e a sua importância como forma de apoiar os processos de aprendizagem dos participantes da Jornada em relação à tomada de decisão para a transição agroecológica.

Para cumprir com esse objetivo, estabelecemos como caminho metodológico a pesquisa bibliográfica e a pesquisa documental em materiais produzidos pela e sobre a Jornada. Da mesma forma, foi utilizada a observação participante, considerando que os autores estiveram presentes na maioria das Jornadas de Agroecologia desenvolvendo diversos papéis, como público participante, oficineiros, pessoal de apoio, coordenação, entre outros.

O texto está organizado, além desta introdução, com uma segunda parte, que discute o aprender e o ensinar como uma ação própria do compartilhamento do conhecimento humano, e com uma terceira parte, que traz uma discussão sobre a organização de oficinas e um resgate histórico de documentos obtidos em arquivos mantidos pelos autores e por participantes das Jornadas. Destacamos ainda que este texto foi produzido durante o contexto da pandemia do Sars-Covid-19, o que limitou a busca de arquivos e documentos que eventualmente tivessem registro das atividades das oficinas.

Relembrar ou aprender: a demanda das famílias camponesas por conhecimento que contribua para a manutenção de sua autonomia

Os anos de Revolução Verde deixaram marcas profundas sobre o fazer camponês. Primeiro, porque os saberes tradicionais foram menosprezados e muitas vezes até ridicularizados. Segundo, pelo intenso processo de extensão desenvolvido para implantar os pacotes tecnológicos da agricultura industrial. Freire (1992), ao analisar a ação extensionista no Brasil, entende que o trabalho do extensionista tinha como objetivo fazer com que os camponeses substituíssem os conhecimentos que subsidiam a sua ação sobre a realidade por outros, a saber, o conhecimento do extensionista. O autor critica o conceito de extensão rural, termo utilizado para designar o trabalho do engenheiro agrônomo que visa à substituição das formas empíricas de trabalhar a terra por outras formas, a da ciência aplicada.

A extensão é vista por Freire (1992) como uma imposição de um saber que coloca a família camponesa em posição de objeto receptor desse saber. Isso é visto pelo autor como o contrário de conhecimento. Conhecer exige a presença curiosa do sujeito, que usará esse conhecimento para agir de forma transformadora sobre a realidade. Caporal (1998) resgata a história da extensão rural no Brasil indicando que todos os esforços realizados para avançar na mudança da matriz produtiva não trouxeram os resultados esperados para os agricultores descapitalizados das pequenas propriedades. Os médios e grandes proprietários rurais se mostraram mais aptos a aderir às novas tecnologias, mostrando os resultados de difusão esperados pelo serviço de Extensão Rural. No entanto, o autor destaca que o conceito de Extensão Rural é resultado de uma construção social e que, dessa forma, pode mudar de acordo com os valores, as normas e as regras dominantes em uma sociedade.

Nesse sentido, Caporal (1998, p. 67) entende que

> El extensionismo se transformó en una actividad organizada para ejecutar las políticas del Estado, con la misión de 'educar' a las familias rurales para que el sector rural se hiciera más dinámico y más adecuado a la circulación del capital y al deseado crecimiento económico.

O autor destaca ainda que o modelo de extensão rural convencional, concebido como o difusionismo de conhecimento, ainda é predominante em nossa sociedade.

Outro aspecto a ser destacado é quanto à formação dos profissionais das ciências agrárias. De modo geral, os cursos de ciências agrárias são focados em ensinar uma agricultura a partir dos pacotes tecnológicos, como define Aguiar (2010), perpetuando o ideário produtivista, cujo objetivo central é incrementar a produtividade das *commodities*. A pesquisa tinha, pois, como prioridade o desenvolvimento das tecnologias modernas visando o aumento da produção e da produtividade. A autora sugere que, apenas a partir do ano 2000, as instituições de ensino superior passaram a oferecer um ensino com uma visão crítica ao enfoque tecnicista.

É nesse contexto que os cursos de Agroecologia ganham expressão. Mais que isso: pensar outras estratégias de comunicação rural nas quais a família camponesa seja protagonista do processo de construção do conhecimento e não apenas objeto de recepção de conhecimentos. Uma das estratégias mais importantes para a comunicação rural foi o Método de Camponês para Camponês, desenvolvido em países da América Central e posteriormente em Cuba, obtendo um expressivo resultado. Lá, é articulado o Movimento Agroecológico Camponês para Camponês (Macac) visando alcançar a segurança e soberania alimentar do povo cubano. Diante dos desafios compreendidos pela dificuldade dos métodos verticais que limitam o número de famílias atendidas, as organizações camponesas entendem que precisam de metodologias libertadoras que possibilitem às pessoas assumirem o controle de seus processos produtivos. O Macac mostra que processos horizontais de construção do conhecimento são muito válidos e capazes de aumentar o alcance sobre práticas viáveis já adotadas por famílias camponesas (Rosset e Val, 2018).

Levando em conta o acúmulo de discussões acerca do diálogo de saberes, assim como os conhecimentos de Freire (1992) e Caporal (1998), a coordenação da Jornada de Agroecologia, desde o princípio, considera a oficina como esse espaço de construção do conhecimento de forma mais horizontal, na qual quem tem uma experiência prática exitosa poderá compartilhar durante a realização da oficina. Nesse sentido, a oficina pode ser proposta pelos diferentes sujeitos que participam da Jornada de Agroecologia, sejam eles professores, técnicos, agricultores ou estudantes.

Como apontam Santos, Araújo e Baumgarten (2016), há um conjunto de saberes acumulados pelas populações na organização da vida cotidiana que não estão inscritos na modernidade. Esses saberes, que por vezes foram ridicularizados, combatidos e até mesmo invisibilizados, são negados como conhecimento sobre o mundo, o que causa uma perda muito grande para a humanidade, visto que tais saberes são adaptados localmente a cada povo, bioma, organização cultural. Santos e Meneses (2009) designam esse processo de epistemicídio, visto que o processo de desvalorização dos saberes dos povos vem atrelado à imposição de uma epistemologia dominante com pretensão de universalidade, e cuja base é a ciência moderna. É com base nessa universalidade que são apresentados os pacotes tecnológicos como o único caminho possível para fazer uma agricultura produtiva. Para Santos e Meneses (2009), é necessário fortalecer uma epistemologia do Sul, compreendida como

> um conjunto de intervenções epistemológicas que denunciam essa supressão, valorizam os conhecimentos que resistiram com êxito e investigam as condições de um diálogo horizontal de saberes. (Santos e Meneses, 2009, p. 13)

A noção de Sul não é de cunho geográfico, de acordo com essa compreensão. Ela é apontada pelos autores como uma metáfora aos processos de resistência à opressão ocasionados pelo capitalismo, pelo patriarcado e pelo colonialismo. É nesse contexto que a Agroecologia propõe como um princípio a necessidade de um diálogo de saberes, reconhecendo que a ciência moderna tem produzido conhecimentos importantes que podem dialogar com os saberes dos povos camponeses, contribuindo para uma agricultura mais ecológica.

Compreendendo a necessidade de um diálogo de saberes para a construção do conhecimento agroecológico, é possível detectar, nos documentos de orientação sobre as oficinas, uma tendência a estimular, sempre que possível, o agricultor a estar presente junto à equipe de ministrantes. Busca-se assim o seu protagonismo e a horizontalidade na construção do conhecimento agroecológico. O pesquisador ou técnico que poderá estar ali presente deve atuar mais como um facilitador desse diálogo, contribuindo para que a experiência compartilhada expresse esse diálogo de saberes. Destaca-se a busca de um resgate de uma memória biocultural (Toledo e Barrera-Bassols, 2015), apontada como uma memória da espécie, uma memória dos povos originários, tradicionais e indígenas que podem conter o caminho para a compreensão e a superação da crise da modernidade.

O espaço das oficinas na Jornada de Agroecologia

Da crítica ao agronegócio à prática da Agroecologia

A Jornada de Agroecologia é uma das mais importantes articulações para inserir o tema da Agroecologia na pauta dos movimentos sociais do campo e até da ressignificação da questão agrária no país. Embora já se falasse em agriculturas alternativas em suas diversas correntes (orgânica, biodinâmica, biológica etc.), o tema tinha pouca adesão entre os agricultores, inclusive entre as famílias ligadas aos movimentos sociais. A agricultura orgânica, denominação que se consolidou no Brasil e que é usada na legislação, era vista geralmente como a produção de alimentos destinados a alimentar apenas pequenas parcelas da população com alto poder aquisitivo ou para exportação.

Nos primeiros eventos da Jornada de Agroecologia, realizados na cidade de Ponta Grossa, predominavam temas discutidos em grandes plenárias, destacando a temática das sementes. Essa predominância estava diretamente ligada ao contexto da iminência da liberação no Brasil, dos Organismos Geneticamente Modificados (OGMs), também chamados de sementes transgênicas. Essas sementes, embora apresentadas por seus defensores com diversos benefícios, na prática eram apenas resistentes a agrotóxicos ou a determinadas pragas ou doenças. A promessa de reduzir o uso de agrotóxicos se mostrou uma falácia, o que foi demonstrado ao longo das duas décadas do século XXI, quando houve aumento considerável do seu consumo. Vale mencionar que o Brasil é apontado como o maior consumidor de agrotóxicos no mundo (Carneiro *et al.*, 2015).

É nesse contexto que o tema principal das primeiras Jornadas foi "Terra livre de transgênicos e sem agrotóxicos". As experiências práticas em Agroecologia ainda eram incipientes. Embora já existissem agricultores que praticavam e defendiam os princípios da Agroecologia, era ainda um termo novo, e o número de experiências concretas e significativas era relativamente reduzido.

As oficinas práticas já estavam presentes desde a primeira Jornada de Agroecologia. Notícia do *Jornal Sem Terra* já mencionava sua existência (*Jornal Sem Terra*, 2002, p. 6), e não foram localizados registros sobre a quantidade e os temas das oficinas realizadas, mas destaca-se que a ASPTA era a principal articuladora dessa atividade. Dentre os temas mais relevantes do evento, destacam-se as sementes crioulas, a agrofloresta, o manejo ecológico dos solos e o tema da produção de alimentos saudáveis, tanto para o sustento da própria família quanto para a comercialização.

Os documentos analisados referentes aos três primeiros encontros mencionam diretamente a realização de oficinas. As atividades estavam mais no plano de reivindicações e denúncias gerais identificadas com as lutas dos movimentos por reforma agrária e apoio à agricultura familiar. Esses três eventos realizados na cidade de Ponta Grossa estavam focados muito mais na contestação do modelo de agricultura convencional que, no início de 2000, passava cada vez mais a ser identificado pela nomenclatura de "agronegócio". Conforme análise feita na época, a Jornada de Agroecologia foi o "divisor de águas" na luta contra os transgênicos no Paraná e talvez o fator que melhor explique a coesão das organizações nesse campo. Isso porque a 1ª Jornada foi "o primeiro grande passo para construção de uma unidade política" (Vizia, 2003, p. 26).

O segundo evento da Jornada de Agroecologia, realizado em 2003, foi marcado por uma contundente ação política dos participantes com a destruição das lavouras de milho transgênico cultivadas ilegalmente pela transnacional Monsanto em uma área experimental próxima à cidade de Ponta Grossa (Jornada de Agroecologia, 2019). Uma semana depois, essa área foi ocupada pelos movimentos sociais visando denunciar as ilegalidades constatadas no local. A área ocupada passou a ser chamada de Centro Chico Mendes de Agroecologia, onde dezenas de agricultores e militantes de movimentos sociais permaneceram por 18 meses. No local, foram realizadas inúmeras atividades de formações, oficinas, cursos, atos políticos, isto é, um grande número de ações de aprendizado e de troca de conhecimentos sobre a Agroecologia. Ainda no local, foram cultivadas sementes crioulas oriundas do trabalho de levantamento, resgate e multiplicação feito pela ASPTA, e sua colheita foi distribuída para os agricultores na região, principalmente no ato de encerramento da 3ª Jornada de Agroecologia, realizada no ano de 2004.

Após três anos de atividades em Ponta Grossa, a Jornada passou a ser realizada na cidade de Cascavel, que contou com quatro edições do evento. O 4º Encontro foi realizado de 25 a 28 de maio de 2005 e nele as oficinas começaram a ganhar algum destaque. O folheto de programação do evento prevê a realização de 27 oficinas em dois dias (Figura 1, anexo ao final do livro). Não foram localizados registros com mais informação sobre os conteúdos, os ministrantes e o impacto das oficinas. Mas a organização do espaço das oficinas propiciou um aumento do interesse dos agricultores pelas soluções práticas desenvolvidas.

Os participantes começaram a apresentar um maior interesse pelo aprendizado proporcionado pelas oficinas e pela troca de conhecimento sobre temas da Agroecologia nesses espaços. As oficinas eram essencialmente realizadas por técnicos ou estudantes ligados a ASPTA, aos sindicatos de trabalhadores rurais, a organizações parceiras ou financiadoras e a técnicos da Ater e Emater, bem como a militantes dos movimentos sociais. Ainda na cidade de Cascavel, a 6ª e 7ª Jornadas foram realizadas no interior do Campus da Unioeste, espaço que também proporcionou uma melhor estrutura para realização de oficinas, pois foi possível utilizar salas de aula e auditórios. Informação registrada pelo MST em seu site na internet aponta que, no evento de 2008, foram previstas 48 oficinas que apresentavam diversas experiências agroecológicas (MST, 2008).

As experiências em Agroecologia começaram então a ganhar corpo. Nas primeiras Jornadas ainda havia muita dúvida sobre a viabilidade de fazer uma agricultura baseada em princípios ecológicos, principalmente pelos agricultores. Muitos agricultores até manifestavam seu interesse na Agroecologia, mas sua experiência produtiva até aquele momento era construída a partir da agricultura convencional. O plantio sem o uso de agroquímicos, principalmente com base no conhecimento tradicional, era considerado algo atrasado ou arcaico. As práticas tradicionais eram quase proibidas pelo modelo de extensão rural. Alguns já se arriscavam na Agroecologia, mas em geral desenvolviam sua experiência com base apenas em uma substituição de insumos. Em geral, obtinham poucos resultados significativos, e as experiências exitosas eram invisibilizadas. Os agricultores que não utilizavam os pacotes tecnológicos usavam práticas tradicionais, com uma agricultura basicamente de subsistência e com grandes dificuldades de comercialização de forma mais efetiva. As experiências agroecológicas com alguma relevância estavam começando a ganhar força, mas ainda eram muito pontuais. É importante destacar que a partir de 2003, com o Programa Fome Zero (PFZ), do Governo Federal, iniciou-se um impulso na organização da comercialização para atender ao Programa de Aquisição de Alimentos (PAA), que fazia parte do PFZ, sendo uma alternativa concreta e regular de venda da produção agroecológica, o que também estimulou os agricultores.

A emergência da Agroecologia como ciência ou campo científico (Altieri, 2001) e sua incorporação como bandeira pelos Movimentos Sociais estimularam o início de diversas experiências práticas e o início de processos de transição agroecológica. As Jornadas de Agroecologia fazem parte deste movimento, e a cartilha da Jornada de 2007, organizada por Tardin e Moreira (2007), inovaram ao trazer a sistematização de várias experiências em desenvolvimento no Estado do Paraná. Essa sistematização ampliou a visibilidade de exemplos práticos, demonstrando que era possível produzir alimentos a partir dos princípios ecológicos. Destaca-se que havia uma mudança de abordagem na proposta da cartilha naquele ano. As cartilhas fornecidas aos participantes até aquele momento apresentavam geralmente uma série de técnicas, receitas e práticas agroecológicas de cunho mais técnico. Da mesma forma, as cartilhas anteriores, como a de 2006, apresentavam textos de cunho mais político, com crítica ao agronegócio e/ou com uma série de práticas ou receitas agroecológicas (Jornada de Agroecologia, 2006). Percebeu-se a necessidade de socialização das experiências produtivas reais com base na Agroecologia, que, por sua vez, estavam sendo construídas e desenvolvidas em diversas comunidades rurais com a Agroecologia, reanimando a necessidade de avançar da teoria à prática. Essa mudança reforça também a qualificação na realização das oficinas, que vão se transformando em eventos mais práticos e dando um maior protagonismo aos agricultores. Não se tratava mais, por exemplo, de ensinar uma receita de um biofertilizante ou explicar como fazer uma compostagem, mas também de apresentar as experiências concretas dos agroecossistemas dos agricultores.

As experiências agroecológicas compartilhadas nas oficinas demonstravam que era possível produzir alimentos de qualidade para o sustento familiar e também para comercializar, fortalecendo a segurança alimentar das famílias e produzindo para os mercados institucionais. Novos agricultores agroecológicos acabaram por surgir, e outros que já praticavam uma agricultura mais tradicional ressignificaram suas experiências e práticas invisibilizadas, engendrando assim um resgate da memória biocultural (Toledo e Barrera-Bassols, 2015). Um exemplo disso são os agricultores que reproduziam suas sementes localmente, sendo que muitos dispensavam o uso de agrotóxicos. Essa prática feita de forma quase escondida passou a ser valorizada e ganhou importância entre os agricultores. O tema das sementes acabou se tornando recorrente nas Jornadas com a realização de uma feira para troca de sementes. O mesmo ocorreu com o tema das oficinas.

As demandas de alimentos para as compras institucionais, como o Programa de Aquisição de Alimentos (PAA), começaram a estabelecer uma demanda segura por alimentos da agricultura familiar a preços justos. Com essa garantia de mercado, houve um maior interesse dos agricultores em arriscar mais no processo de transição. Essa ampliação da produção diversificada também possibilitou atender a um crescente interesse no consumo dos produtos agroecológicos ou orgânicos, principalmente em feiras e redes de consumidores locais.

Essa conjuntura fez com que a demanda por conhecimento, por parte dos agricultores, se ampliasse, aumentando o interesse pelas oficinas. Os agricultores esperavam, ávidos, pelas oficinas da Jornada. As caravanas de participantes já se organizavam nos ônibus para garantir que, pelo menos, uma pessoa daquela região participasse de distintas oficinas para contemplar o maior número possível de oficinas e promover, posteriormente, a socialização do conhecimento nas suas comunidades. A existência de vários agricultores já em processo avançado de transição agroecológica também favoreceu a discussão de que os próprios agricultores deviam apresentar suas oficinas.

Consolidação das oficinas da Jornada como espaço de aprendizado

Em 2009 e 2010, a Jornada de Agroecologia é realizada na cidade de Francisco Beltrão, na Região Sudoeste do Paraná. Santos (2019) e Coradin (2020) destacam que nessas edições as oficinas ganharam mais ênfase e maior importância na Jornada. O contexto local foi de certa forma mais favorável, visto que é uma região com uma forte presença de agricultura camponesa e familiar, sejam de famílias de agricultores tradicionais ou de assentados em projetos de assentamentos rurais ou agricultores integrados em projetos agroindustriais. Nos eventos anteriores, nas cidades de Ponta Grossa e Cascavel, é evidente que a hegemonia local do agronegócio foi muito maior e significativa. Apesar disso, havia uma contradição local, em que o agronegócio se fazia presente por meio de grandes frigoríficos de suínos e frangos (Jornada de Agroecologia, 2019). Grande parte deles utilizava a produção de agricultores familiares por intermédio da integração, ou seja, fornecia os insumos e ditavam os preços de venda aos agricultores, que assumiam os riscos da produção, mas não tinham muito controle sobre suas práticas e preços.

No material de divulgação das oficinas da Jornada de 2009, foram relacionadas 65 oficinas em programação específica (figura 2, no anexo ao final do livro), contendo uma breve descrição de cada uma. Nas edições anteriores da Jornada, as informações sobre as oficinas se limitavam ao nome de forma mais genérica.

Nessa edição, dado o grande número de oficinas, elas foram organizadas em eixos temáticos, sendo eles: Tecnologias de Produção, Comercialização; Soberania e Segurança Alimentar, Políticas Públicas, Meio Ambiente, Educação do Campo, Saúde Popular e Organização Popular. Destas, 38 oficinas estavam ligadas ao eixo Tecnologias de Produção, três ao eixo de Comercialização, três ao de Soberania e Segurança Alimentar, oito ao de Políticas Públicas e três ligadas ao de Meio Ambiente. Os eixos Educação do Campo, Saúde Popular e Organização Popular, cada um com seis oficinas (Quadro 1). Inicialmente, estavam previstas 62 oficinas, mas no início do evento foi entregue material complementar com mais outras oficinas. Há materiais informando sobre a realização de até 80 oficinas nesse evento.

Quadro 1 – Eixos temáticos das oficinas da 9ª Jornada de Agroecologia

Eixo	Quantidade de oficinas por tema
Tecnologias de produção	38
Comercialização	03
Soberania e segurança alimentar	03
Projetos, políticas públicas e programas governamentais	08
Meio ambiente	03
Educação do campo	06
Saúde popular	06
Organização popular	06

Fonte: Jornada de Agroecologia (2009).

Entre os ministrantes, em geral um órgão ou organização era responsável, destacando as escolas de Agroecologia ligadas ao MST ou à Via Campesina. Elas ministraram 18 oficinas na Jornada em questão, sendo a maioria sob responsabilidade da Escola Latino-Americana de Agroecologia (ELAA). A ELAA, situada no Assentamento Contestado na Lapa, oferece curso superior de Tecnologia em Agroecologia, com certificação pelo Instituto Federal do Paraná (IFPR). De modo geral, os estudantes são jovens oriundos do campo, ligados aos movimentos sociais. Na 9ª Jornada de Agroecologia, a ELAA assumiu, junto a seus estudantes, a realização de diversas oficinas práticas com a finalidade de divulgar o conhecimento apreendido e construído na escola. Naquele ano, ainda se destacaram as oficinas sob responsabilidade da Assessoar, organização não governamental que desenvolve trabalhos com agricultura alternativa, Agroecologia e questão agrária desde a década de 1960, e também da Federação Sindical de Trabalhadores Rurais da Região Sul (Fetraf). Essas duas organizações têm uma forte atuação na região de Francisco Beltrão. Destacaram-se, ainda, as oficinas ligadas a movimentos sociais do campo e a Rede Ecovida de Agroecologia. Grande parte dessas oficinas foram realizadas por agricultores ou por seus filhos, que eram os responsáveis ou corresponsáveis pelas oficinas. Procurava-se assim demonstrar que as propostas da Agroecologia estavam fundamentadas na ação prática das famílias camponesas.

Oficinas também foram ministradas por órgãos públicos como a Emater, o Centro Paranaense de Referência em Agroecologia e a Universidade Federal do Paraná. Nesse caso, os responsáveis eram geralmente técnicos ou profissionais ligados a esses órgãos.

Os eventos em Francisco Beltrão apontam para essa consolidação do espaço das oficinas como o momento mais esperado pelos participantes. Um momento de troca de experiências, de conhecer técnicas e práticas que podem ajudar os agricultores a manejar seus agroecossistemas em direção a uma agricultura ecológica. Coradin (2020, p. 22) destaca esse crescimento das oficinas nesse período e constata que, nas Jornadas de Agroecologia de 2008 e 2009, "buscou-se recuperar e reunir as forças populares do campo da agricultura familiar camponesa e da Agroecologia". A partir das Jornadas de Francisco Beltrão, passou-se a dar maior ênfase às oficinas, às aprendizagens sociotécnicas e às trocas de experiências práticas de Agroecologia.

Destacamos que no evento foi realizado um seminário sobre a Metodologia Campesino a Campesino, ministrada por um representante cubano. Conforme já apontamos, essa proposta metodológica enfatizou o protagonismo da família camponesa em uma relação mais horizontalizada e sem a superioridade do conhecimento técnico (Rosset e Val, 2018). A discussão suscitada pelo seminário salientou elementos a serem considerados na realização das oficinas, principalmente o protagonismo dos agricultores. Apesar de esse aspecto já ser abordado em eventos anteriores, a partir dessa edição se enfatizava que, sempre que possível, o agricultor ou grupo envolvido diretamente na experiência que originou a oficina estivesse presente no momento. Sempre que possível, o agricultor devia ser o apresentador principal, pois ele é o protagonista da experiência. Assim se buscava construir o conhecimento de uma forma horizontal, e não a transmissão de conhecimento superior por meio de um técnico, por exemplo. Procurava-se assim apresentar e discutir de forma muito mais prática as soluções encontradas por aquela família ou por aquele grupo em um determinado contexto local. Em 2010, a Jornada foi novamente realizada em Francisco Beltrão, onde, mais uma vez, as oficinas tiveram um grande destaque na programação.

Oficinas como expressão da troca de conhecimento

Com sua política de ser um evento itinerante, as Jornadas de Agroecologia de 2011 e 2012 foram realizadas em Londrina, no interior do Campus da Universidade Estadual de Londrina (UEL). Embora dois eventos da Jornada em Cascavel já tivessem ocorrido em um Campus Universitário (Unioeste), é na UEL que se pode perceber o crescimento do envolvimento da comunidade acadêmica. As oficinas continuaram mantendo seu protagonismo como um espaço importante de diálogo e de troca de saberes.

Em Londrina, há um forte envolvimento da Empresa de Assistência Técnica do Paraná (Emater) na organização das oficinas. Em divulgação da Emater, apontou-se que foram propostas 46 oficinas a serem ministradas naquele ano (Emater, 2011). Os técnicos da Emater, com apoio de militantes dos movimentos sociais, ficaram responsáveis pela organização das oficinas, recebendo as propostas, selecionando e viabilizando os locais, recebendo inscrições e encaminhando os participantes para os locais da realização das oficinas.

Considerando que a Jornada se caracteriza como um evento massivo, a organização e a realização das oficinas são sempre um desafio, pois implicam dividir o grupo de mais de mil pessoas nas dezenas de oficinas. Isso se deu, no entanto, em questão de poucos minutos, com a maioria das pessoas encontrando rapidamente aonde se dirigir para participar da oficina pretendida. No início, parecia caótico, mas em questão de alguns minutos a coordenação das oficinas conseguiu encaminhar por meio de placas e indicações via microfone aonde cada interessado em determinada oficina deveria se dirigir.

Já os eventos de 2013 e 2014 foram realizados pela primeira vez em um espaço próprio dos movimentos sociais, na Escola Técnica de Agroecologia Milton Santos, localizada no limite dos municípios de Maringá e Paiçandu. A escola foi criada no ano de 2002 por integrantes do Movimento dos Trabalhadores Rurais Sem Terra em área cedida pela Prefeitura Municipal de Maringá. No entanto, nas novas gestões municipais, houve intenção, por parte da prefeitura, de retomar a área para outras finalidades. A Jornada realizada na escola se tornou um importante espaço de negociação com a prefeitura. O intuito era que a prefeitura retirasse o interesse na área e renovasse a concessão dada. Nessas duas edições, uma ampla maioria das oficinas foram realizadas diretamente nos espaços produtivos e de experimentos da própria escola e não apenas em salas de aula (Escola Milton Santos, 2021). Foi relatada, em documentos da Universidade Estadual de Maringá, a realização de 40 oficinas nessa edição da Jornada (UEM, 2013).

Nas edições anteriores, embora algumas oficinas fossem realizadas em algum espaço de produção ou de experimentos, a grande maioria acabava sendo realizada em uma sala de aula ou em um local fechado. A estrutura da Escola Milton Santos possibilitou a realização de mais oficinas práticas, aspecto enfatizado pela ficha de inscrição, que apontava a possibilidade de as oficinas também perfazerem o resgate de experiências desenvolvidas por agricultores. O material informativo destinado aos oficineiros destacava que

> As oficinas que irão fazer o resgate de experiências nas áreas de Assentamentos e da Agricultura Familiar devem trazer o agricultor ou o grupo de agricultores que fazem parte da experiência, propiciando este intercâmbio de saberes junto aos participantes das oficinas. (Jornada, 2013, p. 1)

Ou seja, se um técnico ou estudante apresentasse a oficina, o agricultor ou o grupo deveria estar presente. Essa estratégia visava garantir o intercâmbio de conhecimento entre os próprios agricultores em uma horizontalidade de troca de saberes. No mesmo sentido, a 13ª Jornada foi realizada também na Escola Milton Santos, onde constam em documentos a previsão de realizar 40 oficinas naquele evento da Jornada (Albuquerque, 2014).

Após as duas edições em Maringá, a 14ª Jornada de Agroecologia teve sua edição realizada no município de Irati. Os agricultores agroecológicos locais encontravam-se fragilizados devido à Operação Agrofantasma, realizada pela Polícia Federal, que desarticulou o trabalho realizado pelas associações locais com acusações de desvio de recursos. Ao final do processo, nada foi provado, e todos os envolvidos foram inocentados (Pimentel *et al.*, 2018; Moreira *et al.*, 2018). Neste caso, a Jornada foi também um evento de desagravo, de apoio e de busca de rearticulação das experiências locais, que são um importante marco no acesso às políticas públicas como o PAA. Nessa Jornada, foram previstas 36 oficinas, em sua maioria realizadas no próprio local do evento, no Centro de Tradições e Eventos da Cidade, em escolas próximas, em instituições de ensino e pesquisa (campus do IFPR e Unicentro) e em algumas comunidades rurais da região, mas sempre enfatizando o esforço de realizar atividades práticas e com o protagonismo dos agricultores nas atividades.

Já as edições de 2016 e 2017 foram realizadas na cidade da Lapa, tendo como sede o Parque de Exposições e Eventos do Município. O município da Lapa fica na Região Metropolitana de Curitiba, que conta com um grande número de agricultores orgânicos/agroecológicos, e abriu novamente essa possibilidade de realização das oficinas diretamente nos locais de produção. Na Jornada de 2016, foram previstas 30 oficinas. Destacaram-se as realizadas diretamente no Assentamento Contestado (considerado uma das principais referências relacionadas à Agroecologia no MST), e em outras propriedades agroecológicas na região, como em Mandirituba, Colombo, Palmeira e Campo Magro (Quadro 2). Das 41 oficinas previstas, 20 oficinas eram no Assentamento Contestado, cuja temática da agrofloresta (oficinas de número 7 a 22) se sobressaiu.

Cabe destacar que o Assentamento Contestado, desde meados da década de 1990, consolida-se como uma importante experiência de produção agroecológica. A ocupação desta área aconteceu em 1999, e nos primeiros anos um grupo com cerca de dez famílias produzia com base na Agroecologia. Com a consolidação deste grupo e com a posterior implantação da ELAA, atualmente cerca de 80 famílias produzem com base nos princípios agroecológicos. Foi uma experiência que seguiu junto com a Jornada, quando ambas se tornaram dois importantes pontos de discussão, de divulgação e de luta pela Agroecologia. Em diversas Jornadas, membros do Assentamento Contestado ou da ELAA participaram e até ministraram oficinas em suas unidades produtivas, trazendo assim a experiência da agricultura ecológica para dentro da Jornada. No evento em questão, um grande número de participantes da Jornada pôde acompanhar oficinas e conhecer uma das experiências já consolidadas, considerada uma das principais referências em Agroecologia nos assentamentos rurais.

Quadro 2 – Transcrição da Programação das Oficinas da 15ª Jornada (grafia como divulgada em fotocópia distribuída aos participantes)

NOME	LOCAL	TEMA ABORDADO
1. Produção de leite em base ecológica	CPRA	Comportamento e bem-estar animal, produção de medicamentos fitoterápicos, ordenha, cuidados com animais e manejo de dejetos.
2. Bambu	CPRA	Caracterização e comportamento de espécies, manejo, colheita, tratamento, propagação, aproveitamento e uso do bambu em estruturas.
3. Abelhas sem ferrão	CPRA	Manejo e criação das abelhas nativas sem ferrão, técnicas de captura, transferência, multiplicação de colônias e calendário meliponícola.
4. Produção de hortaliças orgânicas	CPRA	Adubação e preparo do solo, produção de mudas, consórcios, técnicas de captação de água e hortaliças não convencionais, plantas condimentares e aromáticas.
5. Sementes crioulas	Mandirutuba	Produção e armazenamento de sementes crioulas.
6. Agrofloresta	Comunidade Caracol	Plantio diversificado com técnicas pra tornar os solos mais férteis e úmidos, prevê o plantio e sucessão de hortaliças, frutas, madeira, grão e animais.
7 a 22. Agrofloresta	Assentamento Contestado	Plantio diversificado com técnicas para tornar os solos mais férteis e úmidos, prevê o plantio e sucessão de hortaliças, frutas, madeira, grão e animais.
23.	Bioenergia	Identificação e coleta de plantas medicinais; colheita de terra e preparo de barro; práticas de checagem (técnicas e princípios).
24. Homeopatia	Assentamento Contestado	Homeopatia em animais e plantas: princípios, preparo e dinamização, nosódios e método do "semelhante cura semelhante".
25. Produção de morango orgânico	Assentamento Contestado	Variedade, épocas de plantio, manejo adubação, principais doenças e manejo alternativo.
26. Certificação	Assentamento Contestado	Procedimento para certificação orgânica participativa (Rede Ecovida) com práticas de certificação de um lote.
27. Enxertia, Condução e Poda em frutíferas	IAPAR	Prática de enxertia, condução e poda em frutíferas de clima temperado.
28. Criação de búfalos orgânicos	IAPAR	Produção de alimentos para búfalos e produção de leite em sistema agroecológico.

29. Compostagem e caldas alternativas	IAPAR	Preparo de caldas biofertilizantes, controle de pragas e doenças e compostagem a partir de resíduos orgânicos.
30. Minhocário	IAPAR	Transformação de resíduos e esterco em húmus de minhoca.
31 e 32. Produção de erva-mate	IAPAR	Discutir a construção de um processo de valorização da erva-mate agroecológica.
33. Irrigação	IAPAR	Formas alternativas para irrigação.
34. Plantas medicinais	CANCELADA!	
35 e 36	IAPAR	Maquinários adaptados à agricultura familiar, tecnologia de aplicação, manejo e conservação de solo.
37. Criação de cabritos	IAPAR	Criação de cabrito para carne e leite e a interação com a horticultura a partir do
38. RPPN em Assentamentos	IAPAR	Procedimentos para criação de RPPN (Reserva Particular do Patrimônio Natural) nas reservas legais dos assentamentos e a geração de ICMS ecológico a partir das em
39. Materiais pedagógicos com a temática indígena	IAPAR	Abordagem da temática indígena em sala de aula a partir da inclusão de materiais pedagógicos baseados em autoria indígena.
40. Caldas alternativas e produção de substrato	Parque de Exposições	Produção de caldas alternativas para controle de caldas e doenças; produção de substrato para hortaliças; cultivo de tomate agroecológico.
41. Agitação e Propaganda	Parque de Exposições	Discussão sobre agitação e propaganda e prática das linguagens artísticas (batucada e palhaço)

Fonte: Jornada de Agroecologia (2009)

Nessa Jornada, foi reservado um dia inteiro para a realização de oficinas. Nos eventos anteriores, as oficinas tinham geralmente o espaço de uma tarde para a sua realização, e os locais das oficinas eram quase sempre na própria sede da Jornada ou no máximo a poucos quilômetros desta. Para essa Jornada na Lapa, foi necessário reorganizar a tradicional estrutura de uma ou duas tardes para um dia inteiro com essa finalidade. Além do deslocamento, as organizações responsáveis pelas oficinas também precisaram pensar na alimentação dos participantes, sendo necessário o deslocamento de algumas cozinhas ou o uso das estruturas existentes nos locais. Pessoa (2020) destaca que os participantes e organizadores enfatizaram essa mudança e considera um salto de qualidade o fato de as oficinas serem realizadas nos próprios locais produtivos da região. Destaca-se que essa nova logística para a realização das oficinas gerou custos e demandou estrutura para o deslocamento. Os ônibus deviam ser os mesmos que iam trazer os participantes, e a coordenação já tinha informado que eles deveriam ser contratados prevendo esses deslocamentos até os locais das oficinas.

A partir de 2016, com a crise política que culminou no impedimento contra a presidenta Dilma Rousseff, setores conservadores da sociedade assumiram o controle do governo. O recurso para apoio aos agricultores camponeses diminuiu, passando a refletir no financiamento da Jornada de Agroecologia, principalmente a partir de 2017. A questão mais nítida foi a dificuldade no deslocamento de agricultores de diversas regiões do estado, que começaram a diminuir sua participação em quantidade, embora não em qualidade. Por outro lado, a proximidade com Curitiba permitiu que um grupo maior de estudantes e militantes de movimentos sociais se fizesse presente nesta edição da Jornada. Na 16ª Jornada, foram previstas 30 oficinas, como apontado, a mudança da conjuntura diminuiu os recursos disponíveis e nesta edição somente quatro oficinas puderem ser realizadas no Assentamento Contestado.

Continuando com a proposta de ser um evento itinerante, a Jornada de Agroecologia foi realizada, nos anos de 2018 e 2019, no município de Curitiba. Teve como sede principal o Campus Central da Universidade Federal do Paraná e espaços próximos. O apoio financeiro para o evento foi limitado, influenciando, conforme já mencionado anteriormente, no deslocamento dos participantes do interior do estado.

Em 2018, na 17ª Jornada, as 30 oficinas previstas ocorreram nos municípios da Região Metropolitana, inclusive no Assentamento Contestado na Lapa, no CPRA, em salas da UFPR e em outras propriedades agroecológicas próximas. Por outro lado, o público urbano se fez presente de forma marcante na Jornada, principalmente com a participação de estudantes universitários e pesquisadores, além da população em geral na Feira Agroecológica de Saberes e Sabores.

A Jornada de 2019 permaneceu em Curitiba com o apoio da UFPR. Ainda havia uma conjuntura política adversa, de forma que se manteve a dificuldade financeira. Com recursos limitados para o deslocamento dos participantes, as oficinas foram muito reduzidas. Ainda com a maior participação de estudantes e pesquisadores de universidades, foi aberto um espaço para a divulgação de suas pesquisas por meio de uma exposição em uma das praças que eram sede das atividades. A conjuntura política também fez os organizadores priorizarem, até pela segurança dos participantes, atividades mais concentradas e massivas. Essa foi uma Jornada em que as atividades culturais e uma grande feira de Agroecologia e economia solidária foram os grandes destaques. O material da Jornada apontou a realização de apenas quatro oficinas, mas devido à natureza deste evento, de cunho mais cultural e com uma grande feira sendo realizada em tempo integral, também foram oferecidas, no espaço das barracas e estandes, algumas atividades em formato de oficinas ou rodas de conversa não previstas na grade de programação, o que engendrou intensa atividade cultural.

Com a pandemia do coronavírus, as Jornadas de 2020 e 2021 foram canceladas. Pretende-se, caso a pandemia esteja controlada, retomar a sua realização para o ano de 2022. A Jornada é um evento essencialmente presencial, de reunião de agricultores e agricultoras com estudantes, pesquisadores e militantes da Agroecologia. Um lugar de encontros, troca de conhecimentos, intercâmbios e celebrações. Dessa forma, as coordenações avaliaram que um eventual retorno deveria ser feito de forma presencial, pois também o público principal da Jornada, as famílias agricultoras, teriam dificuldade no deslocamento ou na participação de um evento em formato virtual, o que poderia fazer a Jornada perder sua essência.

Coradin (2020), que analisou questões de gênero em relação à Jornada de Agroecologia, detectou que as oficinas desempenharam um papel importante para incentivar processos de transição agroecológica entre os agricultores participantes. A autora ainda relata que, nas entrevistas e interações realizadas com participantes da Jornada, são as oficinas os momentos mais mencionados quando se referem à Agroecologia. Pessoa (2020) também destaca o papel das oficinas para impulsionar os processos de transição agroecológica e sua capacidade de ir além dos momentos políticos ou de ensino das grandes plenárias da Jornada. É um espaço privilegiado e de troca de conhecimentos, que favorece o diálogo de saberes.

Os dados de todas as oficinas não foram sistematizados ao longo da história das Jornadas. Há materiais esparsos, armazenados em diferentes locais. Não era uma atividade considerada essencial por muito tempo pelas diversas coordenações que passaram pelas Jornadas de Agroecologia, dado o tamanho e as implicações envolvidas em organizar as atividades. Os resultados esperados se traduziam principalmente em avanços políticos e na ampliação de agricultores em transição agroecológica. São resultados mais qualitativos que quantitativos. De qualquer forma, com base nos dados levantados em diversos documentos recuperados e citados ao longo do texto, são documentos produzidos pela Jornada ou textos de cunho jornalístico (divulgados principalmente nos sites dos movimentos sociais), de onde foi possível resgatar o número de oficinas previstas em algumas edições. Tudo isso foi elencado na Tabela 1 a seguir:

Tabela 1 – Número de oficinas previstas em cada edição da Jornada de Agroecologia

Ano	Edição	Nº de oficinas previstas	Local de Realização
2002	1ª	n.d. *	Ponta Grossa
2003	2ª	n.d. *	Ponta Grossa
2004	3ª	n.d. *	Ponta Grossa
2005	4ª	17	Cascavel
2006	5ª	n.d. *	Cascavel
2007	6ª	n.d. *	Cascavel
2008	7ª	45	Cascavel
2009	8ª	80	Francisco Beltrão
2010	9ª	n.d. *	Francisco Beltrão
2011	10ª	n.d. *	Londrina
2012	11ª	46	Londrina
2013	12ª	41	Maringá
2014	13ª	40	Maringá
2015	14ª	36	Irati
2016	15ª	41	Lapa
2017	16ª	30	Lapa
2018	17ª	30	Curitiba
2019	18ª	4	Curitiba

Fonte: Levantamento com base na pesquisa de campo sistematizada pelos autores.
*n.d.= não disponível

Destacamos que nem todas as oficinas previstas em todas as edições puderam ser realizadas, seja por falta de condição ou de cancelamento por parte dos oficineiros ou até em alguns casos algumas oficinas com temas muito próximos acabaram sendo realizadas de forma conjunta. Mas também era comum, de última hora, algumas oficinas serem oferecidas, sendo que não estavam listadas na programação já disponibilizada. Ou seja, considerando-se o eventual improviso que podia haver, os dados acabam sendo aproximados. As oficinas extras eram acordadas com a coordenação e, se houvesse condições, eram realizadas.

Considerações finais

Este texto teve como objetivo resgatar a trajetória das oficinas realizadas na Jornada de Agroecologia, assim como discutir o papel e a importância das oficinas realizadas nos 18 eventos que ocorreram de 2002 a 2018 em diversas cidades do estado do Paraná. É possível observar uma crescente importância das oficinas ao longo da história da própria Jornada de Agroecologia, bem como é possível perceber como o entorno da cidade que recebe o evento influencia na realização das oficinas. Dessa forma, territórios mais camponeses têm mais experiências exitosas para compartilhar com os participantes da Jornada.

Como participantes do processo, apontamos que as oficinas se tornaram um dos momentos mais esperados e comentados entre os participantes das Jornadas de Agroecologia, estimulando o interesse na participação dos agricultores. Dessa forma, um dos itens mais procurados pelos participantes era a lista de oficinas visando a organização do grupo para participar do maior número possível delas. Essa expectativa de os grupos participarem do maior número de oficinas mostra a importância desse momento, sobretudo no que diz respeito ao compartilhamento de saberes. Cada participante (principalmente as caravanas vindas dos acampamentos e assentamentos ligados ao MST) de uma oficina tinha a tarefa de aprender e, ao voltar para a comunidade, compartilhar com sua comunidade o seu aprendizado.

As oficinas das Jornadas de Agroecologia são momentos em que esse resgate do conhecimento ganha um forte impulso. Os agricultores reconhecem algumas práticas que aprenderam com seus antepassados e as ressignificam localmente à luz de novos conhecimentos, configurando um diálogo de saberes. O aporte científico da Agroecologia, que leva em conta multidimensões (social, ecológica, econômica, cultural, política e ética), requalifica e atualiza essas práticas tradicionais, que agora, com um suporte científico e com a introdução de pequenas inovações, resgatam também a dignidade dessas famílias. Há um interesse em compartilhar e aprender sobre as experiências que deram certo e também em divulgar e até obter certo reconhecimento de suas atividades. Os agricultores que ministram as oficinas também se sentem valorizados, assim como as suas práticas cotidianas.

Dado o número de oficinas oferecidas e a natureza dinâmica dos temas, necessidades para serem organizadas, estrutura, local e as dificuldades em um público majoritariamente camponês na organização destas atividades, as oficinas revelam uma grande capacidade de organização do movimento social, mesmo com condições adversas e limitação de recursos.

Pode-se destacar três acontecimentos de grande destaque nas oficinas. O primeiro foi a primeira edição do evento em Francisco Beltrão, com um grande número de oficinas previstas. O segundo foi a crescente ênfase no protagonismo dos agricultores no desenvolvimento das oficinas, e o terceiro foi a oportunidade de realização de oficinas diretamente nos próprios espaços produtivos de agricultores agroecológicos, como na Escola Milton Santos, em Maringá, a partir da Jornada de 2016, realizada na Lapa, onde um volume grande de oficinas pôde ser realizado diretamente nos espaços de produção agroecológica, destacando-se, nesse quesito, o Assentamento Contestado.

Referências

AGUIAR, M. V. de A. Educação em Agroecologia: que formação para a sustentabilidade. *In: Revista Agriculturas*. v. 7, n. 4, p. 4-6, 2010.

ALBUQUERQUE, L. *Oficinas de Agroecologia promovem troca de experiências no Paraná*. Disponível em: https://mst.org.br/2014/06/06/oficinas-de-Agroecologia--promovem-troca-de-experiencias-no-parana/. Acesso em: out. 2021.

ALTIERI, M. *Agroecologia*: a dinâmica produtiva da agricultura sustentável. 3. ed. Porto Alegre: UFRGS, 2001.

CAPORAL, J. R. (1998). *La extensión agraria del sector público ante los desafíos del desarrollo sostenible*: el caso de Rio Grande do Sul – Brasil. 1998. Tese (Agroecología, Campesinado y Historia). Instituto de Sociología y Estudios Campesinos (ISEC), Córdoba. Disponível em: https://www.dropbox.com/s/w0w2uhj28q5myvt/Tese%20Doutorado%20-%20Caporal.pdf. Acesso em: 8 abr. 2019.

CARNEIRO, F. F. (org.) *et al. Dossiê Abrasco*: um alerta sobre os impactos dos agrotóxicos na saúde. Rio de Janeiro: EPSJV; São Paulo: Expressão Popular, 2015.

CORADIN, C. *Entre buvas e flores vermelhas*: autorias das mulheres sem-terra na ecologização da reforma agrária no Paraná. Tese. Universidade Federal do Paraná, Setor de Ciências Humanas, Programa de Pós-Graduação em Sociologia, Curitiba, 2020.

CORTEZ, C.; CORREA, C.; MOREIRA, V. R. (orgs.). *Bionatur*: sementes dos povos a serviço da humanidade. s.l.: Bionatur, 2006.

EMATER. *Definidas as 46 oficinas da Jornada de Agroecologia*. 08/06/2011. Disponível em http://emater.pr.gov.br/modules/noticias/article.php?storyid=2642. Acesso em: out. 2021.

ESCOLA MILTON SANTOS DE AGROECOLOGIA. *Jornada de Agroecologia*. Disponível em: https://atemisems.wixsite.com/escolamiltonsantosvc/donate. Acesso em: ago. 2021.

FREIRE, P. *Extensão ou comunicação*. 10. ed. Paz e Terra: Rio de Janeiro, 1992.

JORNADA DE AGROECOLOGIA. *4º Encontro da Jornada de Agroecologia*. Programação Completa, não publicado, 2005.

JORNADA DE AGROECOLOGIA. *Agroecologia*: a organização camponesa reconstruindo o sustento da vida e a transformação da sociedade. Cartilha. 5º Encontro Estadual, Cascavel, 2006.

JORNADA DE AGROECOLOGIA. *Oficinas, trocas de experiências e seminários temáticos*. Folder de programação. 8ª Jornada de Agroecologia. Francisco Beltrão, não publicado, 27 a 30 de maio de 2009.

JORNADA DE AGROECOLOGIA. *Orientação para a realização das Oficinas na 12ª Jornada de Agroecologia*. 12ª Jornada de Agroecologia, não publicado, 2013.

JORNADA DE AGROECOLOGIA. *15ª Jornada de Agroecologia*. [Folheto de programação dos Seminários temáticos/ oficinas e orientações para oficinas], não publicado, julho de 2016.

JORNADA DE AGROECOLOGIA. *Cartilha da Jornada de Agroecologia do Paraná*. 18ª Jornada de Agroecologia. Curitiba, 2019.

JORNAL SEM TERRA. Milhares de pessoas participam de jornada agroecológica. *Jornal Sem Terra*, ano 20, n. 229, maio 2002. p. 6. Disponível em: http://docvirt.com/docreader.net/docreader.aspx?bib=HEMEROLT&pagfis=4478. Acesso em: jun. 2021.

MST. *7ª Jornada discute políticas públicas*. 25/07/2008. Disponível em: https://mst.org.br/2008/07/25/7a-jornada-de-Agroecologia-discute-politicas-publicas/. Acesso em: dez. 2021.

MOREIRA, S. S. *et al.* 14ª Jornada de Agroecologia em Irati, Paraná: espaço de resistência contra a criminalização dos agricultores executores do PAA. *In: Cadernos de Agroecologia*. Anais do VI CLAA, X CBA e V SEMDF, vol. 13, nº 1, p. 1-7, jul. 2018. Disponível em: https://cadernos.aba-Agroecologia.org.br/cadernos/article/view/225/1886. Acesso em: 26 maio 2022.

PESSOA, K. *Agriculturas em disputa*: a Jornada de Agroecologia como expressão de um projeto agroecológico no Paraná. Tese. Universidade Federal do Paraná, Setor de Ciências Humanas, Programa de Pós-Graduação em Sociologia, 2020.

PIMENTEL, A. G. *et al.* A repressão político-judicial do Estado: a violência legítima da operação Agrofantasma e suas consequências para os agricultores campesinos da Região Sudeste do Paraná. *Emancipação.* Ponta Grossa, v. 17, n. 2, 2017. Disponível em: http://revistas2.uepg.br/index.php/emancipacao/article/view/10401/6301. Acesso em: 2 jun. 2018.

ROSSET, P. M; VAL, V. The "Campesino a Campesino" Agroecology Movement in Cuba. *Handbook Of Food As A Commons*. Routledge, p. 251-265, 2018. Disponível em: https://doi.org/10.4324/9781315161495-16. Acesso em: 10 dez. 2021.

SANTOS, B. S.; ARAÚJO, S.; BAUMGARTEN, M. As epistemologias do sul num mundo fora do mapa. *Sociologias*. Porto Alegre, ano 18, n. 43, set./dez., p. 14-23, 2016. Disponível em: https://seer.ufrgs.br/sociologias/article/view/68312/39124. Acesso em: 6 jan. 2022.

SANTOS, B. S.; MENESES, M. P. (orgs.). *Epistemologias do Sul*. Coimbra: CES, 2009. Disponível em: https://icict.fiocruz.br/sites/www.icict.fiocruz.br/files/Epistemologias%20do%20Sul.pdf. Acesso em: jan. 2010.

SANTOS, P. C. *Mística da luta*: um estudo de caso das Jornadas de Agroecologia do MST no Paraná. Dissertação. Universidade Federal do Paraná, Setor de Ciências Humanas, Programa de Pós-Graduação em Sociologia, 2019.

TARDIN, J. M.; MOREIRA, S. S. (orgs.). *6ª Jornada de Agroecologia*. Cascavel. 6ª Jornada de Agroecologia – cuidando da terra, cultivando a biodiversidade, colhendo soberania alimentar. Curitiba: Secretaria da Jornada de Agroecologia, 2007.

TOLEDO, V.; BARRERA-BASSOLS, N. *A memória biocultural.* A importância ecológica das sabedorias tradicionais. São Paulo: Expressão Popular, 2015.

UEM. *Jornada enfatiza a terra livre de transgênicos*. 06/08/2013. Disponível em: http://noticias.uem.br/index.php?option=com_content&view=article&id=1751

9:jornada-enfatiza-a-terra-livre-de-transgnicos&catid=986&Itemid=210. Acesso em: dez. 2021.

VALADÃO, A. C. *Transição agroecológica nos assentamentos rurais:* estratégias de resistência e produção de novidades. 216f. Tese. Doutorado em Sociologia, Setor de Ciências Humanas, Letras e Artes, Universidade Federal do Paraná, Curitiba, 2012.

VIZIA, B. Paraná unifica a luta contra os transgênicos. *Jornal Sem Terra*, jul./set., p. 23-26, 2003.

As jornadas de Agroecologia: alimentando e nutrindo conexões entre campo-cidade

Islandia Bezerra
Priscila Facina Monnerat
Ana Paula S. de Oliveira
Olcimar da Rosa
Ademir Fernandes
Luiz Zarref

Introdução

A humanidade, ao longo da sua existência, vem, por meio da transformação da natureza e da sua própria transformação, inovando, aperfeiçoando e/ou criando saberes e conhecimentos, formas e fórmulas, máquinas e práticas, além de tecnologias que, de diferentes formas, foram atendendo às nossas necessidades. Nesse processo histórico, é possível afirmar que um dos campos nos quais os investimentos científicos e práticos são intensos é o campo da alimentação, já que, em se tratando da reprodução social e cultural de um povo, a comida precede toda e qualquer dimensão. É com base nessa assertiva que o ato individual e/ou coletivo de se alimentar e se nutrir ganha destaque, considerando, sobretudo, as práticas alimentares cotidianas.

Essa incrível coevolução entre ser humano e natureza não esteve, todavia, desconecta das estruturas socioeconômicas que determinaram os distintos períodos históricos. As formas de exploração e dominação racial, sexual e de classe tiveram impactos diretos sobre como os coletivos humanos reproduziam e produziam a vida. As elites de cada tempo investiram em sistemas produtivos, cujo princípio é a exploração dos corpos, que gradativamente também aumentaram a exploração sobre a natureza. Os povos subalternos, especialmente aqueles que mantiveram seus vínculos com a terra, mantiveram dialeticamente práticas ancestrais e implementaram adaptações do desenvolvimento tecnológico contemporâneo, possibilitando a existência de uma miríade de sistemas produtivos diversificados e com fortes vínculos com as dinâmicas ecológicas locais.

Atualmente, os processos que priorizam, estimulam e/ou fortalecem a Agroecologia passam a protagonizar diferentes movimentos em territórios diversos. Certamente, alguns desses movimentos que elevam esse debate são os espaços das Jornadas de Agroecologia que ocorrem em diferentes estados brasileiros, como, por exemplo, na Bahia (no Nordeste) e no Paraná (no Sul). Kauê Pessoa (2020), ao referir-se especificamente à Jornada de Agroecologia no Paraná, afirma que, ao longo das duas décadas, ela é construída (planejada, executada e promovida) por "um conjunto de atores sociais plurais em oposição e como alternativa ao projeto do agronegócio" (Pessoa, 2020, p. 27) e vem, nas suas últimas edições, contribuindo de forma ímpar para a construção de um debate teórico-prático, crítico, reflexivo, problematizador e propositivo sobre o que se produz e o que se come, como se come, por que se come.

Este capítulo tem como propósito trazer elementos que possam contribuir para a reflexão do produzir-comer-nutrir, alinhando a Jornada de Agroecologia a partir da Feira da Agrobiodiversidade Camponesa e Popular e ainda da Culinária da Terra como possibilidades reais e factíveis da interconexão entre campo e cidade. A Jornada, no seu fazer, materializa a Soberania e a Segurança Alimentar e Nutricional (SSAN) e considera a luta pela terra como reivindicação primeira.

Para avançarmos nessa perspectiva problematizadora-reflexiva-analítica, mas também propositiva, dividimos o capítulo em três seções:

i) Agroecologia é o caminho: alimentar o debate é a questão;
ii) Das Feiras à Culinária da Terra: a comida tecendo os caminhos e nutrindo as Jornadas;
iii) As Jornadas de Agroecologia e as conexões (necessárias) entre campo e cidade: para não concluir.

Agroecologia é o caminho: alimentar o debate é a questão

Nesta seção, trazemos elementos, ainda que breves, para conjecturarmos a fome, alinhando a esse tema as questões que estruturam e perpetuam as desigualdades na nossa sociedade, a saber, o acesso à terra, que tem sido agravado pela pandemia, mas especialmente pela criminosa gestão do governo federal.

No centro da questão alimentar está a questão agrária brasileira. Desde a emergência da forma mais atual de exploração capitalista da agricultura – o agronegócio –, vivemos, na segunda metade dos anos de 1990, uma crescente subordinação do Estado e das forças políticas brasileiras aos interesses do agronegócio. Com o golpe de 2016, seu domínio político e econômico aumentou de forma substancial e se materializou em avanço territorial, influenciando em leis e no orçamento público.

Essa prevalência político-econômica do agronegócio é de tal ordem que, mesmo tendo um relativo consenso na nossa sociedade sobre o aprofundamento da fome, os representantes do setor anunciam planejamentos de expansão da produção de *commodities* para os próximos anos, com simultânea redução das áreas destinadas para a produção de comida para a população, como mandioca/macaxeira/aipim, feijão e arroz.

O documento publicado pelo Ministério da Agricultura Pecuária e Abastecimento (MAPA) (Brasil, 2021) traz as projeções de forma inequívoca, como podemos conferir no Quadro 1:

Quadro 1 – Brasil: área plantada com cinco principais grãos

	2020/2021 (mil hectares)	2030/2031 (mil hectares)
Arroz	1.687	641
Feijão	2.898	1.830
Milho	19.841	21.948
Soja	38.502	48.851

Fonte: MAPA, 2021. Adaptação das autoras e autores.

A justificativa para esta orientação política, segundo a equipe responsável pela elaboração do documento, tem relação direta com as questões econômicas, já que soja e milho seguem seu curso nas rotas das exportações, mas também, segundo essa mesma equipe, "se deve às mudanças associadas às práticas alimentares" (Mello, 2020). Para Bezerra e Oliveira (2021, p. 48), as práticas alimentares vêm sendo cada vez mais influenciadas e induzidas "pelas diferentes estratégias das grandes empresas do setor (novos produtos no mercado, preços ainda mais acessíveis, propagandas) que fazem parte do sistema alimentar de produção industrial".

Bezerra (2021) problematiza o termo alimentação saudável e a sua permanência nas complexas arenas de disputas, considerando, sobretudo, o sistema alimentar de produção industrial. Para a autora, a sociedade em geral faz referência ao termo "atribuindo unicamente à presença – em maior ou menor quantidade – de nutrientes (macronutrientes: proteínas, gorduras, carboidratos e fibras; e, micronutrientes: vitaminas e minerais)" (Bezerra, p. 24, 2021).

A autora avança ao questionar também outros "atributos", como *diet, light,* zero, *free, fit, low carb*, amplamente utilizados pela indústria de alimentos em suas agressivas campanhas de *marketing*, ao enaltecerem estes produtos por terem na sua composição quantidades reduzidas (e/ou inexistentes) de gorduras, açúcares e sódio. Contudo, essa associação vem sendo questionada e debatida em distintas áreas do conhecimento, especialmente nas que versam sobre a alimentação e nutrição com o intuito de desconstruir essa visão reducionista sobre esse ato vital, o ato de comer. O autor Gyorgy Scrinis (2021) denomina esse fenômeno perpetrado pelas indústrias do setor alimentício como "nutricionismo".

Para o Guia Alimentar para a População Brasileira (Brasil, 2014), muitos fatores de natureza física, econômica, política, cultural ou social podem influenciar positiva ou negativamente na alimentação das pessoas. Por esse motivo não é possível culpabilizar a população e responsabilizá-la unicamente, em especial a classe trabalhadora, ao optar por comer determinados *produtos comestíveis* (ou alimentos ultraprocessados), quando, na realidade, essa escolha tem a ver com a sua disponibilidade orçamentária e também com os tipos de alimentos disponíveis para consumo. Assim sendo, uma conclusão simplista seria: *quanto menos terra destinada para a produção de comida de qualidade, mais elevado é o seu custo; ou, quanto mais terras e investimento tiverem seu destino voltado ao agronegócio, mais produtos comestíveis estarão acessíveis – em termos de quantidade e preço – para a população.*

Ao levantar essas questões, é necessário compreender que essa prática cotidiana de se alimentar (e alimentar os demais) com comida de qualidade vem, cada vez mais, configurando-se como um ato político. É bem verdade que tais práticas também trazem aspectos subjetivos que incidem nos comportamentos ou hábitos alimentares, tais como os simbólicos identitários ou mesmo de *status*. Nesse sentido, urge trazermos para o centro do debate a soberania alimentar e como ela engloba conexões complexas do ser/existir/estar em sociedade e na natureza. Para Bezerra (2021, p. 714-715):

> a soberania alimentar passa a ser um princípio capaz de materializar a produção, o acesso e o consumo de alimentos saudáveis e nutritivos, *que, por sua vez, se caracterizam como sendo comida de qualidade com preparações culturalmente referenciadas,* estando na sua essência a autonomia dos povos em decidir o que plantar e como plantar, fazendo com que – no seu território – sejam desenvolvidas estratégias que, em alguma medida, desestruturem a atual 'ordem' do sistema capitalista, que reproduz a lógica do alimento como mera fonte de lucro. (grifo nosso)

Ao incorporar as distintas dimensões de uma sociedade desigual, é possível fazer outras conexões. Por exemplo, como associar o atual sistema alimentar vinculado à produção industrial ao acesso limitado a alimentos que promovam saúde? Algumas possibilidades de respostas, que, por sua vez, exigem interconexões, contribuem para que seja possível compreender essa teia complexa.

A democratização do acesso à terra certamente localiza o preâmbulo dessa reflexão, assim como outros aspectos da vida em sociedade precisam ser acionados como as iniquidades, as injustiças sociais e econômicas, destruição da natureza em vários sentidos, bem como outras perspectivas de existir/ser/fazer que se insere na cultura e no simbólico. As autoras Bezerra e De Paula (2021, p. 20) trazem que

> Essa privação *(alimentar)* provém das desigualdades impostas pelo sistema capitalista, que o sistema alimentar neoliberal reproduz, fortalece e perpetua enquanto modelo hegemônico de organização política e econômica, que, por sua vez, retroalimenta e sustenta o sistema capitalista, suscitando um ciclo vicioso que precisa ser rompido para se vislumbrar sistemas alimentares sustentáveis e saudáveis. (grifo nosso)

Problematizar a questão do acesso aos alimentos de qualidade, especialmente os de produção agroecológica, tais como frutas, legumes, verduras/hortaliças, raízes e tubérculos, além das leguminosas e cereais *in natura* e/ou processados, passa também por compreender os chamados "produtos comestíveis". O Guia Alimentar para a População Brasileira (2014), referendado por Louzada e colaboradores (2019), denomina tais produtos como alimentos ultraprocessados. Na prática, os malefícios, para a saúde humana e para natureza, desse sistema hegemônico de produção alimentar que produz esse tipo de produtos são imensuráveis em diferentes dimensões e em distintos níveis.

Além da questão da qualidade dos alimentos, o debate sobre o aumento da fome no Brasil está frequentemente ocupando o noticiário, bem como as *timelines* das redes sociais (Rede Brasileira de Pesquisa em Soberania e Segurança Alimentar e Nutricional, 2021). De acordo com os resultados de um inquérito realizado pela Rede Brasileira de Pesquisa em Soberania e Segurança Alimentar e Nutricional (Rede Penssan), 55,2% dos domicílios brasileiros convivem no seu cotidiano com a fome de forma leve, moderada e/ou grave (fome propriamente dita) (Rede Penssan, 2021). Para saciá-la, os segmentos mais vulneráveis da sociedade não têm opção de escolha, sendo que, em geral, no seu cotidiano alimentar, a presença dos produtos comestíveis (ultraprocessados) demarca a mesa e o prato das desigualdades. Via de regra, esses produtos são mais acessíveis (mais baratos) e carregam consigo o simbolismo do moderno e do prático. Essa constatação expressa o quanto o fenômeno da fome é visceral no nosso país.

A fome vem das entranhas do nosso passado colonial, escravocrata, latifundiário, desigual e racista. Em 2014, o Brasil, segundo o Mapa Mundial da Fome, documento elaborado pela Organização das Nações Unidas para a Alimentação e a Agricultura (FAO, 2014), logrou sair desse mapa. E essa conquista deveu-se a um conjunto de ações, programas e políticas públicas que em alguma medida colaboraram para a redução das desigualdades.

Com o advento da pandemia, as Jornadas de Agroecologia de 2020 e 2021, assim como a maioria dos eventos, também foram canceladas. Contudo, é nos distintos territórios de Norte a Sul do país que as práticas agroecológicas do produzir-comer-partilhar e nutrir seguem seus processos contínuos de ensino-aprendizagem.[1] Nessa rede de solidariedade, se intensificaram, por exemplo, as ações do "Marmitas da Terra".[2] É também nesse contexto austero que a Agroecologia pulsa e impulsiona processos de transformação.

Convergindo com as propostas que a Agroecologia oportuniza, seja na produção do conhecimento agroecológico, seja no fazer do cotidiano, as Jornadas cumprem um papel determinante na manutenção do diálogo e, sobretudo, na formação crítica, reflexiva e política, em que a fome certamente está presente como algo a ser enfrentado. Para além das conferências, oficinas, palestras, mesas-redondas, rodas de conversa e até mesmos nas místicas desenvolvidas ao longo dos quatro dias de evento, os espaços da Feira e da Culinária da Terra cumprem também outro papel: o de comunicar. Pode-se dizer que nesses espaços o componente

---

1 Ver a reportagem "MST ultrapassa 6 mil toneladas de alimentos doados durante a pandemia" (Furtado, 2022). Desde quando foi deflagrada a pandemia da Covid-19 em março de 2020, as lideranças nacionais, regionais e estaduais do MST perceberam que a onda de austeridade se intensificaria diante das sucessivas ações irresponsáveis pelo então governo federal.

2 O Marmitas da Terra foi criado em 2 de maio de 2020 e destinado às pessoas em situação de rua e às famílias em vulnerabilidade agravada pela pandemia. O projeto distribuiu inicialmente em torno de 300 marmitas. Mais do que as distribuir, o projeto conta com outras iniciativas, como a realização de mutirões semanais para o plantio, colheita e processamento de alimentos agroecológicos em um dos assentamentos do Movimento localizado no município da Lapa, Região Metropolitana de Curitiba, no Paraná. São cerca de 170 pessoas que se voluntariam e passam a conhecer e valorizar os saberes e práticas envoltas na Agroecologia. Veja mais em Cruz (2021).

pedagógico do ensinar-aprender-ensinar se dá de diferentes formas. A mensagem mais contundente é que é possível identificar a importância de produzir e comer uma comida de qualidade. Para tanto, a democratização do acesso à terra para essa produção é determinante. Assim, a alimentação ecológica, disponível nesses espaços, representa o que não é: não é qualquer comida.

Trata-se de produzir e comer alimentos/preparações que sejam capazes de alimentar (e nutrir) corpo e espírito. E esse alimento que nutre o corpo também nutre a natureza.

Das Feiras à Culinária da Terra: a comida tecendo os caminhos e nutrindo as Jornadas

Historiando sobre as Jornadas de Agroecologia, Tardin e colaboradores (2019) referem que desde a sua primeira edição a Jornada sempre esteve alinhada ao Fórum Social Mundial. Para esses autores e autora, as Jornadas de Agroecologia no Paraná se configuram, em essência, como uma contraposição direta ao agronegócio e simbolizam a concretude de que sim "outro mundo é possível". Com base nessa perspectiva de enxergar e ler o mundo é que a Agroecologia se apresenta entre outras questões como o caminho a ser percorrido para materializar a produção, a comercialização, o acesso e o consumo a uma alimentação saudável de qualidade, e culturalmente adequada.

As Jornadas de Agroecologia, mediante os espaços construídos, planejados, orquestrados e executados, tem potencializado, ao longo dos anos, processos pedagógicos sobre esse ato social, cultural, individual e/ou coletivo de alimentar-se e nutrir-se. Cada vez mais constatamos, apesar de algumas contradições, que o comer agroecológico é sobretudo um ato político. Esse movimento de refletir-agir na busca por escolher e comer alimentos saudáveis não é, porém, algo simples e, por sua vez, passa por distintas dimensões da vida. Existe, de fato, o que se concebe como uma autonomia relativa. Ou seja, optar pela prática cotidiana de uma alimentação de qualidade, em essência agroecológica, não pode ser atribuída apenas às escolhas individuais.

É sob a perspectiva do fomento e/ou fortalecimento de espaços e territórios que promovem a Agroecologia, ou melhor, sistemas alimentares sustentáveis e saudáveis que as Jornadas de Agroecologia, a partir das ações estratégicas como a Feira e a Culinária da Terra, serão trazidas aqui como propostas analíticas que alimentam e nutrem a reflexão-ação para o bem viver e o bom comer.

Essa constatação dialoga com o autor Victor Toledo (2021, p. 194) quando faz referência aos avanços que a ciência agroecológica vem galgando ao longo das últimas décadas. Para ele "a tendência dominante na América Latina é a 'Agroecologia política' [...] que reconhece cosmovisões, conhecimentos e práticas tradicionais como base para a inovação científica e tecnológica". Nesse sentido, produzir-comer agroecológico é uma mensagem que comunica em diferentes espaços e que dispara e produz sentidos variados.

É bem verdade que esses espaços foram fortalecidos com o passar das edições das Jornadas. Para Kauê Pessoa (2020, p. 142), a cada ano a Feira "passou a ser compreendida como um espaço social e econômico de venda de produtos e alimentos agroecológicos e de troca de saberes com a população da cidade". Pessoa reforça que, ao reconhecer esse espaço (da Feira e, posteriormente, a Culinária da Terra) como uma ação estratégica, não apenas de denúncia das barbáries cometidas pelo sistema alimentar hegemônico de produção industrial, mas sobretudo de anúncio de que sim é possível produzir-alimentar com base nos princípios da Agroecologia, o coletivo organizativo da Jornada vai aperfeiçoando a cada ano outras formas de comunicar sobre a importância de a sociedade conhecer, reconhecer e valorizar quem luta pela terra e quem produz nosso alimento.

Não temos a pretensão, neste texto, de traçar uma detalhada "linha do tempo" sobre a Feira e a Culinária da Terra, mas sim de apontar como os processos dialógicos foram crescentes e com uma relativa organicidade, isto é, primeiramente tais processos foram sendo concebidos entre os membros e membras do próprio movimento, em especial entre as pessoas consideradas assíduas na construção da Jornada e, posteriormente, para o público em geral. Pode-se dizer que, até a 11ª Jornada (em Londrina, Norte do Paraná), o tema da alimentação era menos "apetitoso".

A cada nova edição da Jornada se constatava uma mobilização crescente em torno dos coletivos que levaram seus alimentos/produtos para serem comercializados nas feiras. De fato, o espaço da Feira "sempre existiu desde a primeira versão da Jornada", como mencionou Ademir Fernandes (2022). Porém, a sua importância ganha outras dimensões – para além da econômica – nas últimas edições. Mais especificamente, desde a 11ª Jornada, e como menciona Pessoa (2020, p. 143), os

> produtos e alimentos agroecológicos são produzidos e comercializados pelos próprios camponeses e camponesas e com isso [...] os consumidores e consumidoras compram produtos e alimentos que levam as identidades e expressões camponesas e ecológicas, ou seja, a essência desses atores sociais somado ao cuidado com a natureza e com a vida.

E avança quando afirma que "a Agroecologia passa a ser tomada e reconhecida como uma alternativa ao projeto do agronegócio e à racionalidade da modernidade-colonialidade" (Pessoa, 2020, p. 144).

Segundo os boletins da 18ª Jornada (Jornada de Agroecologia, 2019), que trazem os impactos das ações desenvolvidas na jornada, na última edição foram comercializadas 18 toneladas de alimentos. A importância da Feira ganhou proporções jamais esperadas. A comercialização de alimentos *in natura*, processados e minimamente processados foi surpreendentemente superado. Como também foi além das expectativas da comissão organizadora do evento, a capacidade comunicativa que essa ação provocou na sociedade em geral.

Já em relação à feitura da comida, destinava-se meramente para suprir as demandas biológicas das pessoas que ali estavam no processo de construção da Jornada. Existia, sim, por parte do Movimento e do coletivo que organizava, uma preocupação em trazer todos os equipamentos, utensílios e alimentos necessários para isso. Assim, cada grupo de pessoas (ou brigada, como são denominadas as equipes) teria seu espaço para a instalação das cozinhas comunitárias provisórias, já que este trâmite reduziria os gastos e garantiria a presença de um maior número de assentados e assentadas, acampados e acampadas participando da Jornada. Com o tempo, a questão da alimentação foi ganhando cada vez mais importância e atenção, e assim, nas palavras do cozinheiro Seu Imoacir, a cozinha passou a ser "o coração da Agroecologia" (Carignano, 2017).

O Paraná é um estado com grande riqueza cultural, fruto da miscigenação de povos originários, com africanos escravizados e descendentes de europeus, que foram se adaptando a uma ampla diversidade de ambientes naturais. Esta riqueza se expressa nas preparações culinárias presentes em todo o estado, legado que deve ser preservado e valorizado, garantindo assim uma contribuição singular para materializar, na prática cotidiana, a construção da soberania alimentar e da Agroecologia. Essa foi a proposta da criação de novos espaços na Jornada.

Nesse sentido, os coletivos que organizam a Jornada de Agroecologia estimulavam que cada brigada de diferentes regiões do estado pudesse organizar um espaço (uma barraca com uma infraestrutura mínima de cozinha) para venda de comidas típicas com receitas e ingredientes locais e para ofertar/comercializar com as pessoas que "circulavam" pela Jornada. Assim, aos poucos, além das feiras de alimentos, artesanatos e sementes, surgiu o espaço na feira que foi denominado de Culinária da Terra.

Na sequência, os quadros trazem uma síntese de quando, efetivamente, as Jornadas passaram a promover um diálogo mais coeso entre a Agroecologia, associando não apenas os sistemas produtivos e o respeito à natureza, mas também o ato de comer como um ato político.

Quadro 2a – A comida tecendo os caminhos e nutrindo as Jornadas

Edição da Jornada/ Ano/ Local	**Ações que dispararam o processo da reflexão-ação**
11ª 2012 Londrina	As cozinhas coletivas são destinadaş a produzir as refeições para o público interno do movimento. *Porém, uma ação simbólica e que repercutiu de forma positiva foi a distribuição/doação de 700kg de pinhão*, não apenas para os membros e membras do MST, mas também para o público externo que circulava na Jornada.

Fonte: As autoras e os autores, 2022.

A soberania alimentar expressa no ato dessa edição da Jornada de Agroecologia em Londrina remete à cultura alimentar do estado do Paraná, e a partir desta edição essa intenção ganhou destaque. Para Pessoa (2020, p. 208), o projeto agroecológico "em Londrina buscou valorizar e promover a Agroecologia e o reconhecimento do campesinato, novamente num território do projeto do agronegócio".

A mobilização da equipe organizadora da Jornada para conseguir, entre os assentamentos e acampamentos, os 700kg de pinhão[3] foi uma ação considerada "disparadora" de vários

3 Araucária (*Araucaria angustifolia*), espécie florestal nativa brasileira, leva de 12 a

sentidos, já que despertou uma lógica imbricada no fazer/ser Agroecologia. A valorização de um alimento símbolo (o pinhão), fruto de uma árvore nativa ameaçada de extinção por ação direta do agronegócio, foi determinante para materializar a soberania alimentar na essência da Jornada.

Quadro 2b – A comida tecendo os caminhos e nutrindo as Jornadas

Edição da Jornada/ Ano/ Local	Ações que dispararam o processo da reflexão-ação
12ª 2013 Maringá 13ª 2014 Maringá	As cozinhas coletivas ainda são destinadas a produzir as refeições para o público interno do movimento. A Feira passou a adquirir um relativo *status*, mas ainda se voltava essencialmente para a venda de artesanatos. *Porém, ainda que timidamente, passou a ofertar às pessoas que circulavam pela Jornada alguns alimentos processados (como doces, compotas, geleias, biscoitos, bolachas) e in natura (tubérculos, raízes, frutas, leguminosas, cereais)*.

Fonte: As autoras e os autores, 2022.

De uma forma mais objetiva, Pessoa (2020, p. 218-219) sintetiza que nessas duas edições da Jornada "se buscou recuperar e destacar o acúmulo de conhecimentos e práticas agroecológicas e camponesas, como as conquistas dos camponeses e camponesas associadas à Agroecologia, possíveis devido aos históricos processos de lutas e resistências".

Para o autor, essas duas edições da Jornada, ocorridas no território da Escola Milton Santos de Agroecologia, tiveram outro impacto político, segundo os resultados de sua tese de doutorado, em uma entrevista com uma das lideranças do MST. Pessoa (2020, p. 2009-2010), traz que

15 anos para produzir sua semente: o pinhão. Bastante apreciado na alimentação. No entanto, a sua cadeia produtiva é baseada no extrativismo e praticamente não há organização. Por outro lado, a araucária está na lista das espécies ameaçadas de extinção e são necessárias ações para estimular seu plantio e conservação (Embrapa, 2021).

> A escola Milton Santos é uma área não resolvida juridicamente, ela pertence à prefeitura e o prefeito queria despejar nós, despejar a escola. [...] no dia da Jornada de Agroecologia ele foi obrigado a subir lá e fazer uma fala pública dizendo que não ia mais fazer o despejo. A Jornada reverteu o despejo.

Assim, o peso político da Jornada de Agroecologia demonstrou ser capaz de mobilizar outras forças. Nessa edição da Jornada, várias ações que faziam referência à soberania alimentar foram pautadas na programação (ver Pessoa, 2020).

Quadro 2c – A comida tecendo os caminhos e nutrindo as Jornadas

Edição da Jornada/ Ano/ Local	Ações que dispararam o processo da reflexão-ação
14ª 2015 Irati	As cozinhas coletivas ainda são destinadas a produzir as refeições para o público interno do movimento. No entanto, houve uma relativa abertura para as pessoas que se *voluntariavam* na Jornada (estudantes, professores e professoras, agricultores e agricultoras) que tinham garantida a sua refeição.

Fonte: As autoras e autores, 2022

É possível inferir que nesta edição da Jornada (14ª), ao adentrar nos "bastidores da cozinha", outros processos dialógicos e pedagógicos entraram na pauta dessa feitura coletiva da comida. Constatou-se que sim: o Movimento, a partir das suas brigadas, teria plenas condições de evoluir nessa oferta de refeições para o público externo ao Movimento, ou seja, para o público volante que visita e/ou participa da Jornada. Era preciso, porém, qualificar o processo e, sobretudo, garantir que o debate político que essa ação engendraria ecoasse para dentro e fora da Jornada.

Nessa edição, surgem elementos mais concisos da contradição entre o projeto político macro da Agroecologia e a prática no micro (na produção e processamento dos alimentos), por exemplo: algumas brigadas (e/ou cozinhas) naturalizavam a prática da aquisição de ingredientes culinários oriundos dos mercados da região para a preparação de comidas típicas. Então, não raro, era possível constatar óleo de soja, flocos de milho, farinha de milho, quirera, margarina (apenas para listar alguns), todos com o indicativo do transgênico (a letra T no triângulo amarelo), sendo que são esses os frutos do modelo do agronegócio que são expropriados, contaminados e que matam.

Outra ação que também disparou o debate acerca da soberania alimentar dos povos foi que, nesta edição da Jornada, as ações em torno das sementes crioulas ganharam um reforço operativo (e sobretudo político) de dois importantes coletivos: a Rede Puxirão e a ReSA (Rede de Sementes Agroecológicas do Paraná).

Nas edições anteriores, as sementes orgânicas e/ou agroecológicas eram distribuídas (doadas) pelo MST para os membros e membras internos do movimento, mas a prática das trocas de sementes e mudas ganhou um novo *status* nesta edição. A mobilização em torno desta ação contou com a *expertise* de guardiãs e guardiões de sementes dos dois coletivos.

A soberania alimentar ganha, então, a centralidade e se alinha à outra dimensão política, como a defesa dos agricultores e agricultoras desse território, os e as quais foram brutalmente criminalizados pela sua atuação no desenvolvimento do projeto agroecológico. Sobre essa constatação, Pimentel e Ikuta (2020, p. 125) evidenciam que a realização da 14ª Jornada, em Irati, foi uma das " expressões de que o enfrentamento ao agronegócio e o apoio às práticas agroecológicas dos camponeses da região não foi abandonado", uma menção direta ao processo sofrido por agricultores e agricultoras da região que foram brutalmente criminalizados.

Quadro 2d – A comida tecendo os caminhos e nutrindo as Jornadas

Edição da Jornada/ Ano/ Local	Ações que dispararam o processo da reflexão-ação
15ª 2016 Lapa 16ª 2017 Lapa	As cozinhas coletivas produziam refeições para o público interno do movimento, mas também para as pessoas que estavam colaborando na organização. A conjuntura política nestas duas edições da Jornada era a de um país cujos princípios democráticos e violações de direitos estavam ainda mais evidentes. A mobilização dos coletivos responsáveis pela sua organização – lideradas pelo MST – *reagiram e inovaram em distintas ações em torno dos temas centrais: Agroecologia e soberania alimentar.*

Fonte: As autoras e os autores, 2022.

Na Lapa, pode-se dizer que o exercício da prática coletiva estava alinhado com a intencionalidade, que fez brotar a semente da *Culinária da Terra*. O desenho organizativo da Jornada avançou de forma expressiva e contou com maior engajamento por parte das brigadas. Em matéria veiculada na página do MST na internet (mst.org.br), constata-se o destaque para essa ação embrionária do espaço Culinária e traz a atuação do Seu Imoacir, que é

> Morador do acampamento Nelson Mandela, município de Lindoeste, Imoacir Angheben, 59, é uma figura especial para a militância dos movimentos sociais de luta pela terra no Paraná e é um dos responsáveis pela alimentação. A cozinha que coordena é uma das mais requisitadas entre os espaços coletivos montados pelas delegações presentes no evento. Em média, ele serve 520 refeições diárias, entre café da manhã, almoço e janta. (Carignano, 2017, p. 1)

O repórter que assina a matéria também evidencia as palavras do cozinheiro, que diz:

> Esse é o coração da Jornada da Agroecologia, sem isso não tem outras atividades. Esse espaço é formativo. Aqui você lida com crianças, jovens, donas de casa, agricultores, expositores, dirigentes, convidados, imprensa. Toda a cultura da Agroecologia é vivida neste momento. [...] O tempero da minha comida é muito amor com a pitada de companheirismo do MST que dá um toque especial. (Carignano, 2017, p. 1)

A Feira passou a ter estandes regionalizados e cada espaço da Jornada passou a ser cuidadosamente planejado. Outros valores passaram a fazer parte da "Feira da Jornada", isto é, a venda pela venda não cabia mais neste espaço de resistência política e agroecológica. Para Pessoa (2020, p. 144), as feiras agroecológicas, com o passar das edições, começaram a questionar de forma mais contundente "o atual modelo dominante de produção e consumo de alimentos, bem como o sistema agroalimentar contemporâneo orientado desde a racionalidade da modernidade-colonialidade, colocando em prática a ecologia da produtividade". De forma mais evidente, as feiras são ressignificadas no sentido de promover o diálogo acerca do que está sendo comercializado. Outros valores passam a fazer parte dos alimentos e/ou produtos comercializados, tais como de onde vem, quem plantou/quem fez, a origem da semente, quando e como usar.

Importante mencionar um fato em específico nesta edição da Jornada. Um dos participantes da feira estava comercializando bandejas com morangos convencionais – produzidos com agrotóxicos e oriundos do Ceasa (Central de Abastecimento). A incoerência desse ato resultou em uma mobilização conjunta por parte da equipe organizadora e rapidamente foi feita a sua retirada do espaço da Feira. Uma atitude relativamente simples, mas que oportunizou aprofundar um debate que sempre esteve latente entre membros e membras do MST, entre as equipes colaboradoras dos diferentes coletivos que organizam e entre as pessoas que frequentam as Jornadas, que compreendem a Agroecologia como uma ciência e uma prática capaz de transformar a realidade. Esse fato despertou certamente um cuidado a mais nas edições futuras, que era a de garantir minimamente a participação nesses espaços (da Feira e da Culinária da Terra) de pessoas e/ou coletivos que tivessem a prática agroecológica no seu cotidiano.

No entanto, é importante mencionar a constatação feita por Pessoa (2020, p. 144), isto é, de que, apesar desse cuidado, nesses espaços devem ser priorizados a feitura e o comércio de alimentos e/ou produtos totalmente agroecológicos. Existem, de fato, barreiras importantes que inviabilizam essa prática, como, por exemplo, a indisponibilidade de ingredientes culinários que servirão para o preparo das refeições ou, além disso, que "muitos camponeses e camponesas ainda se encontram num processo de transição agroecológica e excluí-los não é uma opção, de modo que há o entendimento de que abrir espaço também possui um caráter pedagógico".

Ainda nessas edições, um espaço (um grande galpão) foi cuidadosamente reservado para a feitura das comidas. O processamento e a comercialização de alimentos (lanches rápidos ou mesmo mais elaborados, como as preparações típicas de alguma região do estado do Paraná) tiveram destaque. A sementinha da Culinária da Terra plantada em edições anteriores brotou e já se apresentava vigorosa.

Na 16ª Jornada, foi possível desfrutar das preparações tradicionais de diferentes regiões do estado, e as mulheres e homens responsáveis pelas cozinhas tiveram seu trabalho e dedicação reconhecidos por todas as pessoas partícipes da Jornada. A cultura alimentar adentrou na Jornada com força, e a Agroecologia, a partir dos diálogos de convergências, potencializou e qualificou mais o debate.

Quadro 2e – A comida tecendo os caminhos e nutrindo as Jornadas

Edição da Jornada/ Ano/ Local	**Ações que dispararam o processo da reflexão-ação**
17ª 2018 Curitiba 18ª 2019 Curitiba	As duas últimas edições na cidade de Curitiba trouxeram outros desafios, mas que certamente impulsionaram, fortaleceram e aprofundaram o debate em torno da agroecologia e da soberania alimentar. Ao chegar à capital do Estado do Paraná, a *Feira da Jornada*, juntamente com a *Culinária da Terra*, assume outro *status*, e estes passam a ser considerados "o coração da Jornada", que pulsa, emociona e dispara diferentes sentidos. O espaço destinado não poderia ter sido mais simbólico – em termos de enfrentamento, resistência, mas também que potencializava os processos de aprendizagem dialógica devido à circulação de públicos diversos – a Praça Santos Andrade.

Fonte: As autoras e os autores, 2022.

A "Feira da agrobiodiversidade, camponesa e popular" e a "Culinária da Terra" oportunizaram diálogos, aprendizados mútuos, partilhas, olhares e sorrisos. Assentados e assentadas agroecológicas e/ou em transição, bem como acampados e acampadas da reforma agrária, tiveram a oportunidade de ali, naquele espaço da grande praça, demonstrar de forma visceral todo o seu valor. Sem dizer uma única palavra, a força da comunicação simbólica se expressava na presença marcante das representações regionais do movimento, disponibilizando toda a diversidade da produção camponesa de alimentos.

Também se constatou nessas edições da Jornada um envolvimento mais orquestrado com os coletivos da economia solidária no espaço urbano, mais especificamente de Curitiba e Região Metropolitana. Nesse sentido, foram compartilhados alguns espaços/estandes da Praça Santos Andrade com distintos segmentos: artesanatos, artes, cosméticos, bebidas, panificados entre outros. Mais uma intencionalidade foi materializada, isto é, as relações extrapolaram a questão da produção para o consumo, no sentido de trazer outras práticas que dialogassem com a economia solidária e com o movimento urbano da economia solidária. E o inverso também aconteceu, pessoas que compõem o movimento da economia solidária passaram a questionar suas próprias práticas ao perceberem que não priorizavam, por exemplo, ingredientes e matéria-prima que dialogasse com a sua bandeira.

Pessoa (2020, p. 242), que esmiuçou os processos históricos da construção das Jornadas e Agroecologia no Paraná, evidencia, a partir das entrevistas realizadas com lideranças estaduais do movimento, que, ao levar a Jornada para a capital Curitiba, havia um interesse muito bem delineado, o de "promover a Agroecologia para um novo público, nesse caso, os consumidores e consumidoras da cidade". Nesse relato, também é destacado o sucesso da experiência do Movimento a partir da Feira Nacional da Reforma Agrária, que conta com três edições realizadas na cidade de São Paulo. Em 2019, este grande evento entrou oficialmente no calendário de turismo da cidade de São Paulo por meio da Lei 17.162.[4]

Para a realização em Curitiba, os coletivos organizadores das 17ª e 18ª Jornadas mobilizaram forças políticas de diferentes instituições, fossem elas vinculadas à gestão municipal, mais especificamente à Secretaria Municipal de Segurança Alimentar e Nutricional (SMSAN),[5] responsável pela concessão dos espaços e orientações normativas das feiras, fossem as distintas unidades que compõem a Universidade Federal do Paraná (UFPR). As duas edições tiveram a UFPR como sede oficial do evento.

As especificidades normativas (sanitárias, de segurança e de logística) da gestão municipal para a autorização do espaço da Praça Santos Andrade, bem como as imposições dessas regras

4 Ver reportagem, "Feira da Reforma Agrária entra no calendário oficial do turismo em São Paulo" (Guimarães, 2019).

5 Antiga Secretaria Municipal de Abastecimento (SMAB).

sanitárias, oportunizaram questionamentos importantes. Era feito, para cada exigência, um resgate histórico da sua concepção, e assim era possível identificar procedimentos excludentes impostos pelo sistema alimentar de produção industrial, ou seja, os que negavam o saber/fazer tradicional, sempre com o argumento da garantia do "alimento seguro". Mais uma vez, o componente pedagógico da Jornada aflora em ações e reações únicas de aprendizados mútuos. Estes, por sua vez, materializam a compreensão da soberania alimentar e da importantância de questionar tal modelo.

Algumas regras eram consideradas "inegociáveis", como, por exemplo, a proibição expressa da feitura das comidas na praça. Lá, o que se tinha eram unidades de apoio como cozinhas-contêineres.[6] Nesse sentido, foi planejado um espaço que seria "a grande cozinha" e nela seriam produzidas as distintas preparações que comporiam o "cardápio". A materialidade desse espaço (a grande cozinha) se deu na Casa do Estudante Universitário (CEU), onde os coletivos produziram as refeições a serem servidas ao público da Jornada na Praça Santos Andrade.

A Feira Nacional da Reforma Agrária também inspirou a comissão organizadora da Jornada a mobilizar outros Estados de outras regiões. Fizeram-se presentes nessas edições em Curitiba coletivos de assentamentos de Santa Catarina, Rio Grande do Sul, Minas Gerais, São Paulo, Pernambuco, os quais percorreram alguns quilômetros para participar da Feira expondo, comercializando e, sobretudo, comunicando à sociedade paranaense toda a diversidade de alimentos que produziam.

---

6 As cozinhas-contêineres possuíam uma infraestrutura mínima necessária para a finalização das refeições previamente preparadas na CEU e em seguida transportadas em caixas térmicas.

Segundo a Carta Política da 18ª Jornada de Agroecologia, o ponto máximo da culminância dos intensos processos vividos, experimentados e compartilhados tivemos na última edição da Jornada, quando da presença de 100 coletivos, que participaram ativamente da feira da agrobiodiversidade. No espaço Culinária da Terra, 12 coletivos do movimento produziram e ofertaram comidas típicas, culturalmente referenciadas, tanto do Paraná como de outras regiões.

A mobilização da organização da Jornada também se fez na composição de voluntários e voluntárias que, direta e/ou indiretamente, dedicaram seu tempo e *expertise* para que a comunicação com a sociedade e com os membros e membras dos coletivos, especialmente no espaço da feira, da culinária e da cozinha, fosse dialógica e construtiva.[7] Para tanto, uma equipe de nutricionistas e estudantes de graduação e pós-graduação foi responsável por supervisionar as práticas em torno do processamento, da distribuição e da comercialização de alimentos e/ou preparações.

Foi criada a modalidade "Circular" de informes, que, em geral, tinha o objetivo de orientar os processos da Feira, da Culinária da Terra e da Cozinha (na CEU). A segunda circular enviada para os coletivos que participariam dos espaços tinha a seguinte orientação:

> A 18ª Jornada de Agroecologia será novamente em Curitiba. A FEIRA cumprirá um papel no que diz respeito ao seu aspecto político, econômico, social e cultural. O espaço da feira será na Praça Santos Andrade, região central da cidade, com uma grande circulação de público, inclusive ligando as cidades da Região Metropolitana. Aproveitamos ainda para relembrar que a Jornada de Agroecologia consiste em ato de resistência na luta contra os agrotóxicos e transgênicos. Neste sentido, reforçamos a necessidade de:

7 Foram criados grupos de *e-mails* e de WhatsApp para facilitar e agilizar a comunicação.

- Priorizar pratos com matérias-primas da base agroecológica e/ou orgânica;
- Não serão permitidas as preparações que contenham alimentos ou ingredientes com transgênicos (ex: farinhas, óleos de soja, milho entre outros);
- Os sanduíches devem ser feitos com pão caseiro/artesanal. Não serão aceitos pão de mercado;
- Priorizar molhos, maioneses, de pimentas ou outros (produzidos artesanalmente). Não serão permitidos molhos fabricados por grandes indústrias de alimentos;
- Priorizar sucos com frutas que tenham sua origem na agricultura camponesa (trazer algumas frutas para exposição, com identificação de origem de quem produziu e o lugar de produção). Assim, valorizamos nossa produção camponesa.

Das preparações presentes na Culinária da Terra, convém destacar as feituras regionais como: 1. *Barreado* – é um prato típico do litoral paranaense e é considerado a preparação mais tradicional do estado; 2. *Entrevero de pinhão* – é um prato típico dos estados da região Sul do Brasil, principalmente das regiões serranas do estado de Santa Catarina; 3. *Frango com Polenta* – é típico da Itália. Com a presença marcada dessa descendência no Paraná, essa preparação é muito apreciada em todo o estado; 4. *Arroz carreteiro* – sua origem tem diferentes versões. A que foi apreciada pelo público da Jornada é a versão gaúcha; 5. *Tapioca* – originalmente é de Olinda/PE, mas o coletivo de Juventudes do MST inovou na preparação; 6. *Pastel* – por unanimidade, uma preparação apreciada em todo o país.

Pode-se afirmar que estes espaços – da Feira e da Culinária da Terra – lograram o que pretendiam desde o início, que foi (é, e seguirá sendo) questionar o sistema alimentar hegemônico de produção industrial que contamina, expulsa, expropria, contamina e mata. Ao referenciar o relatório do IPES-Food (2017) – *Global Alliance for the Future of Food* (Aliança Global pelo Futuro da Alimentação) –, Bezerra e De Paula (2021) citam a necessidade de desenvolvermos diferentes estratégias de ação-comunicação nas mais distintas esferas sociais se quisermos, de fato, concretizar sistemas alimentares verdadeiramente saudáveis.

As autoras apontam que é imperativo centralizar o debate em torno da alimentação como "causas-e-consequências diretas dos sistemas alimentares sustentáveis e saudáveis" e citam que a "Agroecologia também estimula processos dialógicos que trazem em essência as dimensões da sustentabilidade e da saudabilidade, já que esta se insere na dimensão da vida em sociedade que nos alinha à natureza e aos seus ciclos" (Bezerra e De Paula, 2021, p. 29).

As Jornadas de Agroecologia e as conexões (necessárias) entre campo e cidade: para não concluir

Entre outras conquistas advindas desse grande evento, pode-se dizer que a mais expressiva e a mais gratificante para todos os coletivos que participaram (e seguirão participando) da organização da Jornada certamente foi (é e será) a possibilidade do diálogo com o público da cidade (Sodré, 2019). Sem necessariamente exaurir a necessidade do debate contínuo, especialmente o promovido com a classe trabalhadora, foi possível constatar os momentos de trocas sobre as mais distintas experiências culinárias.

Para além dessas impressões, convém mencionar Kauê Pessoa (2020, p. 144), que reforça sobre a necessidade "de criar mecanismos, como políticas públicas, para defender a segurança alimentar e nutricional e promover a soberania alimentar dos povos, assim como para valorizar e reconhecer os campesinatos e suas identidades e expressões".

Segundo o Plano Nacional Plantar Árvores e Produzir Alimentos Saudáveis, do Movimento dos Trabalhadores e Trabalhadoras Sem Terra (MST), lançado em 2020, existe também, para além das ações concretas do movimento em potencializar a Agroecologia, um diálogo sobre a importância de reafirmar o compromisso do movimento em prol da " Reforma Agrária Popular e a defesa dos territórios; a Soberania Alimentar, como uma mudança radical do sentido da produção de alimentos e da Agroecologia, que é baseada na diversidade de alimentos" (MST, 2020). A materialidade desse discurso, bem como o enfrentamento à fome, se vê nas ruas, praças e/ou nos bairros periféricos das pequenas, médias e grandes cidades onde o MST está. Somos seres sociais.

O comer junto, o comer comida de qualidade – em meio a tantos modismos alimentares que restringem ingredientes e preparações tradicionais e exaltam produtos comestíveis pré-prontos, empacotados, embalados "assim ou assado", que é rico nisso ou naquilo –, ou ainda, o comer comida, em meio a tanta desigualdade e iniquidade de acesso (à terra, água, políticas), ou melhor, o não acesso, certamente nos convoca a pensar e agir. Na prática, foi exatamente o que aconteceu nas duas edições das Jornadas em Curitiba. Os comedores e as comedoras de comida de qualidade se permitiram pensar e agir, mesmo que a ação tenha durado os quatro dias que ficaram ao seu alcance nos espaços da Feira e da Culinária de Terra.

Muito tem se debatido sobre a alimentação. Os superalimentos e/ou alimentos funcionais. Ou ainda, sobre alimentação saudável, alimentação ecológica, orgânica e/ou agroecológica, bem como outros termos em sua constante disputa. Porém, pouco se fala sobre o essencialmente prático. Factível. Transformador. A comida, o comer. O alimentar-se e o nutrir é carregado de sentidos. Habita. Coabita. Integra. Agrega. A produção, o processamento, a distribuição e o consumo de comida de qualidade é possível. É necessário. É urgente.

Referências

BEZERRA, Islandia. Soberania e Segurança Alimentar e Nutricional. *In:* PESSOA, Alexandre. *et al. Dicionário de Agroecologia e Educação.* 1. ed. São Paulo: Expressão Popular, Rio de Janeiro: Escola Politécnica de Saúde Joaquim Venâncio, 2021.

BEZERRA, Islandia; DE PAULA, Natalia Ferreira. Sistemas alimentares sustentáveis e saudáveis: diálogos e convergências possíveis. *Faz Ciência*, Dossiê "Segurança Alimentar e Nutricional: Abordagens interdisciplinares". v. 23, n. 37, 2021. Disponível em: http://e-revista.unioeste.br/index.php/fazciencia/article/view/27021. Acesso em: 27 maio 2022.

BEZERRA, Islandia; ARAUJO OLIVEIRA, Maria Alice. "Eu escolho sem veneno": para a construção de sistemas alimentares sustentáveis e saudáveis. *Cienc. Cultura,* São Paulo, v. 73, n. 1, p. 48-52, jan. 2021. Disponível em: http://cienciaecultura.bvs.br/scielo.php?script=sci_arttext&pid=S0009-67252021000100010&lng=en&nrm=iso. Acesso em: 14 fev. 2022.

BRASIL. Ministério da Agricultura Pecuária e Abastecimento/MAPA. Projeções do Agronegócio. Brasil 2020/21 a 2030/31. *Projeções de Longo Prazo.* Brasília, 2021.

BRASIL. Ministério da Saúde. Secretaria de Atenção à Saúde. Departamento de Atenção Básica. *Guia alimentar para a população brasileira.* 2. Ed. Brasília, 2014. Disponível em: https://bvsms.saude.gov.br/bvs/publicacoes/guia_alimentar_populacao_brasileira_2ed.pdf. Acesso em: jan. 2022.

CARIGNANO, Julio. "Cozinha é o coração da Agroecologia. Cozinheiro de quatro jornadas consecutivas, Seo Imoacir serve em média 520 refeições diárias. *Porém. net*, 21 set. 2017. Disponível em: https://mst.org.br/2017/09/21/cozinha-e-o-coracao-da-Agroecologia/. Acesso em: 27 maio 2022.

CRUZ, Núbia da. Marmitas da Terra doa quentinhas com alimentos da Reforma Agrária do Paraná. *UOL*, 7 jun. 2021. Disponível em: https://www.uol.com.br/ecoa/ultimas-noticias/2021/06/07/marmitas-da-terra-doa-quentinhas-com-alimentos-da-reforma-agraria-no-pr.htm. Acesso em: 26 maio 2022.

EMPRESA BRASILEIRA DE PESQUISA AGROPECUÁRIA (Embrapa). Florestas e silvicultura: Araucária que produz pinhão de forma precoce é destaque no Balanço Social da Embrapa. Embrapa, 28 mar. 2021. Disponível em: https://www.embrapa.br/busca-de-noticias/-/noticia/61008607/araucaria-que-produz-

-pinhao-de-forma-precoce-e-destaque-no-balanco-social-da-embrapa. Acesso em: 27 maio 2022.

FURTADO, Lays. MST ultrapassa 6 mil toneladas de alimentos doados durante a pandemia. *MST*, 14 jan. 2022. Disponível em: https://mst.org.br/2022/01/14/mst-ultrapassa-6-mil-toneladas-de-alimentos-doados-durante-a-pandemia/:~:text=Desde%20o%20in%C3%ADcio%20da%20pandemia,as%20grandes%20regi%C3%B5es%20do%20pa%C3%ADs%3E . Acesso em: 26 maio 2022.

GUIMARÃES, Juca. Feira da Reforma Agrária entra no calendário official do turismo em São Paulo. *Brasil de Fato* (SP), 4 set. 2019. Disponível em: https://www.brasildefato.com.br/2019/09/04/feira-da-reforma-agraria-entra-no-calendario-oficial-do-turismo-em-sao-paulo. Acesso em: 27 maio 2019.

JORNADA DE AGROECOLOGIA. Cartilha da 18ª Jornada Agroecológica, Curitiba, 2019. Disponível em: https://jornadadeAgroecologia.org.br/wp-content/uploads/2019/09/Cartilha-Jornada-_2019-web.pdf. Acesso em: 27 maio 2022.

IPES-Food – International Panel of Experts on Sustainable Food. The Global Alliance for the future of food. 2017. Disponível em: https://www.ipes-food.org/_img/upload/files/Health_FullReport(1).pdf. Acesso em: 27 maio 2022.

LOUZADA, M. L. D. C.; CANELLA, D. S.; JAIME, P. C.; MONTEIRO, C. A. *Alimentação e saúde:* a fundamentação científica do Guia Alimentar para a População Brasileira. São Paulo: Faculdade de Saúde Pública da USP, 2019.

MELLO, Daniel. Estudo projeta redução de áreas de produção de arroz e feijão. *Agência Brasil*, 19 jul. 2020. Disponível em: https://agenciabrasil.ebc.com.br/economia/noticia/2020-07/estudo-projeta-reducao-de-areas-de-producao-de-arroz-e-feijao. Acesso em: 26 maio 2022.

MST. Movimento dos Trabalhadores e Trabalhadoras Sem Terra. *Plano Nacional Plantar Árvores, Produzir Alimentos Saudáveis*. 2020. Disponível em: https://mst.org.br/especiais/plantar-arvores-produzir-alimentos-saudaveis/apresentacao. Acesso em: 27 maio 2022.

PESSOA, Kauê B. *Agriculturas em disputa:* a jornada de Agroecologia como expressão de um projeto agroecológico no Paraná. Tese de Doutorado. Programa de Pós-graduação em Sociologia/PGSOCIO – Universidade Federal do Paraná. Curitiba, PR. 2020.

PIMENTEL, Anne Geraldi; IKUTA, Fernanda Keiko. Uma análise trans-escalar sobre os conflitos e as resistências nas práticas agroecológicas camponesas da Associação dos grupos de agricultores ecológicos São Francisco de Assis na região Sudeste do Paraná. *In:* TÁRREGA; Maria Cristina Vidotte Blanco; ISAGUIRRE-TORRES Katya Regina; SANTOS, Gilda Diniz dos (coord.). *Conflitos agrários na perspectiva socioambiental.* Goiânia: Ed. da PUC/Goiás, 2020.

REDE BRASILEIRA DE PESQUISA EM SOBERANIA E SEGURANÇA ALIMENTAR (REDE PENSSAN). *VIGISAN: Inquérito Nacional sobre Insegurança Alimentar no Contexto da Pandemia da Covid-19 no Brasil.* Rio de Janeiro: Rede

Penssan, 2021. Disponível em: http://olheparaafome.com.br/. Acesso em: 24 jul. 2021.

SCRINIS, Gyorgy. *Nutricionismo: a ciência e a política do aconselhamento nutricional.* São Paulo: Editora Elefante, 2021.

SODRÉ, Lu. 18ª Jornada de Agroecologia conquista diálogo entre campo e cidade. *Brasil de Fato*, 2 set. 2019. Disponível em: https://jornadadeAgroecologia.org.br/2019/09/02/18a-jornada-de-Agroecologia-conquista-dialogo-entre-campo-e--cidade/. Acesso em: 27 maio 2022.

TARDIN, José Maria; TONÁ Nilciney; FRIGO, Darci; BITTENCOURT, Naiara. Jornada de Agroecologia: 18 anos de construção e luta. *In: Cartilha 18ª Jornada de Agroecologia*. Por uma Terra Livre de Transgênicos e Sem Agrotóxicos, Cuidando da Terra, Cultivando Biodiversidade e Colhendo Soberania Alimentar e Construindo o Projeto Popular para a Agricultura! Curitiba, 2019.

TOLEDO, Victor M. Agroecologia. *In:* KOTHARI, Ashish; SALLEH, Ariel; ESCOBAR, Arturo; DEMARIA, Federico; ACOSTA, Alberto (Orgs.) *Pluriverso.* Um dicionário do pós-desenvolvimento. ELEONORA, Isabella Victoria. São Paulo: Editora: Elefante, 2021.

Educação do Campo e Jornadas de Agroecologia no Paraná: fortalecimento da territorialização da Agroecologia

Sônia Fátima Schwendler
Maria Isabel Farias
Valter de Jesus Leite
André de Souza Fedel
Mirelle Gonçalves

O presente capítulo tem o intuito de abordar as Jornadas de Agroecologia como espaços de formação humana, construídos coletivamente com intencionalidade pedagógica, a partir dos vínculos entre educação, Agroecologia, soberania alimentar e luta social.

Partindo de uma concepção de educação como processos de humanização de sujeitos coletivos diversos, como pedagogias em movimento (Arroyo, 2003), compreendemos as próprias Jornadas Agroecológicas como espaços por excelência da educação não formal, em que conhecimentos são trocados, apreendidos, construídos e ressignificados, tendo os próprios movimentos sociais como sujeitos pedagógicos (Arroyo, 2003; Caldart, 2000), intelectuais orgânicos coletivos (Gramsci, 1971), produtores e agenciadores de saberes (Gohn, 2014). Uma "coletividade em movimento que é educativa, e que atua intencionalmente no processo de formação das pessoas que a constituem" (Caldart, 2000, p. 199).

A educação não formal aglutina ideias e saberes construídos por meio da socialização de experiências, produz conhecimento pela reflexão a partir do cruzamento entre os saberes herdados e saberes novos adquiridos. Trata-se de "um processo sociocultural e histórico que ocorre de modos distintos e por meio de pedagogias e mecanismos próprios em cada cultura" (Gohn, 2014, p. 47). Destaca-se aí a Pedagogia do Movimento, uma práxis de formação humana constituída na historicidade das ações e das reflexões pedagógicas produzidas pelos movimentos sociais (Caldart, 2000), que, ao transformarem as circunstâncias da opressão e da luta para superá-las em um processo educativo, recriam a própria Pedagogia do Oprimido (Freire, 1987), "possibilitando o empoderamento dos sujeitos do campo, que aprendem a afirmar um saber social, uma identidade de classe, de campesinidade, tendo como horizonte um projeto de sociedade, de campo e de educação" (Schwendler, 2010, p. 280).

Os movimentos sociais do campo, inspirados nos ensinamentos do educador Paulo Freire, estão construindo uma pedagogia agroecológica vinculada à territorialidade (Rosset *et al.*, 2019) e aos fundamentos de um projeto de desenvolvimento do campo com base nos princípios e na tradição camponesa. Considerando que "o aprendizado gerado e compartilhado na educação não formal não é espontâneo porque os processos que o produzem têm intencionalidades e propostas" (Gohn, 2014, p. 40), entende-se as Jornadas de Agroecologia como espaços pedagógicos de construção de epistemologias de resistência que põem em evidência uma ecologia política – "um campo de investigação teórica e de ação política frente às crises ambientais, à destruição das condições de sustentabilidade da civilização humana causadas pelo processo econômico e a tecnologização da vida" (Leff, 2015, p. 33, tradução nossa). As Jornadas são espaços pedagógicos de formação, síntese das forças sociais e políticas em movimento e em luta, e assumem a Agroecologia em sua práxis social. Elas se constituem como esse sujeito político coletivo que educa sendo educado e se materializa nesse processo político pedagógico, em que busca criar consciência da interconexão mutualista entre campo e cidade.

No contexto dos movimentos populares, para os construtores das Jornadas, como a Via Campesina, a própria Agroecologia vem se constituindo como uma concepção pedagógica central a partir de dimensões que lhe são intrínsecas, como a luta feminista, anticolonial e de classe (Rosset *et al.*, 2019). A Agroecologia se configura como uma práxis política e pedagógica, que apreende os conhecimentos ancestrais dos povos originários, dos camponeses e camponesas do campo – "convenientemente apropriados e sistematicamente desqualificados" (Guhur e Silva, 2021, p. 61) –, e os ressignifica a partir dos avanços da ciência moderna e da ética do cuidado do ser humano e da natureza não humana. A Agroecologia é, antes de tudo, construção coletiva e histórica, projeto político. Tem como síntese uma dimensão totalitária da vida como práxis que reflete a "contribuição originária e permanente dos povos campônios", que se atualiza e é exponencial no encontro dialógico problematizador e mutuamente complementar com a comunidade acadêmico-científica e com seus conhecimentos e práticas (Tardin, 2022).

A consciência agroecológica no campesinato, baseada na observação da natureza e no trabalho com ela para a produção e distribuição do alimento, é fundamental para a construção de alternativas para o campo e a rejeição do projeto do capitalismo global, que coloca a sobrevivência da humanidade em risco

(Rosset *et al.*, 2019). Nesse sentido, ao decolonizar os saberes e ao legitimar "outros conhecimentos-saberes-sabedorias", constituem-se modos alternativos de compreender a própria realidade, a natureza, a vida humana e as relações sociais, de modo que se abrem novas possibilidades para a reconstrução da vida humana no planeta (Leff, 2015).

Diante desse contexto, a dimensão política da Agroecologia ganha cada vez mais centralidade, o que se corporifica "na luta dos camponeses, povos tradicionais e originários pelas condições de sua própria reprodução social", na conexão com "a saúde e a soberania alimentar, que mobiliza também os trabalhadores urbanos" e na construção de "outro projeto societário" (Guhur e Silva, 2021, p. 60). A soberania alimentar consiste no "direito dos povos a alimentos nutritivos e culturalmente adequados,[1] acessíveis, produzidos de forma sustentável e ecológica e o direito de decidir o seu próprio sistema alimentar e produtivo". Entre outros elementos, a soberania alimentar implica acesso à terra, ao território, e "supõe novas relações sociais livres de opressão e desigualdades entre homens e mulheres, grupos étnicos, classes sociais e gerações" (Declaração De Nyélény, 2007).

A Agroecologia, elemento essencial da soberania alimentar, é compreendida como práxis, a partir de três pilares que se influenciam e se tensionam mutuamente: prática social, ciência, e movimento social ou luta política (Wezel *et al.*, 2009; Van Der Ploeg, 2011; Altieri, 2012; Siliprandi; 2013; Telles, 2018; Gliessman, 2018; Candiotto, 2020; Guhur e Silva, 2021), como demonstrado na figura a seguir.

[1] A soberania alimentar foi lançada, como paradigma e princípio, pela Via Campesina na Cúpula Mundial sobre a Alimentação de 1996, em Roma, na Itália.

Figura 1 – Pilares de sustentação

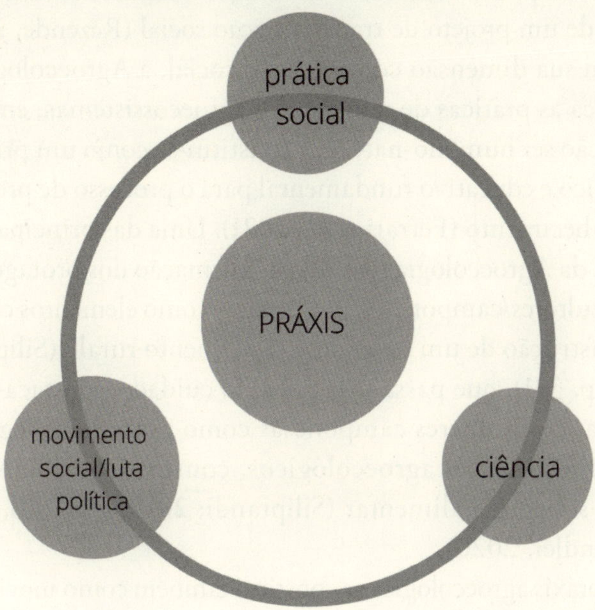

Nessa relação dialética, a práxis agroecológica se constitui como um processo pedagógico sistemático e contínuo de educação popular, de troca de cultura, de construção coletiva de conhecimentos. Foi justamente a partir dos processos populares de apreensão e socialização comunitária de saberes, especialmente por meio do método pedagógico *Diálogo de saberes no encontro de culturas,*[2] "a partir de um compromisso ético-político, de *classe*" (Guhur e Silva, 2021, p. 66), e do *método campesino a campesino,* que se "estabeleceu uma síntese teórico-epistemológica-metodológica que está na origem da Agroecologia como ciência" (Tardin e Travassos, 2021, p. 376), como teoria crítica (Van Der Ploeg,

2 Para maiores detalhes, ver Rezende (2018).

2011), em que se forja uma nova relação com o conhecimento, a partir de um projeto de transformação social (Rezende, 2018).

Em sua dimensão como prática social, a Agroecologia ressignifica as práticas de manejo dos agroecossistemas, em que a interação ser humano-natureza constitui-se como um princípio ecológico e educativo fundamental para o processo de produção de conhecimento (Ferrari *et al.*, 2021). Uma das principais inovações da Agroecologia tem sido a "afirmação dos protagonistas – agricultores/camponeses/indígenas – como elementos centrais na construção de um novo desenvolvimento rural" (Siliprandi, 2013, p. 331), que passa pela ética do cuidado. Destaca-se aí a autoria das mulheres camponesas como portadoras legítimas de conhecimentos agroecológicos, constituídos como bases para a soberania alimentar (Siliprandi; 2013; Coradin, 2020, Schwendler, 2020).

A práxis agroecológica se constitui também como movimento social, como luta contra-hegemônica ao modelo de expropriação e exploração dos corpos, territórios e saberes camponeses. Destaca-se, no entanto, conforme alerta Van Der Ploeg (2011), que esse movimento não inclui apenas aqueles diretamente envolvidos na prática e/ou teoria da Agroecologia, mas também os que defendem uma alimentação saudável, produzida de forma sustentável, com justiça social e relações equânimes entre cidade e campo.

A unidade dessas três dimensões da Agroecologia (prática, ciência/teoria, movimento social/luta política) produz uma sinergia que fortalece cada nível, que por sua vez retroalimenta e amplifica o todo: um processo pedagógico que envolve crítica, debates e contradições (Van Der Ploeg, 2011), em que a Educação do Campo – compreendida como conceito, prática, movimento e concepção, que implica "um modo de lutar, de pensar e de fazer a educação que se enraíza no trabalho do campo e em seus sujeitos, suas lutas, sua cultura, seu modo de produzir e respeitar a vida" (Caldart, 2021, p. 356) –, assume um papel central.

A inserção da Educação do Campo nos processos de territorialização da Agroecologia ocorre por meio do vínculo orgânico "entre processos *educativos e processos de produção material da vida"*. (Caldart, 2021, p. 359). Essa conexão, que evidencia a tradição pedagógica emancipatória presente na Educação do Campo, se materializa na Agroecologia como práxis quando "é apropriada pelos camponeses, em formas 'agriculturais' marcadas pela diversidade étnica, cultural, política, e isso implica educar todas as gerações na direção da desalienação, do trabalho e da natureza" (Caldart, 2021, p. 359-360).

Para aprofundar esse processo, abordaremos o papel da Educação do Campo na constituição das Jornadas de Agroecologia, como dimensão educativa, não formal, por meio do seu processo pedagógico-organizativo, das temáticas abordadas, dos seminários e do Túnel do Tempo (uma atividade desenvolvida em quase todas as edições da Jornada e que se consolidou como um espaço de construção pedagógica) e com visitação das escolas. A reflexão sobre o Túnel do Tempo será feita em diálogo com e a partir de depoimentos de sujeitos que vivenciaram/organizaram este ambiente educativo de debate e socialização dos processos de pesquisa e trabalhos, desde o contexto dos estudantes e das escolas do campo.

Neste artigo, ainda discutiremos o conhecimento em movimento construído nas Jornadas, que articula a prática social das mulheres e dos homens do campo em sua diversidade e que se reconstrói no diálogo entre culturas, em que a própria ciência se descoloniza em seus processos de produção e socialização do conhecimento. A luta político-organizativa dos movimentos sociais em diálogo com as universidades envolvidas potencializa a luta contra-hegemônica do movimento agroecológico, que se fortalece com as Jornadas em desenvolvimento desde 2002.

O papel da Educação do Campo na constituição das Jornadas de Agroecologia

A Educação do Campo (EdoC) e as Jornadas de Agroecologia foram estreitando os laços no decorrer da história no Paraná. É importante compreender que não podemos pensar a EdoC sem a Agroecologia, e vice-versa, pois, as duas fazem parte da perspectiva de campo que as sustenta, sendo elas possibilidades concretas de transformação social.

A Agroecologia e a EdoC possuem uma visão integradora, de cooperação, desde as plantas até a relação entre as pessoas. A Agroecologia sustenta um projeto de campo que discute a biodiversidade, as sementes, a soberania alimentar, a produção e o consumo da alimentação saudável que implica o cuidado de si, dos outros e da natureza não humana; cuidado que envolve a construção de relações de igualdade, de respeito entre as pessoas e a superação de qualquer forma de discriminação e violência. E é nessa perspectiva, com uma consciência agroecológica, que a EdoC tem se consolidado nos seus 24 anos de história.

A EdoC, por meio dos processos de formação humana com intencionalidade pedagógica, assume o desafio de fortalecer a epistemologia originária da Agroecologia, que "é de conexão orgânica entre a elaboração e apropriação científica e as múltiplas formas de conhecimento produzido pelas famílias camponesas em sua prática social histórica, de modo a fortalecê-las na capacidade de comando real do processo produtivo" (Caldart, 2017, p. 308-309). Nas Jornadas de Agroecologia, por meio do *Diálogo de Saberes* e do *método campesino a campesino*, esse conhecimento das famílias camponesas, com destaque para o das mulheres – que em função de uma cultura patriarcal tiveram seus conhecimentos invisibilizados –, assume uma centralidade, em especial, por meio das oficinas. A EdoC se materializa nesses espaços e nos processos pedagógicos constituídos nas Jornadas com intencionalidade formadora para a construção de uma ecologia política.

Desde a primeira Jornada de Agroecologia, a Educação do Campo esteve na construção desse ideário de campo, de sociedade e de conhecimento que buscamos, porque todas as temáticas da Agroecologia fazem parte da construção da EdoC, mesmo antes da inserção de um espaço específico ou de sua denominação. Foi por intermédio do Túnel do Tempo, organizado por escolas que se integravam, com alguns seminários que ocorriam nas Jornadas e com as temáticas debatidas, que a EdoC foi ganhando visibilidade nas Jornadas.[3] Uma das questões que vale ressaltar é que a Agroecologia como um todo se funde com a concepção de EdoC. Então, ao olharmos os programas das Jornadas de Agroecologia, percebemos que a discussão assume a mesma abordagem. Em 2015, além do Seminário Estadual da Articulação Paranaense por uma Educação do Campo,[4] organizado na Jornada, uma turma da Licenciatura em Educação do Campo da UFPR, em parceria com a Escola Latina de Agroecologia, foi responsável pelo Túnel do Tempo, que contou a história da Guerra do Contestado.

As Jornadas de Agroecologia, como espaços pedagógicos de Educação do Campo, sempre trouxeram a importância de repen-

---

3 Em 2007, na 10ª Jornada, houve um seminário intitulado "Educação do Campo".

4 A Articulação Paranaense por uma Educação do Campo, como o próprio nome diz, articula diversos movimentos sociais, organizações, escolas, comunidades, universidades, sindicatos para juntos pensar, lutar, debater e elaborar a Educação no Estado. Nasce em 1998, no primeiro seminário de EdoC no Paraná, e é efetivada em 2001. Desde então, tem-se destacado nas ações e lutas por uma Educação do e no Campo.

sar a sociedade, de repensar a vida, de repensar a produção de alimentos e, de forma mais abrangente, de como nos relacionamos com a natureza humana e não humana. As Jornadas têm contribuído para fazer contraposição e compreender como o modo de produção vigente dita as regras e determina o que plantar, o que comer, o que vestir, o que consumir, considerando que estamos caminhando para o esgotamento. A Agroecologia se coloca então como a alternativa que pode restabelecer a relação com a natureza, e a EdoC a tem como um pilar estruturante de concepção e formação. No processo de construção da EdoC, o encontro com a Agroecologia, segundo Caldart (2020, p. 5), "radicaliza seu vínculo de origem com as lutas e os processos de trabalho da agricultura de base camponesa". Esse encontro também impacta a Agroecologia, na medida em que contribui "no seu enraizamento em um número maior de territórios camponeses e na sua semeadura nas novas gerações que continuarão sua construção e as lutas sociais necessárias para que se torne uma alternativa socialmente hegemônica" (p. 5), como demonstra o testemunho da jovem assentada, Ana Claudia dos Santos, do Assentamento Contestado, na Lapa-PR:

> Uma das minhas primeiras experiências com a Agroecologia foi participar dos espaços da Jornada de Agroecologia. Depois disso, que eu comecei, eu não perdia nenhuma Jornada mais, né? Tipo, era a expectativa quanto chegava a Jornada de Agroecologia, né, e aquele monte de sementes e aquelas experiências, aquela troca de experiência. Então, tem uma outra forma de produzir, tem outra possibilidade de a gente produzir o nosso próprio alimento.[5]

A Agroecologia e a EdoC representam a defesa de outro projeto de sociedade, outra perspectiva de vida, porque o produto

[5] Entrevista concedida a Sônia Fátima Schwendler, em junho de 2019, como parte do Projeto: Formação em gênero, trabalho e sexualidade – II etapa.

saudável, em tese, não é aquele produto que só é livre de agrotóxico. A lógica da Agroecologia é um processo de mudança de visão, de postura, mudança em relação ao sistema agroalimentar e à própria vida. Compreendemos que a Agroecologia é todo um sistema que envolve a produção da vida em relação com o solo, com a água, com o ar e com todos os seres vivos.

No processo de transição de uma agricultura convencional para a Agroecologia, os movimentos sociais, como intelectuais orgânicos coletivos (Gramsci, 1971), têm um papel pedagógico de construção de uma consciência ecológica nos espaços das comunidades camponesas, nos assentamentos e acampamentos de reforma agrária, nas escolas do campo, como revela a fala da professora assentada Tania Bagnara, do Assentamento Contestado, na Lapa-PR.

> Então, as pessoas tinham aprendido, tinham se formado a produzir de forma convencional. Então como é que você vai fazer Agroecologia com uma pessoa que não sabe fazer? Então tem que ensinar. Então, teve muitos cursos de formação, na área da produção, para ensinar as pessoas a produzir de forma ecológica. Digamos, foi um curso intensivo de anos ali de experimentação, de formação, pra ensinar essas pessoas. [...] E lá [nas Jornadas de Agroecologia], é uma troca de bastante experiência, né, da Agroecologia, da educação. Três ou quatro dias ali que você tem uma troca muito grande de cultura e de conhecimentos nessa área.[6]

Nos espaços educativos formais, como nas escolas e universidades, bem como nos espaços de educação não formal, como nas Jornadas, a Educação do Campo semeia e enraíza a proposta da Agroecologia "como filosofia de vida e de resistência camponesa" (Schwendler, 2020, p. 132). É diante desse contexto, e de uma participação cada vez maior de escolas do campo e Universidades nas Jornadas de Agroecologia, que a Articulação Paranaense por

6 Entrevista concedida a Sônia Fátima Schwendler, em junho de 2019, como parte do Projeto "Formação em gênero, trabalho e sexualidade – II etapa".

uma Educação do Campo solicitou um espaço formal dentro da 14ª Jornada de Agroecologia, que ocorreu no município de Irati. Naquele ano, foi realizada uma mesa de debate e uma reunião ampliada, sob a organização da Articulação. Esse espaço se consolidou dentro das Jornadas que se seguiram, como demonstra este quadro:

Quadro 1 – Jornadas de Agroecologia e os Seminários da Educação do Campo

Ano	Local	Número	Seminário/Temática.
2015	Irati	14ª	Seminário de Educação do Campo e Reunião Ampliada.
2016	Lapa	15ª	Educação do Campo: caminhos e perspectivas na construção da agroecologia.
2017		16ª	Educação do Campo e Agroecologia.
2018	Curitiba	17ª	"Educação do Campo e Agroecologia na construção da emancipação".
2019		18ª	Plenária da Articulação Paranaense por uma Educação do Campo. Mesa de debate: "Agroecologia: cultura e ciência popular na resistência dos Povos no Território".

Fonte: Programações disponíveis das Jornadas Edições 2015, 2016, 2017, 2018 e 2019.

As Jornadas têm um papel fundamental quando pensamos na construção de um ideário de sociedade mais justa e igualitária, pois ela apresenta um caminho. Nessa perspectiva, a Articulação Paranaense por uma Educação do Campo está fazendo o debate por dentro da Jornada, tendo como eixo articulador a Educação do Campo. Em 2015, quando aconteceu a 14ª Jornada em Irati, foi organizada uma reunião ampliada, tendo a participação das diversas representações que compõem a Articulação. Em 2016, na 15ª Jornada, no município da Lapa, o seminário teve como centralidade a construção histórica da EdoC, os desafios da construção da Agroecologia nas escolas do campo como resistência e enfrentamento, assim como os desafios e perspectivas da luta na conjuntura daquele momento. Também consideramos que na diversidade de territórios era importante naquele momento trazer depoimentos sobre como a resistência acontece, bem como debater as propostas pedagógicas e a formação de professores do campo. Em 2017, na 16ª Jornada, o tema do seminário foi "Educação do Campo e Agroecologia". Essa conexão, tão importante, tem na sua essência a resistência e a luta por direitos, que são próprias da EdoC e da Agroecologia.

No ano de 2018, a 17ª Jornada aconteceu na Universidade Federal do Paraná, com um seminário que tratou da Educação do Campo e da Agroecologia na construção da emancipação. Também comemoramos os 20 anos de construção da Educação do Campo no Brasil, com muitas experiências no Paraná,[7] as quais foram registradas por meio de uma cartografia feita pela Articulação Paranaense por uma Educação do Campo em parceria com o Observatório da Questão Agrária no Paraná. A construção já iniciou no planejamento do seminário, e na sequência se constituiu um processo coletivo de apresentação das ações de todas as organizações que construíram a Educação do Campo no Paraná. Percebemos que foram muitas, mas para a representação cartográfica era necessário criar categorias. Decidimos então pensar as regiões e as ações. A metodologia escolhida foi organizada em parceria com o Observatório, que consistia em, durante a apresentação, as ideias serem colocadas no esboço fixo na parede. Isso foi feito para não perdermos nenhum resgate histórico do que estava sendo apresentado, o que foi fundamental para sistematizar e criar as categorias que representam as ações. Essa cartografia, publicada no Atlas da Questão Agrária no Paraná (2021), retrata parte das realizações e das lutas pela Educação do

7 Nesse seminário, para além de comemorações, a mesa considerou a necessidade de a Articulação Paranaense por uma Educação do Campo agregar processos (Freire, Fedel e Alba, 2018).

Campo no Estado, e foi dentro da Jornada que se constituiu o espaço para essa construção.

Já em 2019, na 18ª Jornada, também ocorrida na UFPR, a Articulação Paranaense por uma Educação do Campo realizou uma plenária reunindo os diversos movimentos sociais, organizações, sindicatos e universidades públicas. Em paralelo, estavam ocorrendo em outros espaços a reunião de ações, projetos e cursos em desenvolvimento nas universidades, bem como o Túnel do Tempo, sob a organização das escolas do Campo,[8] com destaque para o debate: "Agroecologia: cultura e ciência popular na resistência dos Povos no Território", que nos trouxe elementos importantes para compreendermos essa dialética que reúne a EdoC e a Agroecologia.

Compreendendo as Jornadas como espaços pedagógicos de formação humana que abordam a produção da vida, é importante registrar que todos os temas das Jornadas têm relação direta ou indireta com a Educação do Campo. Se trazemos para o debate a importância da vida humana e não humana da natureza no planeta, nós precisamos começar a discutir outra possibilidade de produzir e preservar a vida, e a Agroecologia e a Educação do Campo se constituem como caminhos e alternativas viáveis.

Assim, não podemos desvincular a discussão, o estudo e a construção da Agroecologia e da Educação do Campo, pois são processos integrados de formação. A Agroecologia não é só uma luta dos sujeitos da agricultura, mas é também de homens e mulheres do campo e da cidade, da escola, da universidade, da comunidade, de todos os lugares onde há a possibilidade de construir um mundo melhor. A Agroecologia, como prática, ciência e movimento social,

8 A 19ª Jornada ia acontecer novamente na UFPR, mas foi adiada em função da pandemia.

se apresenta como uma alternativa de vida, de enfrentamento da fome e faz a contraposição ao modelo do agronegócio. Quando pensamos na Agroecologia, precisamos pensar que há desigualdade na distribuição das terras, que existe muita pobreza e destruição ambiental, fruto do modelo agroexportador de *commodities*.

Os sujeitos coletivos envolvidos na construção da EdoC e da Agroecologia têm desenvolvido muitas experiências, formações e produções que ocupam diferentes frentes de trabalho, objetivando ampliar a territorialização das bases científicas às diferentes gerações para subsidiar o processo de produção social alicerçado em novas relações sociais, e que objetivam a reconstrução e transição para formas ecológicas e economicamente sustentáveis de produzir alimentos e a vida (Gonçalves *et al.*, 2019). Vejamos a seguir as frentes que integram essa ação:

Figura 2 – Frentes para o fortalecimento da Agroecologia e Educação do Campo.

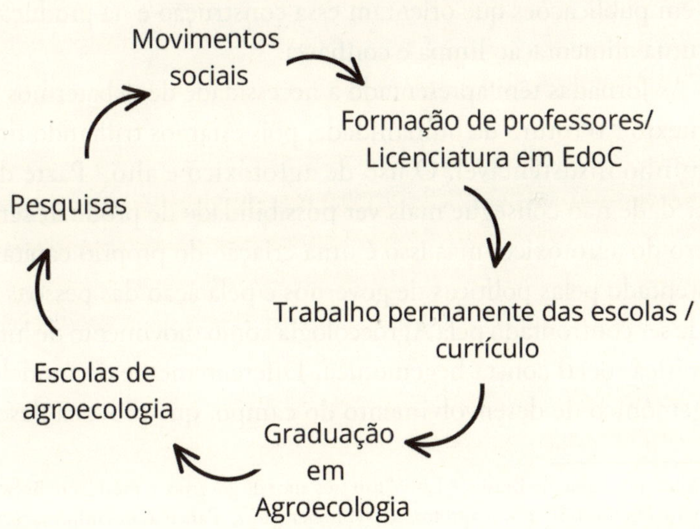

Legenda: organizado pelos autores.

As Jornadas de Agroecologia têm possibilitado essa construção. A Agroecologia existe há milhares de anos, uma práxis camponesa que se mantém. Destacamos a importância das mulheres nessa prática, assim como os movimentos populares que estão fortalecendo esse território em disputa. Ao mesmo tempo que fortalece, territorializa-se em cada assentamento, em cada acampamento, nas escolas e universidades, em cada comunidade e organização que se dispõe a fazer Agroecologia.

Diante disso, as iniciativas de forjar um conceito na academia, de uma prática que é milenar, têm sido importantes. Além do registro das práticas, das experiências e da contraposição com a forma de produção vigente, faz-se necessário estarmos em vários lugares de atuação, porque pensar a Agroecologia exige que ela esteja no campo, na cidade, nas universidades, nos movimentos e nas escolas. Essa construção faz com que pesquisas importantes aconteçam, evidenciando o valor que essa prática possui, resultando em publicações que orientam essa construção e na produção de uma alimentação limpa e confiável.

As Jornadas têm apresentado a necessidade de debatermos o contexto e o futuro da humanidade, pois estamos trilhando um caminho insustentável. O uso de agrotóxico é alto.[9] Parte da sociedade não consegue mais ver possibilidade de produzir sem o uso do agrotóxico, mas isso é uma criação do próprio capital, sustentado pelas políticas de governos e pela ação das pessoas e pode ser confrontado pela Agroecologia como movimento de luta e prática social contra-hegemônica. Diferentemente do modelo hegemônico de desenvolvimento do campo, que provoca dese-

[9] Ver reportagem do Brasil de Fato: “Em três anos de governo, o presidente Bolsonaro liberou 1.517 novos agrotóxicos” (Bhoher, 2022). Para maiores informações, ver: Campanha permanente contra os agrotóxicos e pela vida (2020). A esse respeito, ver também o relatório anual sobre o uso de agrotóxicos (Ibama, 2016).

quilíbrio na sustentabilidade da vida no planeta, a Agroecologia produz um equilíbrio, que passa pela organização da vida humana e não humana da natureza como um todo. Nesse processo, podemos perceber a importância do princípio da diversidade, que, no contexto da natureza não humana, é condição para uma agricultura sustentável. Na formação humana, e em específico na Educação do Campo, assume um papel crucial no encontro de culturas e no diálogo de saberes: "Tanto na natureza como na sociedade a diversidade explicita contradições (nem sempre antagônicas) e traz tensões na vida prática, em um movimento de superação necessário às finalidades tanto da Agroecologia como da Educação do Campo" (Caldart, 2021, p. 359).

O Túnel do Tempo e sua relação com o trabalho pedagógico das escolas do campo

Como parte do processo pedagógico das Jornadas de Agroecologia, o Túnel do Tempo tem sido um espaço-tempo que integra o esforço coletivo de fortalecer a Educação do Campo e a Agroecologia por meio da ação conjunta dos movimentos sociais, escolas do campo e universidades na interlocução com o conjunto da sociedade.

O Túnel do Tempo se tornou uma tradição e um elemento formativo e cultural das Jornadas de Agroecologia. Anualmente, as escolas do campo integram a programação da Jornada por meio desse ambiente educativo de debate e socialização dos processos de pesquisa e trabalhos desenvolvidos pelos estudantes no Estado do Paraná.

De acordo com a Educadora Popular Sivone Ernst Silva, foi no ano de 2008 que se realizou o 1º Túnel do Tempo durante a programação da 7ª Jornada de Agroecologia, realizada em Cascavel. Segundo Sivone, a origem da construção do Túnel do

Tempo como uma metodologia de educação popular vinculada à Agroecologia tem seus embriões no Colégio Estadual Francisco Neves Filho, de São João do Triunfo (PR), onde já desenvolviam o túnel na própria escola, desde 2002.[10]

Sivone relata que a motivação inicial para a construção do Túnel do Tempo na Jornada de Agroecologia de 2008 partiu do contato de José Maria Tardin com a experiência do túnel no colégio, o qual desafiou a equipe pedagógica a compartilhar essa ferramenta metodológica de socialização do conhecimento acerca da agricultura, tendo como principais sujeitos a juventude.

Em 2008, participaram da construção do Túnel 80 pessoas, entre estudantes e educadores(as). Naquela ocasião, o Túnel do Tempo abordou a *História da agricultura desde o surgimento na humanidade até a atualidade*, por meio de diversos ambientes com cenários distintos que remontaram épocas diferentes da história.

Na 8ª edição da Jornada, realizada em Francisco Beltrão, no ano de 2009, os estudantes e educadores(as) do Colégio Estadual Francisco Neves Filho assumiram novamente o desafio de construir o Túnel do Tempo com o tema da *História da humanidade e da agricultura no mundo*, composto por 18 ambientes caracterizados por diferentes períodos históricos e apresentado pelos próprios estudantes. De acordo com Sivone, o coletivo escolar Francisco Neves Filho também participou e contribuiu na construção dos Túneis do Tempo das Jornadas realizadas em 2010 (Francisco Beltrão), 2011 (Londrina), 2015 (Irati), 2016 (Lapa) e 2017 (Lapa). Em cada localidade, foram se agregando outros sujeitos coletivos da região no pensar e desenvolver do Túnel do Tempo.

Nas edições da Jornada de Agroecologia dos anos de 2013 e 2014, realizadas na Escola Milton Santos (EMS), o Túnel

10 Entrevista concedida a Valter de Jesus Leite no dia 29 de outubro de 2021.

do Tempo assumiu uma característica diferenciada dentre os temas, sendo em 2013 o tema *História da Escola Milton Santos*, evidenciando, conforme relata a educadora popular Josiane Gonçalves, "os processos coletivos de construção física e formativa da trajetória histórica da escola. Esse espaço pedagógico, além de rememorar os fundamentos da escola, possibilitou aos visitantes conhecer a história dessa escola, que, desde as práticas de educação popular, contribui na formação humana para fazer avançar a Agroecologia".[11] Na edição de 2014, intitulado de *30 anos de Luta*, o Túnel do Tempo foi composto pela exposição das obras de arte do artista plástico Acir Batista, as quais traduzem dimensões do projeto agroecológico, assim como afirmou a arte como instrumento de luta e resistência dos povos do campo. Em ambas as edições, o Túnel do Tempo foi concebido pela equipe da EMS e pelas turmas de técnico em Agroecologia e Pedagogia em andamento na escola.

No ano de 2015, na 14ª edição da Jornada de Agroecologia, realizada em Irati, o Túnel do Tempo abordou o tema dos *100 anos da Guerra do Contestado*, já que a Jornada ocorreu na região onde se deu a Guerra do Contestado (1912 a 1916). Sua construção contou com a participação da Escola Latino-Americana de Agroecologia (ELAA), localizada no Assentamento Contestado, município da Lapa, e de estudantes e professores do Colégio Estadual Francisco Neves Filho, de São João do Triunfo. O objetivo foi traduzir a história do povo desde sua perspectiva, de modo a valorizar a cultura de rebeldia e da luta camponesa e popular de que o território do Contestado foi palco. O tema do centenário da Guerra do Contestado ofereceu continuidade no Túnel do Tempo da 15ª Jornada de Agroecologia (2016), realizada no município da

11 Entrevista concedida a Valter de Jesus Leite no dia 27 de novembro de 2021.

Lapa, ampliando com a participação de estudantes e professores da Escola Municipal do Campo e do Colégio Estadual do Campo Contestado, que cultivam e mantêm viva a memória histórica da maior guerra civil camponesa da América do Sul (Ghisi, 2016).

Na 17ª Jornada de Agroecologia (2018), o Túnel do Tempo adquiriu novos contornos com a ampliação dos sujeitos envolvidos nos processos de construção, desde a definição do tema, pesquisa, produção de material e a sua montagem no pátio da reitoria da Universidade Federal do Paraná (UFPR). Nessa edição, participaram coletivos de educadores(as) e estudantes de 12 escolas do campo de áreas da reforma agrária, além de professores, pesquisadores e acadêmicos de universidades públicas que atuam com a Educação do Campo. Intitulado de *Agricultura, luta e resistência*, o espaço contou com oito ambientes caracterizando períodos históricos da agricultura, desde sua origem até os momentos atuais, subdivididos em 15 temas.

Em continuidade à ampliação de sujeitos coletivos envolvidos na edificação do Túnel do Tempo, na 18ª Jornada (2019), a partir de diálogos do Setor de Educação do MST com sujeitos da Articulação Paranaense por uma Educação do Campo, 16 coletivos de estudantes e educadores oriundos de escolas de assentamento, de acampamento, de quilombolas e indígenas constroem o Túnel intitulado *Luta pela Terra e a construção da soberania popular no Brasil*. Esse espaço pedagógico abordou as culturas, as formas de cultivo da terra que viviam e os processos que desencadearam a organização dos povos do campo em prol da luta pela terra nos diferentes períodos históricos, destacando sua importância para a defesa dos territórios, defesa das sementes, da biodiversidade e a construção da soberania popular no Brasil.

O Túnel do Tempo foi adquirindo, entre uma edição e outra, um maior nível de complexidade e novos desafios formativos, afirmando, assim, a Jornada de Agroecologia como um espaço da unidade da diversidade cultural camponesa, de alianças e de enraizamento nos processos históricos da luta pela terra e da agricultura.

Foto 1 – Túnel do Tempo 2018

Foto: Leandro Taques.

Ao caracterizar a metodologia de construção do Túnel, Sivone salienta que é um processo de pesquisa participativa, com participação de estudantes nas diferentes etapas da construção, envolvendo:

> escolha do tema, definição da cronologia da história por meio de pesquisa bibliográfica, coleta de dados por meio de pesquisa de campo, escrita da história de forma que possa ser apresentada oralmente e visualmente, produção de materiais, utilizando de diferentes linguagens para expressar cada fase do túnel e a montagem.[12]

12 Entrevista concedida a Valter de Jesus Leite no dia 29 de outubro de 2021.

Ou seja, a metodologia assume um amplo caráter de participação coletiva, desde os estudantes, educadores(as) e envolvendo as famílias da comunidade, constituindo fecundos tempos e espaços de trabalho interdisciplinar por meio da pesquisa, do estudo e da produção de materiais, de relação escola-comunidade, de auto-organização dos estudantes e de apropriação da história, conforme destaca o objetivo formativo do documento orientador do Túnel do Tempo realizado em 2019.

> Envolver os/as estudantes e educadores/as em processos de auto-organização por meio de procedimentos de estudo e pesquisa orientados pelas diversas disciplinas para aprofundamento acerca dos processos que desencadearam a organização das trabalhadoras e trabalhadores do campo em prol da luta pela terra, destacando sua importância para a defesa dos territórios, defesa das sementes, da biodiversidade e a construção da soberania popular no Brasil. (MST, 2019, p. 1)

O princípio da relação entre o trabalho teórico e a prática é exercitado pelos estudantes em diferentes fases da construção coletiva do Túnel do Tempo. Por exemplo: na definição dos instrumentos para desenvolver a pesquisa de campo, na ida a campo, na realização da sistematização, na produção de materiais para exposição dos dados da pesquisa e na organização e exposição oral durante o Túnel do Tempo.

No que diz respeito à produção dos materiais para caracterizar as fases dos Túneis do Tempo, é válido ressaltar a diversidade e a criatividade utilizada para traduzir os dados e expor os resultados da pesquisa por meio do uso de diferentes linguagens, que contribuem para dinamizar e ampliar a interação com o público visitante do Túnel. Podemos encontrar *banners*, maquetes, imagens, quadros, cartazes, audiovisuais, mapas, jornais, cartografia social, gráficos, livros/cartilhas, textos literários (redações, poemas, músicas, estórias...), relatórios de pesquisa, desenhos, objetos e vestimentas, entre outros, conforme evidenciam as imagens abaixo:

Foto 2 – Túnel do Tempo de 2019

Foto: Leandro Taques.

Foto 3 – Túnel do Tempo 2019

Foto: Leandro Taques.

O amplo processo coletivo de pesquisa, estudo e produção de material desenvolvido pelos estudantes figura-se em um processo pedagógico que eleva a autoestima e o nível de conhecimento dos estudantes, pois se colocam como sujeitos pesquisadores e construtores do conteúdo da exposição e durante o Túnel aportam os temas e desenvolvem a conscientização da população do campo e da cidade que realizam a visitação.

Podemos mensurar o valor pedagógico para os estudantes, ao participarem da construção do Túnel, por meio do depoimento de Junival Souza Fiatecoski, de São João do Triunfo, que salienta, a partir da sua participação no Túnel sobre o Contestado, a importância de a juventude se apropriar dos elementos históricos do território para qualificar a compreensão da atualidade e valorizar a cultura local (Ghisi, 2016).

> Muitas vezes, por causa do lixo cultural que é jogado pra juventude, ela deixa de valorizar sua realidade, suas raízes, e de conhecer de onde ela vem, e acaba desvalorizando o local onde vive [...] E dessa forma a gente vai conseguir construir uma sociedade mais crítica, mais consciente, que conheça e valorize o seu lugar de origem.[13]

Outro acúmulo importante da metodologia de desenvolvimento do Túnel do Tempo nas suas diferentes edições é a dimensão da relação com a sociedade, em especial durante as edições de 2018 e 2019. Foram dezenas de escolas da educação básica de Curitiba que agendaram visitação com turmas para conhecer sobre a história da agricultura e a Agroecologia. Ou seja, além de possibilitar o objetivo formativo por meio do estudo e resgate da história e socializar os conhecimentos adquiridos pela pesquisa, o Túnel do Tempo assume uma característica de aproximação com a população e de intercâmbio de conhecimentos entre estu-

13 Entrevista concedida a Ednubia Ghisi em agosto de 2016.

dantes do campo e da cidade. Conforme relatam Geniani Lara e Vitória Kurek, estudantes da Escola Itinerante Vagner Lopes, do acampamento Dom Tomás Balduíno, em Quedas do Iguaçu: "Foi uma experiência ótima trabalhar o tema da Agroecologia e fazer a apresentação aos estudantes da cidade. Fazer a decoração, foi tudo muito enriquecedor".[14]

O processo pedagógico no qual os estudantes das escolas do campo se envolvem – desde a organização coletiva para desenvolver a pesquisa e a construção dos materiais na escola até a socialização dos resultados para os diferentes públicos que visitam o Túnel – produz a elevação de sua autoestima. Por serem sujeitos construtores de todo processo, sem dúvida, os estudantes se enriquecem culturalmente e organizativamente, elevando sua humanização por meio do estudo, do trabalho, da organização coletiva e do conjunto das relações proporcionadas e de forma comprometida com o anúncio de um projeto de agricultura e de sociedade fundado na justiça social. Esse aprendizado das Jornadas de Agroecologia, por meio da educação não formal, construído com intencionalidade educativa (Gohn, 2014), pode ser traduzido na fala do estudante João Vitor, da Escola Itinerante Valmir Mota de Oliveira: "é uma experiência para além da vida acadêmica que levaremos para vida toda".[15]

Como podemos observar, a relação da escola do campo com a Agroecologia diz respeito aos desafios formativos na formação humana das novas gerações e da luta pela territorialização da Agroecologia. Trata-se de colocar em marcha, por meio de diferentes processos educativos, como o Túnel do Tempo, a potencialidade política, ética e formativa dessa relação (Caldart, 2016)

14 Entrevista concedida a Júlio Carignano, em junho de 2017.

15 Entrevista concedida a Júlio Carignano, em junho de 2017.

na construção de uma nova cultura em que a dimensão ecológica seja base do conjunto das dimensões da vida em sociedade. Ou seja, compreende-se que "a construção de relações orgânicas entre escolas e processos de produção agrícola fundamentados na Agroecologia integra o desafio da Educação do Campo" (Caldart, 2016, p. 1).

O Conhecimento em Movimento na Jornada de Agroecologia

A Liberdade da Terra não é assunto de lavradores.
A Liberdade da Terra é assunto de todos quantos
se alimentam dos frutos da Terra.
Do que vive, sobrevive, de salário.
Do que não tem casa. Do que só tem o viaduto.
Dos que disputam com os ratos
os restos das grandes cidades.
Do que é impedido de ir à escola.
Das meninas e meninos de rua.
Das prostitutas. Dos ameaçados pelo Cólera.
Dos que amargam o desemprego.
Dos que recusam a morte do sonho.
Pedro Tierra

Esse potente poema de Pedro Tierra, "Fala da Terra", segue dizendo que viemos cantar no coração desta cidade para que ela ouça e cante. Foi desta forma que pensamos, como sujeito político coletivo, as últimas duas Jornadas em Curitiba (2018-2019). Chegamos ao coração da capital do Paraná para falar da liberdade da terra e da resistência da Agroecologia como projeto político popular, para que a classe trabalhadora, que vive e sobrevive de salário, nos ouça cantar e cante. Cante o canto dos povos e da liberdade.

O espaço do Conhecimento em Movimento, construído na Jornada de Agroecologia de 2019, integrou o conjunto dos ambientes educativos com o desafio de ampliar a interlocução com a sociedade na construção política, organizativa e pedagógica de um projeto popular agroecológico. O espaço do Conhecimento em Movimento é fruto desse movimento dialético de entrelaçamento das lutas políticas, da unidade da classe trabalhadora, nesse processo de práxis agroecológica, deste tempo histórico que se materializa na luta de classes, como projeto social e político de transformação radical da sociedade, para pensar o sentido de espaços e instituições públicas e a própria democracia.

As Jornadas de Agroecologia sempre estiveram inseridas no contexto conjuntural da luta de classe, em que os povos do campo, das águas e florestas têm demandado terra e território, um projeto de transformação social e de uma ecologia política. Movimentando a luta política pelos diversos territórios que passou e praticando a Agroecologia na produção e também na ação, os movimentos organizaram, em algumas Jornadas, ocupações simbólicas de multinacionais do agronegócio. A Jornada de 2019 assumiu o desafio de tomar as ruas como espaço político de debate para ampliar o diálogo com a sociedade. Surge daí a proposta do Conhecimento em Movimento, que deriva da experiência do Túnel do Tempo, que já realiza esse diálogo educativo e crítico com a sociedade.

Esse espaço pedagógico foi pensado e construído coletivamente por representantes do Sindicato dos Trabalhadores em Educação Pública do Paraná (APP-Sindicato), da Universidade Federal do Paraná, da Articulação Paranaense por uma Educação do Campo (APEC) e do Movimento dos Trabalhadores Rurais Sem Terra (MST), em conjunto com a coordenação da Jornada de Agroecologia. O objetivo do espaço foi trazer a Agroecologia como práxis social, como um projeto contra-hegemônico a ser assumido no campo e na cidade, como dimensão ecológica da existência humana, bem como promover o diálogo de saberes no encontro de sujeitos, com culturas e conhecimentos distintos, como é nominado o método pedagógico das escolas de Agroecologia do MST/Via Campesina: *diálogo de saberes no encontro de culturas.*

A proposta do Conhecimento em Movimento teve, portanto, o intuito de dialogar com a população em praça pública sobre ciência, universidade pública, saberes populares e Agroecologia. Ele ocorreu em dois formatos: 1) com falas de reflexão, com estudo, com músicas e expressões culturais diversas, visando o fortalecimento da cultura popular agroecológica também como valor espiritual, memória e subjetividade; 2) com a apresentação para a sociedade, em espaço aberto, dos trabalhos universitários de pesquisa e/ou extensão das universidades públicas do estado, reafirmando, com isso, o sentido da universidade pública como popular e pertencente ao povo: "Que a universidade se pinte de povo", pois "A universidade não é patrimônio de ninguém, é pertencente ao povo".[16]

Nesse sentido, a Jornada veio a Curitiba para ocupar as praças com suas experiências pedagógicas e educativas; os espaços da UFPR com seus seminários e diversos debates; o Teatro Guaíra como espaço também de expressão da cultura popular e agroecológica. O espaço Conhecimento em Movimento é uma parte desse todo em movimento para ocupar as ruas, as praças e os espaços públicos da cidade.[17] Durante os dois dias do espaço em funcionamento na Praça Generoso Marques, foram apresentados 32 projetos de universidades federais e estaduais do Estado do Paraná[18] – projetos de pesquisa e de extensão ligados à Educa-

16 Declaração de Ernesto Che Guevara em dezembro de 1959 ao receber o título de doutor *honoris causa* da Universidade de Las Villas em Santa Clara, Cuba.

17 Para maiores detalhes, ver Caldas (2019).

18 A coordenação da Jornada lançou um edital para que as universidades públicas, grupos de pesquisa, pesquisadoras e pesquisadores apresentassem seus projetos de pesquisa, extensão e ações de ensino.

ção do Campo e Agroecologia, mas também tiveram discussões de gênero e raças na perspectiva das interseccionalidades, de cartografia social, de cinema, de educação popular, saberes camponeses, indígenas e do mar, de educação ambiental, das incubadoras tecnológicas populares de economia solidária, da soberania alimentar e nutricional, do sistema agroalimentar e da alimentação escolar, da homeopatia, da luta social pela terra, das sementes crioulas, da adubação verde e das hortas comunitárias. Uma diversidade de temáticas que representa a totalidade dessa dimensão da Agroecologia nos aspectos técnicos e produtivos e das novas relações com a natureza e com os seres vivos, diversidade que vem sendo trabalhada pelo processo de construção do conhecimento nas universidades, em diálogo com os movimentos sociais e comunidades, demonstrando a capacidade e potência da pesquisa científica e popular nas universidades públicas.

Esse espaço do Conhecimento em Movimento abre o debate em praça pública com o intuito de dimensionar a totalidade da Agroecologia como projeto de vida, de ação coletiva que faz ciência a partir da prática, que constrói escolas com projetos em defesa da vida. E se propõe também, como ensaio metodológico, ocupar as ruas com o debate político da educação pública na praça em diálogo direto com a população. Que universidade é essa? Que conhecimento produz? Qual a sua função pública social? Qual a função social da ciência? Com isso, procura fortalecer o debate do público, da ciência como acúmulo de conhecimento humano, da universidade mais perto da população, ampliando seu espaço de diálogo com a sociedade civil desorganizada, enfileirando-se nas trincheiras da batalha das ideias.

Além de dialogar com a sociedade civil sobre a importância da extensão, pesquisa e do conhecimento coproduzido nas universidades, institutos e afins, o Conhecimento em Movimento também se constituiu como um espaço de defesa da educação como direito humano fundamental e da educação pública, laica e de gestão democrática das instituições públicas de ensino superior (Jornada de Agroecologia, 2019). Essa defesa se coloca em um contexto de desmonte das políticas públicas que financiam as universidades federais e estaduais, bem como de uma narrativa crescente de descrédito da própria ciência e da afirmação do mito da neutralidade científica e tecnológica – que justifica a perseguição a pesquisadores e professores, vinculados aos movimentos sociais e a temáticas que defendam a igualdade (de gênero, raça, classe), a justiça social e ambiental. Em paralelo, houve o aumento exponencialmente das pesquisas com o argumento da "inovação", que nada mais é que a transformação da educação em mercadoria. Esse projeto, de lógica neoliberal, fragiliza ainda mais a relação da universidade com a ciência de interesse público (Novaes, 2012; Oliveira, 2014), a ciência e as pesquisas de cunho participativo/pesquisa-ação, que trazem consigo as urgências das comunidades e setores populares.[19] Diante desse cenário, o espaço do Conhecimento em Movimento, juntando arte, música e reflexão política, se materializa como a experiência de colocar o debate em praça pública e o conhecimento em movimento de resistência, reflexão e ação.

Considerações finais

A reflexão que construímos neste texto, a partir da experiência política e pedagógica das Jornadas de Agroecologia, nos permitiu

[19] No Estado do Paraná, os professores universitários contratados no modelo de Processo Seletivo Simplificado representam 50% (de 7.685). Ou seja, aproximadamente 3.842 professores não são concursados, não realizam pesquisa e extensão. Possuem um vínculo precarizado com a universidade e a comunidade (Assesoar, 2021).

afirmar o potencial formador das gentes e dos processos, assim como reconhecer a importância da Educação do Campo na constituição de uma consciência agroecológica e no fortalecimento da territorialização da Agroecologia. Podemos afirmar que o vínculo entre a Agroecologia e a educação nos permite desconstruir narrativas perversas e construir outras possibilidades para a vida em sociedade e a sustentabilidade do planeta. O fato de escolhermos a Agroecologia como caminho possível nos coloca em uma decisão/posição social, assim como a opção pela degradação também o faz, porque a lógica do capital se expande para todo o planeta. Assim, é a Agroecologia, juntamente com a educação como emancipação humana, que pode tensionar outra construção.

O espaço da Jornada de Agroecologia é carregado de intencionalidades formativas e toda produção do espaço é resultado dessa intencionalidade. É a expressão da capacidade política do movimento agroecológico de debater e aprofundar as diversas lutas populares, a partir da leitura da conjuntura política de seu tempo histórico e de seu projeto popular de sociedade, de campo e de educação. Nesse contexto, as Jornadas de Agroecologia, que ocorrem desde 2002 no Paraná, se constituem como espaços pedagógicos e atuam na construção de uma nova cultura com consciência ecológica. A Agroecologia, nesse processo, visa à emancipação e à cooperação, e isso tudo se dá a partir dos lugares, que tem a capacidade de refletir o global. "Cada lugar é à sua maneira, o mundo" (Santos, 2009), pois neles a vida de modo geral acontece. A construção que a Agroecologia nos apresenta é dos territórios, mas é do mundo, mesmo que ela aconteça em escalas menores, pois a sua capacidade de transformação é fundamental. Podemos afirmar que temos um território da Agroecologia que busca cada vez mais a territorialização. É o que procuramos mostrar no decorrer do texto, ao mesmo tempo que mostramos o histórico da inserção da Articulação Paranaense e a discussão sobre educação como uma totalidade nas Jornadas.

Os seminários da EdoC, o Túnel do Tempo, o Conhecimento em Movimento e as outras práticas da Educação do Campo na Jornada de Agroecologia integram o desafio da territorialização da agricultura camponesa agroecológica (Caldart, 2017) em interface com as escolas do campo e com as diversas iniciativas da Educação do Campo. Compreendemos que embrenhar distintos espaços-tempos com esse objetivo é uma tarefa inadiável e amplia o sentido da existência da Educação do Campo e da própria escola do campo, justamente por serem a Agroecologia e a Educação do Campo integrantes de um mesmo projeto societário. Se uma caminhar sem a outra, segue incompleta no âmbito político, pedagógico e formativo (Gonçalves *et al.*, 2019). Essa vinculação, ao mesmo tempo, firma as raízes da Educação do Campo, fortalecendo seu desenvolvimento e coloca novos desafios para sua construção política, organizativa e pedagógica na atualidade (Caldart, 2019).

Em cada Jornada, ampliam-se as certezas da produção agroecológica, do papel da educação nessa formação e do reconhecimento das escolas, universidades, movimentos sociais, que se constituem como espaços/sujeitos pedagógicos e políticos que formam a edificação de humanização que é a Jornada de Agroecologia.

Referências

ALTIERI, Miguel. *Agroecologia: bases científicas para uma agricultura sustentável*. 3. ed. (revista e ampliada). São Paulo: Expressão Popular; Rio de Janeiro: AS-PTA, 2012.

ARROYO, Miguel. Pedagogias em movimento. O que temos a aprender dos movimentos sociais. *Currículo Sem Fronteiras*, v. 3, n. 1, p. 28-49, jan.-jun. 2003. Disponível em: www.curriculosemfronteiras.org/vol3iss1articles/arroyo.pdf. Acesso em: 2 fev. 2022.

ASSESOAR. Relatório 2021: Análise do contexto da Educação Pública. Francisco Beltrão.

BOHRER, Larissa. Governo Bolsonaro bate próprio recorde e libera uso de 550 novos agrotóxicos em 2021. *Brasil de Fato*, Curitiba, 12 de janeiro de 2022. Disponível em: https://www.brasildefato.com.br/2022/01/12/governo-bolsonaro-bate-proprio-recorde-e-libera-uso-de-550-novos-agrotoxicos-em-2021. Acesso em: 28 fev. 2022.

CALDAS, Ana Carolina. 18ª Jornada de Agroecologia debate saber agroecológico e resistência na educação. *Brasil de Fato*, Curitiba, 30 de agosto de 2019. Disponível em: https://www.brasildefato.com.br/2019/08/30/18a-jornada-de-Agroecologia-debate-saber-agroecologico-e-resistencia-na-educacao/. Acesso em: 3 mar. 2022.

CALDART, Roseli. *Pedagogia do Movimento Sem Terra*. São Paulo: Expressão Popular, 2000.

CALDART, Roseli. Trabalho, Agroecologia e educação politécnica nas escolas do campo. *In:* PIRES, João Henrique, NOVAES, Henrique T., LOPES, Joyce; MAZIN, Angelo (orgs). *Questão agrária, cooperação e Agroecologia*, vol. III. Uberlândia: Navegando Publicações, 2017.

CALDART, Roseli. Concepção de Educação do Campo: um guia de estudo. *In:* MOLINA, M. C. e MARTINS, M. F. A. (orgs). *Formação de formadores*. Reflexões sobre as experiências da Licenciatura em Educação do Campo no Brasil. Belo Horizonte: Autêntica, 2019.

CALDART, Roseli. *Escolas do Campo e Agroecologia: uma agenda de trabalho com a vida e pela vida*. Porto Alegre, 2016. Disponível em: https://www5.unioeste.br/portalunioeste/arq/files/GEFHEMP/01_Escolas_do_Campo_e_Agroecologia.pdf. Acesso em: 15 mar. 2019.

CALDART, Roseli. Educação do Campo e Agroecologia: encontro necessário. *In: 3° Seminário de Agroecologia e 2° Seminário de EDOC do IFPE*, 3, 2020, Pernambuco. 3º Seminário de Agroecologia e 2º Seminário de EdoC do IFPE. Pernambuco: Texto Online, 2020, v. 1, p. 1-9, 2020. Disponível em: https://mst.org.br/download/educacao-do-campo-e-Agroecologia-encontro-necessario/. Acesso em: 23 fev. 2022.

CALDART, Roseli. Educação do Campo e Agroecologia. *In:* DIAS, Alexandre P. et al., *Dicionário de Agroecologia e educação*. São Paulo: Expressão Popular; Rio de Janeiro: Escola Politécnica de Saúde Joaquim Venâncio, 2021.

CANDIOTTO, Luciano Zanetti Pessoa. Agroecologia: Conceitos, princípios e sua multidimensionalidade. *Ambientes: Revista de Geografia e Ecologia Política*, Francisco Beltrão, v. 2, n. 2, p. 25-75, 2020.

CARIGNANO, Júlio. *Túnel do Tempo promove interação entre estudantes do campo e cidade*. Disponível em: https://porem.net/2018/06/06/tunel-do-tempo-promove-interacao-entre-estudantes-do-campo-e-cidade/. Acesso em: 15 nov. 2021.

CORADIN, C. *Entre buvas e flores vermelhas: autorias das mulheres sem-terra na ecologização da reforma Agrária no Paraná*. Tese de doutorado. Programa de Pós-graduação em meio ambiente. UFPR, Curitiba, 2020.

DECLARAÇÃO DE NYÉLÉNY – Foro Mundial Pela Soberania Alimentar. Nyélény, Mali, 26 de março de 2007. Disponível em: https://nyeleni.org/spip.php?article327. Acesso em: 30 maio 2022.

ERNST, Priscila. *Túnel do Tempo sobre A Guerra do Contestado encanta visitantes – 2015*. Disponível em: https://jornadadeAgroecologia.org.br/2015/07/24/tunel-do-tempo-sobre-a-guerra-do-contestado-encanta-visitantes/. Acesso em: 13 out. 2021.

FERRARI, Eugênio A. Conhecimento Agroecológico. *In:* DIAS, Alexandre P. *et al. Dicionário de Agroecologia e educação.* São Paulo: Expressão Popular; Rio de Janeiro: Escola Politécnica de Saúde Joaquim Venâncio, 2021.

FREIRE, Paulo. *Pedagogia do oprimido.* Rio de Janeiro: Paz e Terra, 1987.

GHISI, Ednubia. *Dos Redutos aos Acampamentos, Herança da Guerra do Contestado Permanece Presente* – 2016. Disponível em: https://jornadadeAgroecologia.org.br/2016/08/16/dos-redutos-aos-acampamentos-heranca-da-guerra-do-contestado-permanece-presente/. Acesso em: 15 nov. 2021.

GLIESSMAN, Stephen. Defining Agroecology. *Agroecology and Sustainable Food Systems*, v. 42, n. 6, p. 599-600, 2018. Disponível em: DOI: https://doi.org/10.1080/21683565.2018.1432329. Acesso em: 30 maio 2022.

GOHN, Maria da Glória. Educação não formal, aprendizagem e saberes em processos participativos. *Investigar em Educação*, IIª Série, n. 1, 2014. Disponível em: http://pages.ie.uminho.pt/inved/index.php/ie/article/view/4/4. Acesso em: 1 jul. 2020.

GONÇALVES, Josiane; LEITE, Valter de Jesus; TONÁ, Nilciney; REZENDE, Simone. Educação em Agroecologia um desafio histórico necessário: da educação básica à educação superior. *In: Cartilha 18º Jornada de Agroecologia*. 2019. Disponível em: https://jornadadeAgroecologia.org.br/wp-content/uploads/2019/09/Cartilha-Jornada-_2019-web.pdf. Acesso em: 15 fev. 2022.

GRAMSCI, Antonio. *Selections from the Prison Notebooks*. London: Lawrence and Wishart, 1971.

GUHUR, Dominique; SILVA, Nívia Regina da. Agroecologia. *In:* DIAS, Alexandre P. *et al. Dicionário de Agroecologia e educação.* São Paulo: Expressão Popular; Rio de Janeiro: Escola Politécnica de Saúde Joaquim Venâncio, 2021.

JORNADA DE AGROECOLOGA. Curitiba, UFPR, 2019. Disponível em: https://jornadadeAgroecologia.org.br/2019/. Acesso em: 2 jan. 2022.

LEFF, Enrique. Political Ecology: a Latin American Perspective. *Desenvolv. Meio Ambiente*, v. 35, p. 29-64, dez. 2015. Disponível em: DOI: 10.5380/dma.v35i0.44381. Acesso em: 30 maio 2022.

MOVIMENTO DOS TRABALHADORES RURAIS SEM TERRA. MST. *Orientações do Túnel do Tempo da 18º Jornada de Agroecologia* – Setor de Educação do MST – julho de 2019.

NOVAES, Henrique. *Reatando um fio interrompido:* a relação universidade-movimentos sociais na América Latina. São Paulo: Editora Expressão Popular, 2012.

OLIVEIRA, Marcos B. Inovação e Neoliberalismo: a experiência brasileira. *In:* CALDART, Roseli; ALENTEJANO, Paulo. *MST Universidade e Pesquisa*. São Paulo: Editora Expressão Popular, 2014.

OBSERVATÓRIO DA QUESTÃO AGRÁRIA NO PARANÁ (org.) *Atlas da Questão Agrária no Paraná: diálogos em construção*. Naviraí, MS: Ipuvaíva, 2021. Disponível em: http://questaoagrariapr.blogspot.com/2021/10/ja-esta-disponivel-em-e-book-o-atlas-da.html. Acesso em: 13 fev. 2022.

REZENDE, Simone A. *Diálogo de Saberes no Encontro de Culturas: o desafio da construção do conhecimento em Agroecologia na Educação do Campo*. Dissertação de Mestrado. Curitiba: Programa de Pós-Graduação em Educação da UFPR, Curitiba, 2018.

ROSSET, Peter; MARTÍNEZ, M. Soberanía Alimentaria, Agroecología y Movimientos Sociales Rurales. *In:* BARRENO, Richard Intriago; GARGALL Laura Saura. *Agroecología: ciencia, práctica y movimiento para alcanzar la Soberanía Alimentaria*. EDEC (Empresa de Desarrollo Económico de Cuenca) y SOCLA (Sociedad Científica Latinoamericana de Agroecología), 2020.

ROSSET, Peter; *et al*. Agroecology and La Via Campesina II. Peasant agroecology schools and the formation of a sociohistorical and political subject. *Agroecology and Sustainable Food Systems*, 2019. Disponível em: DOI: https://doi.org/10.1080/21683565.2019.1617222. Acesso em: 30 maio 2022.

SANTOS, Milton. *A natureza do espaço: técnica e tempo, razão e emoção*. 4. ed. São Paulo: Edusp, 2009.

SCHWENDLER, Sônia F. Educação e movimentos sociais: uma reflexão a partir da pedagogia do oprimido. *In:* MIRANDA, Sônia Guariza; SCHWENDLER, Sônia Fátima. *Educação do campo em movimento: teoria e prática*, v. 1. Curitiba: Ed. UFPR, 2010.

SCHWENDLER, Sônia F. Sem feminismo não há Agroecologia: a resistência camponesa com democracia de gênero. *In:* TÁRREGA, Maria Cristina; ISAGUIRRE-TORRES, Katya; SANTOS, Gilda. (orgs.). *Conflitos agrários na perspectiva socioambiental*. 1. ed. v. 1. Goiânia: Editora da PUC Goiás, 2020.

SILIPRANDI, Emma. Mulheres agricultoras e a construção dos movimentos agroecológicos no Brasil. *In:* NEVES, Delma P.; MEDEIROS, Leonilde S. de (orgs.). *Mulheres camponesas: trabalho produtivo e engajamentos políticos*. Niterói: Alternativa, 2013.

TARDIN, José Maria. Agroecologia. *In:* MST. *Campanha permanente contra os agrotóxicos e pela vida*. Curitiba, 2022 (no prelo).

TARDIN José Maria; TRAVASSO, S. Ronaldo. Educação Popular em Agroecologia. *In:* DIAS, Alexandre P. *et al*. *Dicionário de Agroecologia e educação*. São Paulo/Rio de Janeiro: Expressão Popular/ Escola Politécnica de Saúde Joaquim Venâncio, 2021.

TELLES, Lilian. *Desvelando a economia invisível das agricultoras agroecológicas: a experiência das mulheres de Barra do Turvo*, SP. Dissertação (Mestrado em Extensão Rural) – Universidade Federal de Viçosa, Viçosa, 2018.

VAN DER PLOEG, Jan D. The drivers of change: the role of peasants in the creation of an agroecological agriculture. *Agroecología Política*, v. 6, p. 47-54, 2011.

WEZEL, Alexander; *et al*. Agroecology as a science, a movement and a practice. A review. *Agronomy for Sustainable Development*, v. 29, n. 4, p. 503-515, 2009. Disponível em: DOI: 10.1051/agro/2009004. Acesso em: 30 maio 2022.

O sujeito ecológico: condições e espaços de sua constituição[1]

Silvana Silva
Alfio Brandenburg

Introdução

A Agroecologia tem se revelado como uma proposta que transcende a prática agrícola. Ela constitui um movimento social, cultural e político cujos atores que a praticam são levados a se recriarem, atribuindo a ela um sentido que permite repensar as ações dominadas pelo sistema social. Ao mesmo tempo que os atores se posicionam criticamente em relação ao sistema, resgatam experiências e reinventam propostas, são recriadas relações sociais e reconstruídas relações com a natureza em um duplo movimento em que o sujeito ocupa posição central. Nesse contexto em que o ator se faz sujeito, surge a pergunta: em que condições e de que forma o sujeito se expressa?

---

1 Este texto se refere aos capítulos 3 e 4 da tese de doutorado em sociologia da autora, sob orientação de Alfio Brandenburg (coautor), realizada entre os anos de 2017 e 2022 e intitulada *Os atores agroecológicos do MST e os espaços de sua formação: das cartilhas e cadernos formativos à práxis nas Jornadas de Agroecologia e no assentamento de reforma agrária* (Silva, 2022). O presente trabalho foi realizado com apoio da Coordenação de Aperfeiçoamento de Pessoal de Nível Superior – Brasil (Capes) – Código de Financiamento 001.

Conforme Touraine (2009), o que caracteriza o ator e a vontade de ser sujeito é sua capacidade de criação, transformação e busca por autonomia e liberdade. Nessa direção, quando se trata de Agroecologia, inserem-se na proposta a busca pela resistência e a luta contra o sistema técnico moderno dominante da agricultura agroindustrial travada pelos agricultores no desejo de se tornarem sujeitos. Diante de um quadro social que historicamente oprime e exclui a população camponesa, a Agroecologia emerge como uma proposta de transformação, que permite aos agricultores serem independentes de insumos externos, criarem suas próprias redes de comercialização e, em alguns casos, resistirem às dominações do patriarcado, dando autonomia a jovens e mulheres agricultoras.

Dessa forma, este texto pretende analisar os significados e as condições de emergência do sujeito, considerando dois mundos de vivência dos atores: a Jornada de Agroecologia e o cotidiano de vida e prática de agricultura em um assentamento rural. Verificamos, nas Jornadas e nas áreas de reforma agrária, se a prática da Agroecologia expressa entre os agricultores a vontade de serem sujeitos por meio de uma mudança de hábitos que começa nas práticas agrícolas e se expande para as mudanças políticas e socioculturais. Partimos do princípio de que ser ator agroecológico implica expressar-se como sujeito por meio da agricultura, o que significa dizer que plantar, colher, comer e comercializar são também atos culturais e políticos.

Para atingir os objetivos aqui propostos, combinamos, orientados pela teoria do sujeito, de Alain Touraine (2009), diferentes procedimentos metodológicos: observação participante, história oral, realização de entrevistas e etnografia. Ou seja, foram conciliados vários recursos possíveis das ciências sociais na composição de uma pesquisa qualitativa que pudesse nos orientar na compreensão dos sujeitos e das práxis ecológicas.

Para analisarmos as Jornadas de Agroecologia, recorremos aos depoimentos coletados de entrevistas realizadas com agricultores agroecológicos participantes de três edições das Jornadas, realizadas respectivamente nos municípios da Lapa e de Curitiba. Foram estas as edições de número 16, 17 e 18. Dessa forma, a metodologia utilizada neste estudo consistiu na sistematização de alguns depoimentos, uso do banco de imagens da autora, história oral e observação participante. Embora tenhamos nos envolvido com os entrevistados, durante três anos, observando os encontros coletivos e algumas situações cotidianas das famílias, pode-se dizer que este estudo também foi realizado por forte inspiração etnográfica. As entrevistas realizadas por intermédio de questionários semiestruturados investigaram os motivos objetivos e subjetivos implícitos na escolha da Agroecologia, bem como os percalços, conflitos e tensões que dificultam a transição do manejo convencional para uma agricultura ecológica/sustentável. Foram entrevistados 16 participantes, divididos entre dez participantes da 16ª Jornada e seis participantes da 17ª Jornada. No caso dessas entrevistas, foi necessário anotar, observar e interpretar a fala e os gestos de cada agricultor, entendendo que todas as ações são repletas de sentido, o que precisou ser considerado na pesquisa qualitativa.

Durante as entrevistas nas Jornadas, destacou-se entre os agricultores grande motivação pela prática ecológica. Por considerar as influências do contexto externo que materializa o evento (a presença de agricultores de vários acampamentos e assentamentos, as palestras, oficinas e fóruns de interação), buscou-se entender se essa condição se repetia em situações do cotidiano. Durante as Jornadas, o ambiente crítico à industrialização da agricultura, fortemente marcado por um apelo político e emocional, provocava a emergência de discursos favoráveis e até mesmo apaixonados pela Agroecologia. No entanto, por entender que a realidade cotidiana está sujeita à interferência de outras conjunturas, buscou-se aprofundar o estudo do ator agroecológico em seu ambiente de vida familiar e agrícola e fora dos "holofotes" das Jornadas. Foi então escolhido o Assentamento Oito de Junho, localizado no município de Laranjeiras do Sul, região Centro-Sul do estado do Paraná.

A escolha desse assentamento justifica-se pelo tempo em que é praticada a ecologia. Desde a ocupação da terra, em 1997, as famílias têm buscado desenvolver uma agricultura livre de agrotóxicos, que respeite o meio ambiente e seja fonte de nutrição e saúde. Em setembro de 2000, a ocupação foi reconhecida e legalizada pelo Incra. Das 74 famílias beneficiadas com os lotes naquele momento,[2] oito são de produtores agroecológicos. Apesar de serem poucas as famílias certificadas como orgânicas e agroecológicas pela rede Ecovida no assentamento, o número reflete muito mais a resiliência de essas famílias se manterem fiéis a uma agricultura "sem veneno" do que a escolha pela produção convencional adotada pelas demais. Além disso, um número ainda baixo de atores ecológicos é uma característica que se repete nos assentamentos, o que se explica pela expansão da agricultura moderna e pelas grandes dificuldades enfrentadas no cotidiano dos agricultores ecológicos diante da expansão da agricultura sob a hegemonia do agronegócio. No caso do Oito de Junho, a prática da Agroecologia de parte dessas famílias se dá há quase duas décadas, mas passou a ser conhecida há poucos anos. Somente com o avanço das pesquisas dos cursos de ciências humanas e ambientais as práticas começaram a ser vistas no cenário mais amplo das técnicas de produção agroecológicas.

2 Em 2009, três famílias foram reassentadas no município de Quedas do Iguaçu em decorrência da construção do campus da Universidade Federal da Fronteira Sul (UFFS) dentro do assentamento.

Por ser um assentamento pequeno que abriga apenas 71 famílias, em sua maioria constituída por casais já com idade acima de 50 anos, as práticas ecológicas no assentamento só foram identificadas recentemente por falta de divulgação e talvez pela percepção de como elas aconteciam dentro das suas especificidades, muito embora, desde os anos 2000, já se falasse muito de Agroecologia no MST. Após a compreensão de que a prática agroecológica excede a realização de uma agricultura limpa e sem venenos e se expande como um modo de vida, uma forma de se relacionar com a natureza e de se entender como parte integrante dela, foi possível olhar para as práticas desses agricultores e de muitos outros espalhados em vários assentamentos e reconhecer nelas a reprodução das condições de vida de um campesinato que luta pelo direito à sua sobrevivência.

No assentamento, foram entrevistadas cinco de oito famílias agroecológicas. Durante a entrevista, os participantes podiam falar a qualquer momento, interrompendo ou complementando a argumentação do outro familiar. Como as famílias do Oito de Junho são pequenas, as entrevistas ocorreram com os casais e, em alguns casos, com o casal e um filho pequeno. Cada entrevista durou em média duas horas. O assentamento foi visitado em momentos distintos, inclusive em situações em que a pesquisa não estava sendo realizada formalmente, com o objetivo de se familiarizar com o local e com os agricultores, além de poder realizar observações mais atentas e menos formais, percebendo diferentes formas de socialização e práticas sociais. Junto às entrevistas, a técnica da história oral possibilitou compreender, além da fala dos agricultores, a existência de sentidos e significados que nem sempre são exprimidos facilmente nas entrevistas. Por isso, a história oral se expande para lá do ato de perguntar e corresponde à construção de uma narrativa marcada por historicidade e pelo esforço analítico do pesquisador.

A Jornada de Agroecologia: um espaço de estímulo à constituição do sujeito ecológico

A Jornada de Agroecologia é um evento plural em que ocorrem diferentes debates, entre diferentes atores do campo e da cidade. Caracteriza-se como evento de formação, de troca de saberes, e tem o intuito de ampliar experiências ecológicas nos acampamentos, assentamentos rurais e formas de organização camponesas. Nem todos que participam da Jornada são ecológicos, pois muitos dos presentes são iniciantes, interessados ou curiosos a respeito da Agroecologia. São, no entanto, os atores ecológicos que sustentam a organização das Jornadas e contribuem com a construção de um projeto de vida ecológico no meio rural de diferentes maneiras. Surgem, no encontro, "ecologias" (no sentido plural) que emergem de diferentes contextos e que são submetidas ao debate público, considerando as palestras, os seminários e as conferências.

Os atores ecológicos presentes nas Jornadas trazem experiência de diferentes formas de organização de produção na agricultura. A concepção e o sentido atribuído à ecologia pelos atores se relacionam com a experiência de vida e com o lugar que ocupam socialmente. Assim diz um participante:

> A Agroecologia é uma produção [...] apesar de ser mais trabalhosa, ela está em sintonia com o eu. A participação nas Jornadas permite observar o quanto o mundo é excludente, e entender que, enquanto a produção convencional só permite a concorrência, a Agroecologia gera a cooperação, então ser agroecológico é viver bem diferente.[3]

Estar em sintonia com o eu significa fazer algo que traz realização pessoal e demonstra a satisfação do agricultor. Significa uma conexão com sua forma de ver o mundo, que é diferente dos

[3] Claudir em entrevista a Silvana Aparecida da Silva, setembro de 2017.

agricultores que praticam a agricultura convencional. O agricultor, em sua fala, expressa que, para além de requerer muito trabalho, dimensão objetiva e racional, existe a busca por uma satisfação subjetiva, relacionada a valores pessoais. Leff (2006) já alertava para a existência de várias racionalidades, sendo a racionalidade ambiental uma delas. Para o autor, a racionalidade ambiental se propõe a repensar as ações sociais, fazendo com que possam ser motivadas por lógicas subjetivas distintas da lógica racional instrumental.

A Jornada é um espaço que motiva a busca de formação, e muitos dos atores frequentam a Jornada desde o seu início:

> Sempre estive presente, desde a primeira realizada em 2002. Para mim, é o momento de reencontrar companheiros de luta e mostrar para os mais novos que a Agroecologia pode ser feita. A Jornada é também um momento de formação política e de debate, é importante para o movimento, é importante para a gente que defende o movimento.[4]

No caso do entrevistado, a participação nas Jornadas reforça a necessidade de interação, partilha e reconhecimento entre os agricultores. O sujeito se forma na relação com o outro, e o reconhecimento faz parte desse processo. Ser reconhecido permite ao sujeito sentir-se pertencente, sendo o sentimento de pertença imprescindível no processo de constituição identitária.

Na Jornada, a ecologia se torna uma convivência entre atores. O camponês sente-se "bem e em casa". Como afirma um participante, "na Jornada, o camponês é levado a cuidar de si", pois "é tomar conta da própria vida, [...] é cuidar de si", afirma outro.[5] O espaço da Jornada proporciona aos atores da Agroecologia a oportunidade ímpar de revelarem suas experiên-

---

4 Claudir em entrevista a Silvana Aparecida da Silva, setembro de 2017.

5 As citações referentes aos participantes das Jornadas foram extraídas da pesquisa realizada pelos autores durante as Jornadas de Agroecologia da Lapa, edições de número 15,16, e edições de número 17 e 18 em Curitiba.

cias e se motivarem a construir um projeto que lhes dê sentido. É o espaço que inspira confiança e instiga a mudança, é onde se pode "mudar o comportamento". Na fala de uma participante, é o ambiente que "revigora, comunga-se com pessoas de todas as regiões e se reaprende a técnica da natureza e em troca dá vida à terra". Esse sentimento "ecológico" que surge nas Jornadas não é fenômeno novo. São sentimentos latentes à vida camponesa, que o projeto de modernização ignorou e procurou substituir por uma racionalidade técnica, dominante na esfera do sistema dominado pela lógica do capital.

O sentimento adormecido no campesinato é agora possível de ser expresso, provocando uma realização, um contentamento que impulsiona a vontade de seguir em frente. "Me sinto feliz, tem muito a aprender e me sinto contente [...] Tenho planos e vou para as oficinas e daí para a prática". As oficinas, conforme abordado no capítulo 6 ["A construção coletiva do saber-fazer agroecológico: as oficinas da jornada de Agroecologia do estado do Paraná"], é o lugar onde as experiências são discutidas. Constitui uma das atividades estruturantes da Jornada.

A Jornada é construída por atores que estão na base do movimento, como diz uma mulher participante: "É uma lindeza sem tamanho, desde a organização que é feita pelo povo, que chega aqui, põe sua mão na massa e constrói. Essa lindeza que motiva a gente a trabalhar o dia a dia lá na base". A referência de que o povo "põe sua mão na massa e constrói" expressa a condição dos atores participantes: a condição de sujeitos, que atuam ativamente nas diversas atividades da Jornada e ao mesmo tempo participam ouvindo e debatendo.

As atividades que estruturam a Jornada oportunizam aos participantes o exercício de vários papéis. É interessante marcar, porém, que a arena é um palco que oferece a todos o exercício de suas posições como atores, desde aqueles que se posicionam mais passivamente até os que atuam de forma mais propositiva. Assim, o sentimento de ator-sujeito, embora não se possa generalizar, não raramente é explicitado como um momento de afirmação. Deve-se sublinhar que, nessa perspectiva, o sujeito se constrói na sua historicidade e nos momentos de encontro com outros atores. Ele se constrói na relação com outro, como afirma Touraine.

Como o sujeito é uma construção subjetiva, vários sentimentos expressam sua condição: o sentimento de autoestima, de felicidade, de pertencimento, de orgulho: "A gente sente-se parte de um território que é nosso, sente-se orgulhoso" na expressão de um participante. Outro ator diz explicitamente: "Estou feliz de ver aquilo que a gente sonha, poder concretizar, se tornar sujeito". O sujeito é marcado por um histórico de luta, que enfrenta contradições, tensões e conflitos. Não raro, o sujeito recua, reabastece-se de ideias reflexivas, porque a ação de sujeito é sempre reflexiva. No seu percurso, os sem-terra, na relação com seus parceiros, reflete aliviado, porque comunga o mesmo sentimento: não se sente sozinho, mas reforçado e esperançoso pela sua longa história de luta: "a gente se sente aliviado, todos esperando pela terra".

A Jornada forma, assim, uma arena onde se expressam sentimentos, reforçam e revigoram os sem-terra e demais atores na sua luta por conquistas e busca de realização de si mesmos. É em um ambiente como esse que o sentimento de rebeldia aflora: "Sinto-me rebelde, o sujeito tem que ser construtor de sua própria vida [...] A Jornada é uma politização". O sujeito é uma história de luta, de reação contra qualquer forma de dominação, afirma Touraine (2012). A formação do sujeito carrega em si uma perspectiva de mudança cultural e social, e a Jornada é esse ambiente cultural e político que instiga a constituição de sujeitos.

Em síntese, percebe-se pela leitura das Jornadas que a Agroecologia oportuniza ao ator revelar-se no seu sentido subjetivo de realização de sujeito, mas para saber o que o constitui é necessário ainda estudar os sujeitos em suas individualidades, em seus contextos cotidianos, de modo a compreender suas rotinas e as complexidades do dia a dia. Apresentamos, na sequência, uma análise do ator no âmbito de um assentamento rural.

O Assentamento Oito de Junho

O Assentamento Oito de Junho localiza-se em Laranjeiras do Sul e ocupa uma área de 1.477 hectares, assentando 74 famílias. Foi conquistado por camponeses vinculados ao MST que ocuparam as margens da BR-158 no dia 8 de junho de 1997, em um trecho que atravessava no sentido Norte-Sul a fazenda Rio Leão (Cezimbra, 2013; Coca, 2015).

O nome Oito de Junho é uma referência à data de ocupação da BR e da Fazenda Rio Leão. Atualmente, 71 famílias estão assentadas na área. Três lotes foram disponibilizados em 2009 para a construção do campus da Universidade Federal da Fronteira Sul (UFFS). As famílias que concordaram em conceder o terreno foram reassentadas no munícipio de Quedas do Iguaçu, no Assentamento Celso Furtado (Cezimbra, 2013).

Em 2008, por meio da associação de um grupo de famílias do assentamento, foi criada a Cooperativa Agroindustrial 8 de Junho (Coperjunho). Atualmente, 30 famílias são associadas à Coperjunho, sendo que dessas, em 2020, oito produzem de forma agroecológica e são certificadas pela Rede Ecovida.

De forma unânime, todas as famílias agroecológicas entrevistadas nesta pesquisa têm uma trajetória de vida ligada a um passado rural em que os pais já eram agricultores e praticavam uma agricultura sem o uso de venenos.[6] Embora não se falasse ainda em Agroecologia, hoje já se sabe que nessas práticas e nos conhecimentos populares está o gérmen do saber agroecológico. Identificou-se entre os agricultores e seus filhos a busca por uma continuidade de "um projeto" de vida iniciado nas gerações anteriores e que atualmente vem sendo executado pelos filhos e netos, em uma típica relação de continuidade de um modo de vida camponês. Corroborando com o que aponta Wanderley (2009, p. 205), "o agricultor familiar [...] pelo fato mesmo de ser familiar, guarda laços profundos – de ordem social e simbólica – com a tradição 'camponesa' que recebeu de seus antepassados".

Durante o trabalho de campo, identificou-se a constante interrelação entre as dimensões subjetiva e objetiva na constituição dos atores agroecológicos. O fazer a Agroecologia remete ao desenvolvimento de um modo de vida distinto. "Não se faz Agroecologia, se vive de forma agroecológica".[7] A fala carrega um forte sentido subjetivo, no que diz respeito principalmente ao sentido de viver como experiência, expresso pelo agricultor. Todavia, também carrega seu sentido racional, segundo o qual o *fazer* agroecológico é um *viver* agroecológico. Ou seja, existe na fala uma intencionalidade em mostrar que não se trata de um fazer aleatório, mas sim de um fazer muito específico e que os coloca em outra condição no que diz respeito à Agroecologia.

A seguir, temos a análise de algumas estratégias e práticas sociais de relevância para os atores e o sentido atribuído a elas. São práticas que definem o que se entende por sujeitos agroe-

---

6 Expressão utilizada pelo agricultor Ivo, durante visita ao assentamento. Dados de caderno de campo, março de 2020.

7 Tayle em entrevista à autora. Junho de 2021.

cológicos na medida em que articulam dimensões subjetivas e objetivas da ação e que apresentam um valor material e simbólico característico de grupos que vivem outra agricultura.

Agroecologia: protagonismo e estratégias dos agricultores

A formação do ator agroecológico, como já apresentado, acontece em meio a um conjunto de situações cotidianas que exigem dos agricultores uma capacidade de mobilizar ações e resistir ao sistema. As estratégias utilizadas pelos agricultores para viver de uma agricultura sustentável revelam o protagonismo e a resiliência dos agricultores agroecológicos. Se, por um lado, o agronegócio tem como foco o mercado consumidor e exige que os agricultores se adaptem às suas demandas, a Agroecologia, por outro, visa a romper com essas relações e coloca o agricultor como protagonista do sistema agroalimentar (Borsatto, 2011).

A seguir, são analisados alguns demarcadores que fazem parte do comportamento dos agricultores e que os permite pensar como sujeitos. Estes, para sobreviver, perfazem relações de mercado e de comercialização da produção que revelam um equacionamento entre razão e subjetividade ao criarem novas redes e fortalecerem as já existentes.

Durante as entrevistas, o termo "orgânico" foi utilizado várias vezes pelos agricultores em referência à proposta que vem sendo descrita como agroecológica. Nas primeiras vezes em que isso ocorreu, pensou-se estar diante de uma contradição, e até mesmo de um problema conceitual do objeto de estudo. Porém, logo foi percebido que, ao contrário, não se tratava de contradição, de erro ou de um problema. O uso dos termos e a compreensão deles pelos agricultores estavam revelando a existência de estratégias utilizadas por esses como forma de conseguir sobreviver como agricultores agroecológicos.

A noção de orgânico[8] possui um forte apelo comercial e, por ser explorado pela mídia, passa a ser conhecido e buscado pelos consumidores. Segundo um dos agricultores entrevistados:

> Hoje, pelas relações de mercado que se tem e pelas relações sociais que se vive, ainda prevalece muito esta questão do orgânico. As pessoas têm dificuldade de compreender ainda o que é a Agroecologia. Se você vai numa feira e se você tenta vender um produto dizendo que ele é agroecológico e dizendo que ele é orgânico, o orgânico tem uma aceitação maior porque as pessoas conhecem mais o orgânico. Na feira, a bem da verdade, as pessoas só conhecem como orgânico. Na cidade de modo geral só é conhecido como orgânico. (Sadiel, 2020)

Logo, o uso de termo orgânico pelos agricultores está associado à necessidade de comercialização, de modo que, para tanto, eles necessitam se adaptar ao que os consumidores buscam no mercado. E se pode dizer que a procura por alimentos saudáveis sem agrotóxicos é o padrão buscado, principalmente por famílias de classe média alta, preocupadas com a própria saúde, ainda que não conheçam, ou não se importem, com o debate socioambiental de forma mais ampla.

A vasta propaganda existente sobre os produtos orgânicos os coloca em evidência. O orgânico, por si só, virou sinônimo de natural, de saúde e se opõe ao convencional. O problema é que o uso irrestrito do conceito tende a ocultar outras propostas de agricultura ecológica, desprezando suas especificidades.

---

8 O uso do termo "orgânico" se popularizou no Brasil com a Lei 10.831, de 2003 (Brasil, 2003), quando seu manejo passou a ser mais conhecido e valorizado no mercado. A partir do ano de 2003, houve um aumento expressivo na produção de alimentos orgânicos no Brasil, e isso fez que se tornassem conhecidos. A alta na produção orgânica, somada aos investimentos em propaganda por grandes empresas nacionais e multinacionais que passaram a investir no setor, levou à popularização do termo e à associação crescente entre consumo de produtos orgânicos e qualidade de vida.

> *O orgânico tem uma relação com o convencional.* A Agroecologia, ela substitui mais a questão dos insumos, *tem questões que não diferenciam, que não mudam tanto do orgânico pro convencional, porque no orgânico você pode comprar os insumos desde que tenha procedência.* E o agroecológico, não que você não possa comprar, você até pode sim, só que aí você já muda a forma de você produzir pra você aproveitar mais o que a natureza disponibiliza. Assim você acaba preservando muito mais. (Sadiel em entrevista, 2020)

Embora nos momentos em que precisam comercializar a produção os agricultores se apresentem como produtores orgânicos, durante todo o planejamento familiar, a organização dos lotes, a sustentabilidade e a diversidade da produção caracterizam um modo de vida agroecológico. As famílias do assentamento estão organizadas em um grupo próprio de Agroecologia. E uma das propriedades se chama "Sítio Agroecológico Vida Nova". Isso porque

> A Agroecologia também tem outras dimensões, tem a questão cultural, não é só questão econômica e de produção, tem outras questões né, questão social, política, cultural. Articula outras questões que o orgânico não dá conta. (Tayle em entrevista, 2021)

Conforme o depoimento, a Agroecologia articula vários saberes, apresenta novas demandas e se configura em um debate sistêmico, com dimensão cultural, social e política, coisa que o orgânico não faz por ser apenas um modo de cultivo. Nesse ponto, é exatamente a presença dessas dimensões que faz do agricultor agroecológico um sujeito que se faz ator por meio de suas práticas. Os aspectos apresentados são os mesmos nas Jornadas de Agroecologia. A participação nas Jornadas reflete diretamente na prática dos agricultores, que somam aos seus saberes um conhecimento técnico. No caso dos que possuem melhor escolaridade, isso fica mais evidente, como no caso de Tayle, que apresenta, em sua fala, uma síntese de todas as dimensões contempladas pela Agroecologia.

Outro agricultor se refere à Agroecologia como "questão de o camponês vivenciar". Ou seja, de como ele vive, de como é ser camponês.

> Se a gente pega pela questão sociológica, pega pela terminologia, o que seria uma Agroecologia, uma produção orgânica? Eu sempre digo que eu nunca gostei de ficar debatendo termos, eu acho que às vezes é muito tempo em cima de termos, que de fato a vida do pessoal que está trabalhando lá, pra ele tanto faz se for agricultura familiar ou pequeno agricultor, por exemplo. *E a Agroecologia e a produção orgânica, bem, o orgânico ele era visto mais como questão comercial e a Agroecologia mais como questão de o camponês do vivenciar, sabe?* (Ivandro, 2020. Grifo nosso)

Um ponto importante destacado no relato do agricultor é sobre a crítica tecida acerca das terminologias adotadas pelos pesquisadores ao descreverem seus objetos de estudo e a pouca interação entre aqueles e os atores pesquisados. Para ele, no transcurso da vida cotidiana, os atores – no caso, os agricultores agroecológicos –, não se importam com a forma como são denominados. O que interessa realmente é como vivem e quais são as estratégias necessárias para sobreviver.

O descontentamento presente na crítica do agricultor mostra sua resistência às tentativas de enquadramento e imposições culturais sobre "o que é ser agroecológico". Na continuidade do seu relato, ele avança na crítica e declara que terminologias podem ser limitantes e incompatíveis com a prática do agricultor. Conforme Ivandro,

> Porque se for pegar tudo por aquilo que tá no papel, então o agroecológico só seria aquele que tem tudo gerado na própria propriedade, que não compra nada. *Hoje nós não somos isso, nós compramos adubação, por exemplo, de aviário pra utilizar, então tem uma entrada de insumos de fora, e o nosso objetivo também é comercial, nós não estamos produzindo orgânico* só pra nós, só pra subsistência, nós temos uma função comercial, a hortaliça é pra comércio. Então, assim, *já a questão da Agroecologia é muito mais defendida que a questão da autossustentabilidade da propriedade em si, nós hoje ainda a gente não consegue isso.*

Este relato ajuda a compreender o movimento do indivíduo. A capacidade de reagir e de rejeitar rótulos exteriores mostra que ser sujeito é produzir sua própria identidade e, neste caso, materializar sua proposta de agricultura com liberdade e criatividade. Quando o agricultor relata "porque se for pegar tudo aquilo que tá no papel, então o agroecológico só seria aquele que tem tudo gerado na própria propriedade, que não compra nada. Hoje nós não somos isso [...]", ele expressa seu descontentamento e reage às imposições de um modelo fechado que "está no papel", mas que não condiz com as necessidades da prática. A exigência por liberdade e autodefesa contra tudo o que transforma o ser humano em objeto ou o instrumentaliza é, segundo Touraine (2012), o que melhor define a modernidade e caracteriza os sujeitos.

Durante as vendas na feira realizadas no mercado municipal de Laranjeiras do Sul, as famílias se apresentam como "orgânicas", pois, segundo elas, é mais fácil usar o termo orgânico do que o agroecológico. As vendas no mercado municipal são controladas pela prefeitura, e os agricultores são "forçados" a atender às exigências dos órgãos públicos, como a Vigilância Sanitária. Nesse caso, as feiras, no município, são liberadas pela prefeitura apenas dentro do mercado municipal, que suprime toda a autonomia e a liberdade dos agricultores. Como o mercado municipal foi idealizado para o uso de todos os agricultores da região, sem distinção entre produtos ecológicos ou convencionais, os valores dos produtos são os mesmos para todos os agricultores. Isso interfere e dificulta que os agricultores agroecológicos sejam valorizados e reconhecidos como sujeitos e atores agroecológicos. Sendo assim, apesar de os agricultores se adequarem às exigências da prefeitura, são críticos às suas imposições e sempre que possível constroem formas de resistência.

A estrutura concedida de forma gratuita pela prefeitura para a realização da feira limita quais produtos podem ser comercializados e indiretamente estabelece os valores comerciais dos produtos. Com isso, invisibiliza a Agroecologia e suas características. Por se tratar de uma estrutura nova, organizada e cedida de forma gratuita, as reivindicações dos agricultores agroecológicos acabam sendo deslegitimadas pela própria população, que está convencida somente dos benefícios prestados pela prefeitura e desconhece como as imposições prejudicam os atores agroecológicos.

De acordo com os agricultores, o enquadramento às regras estabelecidas pela prefeitura dificultou a comercialização e a própria organização coletiva existente entre as famílias do grupo. Com a construção do mercado municipal, as feiras deixaram de ser realizadas na rua e em espaços públicos abertos. As regras mais rígidas da Vigilância Sanitária também se tornaram impeditivo para a venda de vários produtos que antes eram comercializados pelos produtores, a exemplo do leite e de seus derivados. Nesse caso, as regras criadas pela prefeitura excluíram a participação dos agricultores em assuntos importantes que dizem respeito à autonomia e à sua criatividade. Segundo Sadiel, o mercado municipal:

> foi uma condição da prefeitura, *diante das exigências dos feirantes* que se recusaram a entrar em um barracão velho pra fazer a feira. Exigindo que tivesse um local apropriado. Enquanto a gente não tinha, a gente foi fazer a feira na praça mesmo, e deu certo, mas aí começou a aumentar o número de feirantes e mais gente vinha chegando. Daí a prefeitura veio com aquela estrutura, que é muito bonita. *Eu acho ali muito bonito, mas pra nós não é bom.*

A forma como a prefeitura enquadrou, que daí colocou uma série de exigências e normas, tem uma série de produtos que agora não pode levar pra comercializar que antes podia, e aí dificulta a organização pra questão da feira.

O enquadramento da prefeitura se deu como resposta às mobilizações dos feirantes que pediam à prefeitura um espaço adequado para a realização das feiras, mas a forma de organização foi contestada pelos agricultores. A contestação, característica expressiva dos sujeitos, gera resistência, mesmo quando a sociedade moderna persiste em lhe negar o direito à criação e à liberdade. Conforme Touraine (2012, p. 247),

> a ideia de sujeito está constantemente repleta de contestação, porque a sociedade moderna tende a negar sua própria criatividade e seus conflitos internos e a se representar como um sistema autorregulado, escapando, portanto, aos atores sociais e seus conflitos.

O sistema força o enquadramento, oprime as individualidades e desconsidera a subjetividade do ator. Como alertava Touraine, o sujeito só pode ser definido em termos de ator e conflito social, o que significa dizer que ele não está acima da sociedade, nem o indivíduo na sua particularidade: "ele é um modo de construção da experiência social, como o é a racionalidade instrumental" (Touraine, 2012, p. 248).

Como já mencionado, nas vendas da feira, por parte da organização municipal, não ocorre distinção entre produção convencional e agroecológica. Cabe aos próprios agricultores a criação de estratégias para se distinguirem entre os demais. Na feira, o termo agroecológico não é mencionado, dando lugar ao uso apenas do conceito de orgânico. De acordo com Ivo, "Se por orgânico já não é muito fácil das pessoas entenderem, e saberem o que que é este tal de orgânico, imagina por agroecológico". Ou seja, os próprios agricultores se adaptam e criam suas estratégias de apresentação, de modo a "lidarem" com o sistema, resistindo aos rótulos, mesmo que em alguns momentos precisem utilizá-los.

Nesse caso, a manifestação do sujeito aparece através da dimensão da racionalização, demonstrando que o ator é capaz de equacionar as diferentes situações. Diante do que relata o agricultor, parece que no momento da comercialização, no contato com o consumidor, o que importa para o agricultor é concluir a venda e, se possível, explicar que seu produto é diferente, que "não tem veneno, não tem agrotóxico".[9] No ato da venda, o agricultor precisa realizar seu trabalho, precisa comercializar seus produtos, e, dependendo da situação, a ideologia implícita na sua constituição de sujeito não pode estar evidente. Nesse caso, como o termo agroecológico não agrega ao produto valor comercial, os agricultores "ocultam" esse aspecto e usam o termo "orgânico", mais adequado ao contexto e ao desejo dos consumidores.

No caso das cestas agroecológicas entregues semanalmente nas residências, a relação entre produtores e consumidores é diferente. Os consumidores, nesse caso, são atraídos pelos valores sociais específicos da produção (agricultura familiar, reforma agrária, desenvolvimento regional) e suas características (sem uso de venenos, fertilizantes naturais, diversidade e sustentabilidade). Nesse caso, os consumidores que buscam pelas cestas são atraídos por um tipo de alimentação, uma experiência de compra e de relação com os fornecedores. A entrega semanal das cestas propicia um contato direto entre produtor e consumidor. O uso das redes sociais como Whats App e Instagram também vem auxiliando na divulgação das atividades realizadas, ampliando a comunicação e a divulgação do grupo agroecológico.

Nas redes sociais, é comum que as pessoas acessem conteúdos e interajam com outras redes semelhantes e que sejam do seu interesse, o que facilita a venda a um público direcionado.

9 Ivo em entrevista à autora. Dezembro de 2020.

A proposta do grupo de Agroecologia por intermédio das redes sociais é divulgar o trabalho realizado, a forma de vida das famílias e conseguir formar uma rede ampla de consumidores, permitindo que todas as famílias consigam sobreviver com a renda das cestas. No Instagram, são postados vídeos e fotos que mostram a produção das famílias.

O uso cotidiano das redes sociais pelas famílias mostra como os sujeitos se adaptaram a uma imposição da sociedade contemporânea – estar conectado e divulgar nas redes – utilizando isso para o benefício do coletivo.

Ao fazer uma leitura do perfil completo do Instagram da família, destaco a junção entre a dimensão racional e subjetiva dos sujeitos em sua constituição como atores. Em alguns momentos e situações, o sujeito se manifesta como resistência, como subjetividade; em outros, equaciona, racionaliza e faz uso a seu favor dos conflitos e situações que não pode modificar.

As imagens reproduzidas do Instagram do Sítio Vida Nova que se utiliza da plataforma como ferramenta de divulgação do trabalho ecológico, permitem que os agricultores e consumidores interajam. As fotos representam situações do cotidiano, costumes, valores e práticas da família. São imagens carregadas de sentido e que sensibilizam o consumidor sem um apelo direto para a venda. Ao compartilhar suas histórias e situações cotidianas, os atores se apresentam e valorizam sua imagem pessoal, o que contribui para a própria autoestima dos sujeitos. Antes de uma imagem ser postada, ela precisa ser compatível com a mensagem que os atores querem transmitir sobre si e sobre a Agroecologia.

Figura 1 – Imagem da família

Fonte: Instagram Sítio Vida Nova. Acesso em: dez. 2021.

A imagem anterior, por exemplo, é uma representação da família em suas três gerações: pai, filho e netos. Nela está a representação de uma família camponesa, agroecológica e que há três gerações se dedica à preservação das sementes crioulas. O uso de roupas e acessórios do MST pela família também possui um significado importante no que diz respeito à constituição do sujeito, pois indica autoafirmação e sinaliza pertencimento ao Movimento.

A divulgação nas redes sociais tem ampliado significativamente as vendas e principalmente a disseminação dos princípios da Agroecologia para um maior número de pessoas. Percebe-se que, em meio às dificuldades estabelecidas pela prefeitura na realização das feiras, os agricultores se reinventaram e viram nas redes sociais uma ferramenta de trabalho. Eles mesmos afirmaram que "nunca imaginei [imaginaram] usar".[10] Apesar de o uso dessas

10 Delci em entrevista à autora em dezembro de 2021.

redes ser feito na maioria das vezes pelos mais jovens, que acessam e controlam as vendas pelos aplicativos, todos se beneficiam da utilização e de alguma forma participam do processo.

A criação de estratégias de mercado pelos atores agroecológicos é vinculada aos diferentes modelos de política e economia em vigência em cada contexto histórico. Todavia, é importante ressaltar a capacidade de adaptação, resistência e criatividade dos agricultores que se renovam constantemente para manter o campesinato e os seus modos tradicionais de vida. Nesse sentido, ser ator se estabelece como condição de vida, e ao tomar decisões o indivíduo determina, entre suas prioridades, a manutenção da identidade de camponês, do agricultor. Ou seja, a resiliência e a capacidade de reinvenção são aspectos que estão na base da trajetória de constituição dos sujeitos.

Atividade laboral e autonomia, como afirmação do sujeito

É bastante comum, quando se fala em agricultura familiar, pensar o trabalho realizado como uma atividade autônoma, livre de ordens de um superior (chefe ou empresa) e do controle rígido de horas e metas de produção. De certa forma, no imaginário do agricultor, é essa a percepção que prevalece ao definir sua autonomia. Porém, nesta análise, além desse aspecto, propõe-se a pensá-la como uma categoria mais ampla, que diz respeito à capacidade de organização, planejamento e ação dos agricultores diante das dificuldades enfrentadas nos distintos contextos sociais.

A autonomia do agricultor, mesmo que relativa, em um contexto agrícola marcado pela modernização, passa aos agricultores a ideia de "que trabalhar para si, com os seus, no que lhe pertence" (Wanderley, 1988, p. 76) é sinônimo de liberdade, de autonomia. Entre as famílias entrevistadas, essa percepção prevalece, sempre levando em consideração que trabalhar naquilo que é seu é motivo de orgulho, satisfação e liberdade.

Nos casos em que a dedicação exclusiva ao lote só se tornou possível após anos de trabalho assalariado, as famílias entendem o trabalho assalariado como uma fonte de renda temporária e não como uma condição de vida ou como recurso primário de subsistência. No caso das famílias agroecológicas deste estudo, o trabalho assalariado se inseriu como um auxílio e como uma possibilidade de renda complementar, capaz de cobrir gastos com situações imprevistas e oportunizar às famílias a reserva de pequenas quantias, economizadas mensalmente. Anos de trabalho dobrado, dividido entre agricultura e emprego assalariado, viabilizaram o sonho da autonomia e da dedicação exclusiva à agricultura familiar.

Contudo, não são todos os agricultores que conseguem ter êxito nesse desdobrar-se entre agricultura e proletarização e, por fim, acabam desistindo de uma das atividades. Como a agricultura familiar consiste em um trabalho árduo, cujos investimentos são muitos e os resultados financeiros demoram a retornar às famílias, muitos desistem e acabam por se render à proletarização. A proletarização do agricultor é resultado das dificuldades enfrentadas pela categoria, que, diante da necessidade de complementar renda e melhorar seus recursos financeiros, acaba recorrendo ao assalariamento.

Chayanov (1974) já alertava sobre o fenômeno da proletarização do agricultor. Para o autor, a proletarização indica o esforço da classe camponesa em se manter na agricultura. Ou seja, refere-se à capacidade de adaptação da classe camponesa às condições político-econômicas dominantes. Nesse caso, a busca realizada pelas famílias na direção de somar rendas e investir na unidade produtiva sem abandonar seu estilo de vida representa um ato de enfrentamento em direção à autonomia. Refiro-me aqui à autonomia pelo autossustento por meio do trabalho familiar, mas também à autonomia como ato reflexivo, como enfrentamento das circunstâncias, ou seja, autonomia como afirmação do ator como sujeito.

A autonomia é uma condição necessária à constituição do ator agroecológico no âmbito da subjetividade e da racionalidade. No caso das famílias agroecológicas, a autonomia é uma luta constante, tendo em vista que a Agroecologia só é possível por meio do resgate de sementes crioulas e da utilização de métodos naturais para plantio, capina, controle de pragas e doenças. Ou seja, a autonomia na Agroecologia demanda disciplina no resgate de conhecimentos e práticas ancestrais na agricultura e ao mesmo tempo requer a aplicação de novas técnicas e manejos ambientais sustentáveis. O resgate do conhecimento é, pois, reinvenção e autoria, sem aceitar a imposição de tecnologias estranhas a sua maneira de vida.

No âmbito da racionalidade, a autonomia para o agricultor diz respeito à possibilidade de controle do próprio tempo no gerenciamento de sua vida nas esferas do trabalho e do lazer. Para o agricultor, autonomia diz respeito à sua liberdade de trabalhar, de ir e vir e à capacidade de sustentar a família a partir do próprio trabalho. Trabalhar em algo seu é construir, é fazer algo para si e para a família a longo prazo, para as futuras gerações, sem a dependência de um patrão, de um emprego. As narrativas dos agricultores falam da importância do trabalho familiar, das conquistas e mudanças adquiridas ao longo dos anos e da busca por qualidade de vida. Trabalhar para si foi apontado como algo melhor ao "trabalhar para os outros".

> Eu saí da cooperativa em que estava trabalhando com a ideia de vir ajudar um pouco mais meus pais. Na verdade, eu tive que trabalhar fora, mas *daí acabei voltando com umas ideias mais organizadas com relação a essa questão de comercializar, para garantir a renda. Porque na verdade, se não, não adianta.*

> Mas agora a gente conseguiu, e tem um pouco mais de experiência na área, então hoje dá pra fazer, acredito que pra ficar rico não, mas pra ter uma qualidade de vida, e é isso que nós buscamos ter condições pra... *O sítio é uma conquista, o lote aqui do assentamento é uma conquista da família, todos se envolveram então eu pensei, vamo volta e vamo trabalha! Melhor trabalhar pra gente do que pros outros.* (Sadiel, 2020)
>
> Eu trabalhei durante anos na cooperativa Camilas, mas logo que o assentamento saiu a ideia era trabalhar na agricultura, era trabalhar pra gente mesmo né. Na cooperativa eu fiquei uns sete anos, porque a gente também era recém-chegado aqui e não tinha nada de coisa, e aí precisava comprar umas coisas, tem coisas que tem que ser na hora, comida, roupa [...] (Sadi, 2020)
>
> Eu era peão de descarregar e carregar carga de milho, soja... aquilo tudo cheio de veneno, tinha dias que eu chegava em casa e quase que não aguentava. Uma vez eu levei o filho pra trabalhar junto, daí ele se intoxicou com aquilo, daí foi a vez que eu falei que não podia, não dava mais pra fazer aquilo. Era muito triste trabalhar de se matar, e ver os outros enricar. (Ivo, 2019)

Os depoimentos expressam o descontentamento dos entrevistados em suas experiências como trabalhadores assalariados. Em especial, o terceiro depoimento denota indignação com as condições precárias de trabalho às quais o agricultor esteve submetido. Principalmente no que diz respeito à exposição a produtos químicos e ao risco de contaminação, que, neste caso, foi o principal fator que levou o agricultor a modificar seu modo de vida. Nesses casos, a insatisfação e o medo de colocar em risco a própria saúde induziu os agricultores à busca por autonomia na agricultura familiar. A percepção da exploração motivou os agricultores a questionar, a criar estratégias, a reagir e a agir conforme interesses próprios.

O depoimento do agricultor Ivandro transmite sentimentos e percepções semelhantes. Para ele:

> *O foco sempre foi não sair da agricultura, esse era o meu objetivo desde o início e deu certo graças a Deus,* tá tranquilo, é só ampliar e continuar. Sempre tive o desejo e sempre tive abertura. Desde 2004, comecei o

> curso técnico em Agroecologia, sempre tive abertura pra inovação, pra melhorar, pra inserir novos processos. Eu nunca tive dificuldades nisso, sempre entenderam que poderia evoluir as coisas. Que nem eu, ano que vem eu me formo em contador, mas eu não tenho o objetivo de ir trabalhar fora, é pra trabalhar pra nós mesmos.

Percebe-se que, além do próprio desejo de permanecer na agricultura, o agricultor relata que sempre teve abertura para continuar e inserir novos processos, no caso, novos processos ecológicos. Mencionamos isso em referência à dinâmica de organização da família, que, conforme ele, "sempre apoiou e incentivou, inclusive desde quando era criança, eu recebia dos pais um dinheirinho pelo trabalho feito". O apoio familiar e a valorização da ajuda prestada pelos filhos aos pais aparecem como condição fundamental à continuidade dos filhos na agricultura familiar. Para Sonia:

> é que assim tem família, que, digamos, o pai, ele e o patrono, é só ele que manda, é só ele que tem razão. Aqui em casa sempre foi diferente, a gente sempre foi de conversa, e tanto o pai e a mãe eles sempre incentivaram.

Os depoimentos visibilizam a resistência à dominação patriarcal, a busca por liberdade, por autonomia e reconhecimento. Os sujeitos se rebelam contra todas as formas de dominação, inclusive contra as que emergem no contexto familiar, como é o caso da dominação patriarcal. Desde jovens, prevalece neles a busca por liberdade, por ação e autonomia, pelo direito à criação (Touraine, 2012).

> Tem muitas famílias, no interior tem muito isso, o casal, (os mais velhos) o patrono digamos assim, a opinião deles, eles não deixam os filhos dar a opinião, eles não deixam os filhos inovar melhorar, *'não é eu que sei, você veio depois guri, você não sabe nada'* (entonação de voz diferente) e muitos pais até querem que os filhos vão trabalhar na cidade, como se aqui fosse ruim. E aqui não, aqui foi ao contrário, sempre teve uma abertura, foi tranquilo. O pai e a mãe ajudaram a gente a ficar. (Ivandro em entrevista à autora em julho de 2021)

Percebe-se que a instituição familiar aparece em vários momentos e situações como determinante na constituição dos filhos em atores agroecológicos. O apoio familiar e o diálogo entre pais e filhos são um diferencial na vida dos jovens que escolhem permanecer no campo e que têm na Agroecologia um diferencial em suas vidas. Conforme Ivandro, sua permanência no campo é resultado de uma boa relação familiar, que desde cedo lhe permitiu buscar formas alternativas de trabalho para ajudar no desenvolvimento da propriedade. Nesse sentido, entre outros aspectos, a Agroecologia se estabelece nas famílias como forma de questionar o modelo patriarcal e restabelecer relações de gênero, permitindo a manifestação dos sujeitos.

O agricultor do depoimento a seguir problematiza ainda mais a questão da permanência no campo, da autonomia do produtor e da introdução da Agroecologia nos lotes. Para ele, durante o processo de tentativa de transição agroecológica no assentamento, houve situações nas quais, por um equívoco de tentar mudar abruptamente a forma de vida dos produtores, pareceu que os técnicos não se preocupavam com a renda imediata necessária à sobrevivência das famílias dos agricultores. O relato transcrito a seguir traz elementos importantes, principalmente por vir de um agricultor agroecológico, com formação em Agroecologia, e que trabalhou como técnico na região durante o processo.

> Às vezes, na tentativa de construir um novo mundo, a Agroecologia é muito idealizada, ela é um mundo muito perfeito, mas é um mundo que não pensa muito na renda do produtor, *no que isso quer dizer*. Eu participo desde 2004 dos debates sobre Agroecologia na região, trabalhei quatro, cinco anos como Ater e sempre no debate interno há isso, 'aahhh nós temos que ir lá e fazer o cara produzir orgânico, agora'. Tá, mais e daí, o cara vai ter retorno sobre isso? Não, não, mas o cara ele vai ter um retorno? Porque é muito fácil eu lá ganhando 3, 4 mil por mês ir lá e dizer pro cara que agora ele tem que produzir orgânico, agroecológico

> na verdade. Então isso, eu acho que foi um erro. (Ivandro em entrevista à autora em julho de 2021)

Sem dúvidas, a questão da renda aparece como condição fundamental para o processo de transição e consolidação do modelo agroecológico. Destaca-se o que o próprio agricultor diz "no que isso quer dizer", ou seja, trata-se de algo essencial, que não pode faltar ou ser substituído por qualquer outro elemento. Esse apontamento vindo do próprio agricultor tem uma importância ainda maior, pois se trata de um posicionamento crítico sobre o próprio mundo em que vive. No âmbito da constituição do ator, a autonomia no falar, no pensar e no refletir sobre o mundo e sobre as instituições sociais das quais faz parte caracteriza a formação do ator, que é sujeito. Em outras palavras, não é porque ele e a família conseguiram fazer a transição para a Agroecologia que deixa de compreender o contexto dos outros agricultores e as dificuldades materiais que afetam esse processo.

Existe nesse depoimento um elemento importante e que vale destacar novamente: o ator se manifesta nas resistências cotidianas, questionando até mesmo os grupos sociais dos quais faz parte. O depoimento do agricultor questiona a viabilidade da extensão do projeto agroecológico de forma irrestrita nos assentamentos e acampamentos e denota sua preocupação com o outro, com aqueles que ainda não conseguem administrar sozinhos a propriedade. O que reforça o princípio de que o ator é um ator coletivo movido pelo sentimento de solidariedade e de luta por igualdade social.

Finaliza-se esta parte do texto registrando-se novamente para a complexidade da Agroecologia e para a necessidade de olhar para os agricultores como atores/sujeitos que têm constantemente sua autonomia ameaçada por fatores externos nem sempre controláveis.

Saúde e viver bem como dimensão de um projeto de vida

Saúde e viver bem[11] são aspectos fundamentais no que diz respeito ao projeto de vida dos atores agroecológicos. Citada de forma recorrente pelos agricultores, a saúde, condição essencial ao viver bem, é definida por eles como o resultado de como o indivíduo vive, se alimenta, cuida de si e da família. Em todas as entrevistas, a busca por saúde foi apontada como o principal motivo de escolha da Agroecologia pelas famílias. A preocupação com a alimentação apareceu constantemente nas narrativas, evidenciando que, para os atores agroecológicos, a saúde começa com uma alimentação saudável, livre de conservantes sintéticos e agroquímicos.

Após a busca por saúde, os agricultores citam a preservação ambiental como fator decisivo na escolha pela Agroecologia. De modo geral, para eles, "viver bem" só é possível se o homem e o meio ambiente estiverem saudáveis, em equilíbrio. A partir dessa percepção, os atores agroecológicos estabelecem como condição essencial a qualidade de vida, o cuidado com o meio ambiente e o uso dos recursos da natureza sempre de forma consciente: "Assim como a natureza é bondosa e ela nos dá tudo de melhor, a gente precisa entender que não é só usar também, né? Tem que repor, tem que amar".[12]

Para os agricultores, a possibilidade de cultivar o alimento que será servido à família é um diferencial em suas vidas, principalmente porque a saúde, para eles, começa com uma alimentação saudável, natural. O cultivo da grande maioria dos alimentos que vão à mesa é motivo de orgulho para as famílias agroecológicas.

---

11 A expressão "viver bem" é da linguagem dos agricultores.

12 Sadi em entrevista à autora, 2020.

> Hoje, a gente praticamente já não compra mais nada no mercado, a gente já produz meio que de tudo.[13]
> Não vou dizer que não vá, mas, na verdade, é bem pouco, graças a Deus a gente já tem em casa tudo do melhor.[14]
> Coisa do mercado que nem assim, coisa que a gente consegue produzir, as do mercado não têm valor. Que dizer, pra nós não tem valor.[15]

Nesses fragmentos, é possível perceber que os agricultores privilegiam o consumo dos alimentos produzidos na propriedade e, de certa forma, estabelecem uma hierarquia entre estes e os que são adquiridos em supermercados. Para eles, produzir o próprio alimento é sinônimo de qualidade, motivo de orgulho.

Para as famílias entrevistadas, o momento da alimentação possui um forte sentido cultural e é vivenciado como forma de socialização e acolhimento. O ato de comer, na percepção dos agricultores, não se resume ao exercício mecânico de se alimentar para satisfazer às necessidades fisiológicas. Nas palavras da agricultora, "não é só comer por comer", "não e só pra matar a fome que se come", "comer é pra nutrir-se, é pra ter saúde".[16] Ou seja, para ela, a saúde começa na alimentação. Comer é nutrir-se, é levar para dentro de si o que o organismo precisa ou deseja.

Por trás de "não é só comer por comer", existe a afirmação de que nem todo alimento serve, nem todo alimento faz bem. Portanto, comer é [ou deveria ser] um exercício consciente do ser humano. Nas narrativas dos agricultores, há uma crítica à agricultura convencional, uma vez que ela segue o ritmo acelerado das sociedades modernas e, como resposta a isso, ampliou a produção de alimentos transformando quase tudo em produto

13 Ivo em entrevista à autora, 2020.

14 Sadiel em entrevista à autora, 2020.

15 Sadiel em entrevista à autora, 2019.

16 Denise em entrevista à autora, 2019.

processado ou ultraprocessado, desconsiderando os riscos à saúde ocasionados por uma alimentação inadequada, pouco nutritiva.

Os depoimentos a seguir exprimem a preocupação dos atores agroecológicos com a saúde e com o autocuidado por meio da mudança dos hábitos de vida, principalmente com base em uma alimentação saudável e em cuidados medicinais a partir do uso de plantas medicinais. O uso de ervas e plantas com propriedades terapêuticas no lugar de medicações alopáticas é um costume comum entre as famílias camponesas e representa uma alternativa à dominação exercida pelo mercado das indústrias farmacêuticas. A percepção de que a doença e a saúde são reflexos dos hábitos de vida de cada induz o homem a melhorar seu próprio estilo de vida, consumo e comportamento.

> Eu nem sei te dizer quando foi que alguém aqui de casa precisou ir em um médico, precisou de postinho. A gente cuida muito é da questão alimentar, come bem, come comida de verdade, toma bastante água, e saber parar. *Que às vezes a gente também tem que se dar o direito de descanso.*[17]
>
> Remédio de farmácia, de posto de saúde, olha a gente aqui, eu nem sei dizer, porque faz muitos anos.[18]

A resistência dos agricultores ao uso de tratamentos externos mostra a mobilização dos sujeitos para ter controle sobre o próprio corpo, saúde e alimentação. Novamente, os sujeitos se expressam em busca de ser ator, de ser sujeitos de si.

O uso de plantas medicinais, como já mencionado, é muito comum entre as famílias camponesas e faz parte da busca por uma vida saudável pelos sujeitos agroecológicos. No Oito de Junho, no Sítio Vida Nova, de propriedade do Seu Sadi e da Dona Delci, dezenas de plantas medicinais são cultivadas com o intuito de cuidar da própria família de forma natural e resgatar o costume

17 Denise em entrevista à autora, 2019.

18 Ivo em entrevista à autora, 2021.

do uso dos chás, cuja finalidade é ser utilizado terapeuticamente por toda a comunidade por meio do projeto de saúde popular conhecido como Biosaúde.[19] Nesta família, além da diversidade de frutas, verduras, hortaliças e leguminosas, são cultivadas ervas medicinais que completam o modo de vida saudável e a proposta agroecológica desenvolvida na família. Vale destacar que o tratamento natural com plantas medicinais é diferente da medicina convencional, que atua nos sintomas sem eliminar a causa das doenças. A proposta do tratamento natural se destina a indivíduos dispostos a tratamentos preventivos e uso contínuo das plantas medicinais, ou seja, se destina aos sujeitos que assumem um compromisso diário com a própria saúde.

Nesse sentido, o cuidado com a saúde e a preocupação em viver bem diariamente se destaca entre os objetivos de vida dos agricultores agroecológicos. A vida em contato com a natureza possibilita aos atores se conectarem consigo mesmos, vivendo mais para si e para as coisas de que gostam. Viver bem diz respeito a aproveitar o dia, a ter saúde, a estar perto das pessoas importantes. Um entrevistado afirmou: "Hoje eu posso dizer que eu tenho tudo o que eu preciso. A gente tem comida boa e farta, tem saúde, tem família, tem trabalho pra todo mundo e cada um consegue comprar suas coisas" (Sadi em entrevista à autora, 2022). Outro entrevistado disse: "Enricar a gente não enrica mesmo e nem é sobre isso. Mas

[19] O Biosaúde é um projeto da Pastoral Familiar que chegou ao Brasil no ano de 1993 por meio do padre jesuíta Renato Barth. Seu objetivo é tratar de forma natural moradores de áreas desprotegidas e focos de doenças, como acampamentos e periferias. Consiste na aplicação do método bioenergético para avaliar a saúde das pessoas atendidas, por meio da percepção sutil da força e da vitalidade de cada órgão do corpo. Sua principal filosofia é ajudar as pessoas carentes e empobrecidas a detectar possíveis problemas de saúde e por meio do tratamento com plantas e ervas medicinais (fitoterapia) restabelecer a homeostase no indivíduo (Diocese de Conceição do Araguaia, 2021).

a gente ganha pra viver, e a gente consegue viver de verdade, todo mundo tem saúde, pode ver os filhos e os netos todo dia, não tem melhor" (Delci em entrevista à autora, 2022). Por fim, um terceiro arrematou: "A gente tem as demandas da gente, tem trabalho pesado todo dia, mas, por exemplo, se chove, vai todo mundo pra casa, toma seu banho, toma um mate e volta outro dia, não precisa isso de estresse" (Sadiel em entrevista à autora, 2022).

Os depoimentos anteriores revelam uma dinâmica de vida pautada no respeito à natureza e a si mesmo como ser humano. Estar em contato consigo mesmo significa assumir a responsabilidade de si, das suas escolhas, e isso implica levar uma vida simples, porém saudável. Nesse sentido, pode-se dizer que viver bem, para os atores agroecológicos, significa priorizar a própria saúde e a dos familiares, negando e resistindo ao consumismo e a outras formas de dependência.

Considerações finais

Foram analisados dois universos que revelaram diferentes dimensões de constituição do sujeito. A Jornada de Agroecologia, que forma o âmbito coletivo da construção de um projeto ecológico, produz uma narrativa que mobiliza os atores a se posicionarem como sujeitos contestadores, que resistem e reagem ao domínio da racionalidade técnica promovido pelo domínio da agricultura do agronegócio. O âmbito da Jornada também gera sentimentos de pertença, de realização, de reconhecimento do outro e de solidariedade e proporciona troca de saberes e experiências.

A Agroecologia constitui um meio que reorienta reflexivamente a ação dos atores. É ela que proporciona as condições para os atores se produzirem como sujeito. Na medida em que estimula a reconstrução das relações sociais e da relação com a natureza em um movimento de reapropriação dos recursos naturais, tal como preconiza a ecologia política, o ator resgata ecologias que recuperam visões de mundo relacionados com a condição camponesa de viver.

No assentamento estudado, os atores defrontam-se com desafios relacionados à sua constituição e à sua própria sobrevivência. Diante de uma prevalência da racionalidade econômica, contrapõe-se a racionalidade ambiental que vem sendo construída pelos atores ecológicos. São mobilizadas técnicas e saberes diversos de forma pragmática pelos agricultores em uma estratégia de preservar sua sobrevivência. Sendo assim, é na produção, na comercialização, no trabalho e na construção de um projeto de viver bem, analisados no Assentamento Oito de Junho, que os atores ecológicos agem como sujeitos construtores de relações sociais mediante uma estratégia de equilíbrio, combinando racionalidade e subjetividade. No cotidiano da vida em família e das atividades agrícolas, surgem as imposições da lógica do sistema social, que obriga os atores a construírem estratégias de adaptação. É no âmbito das relações de comercialização e do trabalho que os maiores desafios do sujeito, ao se realizar, são enfrentados. Nesse sentido, há que se considerar que, embora com vontade, o ator não é livre no processo de sua instituição como sujeito. São as condições de conjuntura ou mesmo de estrutura que restringem a ação dos atores. A constatação aqui vai na direção da crítica apontada por Leff (2014) quanto à concepção de sujeito de Touraine. O sujeito, nesse caso, reproduzindo uma condição de vida camponesa, está preso às injunções estruturais. O ator ecológico, no entanto, persiste na sua luta por liberdade, como mostram as análises das condições de comercialização. Na esfera do trabalho, uma das dimensões que mais aflora é a luta pela autonomia do ator, evidenciando um dos *ethos* mais caros à condição de vida camponesa, que, no caso, se reconstrói. Mesmo a renda complementar obtida fora da atividade agrícola é vinculada à construção de um modo de vida autônoma.

O "viver bem" é parte intrínseca da constituição dos sujeitos. Esse viver bem prioriza a saúde como uma das dimensões mais importantes do projeto de vida. Uma saúde que tem como alvo uma integração com a natureza e uma alimentação saudável, oriunda da forma de produzir em bases naturais ou ecológicas. Constrói-se assim uma visão de mundo em que a natureza ocupa lugar central no projeto de vida. Um projeto em que o sujeito vai se construindo à medida que busca sua realização. A mobilização do ator para se instituir como sujeito ecológico faz parte de uma trajetória de vida e não pode, portanto, ser entendida apenas pelas dimensões aqui apresentadas. Aponta, todavia, uma direção para onde caminha o assentado, que se estabelece como ator ecológico.

Referências

BORSATTO, Ricardo Serra. *A Agroecologia e sua apropriação pelo Movimento dos Trabalhadores Rurais Sem Terra (MST) e assentados da reforma agrária*. Tese de doutorado Universidade Estadual de Campinas – Faculdade de Engenharia Agrícola, Campinas (SP), 2011.

BRASIL. Lei n. 10.831, de 23 de dezembro de 2003. Dispõe sobre a agricultura orgânica e dá outras providências. Disponível em: www.planalto.gov.br/ccivil_03/leis/2003/l10.831.htm. Acesso em: 30 maio 2022.

CEZIMBRA, Elemar do Nascimento. *Desenvolvimento Socioambiental do Assentamento Oito de Junho*. Dissertação de mestrado. Universidade Tecnológica Federal do Paraná. Programa de Pós-Graduação em Desenvolvimento Regional, Pato Branco (PR), 2013.

CHAYANOV, A.V. *La organización de la unidad económica campesina*. Buenos Aires: Nueva Visión, 1974.

COCA, Estevan Leopoldo de Freitas. Identidades dos camponeses assentados no território Cantuquiriguaçú (PR). *Mercator*, UFC, Fortaleza, v. 14, n. 1, p. 77-88, jan./abril, 2015. Disponível em: https://www.scielo.br/j/mercator/a/TbZ4wCjccS3kJmbWSCh9DSd/?format=pdf&lang=pt. Acesso em: 30 maio 2022.

DIOCESE DE CONCEIÇÃO DO ARAGUAIA. Pastoral da Família. Ação Pastoral. *Projeto Biosaúde*, 2021. Disponível em: https://diocesedeconceicao.org.br/acao-pastoral/projetos-sociais/bio-saude/. Acesso em: 25 jan. 2022.

LEFF, Enrique. *Racionalidade ambiental*: a reapropriação social da natureza. Rio de Janeiro, Civilização Brasileira, 2006.

LEFF, Enrique. Desvanecimiento del sujeto, reinvención de las identidades colectivas y reapropriación social de la naturaleza. *In: La apuesta por la vida: imaginación sociológica e imaginarios sociales en los territorios ambientales del sur*. México: Século XXI Editores, 2014.

SILVA, Silvana. *Os atores agroecológicos do MST e os espaços de sua formação*: das cartilhas e cadernos formativos à práxis nas Jornadas de Agroecologia e no assentamento de reforma agrária. Tese (Doutorado em Sociologia) – Setor de Ciências Humanas, Universidade Federal do Paraná, Curitiba, 2022.

TOURAINE, Alain. *Pensar Outra mente:* o discurso interpretativo dominante. Tradução de Francisco Moras. Petrópolis: Editora Vozes, 2009.

TOURAINE, Alain. *Crítica da Modernidade*. Tradução Elia Ferreira Edel. 10. ed.Petrópolis: Vozes, 2012.

WANDERLEY, M., B. *O mundo rural como um Espaço de Vida* – Reflexões sobre a Propriedade da Terra, Agricultura Familiar e Ruralidade. Porto Alegre: Editora da UFRGS, 2009.

Jornadas da Agroecologia: construindo as bases de uma reforma agrária popular e ecológica

Katya Regina Isaguirre-Torres

Introdução

O modelo dominante de agricultura, concentrado nos monopólios e nos pacotes tecnológicos, desterritorializa famílias, diminui a agrobiodiversidade e as florestas, contamina as águas e impede uma produção de alimentos saudável. Tendo em vista o contexto de crise ecológica e as mudanças climáticas, torna-se urgente repensar esse modelo, e para isso é preciso tratar da questão do acesso efetivo à terra, da reforma agrária. O acesso à terra, aliado à necessidade de buscar formas de agricultura de maior equilíbrio ambiental, é tema que envolve todos os sujeitos sociais. Existem diferentes projetos de reforma agrária, sejam aqueles já implantados pelos governos, sejam aqueles gestados e discutidos pela vontade popular. Este artigo pretende identificar, a partir das experiências do acampamento José Luztenberger e das Jornadas de Agroecologia, quais seriam os elementos de uma reforma agrária popular agroecológica. A pesquisa se valeu da observação participante realizada durante a execução de projetos de pesquisa e extensão do qual participam a autora, assim como da análise da legislação e da revisão bibliográfica.

A reforma agrária consiste em uma distribuição equitativa de terras para quem nela vive e trabalha, em respeito às culturas e à natureza, com a execução de medidas de desconcentração ligadas a um conjunto de outras políticas públicas que busquem garantir todo um conjunto de direitos humanos e fundamentais ligados às questões da permanência no campo com dignidade. Falar de reforma agrária relaciona-se com a preocupação da soberania e segurança alimentar e nutricional. A Constituição Federal de 1988, com a aprovação da emenda n. 64/2010, reconheceu o direito à alimentação adequada (DHAA)[1] como um direito fundamental. Reconhecido na esfera internacional, a partir da Declaração Universal dos Direitos Humanos e do Pacto Internacional dos Direitos Econômicos, Sociais e Culturais, de 16 de dezembro de 1966 (ratificado pelo Brasil em 24 de janeiro de 1992), o DHAA trata de garantir não apenas o acesso ao alimento, mas também o respeito aos hábitos culturais e a busca permanente de qualidade nutricional. Por isso, fala-se em direito humano e fundamental, um direito de todas e todos da sociedade brasileira. Seu ingresso no rol dos direitos fundamentais sociais na Constituição Federal de 1988 foi extremamente importante, juntamente com a criação do Sistema Nacional de Segurança Alimentar e Nutricional (SISAN) que ocorreu no ano de 2006, pela Lei n. 11.346.

---

1 O Direito Humano à Alimentação Adequada (DHAA), também chamado de Direito Humano à Alimentação e à Nutrição Adequadas (DHANA), envolve duas dimensões interconectadas. A primeira relaciona-se com o direito de não sofrer fome e aborda o acesso físico e econômico aos alimentos e em respeito às culturas dos grupos sociais. A segunda dimensão relaciona-se com a qualidade da alimentação e a sustentabilidade da produção. As duas dimensões devem ser analisadas também na perspectiva das diferentes formas de geração de desigualdades sociais, ambientais, econômicas e sua repercussão no devido acesso a um alimento saudável.

A reforma agrária se insere como elemento fundamental para dar efetividade ao DHAA, uma vez que o acesso à terra é o ponto de partida para a proteção de toda pessoa contra a fome, direito esse assegurado no art. 12 do PIDESC. No artigo 11 do PIDESC, também se encontra o dever de os estados aplicarem melhorias "na produção, conservação e distribuição de gêneros alimentícios pela plena utilização dos conhecimentos técnicos e científicos" e, destaque-se, "pelo aperfeiçoamento ou reforma dos regimes agrários", o que conjuga o direito à alimentação com a terra e as estratégias de conservação da biodiversidade (Brasil, [Decreto 591] 1992).

Ao estudar como o direito à terra é abordado na esfera internacional, Jérémie Gilbert (2013) identifica cinco campos distintos nos quais o direito à terra vem sendo reivindicado. A afirmação do direito à terra como um direito humano específico e independente surge no contexto das discussões sobre as formas de propriedade, na moradia, nos debates de gênero, nos direitos dos povos indígenas e no direito à alimentação. O autor igualmente recorda o Comentário n. 12 das Nações Unidas, de 1999, o qual faz diversas referências ao direito à terra (Gilbert, 2013, p. 133). O comentário n. 12 da ONU teve por objetivo oferecer bases para interpretação do artigo 11 do PIDESC e, nesse sentido, aponta a inter-relação entre acesso à terra e alimentação em diferentes pontos, tal como a possibilidade de a alimentação decorrer diretamente da terra produtiva (ONU, 1999, p. 3) ou quando trata do dever de os Estados garantirem a acessibilidade física ou econômica para grupos vulneráveis (ONU, 1999, p. 3). Quando trata da implementação nacional, o comentário reforça as "garantias de acesso total e igual aos recursos econômicos, particularmente para as mulheres, inclusive o direito de herança e à titularidade da terra e de outras propriedades" (ONU, 1999, p. 5).

Jérémie Gilbert reconhece que o direito à terra é um elemento essencial para efetivação de outros direitos humanos, embora admita ser paradoxal que, em razão de sua essencialidade, ele não seja ainda reconhecido diretamente nos tratados internacionais, sendo que é uma reinvindicação constante das organizações e entidades da sociedade civil (Gilbert, 2013, p. 136-137). Sob o viés do conjunto de direitos humanos vinculados à reprodução da vida, a problemática da reforma agrária para garantia de uma equitativa distribuição de terras apresenta alta complexidade, ligando-se com a necessidade de políticas públicas vinculadas à produção, distribuição e comercialização, mas também do acesso efetivo à moradia, à garantia do trabalho decente, da seguridade social, da educação, da saúde coletiva, da alimentação, dentre outros direitos sociais. Dentre os direitos humanos e fundamentais que se encontram diretamente conectados à reforma agrária, enquadra-se ainda o direito ao ambiente ecologicamente equilibrado, um direito de titularidade difusa, que é de toda a sociedade. Esse direito, que articula os diferentes cuidados com a natureza, representa-se na realidade das agricultoras e agricultores agroecológicos quando estes realizam a transição de suas terras em respeito aos ecossistemas locais, quando preservam espécies nativas e fontes de água e quando realizam suas agriculturas em harmonia com as matas e bosques.

A produção agroecológica tem sua definição no Decreto n. 7.794/2012, como sendo "aquela que busca otimizar a integração entre capacidade produtiva, uso e conservação da biodiversidade e dos demais recursos naturais, equilíbrio ecológico, eficiência econômica e justiça social" (Brasil, 2012 [artigo 2º, inciso III]). Um sistema de produção agroecológico possui semelhanças com a produção orgânica por não fazer uso de produtos químicos, sintéticos ou alimentos geneticamente modificados. No entanto, a multidimensionalidade diferencia a Agroecologia por ser uma ciência, um conjunto de técnicas e também uma política que se preocupa com dimensões ambientais, culturais, sociais voltados à reconexão dos seres humanos e não humanos com a terra e a natureza. A transição da produção agroalimentar em uma perspectiva agroecológica é, assim, um importante elemento da reforma agrária no sentido de promover a inclusão social e a equidade ambiental.

Direito à terra – complexidade e historicidade

Antes de problematizar a discussão da Agroecologia na reforma agrária, faz-se necessário pontuar elementos da historicidade da questão da terra no Brasil. Como se sabe, a economia do período colonial se fez com o trabalho escravo, de 1550 a 1888, sendo conhecida a pressão da Inglaterra para a extinção da escravidão para atingir seus objetivos comerciais. A Lei Euzébio de Queiroz, de n. 581, de 4 de setembro de 1850, foi aprovada em meio à pressão exercida pela Inglaterra, especialmente com o advento da Lei Aberdeen, de 1845, a qual permitia a intercepção pela marinha inglesa de navios vindos da África. Reforçando a proibição do tráfico de escravos, que no país já havia sido objeto de lei no ano de 1831, a Lei Eusébio de Queiroz fortaleceu a discussão sobre o fim da escravatura, cuja abolição formal ocorreu no ano de 1888, com a Lei Áurea. Vale recordar que o Brasil foi o último país da América Latina a abolir a escravatura sem, no entanto, realizar um processo de garantia de direitos à população negra liberta, o que revela até hoje a permanência do racismo estrutural no país.

A dependência econômica da Inglaterra, que exigia a abolição do comércio de escravos, impulsionou igualmente a reformulação do sistema produtivo e fez surgir a necessidade de organizar a propriedade privada, o que foi feito com a Lei n. 601, de 1850. Essa legislação instituiu a possibilidade de aquisição da terra por meio da compra e venda, substituindo o regime das sesmarias.

Elas envolviam concessões de grandes extensões de terras pelo governo português para membros da pequena nobreza, homens de negócios, burocratas e militares. Esta concessão buscava atender aos interesses da Coroa de dominação do território e o abastecimento dos mercados europeus, especialmente pela produção açucareira. Sua revogação ocorreu em 17 de julho de 1822 no contexto da expansão da economia cafeeira e do movimento que resultou na independência (Varela, 2005, p. 111).

Com o fim das sesmarias, sem uma lei que determinasse a forma de aquisição das terras, formou-se uma situação complexa identificada pelos agraristas como regime de posse, com a ocupação das terras que ainda não haviam sido confirmadas como sesmarias. Explica Marés que o nome é impróprio, porque a ocupação era considerada clandestina e ilegítima. Nesse período, aqueles que ocupavam a terra recebiam a negativa do Estado, que alegava não existir lei que permitisse a concessão e coibia as ocupações (Marés, 2021, p. 78). A negativa se dava por ausência de base legal e resguardava a finalidade do governo em evitar uma ocupação que criasse óbices à estrutura capitalista em expansão, que necessitava da mão de obra para os proprietários das fazendas. Segundo Marés, vários projetos de lei deste período proibiam os imigrantes de adquirirem, alugarem ou usarem as terras. Tais projetos se desenvolviam a partir da interpretação do direito de propriedade, o qual era entendido como um direito "natural" e que não poderia ter limites legais. Essas discussões retardaram a aprovação da Lei de Terras, exatamente porque havia a necessidade de a lei "contemplar os interesses econômicos do capital sem restringir o direito de propriedade, que também fazia parte desse interesse" (Marés, 2021, p. 79).[2]

2 Para entender mais sobre a questão da terra no país, sugere-se a leitura do trabalho de Lígia Osório Silva, *Terras Devolutas e Latifúndio: efeitos da lei de 1850* (Silva, 1996).

Com a aprovação da Lei 601, de 1850, instituiu-se a obrigatoriedade do registro, a conceituação de terras devolutas e a instituição da aquisição mediante contrato de compra e venda. A demarcação de terras devolutas surge em decorrência da necessidade de colonização do território, pois a vinda de colonos livres era uma alternativa à mão de obra escrava. Mesmo quando ocupadas por povos originários ou trabalhadores, a terra sem o título que consagrava a propriedade era considerada como devoluta e, por tal razão, poderia ser adquirida mediante pagamento. Esse sistema, baseado no teórico inglês Edward Wakefield,[3] propunha que o valor obtido na venda fosse utilizado para financiar a vinda de colonos sem recursos. Para estabelecer o preço da terra, foi utilizado o sistema de *suficient price*, com o qual "um preço mínimo para a venda acabaria por impedir o acesso imediato do trabalhador à terra" (Varela, 2005, p. 132).

A lei de terras marcou a propriedade moderna no país, considerada fonte de prestígio social e poder econômico de alguns grupos sociais, e atendia às necessidades do liberalismo moderno. Ressalte-se, no tocante ao desenvolvimento do ideário liberal, que não existiram graves dissensos entre a velha elite dominante (grandes proprietários rurais) e a nova burguesia urbano-industrial. Como assevera Dias (2005, p. 128), os ideais liberais foram veiculados por uma minoria culta, "que reservava para si a missão paternalista de modernizar e reformar o arcabouço político e

3 A autora Lígia Osório Silva analisa a influência de Wakefield na política imperial de terras. Em síntese, a aplicação da teoria do *suficient price* pressupunha um mercado de trabalho livre, o que não era o caso no Brasil, que estava investindo em um sistema híbrido de retenção de mão de obra por formas de coação extraeconômicas, com o governo arcando com os custos da imigração. Nesse sentido, afirma a autora que a adoção da teoria seria mera retórica. Para aprofundar o tema, sugere-se a leitura do capítulo V, "O primeiro projeto de lei de terras", do livro *Terras Devolutas e Latifúndio: efeitos da lei de 1850* (Silva, 1996, p. 110-121).

administrativo do país, sem comprometer a continuidade social e econômica da sociedade colonial". Afirma a autora que, com base no modelo estadunidense de sociedade, reformas agrárias estavam distantes da realidade dos liberais brasileiros (Dias, 2005, p. 141).

Vale recordar que, com a proclamação da República (1889), as terras devolutas passaram ao Estado brasileiro. Tal fato, como analisado por Lígia Osório Silva (1997, p. 17), acabou por não democratizar o acesso à terra e gerou benefícios aos grandes proprietários, os quais utilizavam a interpretação da cláusula de "cultura efetiva e morada habitual", prevista no art. 1º da Lei 601/1850, para realizar diferentes tipos de grilos, "sem controle dos poderes públicos e sem que estes manifestassem grande preocupação com o uso antissocial das terras apropriadas" (Silva, 1997, p. 17). Conflitos e massacres como Canudos (1896-1897) e a Guerra do Contestado (1912-1916) denunciavam os efeitos da desterritorialização dos povos advinda da transformação da terra em propriedade. Conforme Eliane Domingues, as guerras de Canudos e Contestado devem ser interpretadas não como contrárias ao regime político republicano, mas ao significado que lhe foi atribuído pelo sertanejo: de uma nova ordem que favoreceu os poderosos e só instaurou mais opressão (Domingues, 2005, p. 39).

O aumento da intervenção estatal nas atividades privadas ocorreu no país especialmente após a Revolução de 1930. O governo provisório criou uma comissão que elaborou um anteprojeto de Constituição e nele havia uma primeira referência que condicionava o direito de propriedade à função social, seguindo a tendência constitucional do período. Nas constituições anteriores (1824 e 1891), o direito de propriedade era absoluto com a possibilidade de desapropriação mediante a aplicação do conceito de "utilidade pública" e mediante indenização em dinheiro. O texto do anteprojeto inovou ao incluir a possibilidade de desapropriação por interesse social e prever outras formas de indenização além do pagamento em dinheiro. No entanto, nos debates da Assembleia Constituinte, foram retiradas a função social e a previsão de outras formas de pagamento da indenização (Silva, 1997, p. 18).[4]

Os primeiros debates sobre uma lei para a reforma agrária surgem após a Constituição de 1946. O parágrafo 16º do artigo 141 da Constituição de 1946 reconheceu a possibilidade de desapropriação por interesse social, mantendo, no entanto, a necessidade de prévia e justa indenização em dinheiro, o que inviabilizava as desapropriações. Lígia Osório Silva recorda que o conceito de função social se mantinha presente na constituição pela leitura dos artigos 145 e 147, os quais garantiram a constitucionalidade da reforma agrária intentada pela luta das organizações sociais (Silva, 1997, p, 19). Dentre os movimentos populares de luta pelo acesso à terra, destacam-se as Ligas Camponesas, surgidas em 1945 sob iniciativa do Partido Comunista. Segundo Oliveira (2007, p. 106), as Ligas Camponesas foram responsáveis por dar dimensão nacional à questão da reforma agrária.[5]

Entre a Constituição de 1946 e a entrada em vigor do Estatuto da Terra (Lei n. 4.504/64) existiram projetos de lei sobre reforma agrária. O primeiro projeto, do ano de 1947, foi proposto pelo Deputado Federal Nestor Duarte (UDN-BA). Além desse projeto, foram apresentados também os projetos de reforma agrária propostos por Afrânio de Carvalho (1948) e Joaquim Nunes

---

4 É óbvio que a questão da definição do direito de propriedade atingia diretamente a possibilidade de o Estado agir em relação ao latifúndio improdutivo, tendo em vista que a desapropriação era o único recurso que restava para a alteração da estrutura fundiária, distorcida pela contínua ocupação desregrada das terras públicas. Entretanto, a Assembleia Constituinte de 1934 acatou uma versão atenuada da proposta mais reformista do Anteprojeto (Silva, 1997, p. 18).

5 Para ler mais sobre o tema, sugere-se a leitura de: Julião, Francisco. *Que são as ligas camponesas?* Rio de Janeiro: Civilização Brasileira, 1962.

Coutinho Cavalcanti (1954) (Bercovici, 2020, p. 202). Destaca-se ainda, como faz João Pedro Stédile, a proposta de reforma agrária da bancada do PCB, defendida em plenário por Luiz Carlos Prestes, tida pelo autor como a "primeira manifestação real a concluir que o Brasil tinha um grande problema agrário – representado pela concentração da propriedade da terra (provocada pela aplicação da Lei de Terras de 1850)" (Stedile, 2012, p. 13).

Em 1958, começou a ser criado, pelo Partido Trabalhista Brasileiro (PTB) e ainda no governo de Juscelino Kubitschek, um conjunto de medidas para alterações econômicas, sociais e políticas. Tais medidas, chamadas de "reformas de base", se tornaram a plataforma política de João Goulart (Ferreira, [2006]). Dentre elas, destacavam-se as medidas voltadas à reforma agrária, cujo anteprojeto foi enviado por João Goulart ao Congresso dias antes do golpe militar que derrubou seu governo (Silva, 1997, p. 20). Recorda a autora que, externamente aos debates sobre a necessidade de uma lei que alterasse a estrutura fundiária do país, os Estados Unidos exerceram influência no sentido de incentivar os países da América Latina a promoverem reformas em suas estruturas agrárias. Tais orientações decorriam do sucesso da Revolução Cubana e do "risco" de surgirem outras revoluções (Silva, 1997, p. 20). Em seu texto, Lígia Osório Silva cita a Ata de Bogotá (1960) e a Carta de Punta del Este (1961) como fontes internacionais que apontavam para a necessidade de transformações no uso da terra. Para a autora, a Ata de Bogotá continha recomendações fracas, concentradas na elaboração de estudos e aceleração de programas marginais como colonização ou medidas fiscais (Silva, 1997, p. 20). A Carta de Punta del Este (1961) representou o lançamento da Aliança para o Progresso, principal estratégia do governo de John F. Kennedy para prevenir outras experiências como a de Cuba, reunindo reformas estruturais ao lado da manutenção de políticas repressivas e preventivas já utilizadas pela política externa dos EUA (Natividade, 2015, p. 7).

Como explica Melissa de Miranda Natividade, os EUA, após a Segunda Guerra Mundial, representavam um importante mercado para as importações e exportações latino-americanas. A política externa estadunidense pós-1945 caracterizava-se pela ideia de controle, ambientada na lógica da Guerra Fria, tendo por objetivo "garantir que os países latino-americanos permanecessem fiéis à ideologia ocidental" (Natividade, 2015, p. 4). A autora cita como exemplos da influência política e militar na região o Tratado Interamericano de Assistência Recíproca (TIAR) de 1947 e a Organização dos Estados Americanos (OEA) de 1948. O descontentamento dos países latino-americanos com a política estadunidense deu espaço à criação da Comissão Econômica para a América Latina (Cepal), fundada em 1948 como órgão especializado das Nações Unidas e também motivou a busca de alianças voltadas à cooperação econômica dos EUA. No entanto, as propostas do governo brasileiro com a Política Externa Independente (PEI),[6] desenvolvida durante os governos de Jânio Quadros e especialmente no governo de João Goulart, apresentavam contrapontos aos objetivos latino-americanos, o que fez com que os EUA passassem a apoiar a oposição ao governo brasileiro, financiando o Instituto de Pesquisas e Estudos Sociais (Ipes) e o Instituto Brasileiro de Ação Democrática para a "disseminação da ideologia anticomunista" (Natividade, 2015, p. 9).

Nesse viés, pode-se dizer que a elaboração do Estatuto da Terra (Lei 4.504/64), atendeu a fatores políticos internos e externos. Internamente, a aprovação do Estatuto se voltou às reivindicações

6 Para aprofundar o tema, sugere-se a leitura de: Vizentini, Paulo Fagundes. *Relações Internacionais do Brasil*: de Vargas a Lula. São Paulo: Fundação Perseu Abramo, 2002.

pelos movimentos do campo e às mobilizações reformistas das décadas de 1950-1960. Externamente, a aprovação do Estatuto cedeu às pressões internacionais e a política de controle estadunidense (Silva, 1997, p. 20). A Lei n. 4.504/64 foi promulgada sete meses depois do golpe militar e não foi posta integralmente em prática. A lei apresenta os objetivos da reforma agrária (artigo 16) e prevê as hipóteses de desapropriação, incluindo a desapropriação por interesse social. No entanto, como observa Marés, "a lei não foi suficiente porque o sistema jurídico continuava mantendo a garantia da propriedade privada acima dos direitos de acesso à terra" (Marés, 2021, p. 173). O autor salienta que as leis que foram criadas a partir do Projeto de Reforma Agrária da Aliança para o Progresso, como o Estatuto da Terra, ao garantirem a manutenção do pagamento ou indenização para recuperação da terra, mantiveram o conceito liberal de propriedade, de modo que no descumprimento da função social teria o Estado o direito apenas de comprá-la, pagando o preço (Marés, 2021, p. 174-176). Dessa forma, o potencial do instituto da função social no Estatuto da Terra não foi capaz de promover uma verdadeira reforma do sistema de controle da terra.

Redemocratização e reforma agrária

No período da redemocratização e já na perspectiva da modernização agrícola, o discurso das elites rurais assumiu nova retórica. Segundo Regina Bruno (1997), o período que antecedeu à Assembleia Nacional Constituinte foi de fortes tensões e conflitos, marcado por diferentes estratégias contra a reforma agrária, que, a partir do processo de modernização agrícola das décadas de 1960 e 1970, concentrava-se no formato de atender às necessidades de acumulação do capitalismo com a manutenção da estrutura fundiária desigual. No governo de José Sarney, que assumiu após a morte de Tancredo Neves, foi publicado o Decreto n. 91.766, de 10 de outubro de 1985. O decreto aprovou o Plano Nacional de Reforma Agrária, e tinha como meta assentar 1,4 milhão de famílias no período de cinco anos. Como observa Ariovaldo Umbelino de Oliveira, o decreto de 1985 revelou distorções ao Estatuto da Terra quando afirmou, por exemplo, que o governo evitaria a desapropriação dos imóveis que seriam enquadrados como latifúndios (Oliveira, 2007, p. 126). As pressões dos setores sociais conservadores e dos grandes proprietários logo inviabilizaram essas metas, e a reforma agrária acabou ficando em um plano secundário, com o assentamento de 85 mil famílias no período de 1985 a 1989 e o aumento do êxodo rural (Mattei, 2012, p. 304).[7]

O Plano Nacional de Reforma Agrária (PNRA) de 1985 recebeu forte oposição organizada, como da União Democrática Ruralista (UDR),[8] que é emblemática para entender as linhas da construção de um projeto político das elites rurais. Segundo Regina Bruno (1997), essa construção atuou em duas fases. Na primeira, com o enfrentamento direto aos trabalhadores(as) rurais, com a organização de milícias armadas e a denúncia das posições

7 Como observa Lauro Francisco Mattei, no governo de Fernando Collor o programa de assentamentos foi paralisado. Após o *impeachment*, com o governo de Itamar Franco, foi retomado um programa emergencial para os assentamentos, mas que não atingiu as metas projetadas. Segundo o autor, "durante os governos Collor e Itamar (1990-1994), pouco se fez pela reforma agrária, sendo apenas regularizados os títulos de posse, implementados programas de arrendamento rural (uma versão piorada dos projetos de colonização dos governos militares) e executados alguns planos de assentamentos de trabalhadores rurais que atingiram menos de 10% das metas inicialmente previstas para o período" (Mattei, 2012, p. 304).

8 Para aprofundamento do tema, sugere-se a leitura da pesquisa de Sônia Regina de Mendonça (2006) que trata do estudo da atuação da Sociedade Rural Brasileira (SRB), da Sociedade Nacional de Agricultura (SNA) e da União Democrática Ruralista (UDR). A pesquisa foi publicada no volume cinco da coleção *A Questão Agrária Brasileira*, organizada por João Pedro Stedile.

como da Comissão Pastoral da Terra (CPT), no que Regina Bruno define como "modernidade da violência" (Cf. Bruno, 1997, p. 54). A segunda fase atenta para linhas de ação no campo jurídico por meio da assessoria jurídica de apoio aos proprietários na judicialização contra as ocupações, a formação de um "*lobby*" para a Constituinte e a garantia de um maior número de representantes no congresso nacional (Bruno, 1997, p. 59).

As lutas por acesso efetivo à terra e ao território, no entanto, demarcaram o contexto da redemocratização e os debates da Assembleia Nacional Constituinte. Com a redemocratização, promulga-se o texto da Constituição Federal de 1988, que reúne em seus artigos uma sensível transformação do conceito de propriedade individual pela maior amplitude da função social (Marés, 2021, p. 187). Em seus argumentos, o autor cita que essa transformação pode ser percebida em diferentes direitos constitucionais, tais como quando trata do bem jurídico "terra", no capítulo do meio ambiente (artigo 225), quando reconhece as terras tradicionalmente ocupadas como direito dos povos indígenas ou quando, no artigo 68 do Ato das Disposições Constitucionais Transitórias, reconheceu os povos quilombolas e garantiu o direito coletivo à terra.

Mesmo diante do avanço do texto constitucional, a interpretação da função social ainda se prendeu ao conceito de propriedade individual e a vontade política dos governos. Uma contradição facilmente verificável se observa quando a Constituição prevê, em seu artigo 186, os requisitos para verificar o descumprimento da função social e, no inciso II, do art. 185, estabelece que a propriedade "produtiva" é insuscetível de desapropriação para fins de reforma agrária. No tocante à reforma agrária, a Constituição Federal de 1988 afirmou que caberia à lei complementar estabelecer o processo judicial de desapropriação. Sua regulamentação ocorreu com a edição da Lei n. 8.629, de 1993, e a Lei Complementar n. 76, do mesmo ano. Com essas leis, aumenta-se a complexidade da desapropriação pela interpretação da produtividade que, sob os olhares conservadores das elites agrárias, vão entender de forma equivocada o seu deslocamento da exigência fundamental de atendimento aos critérios da função social.

Esses marcos legais sofreram alterações, especialmente no governo de Fernando Henrique Cardoso. Em seu primeiro mandato (1994-1998), há um número significativo de famílias em ocupações e de famílias assentadas,[9] o que se liga com as lutas das trabalhadoras e trabalhadores rurais sem-terra, os quais passaram a exigir ações concretas por parte das autoridades governamentais (Mattei, 2012, p. 315). No entanto, nesse período ocorreram os massacres de Corumbiara (1995), em Rondônia, e Eldorado dos Carajás (1996), no Pará. No segundo mandato de FHC (1999-2003), teve início a "reforma agrária de mercado" com a criação do Banco da Terra que, seguindo a linha do Banco Mundial, baseou-se na concessão de crédito para compra de pequenas propriedades e criação de assentamentos, retirando o foco na desapropriação por perda da função social, um indicativo do caráter conservador da reforma agrária brasileira (Girardi e Fernandes, 2008, p. 96). É também no segundo mandato de FHC que se dá a criminalização da luta pela terra com a reedição de medidas provisórias (MP 2.027, de 2000, e MP 2.1853-56, de 2001) as quais promovem alterações na Lei n. 8.629/93, que pretendiam impedir, por dois anos, a vistoria dos imóveis rurais onde tenham sido realizadas ocupações de terra (art. 2º, § 6º) e com a possibilidade de exclusão dos trabalhadores que participam

9 Durante os oito anos de governo de Fernando Henrique Cardoso, foram assentadas 457.668 famílias (Girardi; Fernandes, 2008, p. 79).

de ocupações de terra dos programas de reforma agrária (art. 2º, § 7º). Como observa Lauro Fernando Mattei, o período 1995-2002 foi marcado por grandes contradições, seja pelo avanço da apropriação da pauta pela reforma agrária pelos instrumentos de mercado, seja pelos dados do IBGE da década de 1990, que indicavam que "aproximadamente 450 mil propriedades rurais, em sua maioria com áreas inferiores a 10 hectares, haviam desaparecido, confirmando a continuidade da tendência de concentração da terra no país" (Mattei, 2012, p. 306).

De acordo com Girardi e Fernandes (2008), considerando o período de 1988 a 2006, a política de assentamentos no país caracterizou-se pelo conservadorismo. Para os autores, a não reforma em áreas de ocupação consolidada envolve uma decisão política de conservar a elite agrária, sendo essa uma das principais causas da reforma agrária conservadora. Outro fator apontado pelos autores é que a política de assentamentos não consegue zerar o saldo migratório campo-cidade e manter os postos de trabalho no campo. Por fim, observam os autores que a reforma agrária de mercado torna o Estado ainda mais distante das ações de fundo da questão agrária (Girardi e Fernandes, 2008, p. 96-97).

No governo Lula (2003-2010), foi aprovado o II Plano Nacional de Reforma Agrária com a meta de assentar 500 mil famílias em quatro anos. De acordo com Mattei, as ações do primeiro mandato se voltaram à recuperação dos assentamentos já instalados, especialmente nas esferas produtiva e de infraestrutura, tendo recebido críticas dos movimentos sociais, os quais cobravam eficiência aliando a qualificação dos assentamentos à expansão do atendimento das famílias que demandavam terra (Mattei, 2012, p. 307). O autor analisa a criação dos projetos de assentamento e apresenta que, até o ano de 2010, tinham sido criados 8.641 projetos, sendo 48% deles criados durante o governo FHC (1995-

2002), 42% durante o governo Lula (2003-2010), 9% durante os governos Sarney, Collor e Itamar (1985-1994), e o restante antes de 1985 (Mattei, 2012, p. 311). Os dados também apresentam distinções regionais na distribuição espacial dos assentamentos, com 46% de PAs na região Nordeste, 23% na região Norte, 14% no Centro-Oeste, 8% no Sudeste (8%) 9% no Sul do país. Quanto ao número de assentamentos de trabalhadores rurais, o governo FHC assentou mais de 40% do total de agricultores, e o governo Lula atingiu 52% (Mattei, 2012, p. 315).

No governo Dilma Rousseff (2011-2016), ocorreu uma diminuição drástica no número de famílias assentadas e na distribuição de terras para a reforma agrária.[10] Nesse contexto, considera-se o avanço do extrativismo (mineral, agrícola) do modelo dominante de desenvolvimento e as pressões do setor agroexportador. Como analisa Maristela Svampa (2019), o extrativismo do modelo dominante de desenvolvimento, que a autora identifica como (neo) extrativismo, passou por duas fases distintas. A primeira, que a autora identifica como a fase de "positividade" (Svampa, 2019, p. 47), caracteriza-se pelo aumento dos preços das *commodities* nos anos de 2003 e 2008-2010, o aumento do gasto social, a participação popular e a redução da pobreza. Essa fase, no entanto, gera conflitos socioambientais relacionados à expansão das atividades extrativistas e exibe posturas contraditórias do Estado, como a legalização dos transgênicos no país, que ocorreu no ano de 2003. Na segunda fase, ocorre a "multiplicação dos megaprojetos" e as

10 Na análise do Instituto Socioambiental da Reforma Agrária no governo Dilma, é possível verificar os dados. "Segundo dados do Incra, "entre 2011 e 2015, a administração Dilma teria fixado 133,6 mil famílias em assentamentos. No 1º mandato de Lula, teriam sido assentadas 381,4 mil famílias e, no 2º mandato, mais 232,6 mil famílias. A média de Lula é de 76,7 mil famílias por ano, contra uma média em torno de 25 mil famílias sob Dilma" (ISA, 2016).

resistências sociais, as quais contestam o suposto consenso das commodities (Svampa, 2019, p. 48) pelos impactos do modelo dominante de desenvolvimento. Também na segunda fase, já nos anos de 2013-2015, a queda dos preços das matérias-primas acarretou a *exacerbação do extrativismo* (Svampa, 2019, p. 53) e a ampliação das fronteiras das *commodities*, com o que os grupos de poder exerceram pressões para a aprovação de leis ambientais de maior interesse para o mercado, como, por exemplo, a lei florestal brasileira, de n. 12.651/2012.[11]

Após o golpe de 2016 e no governo interino de Michel Temer, ocorreu a aprovação da medida provisória 759, que versava sobre a regularização fundiária urbana e rural. Essa medida provisória foi convertida na Lei n. 13.465/2017 e alterou diferentes normativas. Essa legislação recebeu fortes críticas dos movimentos e entidades do campo pelo risco de facilitação da grilagem "e um forte comprometimento na política de Reforma Agrária, além da probabilidade de comercialização dessas terras num curto intervalo de tempo após a emissão do título aos assentados" (Lopes e Oliveira, 2020, p. 5). Como observou Sérgio Sauer, em entrevista à época da aprovação da MP 759, seu objetivo "é atender ao mercado de terras e à expansão dos negócios, especialmente a expansão das fronteiras agrícolas a partir do modelo hegemônico de desenvolvimento agropecuário, resultando em mais concentração fundiária, exclusão e expropriação da população pobre do campo" (Campelo, 2017). Essa lei, ao lado da extinção do Ministério do Desenvolvimento Agrário (MDA) e dos cortes de orçamento da política agrária,

[11] A análise do avanço do extrativismo do modelo dominante de desenvolvimento na América Latina pode ser aprofundada na leitura de Maristela Svampa de sua obra *As Fronteiras do neoextrativismo na América Latina: conflitos socioambientais, giro ecoterritoriais e novas dependências* (2019).

era um indicativo, de acordo com Kelli Mafort, da coordenação nacional do MST, de "aniquilamento" da reforma agrária, contrariando o aumento da demanda, tendo em vista a crise econômica e social (Soriano, 2018).

No governo atual, entidades e movimentos denunciaram a paralisação da agenda da reforma agrária, o que inclusive motivou a Confederação Nacional dos Trabalhadores Rurais Agricultores e Agricultoras Familiares (Contag), junto com outras entidades e partidos políticos, a ingressar com ação de arguição de descumprimento de preceito fundamental (ADPF) junto ao Supremo Tribunal Federal (STF). Nessa ação, as entidades requerem a adoção de providências pelo Incra, com a execução dos recursos e denunciam uma série de fatos, tais como, a suspensão da vistoria de imóveis rurais, a paralisação de processos administrativos ou judiciais, desistências do Incra de alguns processos de desapropriação que já se encontravam em fase avançada, a baixa previsão orçamentária, dentre outros.[12]

Nesse tópico, pretendeu-se ressaltar que da colonização às sesmarias, das terras devolutas à propriedade territorial concentrada nas mãos de uma elite econômica, pode-se entender que o perfil da ocupação e do acesso à terra na sociedade brasileira caracteriza-se por um processo de concentração fundiária de alto custo social e ambiental. Falar de reforma agrária é promover a reestruturação fundiária do país, eliminando a concentração de terras com a justa distribuição, aliada à garantia de efetivas condições de permanência no campo, com melhoria das condições de produção,

12 Em decisão monocrática de junho de 2021, o ministro relator Marco Aurélio de Mello extinguiu o processo por entender a inadequação da arguição de descumprimento de preceito fundamental para avaliar implementação de política governamental. Com a interposição de recurso, o processo se encontra distribuído ao ministro André Mendonça.

da qualidade de vida e da moradia. O avanço do mercado de terras sem uma preocupação de uma política de assentamento que garanta condições de vida e produção no campo, somado ao uso intensivo de agrotóxicos e transgênicos com os pacotes de incentivo ficais à grande agricultura, e os impactos negativos dos grandes projetos de mineração, agregados à crise climática e de biodiversidade, intensificam ainda mais a concentração das terras e trazem o debate da reforma agrária como continuamente presente na realidade do país.

Reforma agrária agroecológica: a contribuição das experiências

A Covid-19, doença causada pelo coronavírus SARS-CoV-2, disseminada mundialmente, impôs o isolamento social, o fechamento dos comércios e expôs os danos da precarização dos direitos sociais e ambientais. O comunicado do Programa das Nações Unidas para o Meio Ambiente (PNUMA) identificou seis fatores das modificações ambientais produzidas pelos seres humanos que favorecem o aparecimento de "hospedeiros, vetores e/ou patógenos". O comunicado aponta que "60% das doenças infecciosas humanas e 75% das doenças infecciosas emergentes são zoonóticas" e indica exemplos como a gripe aviária, a Síndrome Respiratória do Oriente Médio (MERS), o vírus Nipah, a Febre do Vale Rift, a Síndrome Respiratória Aguda Grave (SARS), a Febre do Nilo Ocidental, o vírus Zika e, agora, o coronavírus – todos ligados à atividade humana. Os fatores apontados pelo PNUMA que favorecem o surgimento de doenças zoonóticas são: a) desmatamento e outras mudanças de uso do solo; b) comércio ilegal ou irregular de animais silvestres; c) intensa produção agrícola e pecuária; d) resistência antimicrobiana e) mudança climática (Un Environment Program, 2020).

O uso intensivo de agrotóxicos é responsável pela contaminação dos solos, pela perda da biodiversidade e causa o adoecimento de agricultores(as) e consumidores(as). O Brasil detém a posição de maior consumidor de agrotóxicos do mundo, atingindo números elevados de registros dentre os anos de 2019 a 2021.[13] Somado a isso, a taxa consolidada de desmatamento para a Amazônia Legal Brasileira, conforme levantamento do Instituto Nacional de Pesquisas Espaciais (Inpe), teve o valor estimado de 13.235km^2 de corte raso no período de 1º agosto de 2020 a 31 julho de 2021, o qual representa um aumento de 21,97% em relação à taxa de desmatamento apurada pelo Prodes 2020 (Inpe, 2021). Os dados denunciam que é preciso realizar mudanças urgentes no modelo de desenvolvimento.

O modelo agrícola dominante exige grandes dimensões de área, concentradas nos monocultivos e voltadas à exportação. Esse modelo não é o responsável pela alimentação da população. Segundo o Censo do IBGE, são as agriculturas familiar e camponesa as responsáveis por cerca de 70% dos alimentos que compõem a cesta básica da população (IBGE, 2006). De acordo com os dados do Censo Agropecuário de 2017, o número de estabelecimentos agropecuários com a certificação de produção orgânica cresceu mais de 1.000% no Brasil,[14] passando de 5.106 para 68.716,

13 Ver reportagem de Salati (2021). No mês de fevereiro de 2022 foi aprovado na câmara o Projeto de Lei n. 6299/2002, que altera as regras para controle e aprovação de agrotóxicos no Brasil, tornando ainda mais precária a regulação no país.

14 A Lei 10.831, de 2003, define o sistema orgânico de produção agropecuária como "todo aquele em que se adotam técnicas específicas, mediante a otimização do uso dos recursos naturais e socioeconômicos disponíveis e o respeito à integridade cultural das comunidades rurais, tendo por objetivo a sustentabilidade econômica e ecológica, a maximização dos benefícios sociais, a minimização da dependência de energia não renovável, empregando, sempre que possível, métodos culturais, biológicos e mecânicos, em contraposição ao uso de materiais sintéticos, a elimi-

no período de 2006 a 2017 (IBGE, 2017). A Agroecologia que é realizada por grupos da agricultura familiar e camponesa na transição da produção agroalimentar recupera a fertilidade dos solos. A articulação da agricultura com as florestas, matas e bosques nativos garante terra de qualidade, e o uso de técnicas que mesclam saberes locais/tradicionais permite produzir um alimento sem agrotóxicos, saudável para os que dele se alimentam e sem doenças para as famílias que o produzem. A importância da reforma agrária no debate da soberania e segurança alimentar e nutricional se liga, portanto, ao fato de entender o rural como território de vida e diversidade, de saúde coletiva.

O debate em torno do modelo brasileiro de modernização agrícola surgiu com maior força a partir da década de 1970 e contou com a participação de diferentes entidades de classe, estudantes, pesquisadores e representantes do poder público. Os trabalhos de Ana Maria Primavesi e José Lutzenberger inspiraram mudanças significativas de outro olhar para a produção agrícola. Na década de 1980, os Encontros Brasileiros de Agriculturas Alternativas (EBAAs) também foram importantes, porque constituíam um espaço de convergência de agricultores(as), de organizações voltadas ao desenvolvimento rural, pesquisadores(as), estudantes e instituições políticas (Ehlers, 1999, p. 80). Suas reuniões procuraram enfatizar as consequências negativas do projeto de modernização nacional (por exemplo, a contaminação humana por agrotóxicos; a perda de qualidade dos solos etc.) e buscaram incentivar a substituição de insumos e o uso de outras tecnologias para um maior equilíbrio ambiental.

---

nação do uso de organismos geneticamente modificados e radiações ionizantes, em qualquer fase do processo de produção, processamento, armazenamento, distribuição e comercialização, e a proteção do meio ambiente" (Brasil, 2003, artigo 1º).

As avaliações feitas nesses encontros criticavam ainda o controle tecnológico e industrial, bem como a supremacia das grandes empresas fornecedoras de insumos agrícolas. A participação crescente de pesquisadores(as) e estudantes de diferentes áreas de formação, juntamente com um maior número de agricultores(as) e lideranças dos movimentos sociais (MST, CUT etc.) incluiu nas discussões as questões sociais relativas à produção (Luzzi, 2007, p. 23-24) e motivou o interesse na busca por experiências de agricultura que fossem diferenciadas do modelo dominante. Com a criação da Rede de Projetos de Agricultura Alternativa (PTA), ampliou-se a troca de conhecimentos a partir das diferentes experiências de agricultura, o que favoreceu os debates acerca da necessidade de uma maior articulação nacional, já no final da década de 1990.

A troca de conhecimentos aproxima a Rede PTA de outros movimentos da América Latina e assim ganha força a palavra Agroecologia, que passa a representar essa pluralidade de formas de agricultura a partir da realização do I Encontro Nacional de Agroecologia no ano de 2002, na cidade do Rio de Janeiro. Nesse evento foi criada a Articulação Nacional de Agroecologia (ANA), um espaço de organização em rede no qual movimentos sociais, representantes da sociedade civil, pesquisadores(as) associações e cooperativas das agriculturas familiar e camponesa vão dialogar sobre o desenvolvimento da Agroecologia e da promoção da soberania e segurança alimentar e nutricional. A partir dos anos 2000, ocorre a multiplicação dos espaços públicos e privados de discussão em torno da Agroecologia e essa construção participativa dá condições para a aprovação da Política Nacional de Agroecologia e Produção Orgânica (Pnapo), o que ocorre em 2012, pelo Decreto n. 7.794.

A aproximação da questão agrária com a natureza se deu quando "os movimentos do campo incorporaram em suas lutas a proteção e a manutenção da biodiversidade, porque entenderam que, com as mudanças no campo introduzidas pelo capitalismo, já não fazia mais sentido reivindicar terras, mas terras com qualidade ambiental" (Marés, 2021, p. 184). Como explica o autor, a aproximação da discussão da terra aliada à preocupação ambiental não é necessariamente uma novidade, pois os movimentos e povos de há muito já trazem em suas vivências práticas e saberes que denunciam uma relação de maior simbiose com o mundo natural (Marés, 2021, p. 184). Ao se insurgirem contra a financeirização da natureza, ressaltam que existem outras visões de mundo fora da lógica de incorporação do custo dos bens ambientais ao mercado. No campo da reforma agrária, a ecologização do campesinato introduz a necessidade de, ao lado do acesso efetivo à terra, ter políticas agrárias adequadas para proteção dos modos de vida dos povos do campo que garantam equilíbrio ambiental e sadia qualidade de vida.[15]

A construção de um projeto de reforma agrária de participação popular pressupõe que a garantia do direito à terra e ao território esteja aliada às estratégias a partir das quais os grupos sociais tenham condições de decidir acerca das formas de uso e da apropriação da natureza. São as experiências e práticas dos povos do campo que foram responsáveis pela institucionalização da Agroecologia, que se reconhece a partir da Lei 10.830/2003 e pelo Decreto n. 7.794, de 20 de agosto de 2012. Portanto, considerando a importância da participação popular na conquista de direitos voltados à reprodução da vida, torna-se importante olhar para essas experiências e identificar como cada uma delas aponta para elementos significativos de um projeto de reforma agrária agroecológica. O item seguinte trata de uma experiência vivida pelo Movimento das Trabalhadoras e

15 Para mais sobre o tema, sugere-se a leitura de Brandenburg (2009).

Trabalhadores Rurais Sem Terra (MST), no estado do Paraná, para refletir acerca de quais seriam os elementos dessas experiências que contribuem para repensar o direito à terra em defesa da reprodução de todas as formas de vida.

Acampamento José Lutzenberger – MST/PR

A comunidade agroflorestal José Lutzenberger[16] está localizada no Município de Antonina, dentro da Área de Proteção Ambiental (APA) Federal de Guaraqueçaba e teve início com a ocupação da Fazenda São Rafael, em setembro de 2004. A comunidade reúne 23 famílias da agricultura caiçara tradicional e está localizada na reserva da biosfera da Mata Atlântica, uma das porções do estado com qualidade ambiental e biodiversidade.

> O Lagamar Iguape-Cananeia–Paranaguá, onde está localizada a área estudada, é um dos mais importantes estuários da costa brasileira. Seus limites encontram-se ao norte, no litoral dos municípios de Iguape-Cananeia (SP) e ao Sul, o litoral dos municípios de Guaraqueçaba, Antonina e Paranaguá (PR). A diversidade biológica no local é considerada a mais conservada da Mata Atlântica (Diegues, 1999). Por sua importância, em 1991, a área foi classificada como Reserva da Biosfera e em 1999 recebeu o título de Patrimônio Mundial da Natureza da Unesco. Como um dos lugares mais visados para a conservação, as regiões, juntamente com o Vale do Rio Ribeira, entre São Paulo e Paraná, formam um grande território onde vem ocorrendo a implantação de Unidades de Conservação – UC. (Vaneski Filho, 2021, p. 26)

De acordo com Ener Vaneski Filho, que realizou sua tese de doutorado sobre o acampamento, a motivação da ocupação surge

[16] O acompanhamento dessa experiência se deu no âmbito do Programa de Pós-Graduação em Meio Ambiente e Desenvolvimento da Universidade Federal do Paraná, em uma pesquisa coletiva que teve início no ano de 2017 e perdurou até a defesa das teses dos doutorandos Ener Vaneski Filho e Flávia Donini Rossito, concluídas no ano de 2020. Após as defesas, o acompanhamento se deu pelo diálogo com o coletivo Planejamento Territorial e Assessoria Popular (Plantear), também da Universidade Federal do Paraná.

em decorrência "das proibições que passaram a ter de viver na terra pela instalação de grandes propriedades privadas de terra na região Norte do litoral do Paraná, somada à sobreposição de Unidades de Conservação e à compra de terra pelas ONGs ambientalistas conservacionistas" (Vaneski Filho, 2021, p. 20). Em 2006, já com o apoio do MST, as famílias elaboraram um projeto de assentamento agroecológico com a técnica de agroflorestas. A produção de alimentos agroecológicos é certificada por um sistema participativo de garantia e vem sendo comercializada em feiras dos municípios próximos e também com a entrega em programas institucionais.

Antes da ocupação, a área apresentava irregularidades ambientais pela atividade bubalina, que causa alta compactação dos solos, aliada à pastagem de braquiária (flora exótica), com a mudança e a redução da extensão do curso do rio, a descaracterização e a redução da área de preservação permanente (APP) e o uso irregular de área da APA. Com a ocupação, as famílias demonstram que suas atividades são capazes de preservar a natureza, ao mesmo tempo que contribuem para a segurança alimentar e nutricional. Os resultados de diferentes pesquisas realizadas com a comunidade em seu território revelaram indicadores ambientais gerados pela recuperação da biodiversidade e do solo, com a regeneração da vegetação, a naturalização do curso do rio, a recomposição da área de APP e a adequação com a área da APA e a recuperação do processo erosivo.[17]

[17] Os dados aqui citados constam do documento elaborado pelo coletivo Planejamento Territorial e Assessoria Popular (Plantear) da Universidade Federal do Paraná, realizado no ano de 2021 a pedido do Ministério Público Estadual. Esse coletivo reuniu os dados das pesquisas de diferentes áreas do conhecimento que foram realizadas na área da comunidade agroflorestal José Lutzenberger. A autora participou da coleta de dados realizada pelo coletivo e por isso teve acesso ao documento.

A experiência da comunidade concorreu no ano de 2017 ao prêmio Juliana Santilli de agrobiodiversidade. A premiação surgiu pela iniciativa do Instituto Socioambiental (Isa), da Associação Bem-Te-Vi Diversidade e da Editora Mil Folhas do IEB e é uma homenagem aos trabalhos da pesquisadora que leva o nome da premiação, Juliana Santilli, falecida precocemente no ano de 2015 e cuja contribuição foi extremamente valiosa para o campo do direito socioambiental e do direito agrário. O Projeto de Assentamento Agroflorestal José Lutzenberger foi premiado na categoria 1, que contemplou iniciativas que promovem a ampliação e a conservação da agrobiodiversidade (Isa, 2017).

Apesar dos resultados apresentados pela experiência comunitária, a discussão acerca da titularidade da terra se encontra judicializada desde 2003, ainda sem decisão definitiva sobre o caso. Destaque-se que a ocupação também foi analisada via processo administrativo junto ao Instituto Nacional de Colonização e Reforma Agrária (Incra). No ano de 2003, foi proposta pelo proprietário da Fazenda São Rafael a ação de Manutenção de Posse com pedido de liminar. O Incra, como Autarquia Federal responsável por executar as medidas de reforma agrária, deu início ao Projeto de Assentamento das famílias acampadas na Fazenda São Rafael. Nesse processo de assentamento, o Incra passou a negociar a compra da Fazenda São Rafael. Pelo fato de a área em disputa pelos agricultores e agricultoras estar localizada na APA Federal de Guaraqueçaba e em meio a várias Unidades de Conservação, tanto de uso sustentável quanto de proteção integral, o Incra deu início a um processo de viabilidade do projeto de assentamento da reforma agrária perante o Instituto Ambiental do Paraná (IAP) e o Instituto Brasileiro do Meio Ambiente e dos Recursos Naturais Renováveis (Ibama) (Vaneski *et al.*, 2019, p. 758).

No processo administrativo conjunto entre o Ibama e o IAP, a decisão foi por submeter a procedência ou não da implementação do Assentamento Agroflorestal José Lutzenberger à decisão do Conselho Consultivo da APA de Guaraqueçaba (Conapa), que ocorreu por meio de uma votação. A votação para a implementação do projeto de assentamento agroecológico no Conapa resultou em um empate, sendo 12 votos favoráveis, 12 votos contra e duas abstenções. O presidente do Conapa teve direito ao voto de desempate e decidiu pela não aprovação da implementação do projeto de assentamento (Vaneski *et al.*, 2019, p. 758). O resultado da votação é emblemático da permanência do viés conservador no trato das questões da terra.

Observa-se nessa ocupação que as atividades realizadas pelas famílias demonstram que é possível proteger a natureza, viver, morar e produzir alimentos para uma alimentação adequada e culturalmente adaptada. A produção agroflorestal sem agrotóxicos é diversa e contribui para o autoconsumo das famílias, bem como para a qualidade alimentar e nutricional dos consumidores e consumidoras. O acampamento fornece alimentos para os municípios de Antonina, Morretes, Pontal do Paraná e Matinhos, por meio de feiras e entrega de cestas. Além dos alimentos *in natura*, o acampamento produz geleias, doces e polpas de frutas (Rossito, 2020, p. 70). A prática da agrofloresta em meio à Mata Atlântica é referência para pesquisadores(as) de diferentes áreas do conhecimento, assim como desperta a atenção do turismo ecológico.

Para Ener Vaneski Filho, o caso do acampamento José Lutzenberger é emblemático, pois, ao passo em que incorpora a discussão da natureza na reforma agrária, "a questão remonta à expropriação do meio ambiente proporcionada pela dinâmica da inserção das Unidades de Conservação na economia verde" (Vaneski Filho, 2021, p. 21). Pelo zoneamento ecológico econômico do litoral do Paraná, percebe-se que a região onde se localiza o acampamento se encontra em meio a diferentes tipos de unidades de conservação, de uso integral e de uso sustentável. Essa região, por representar uma porção significativa da Mata Atlântica, recebe diferentes regulamentações de uso, no sentido de evitar a degradação ambiental. Nesse sentido, a agrofloresta praticada pelas famílias do acampamento é uma alternativa de uso da terra mais conveniente do que as ocupações de uso mais intensivo e, como conclui Ener Vaneski Filho, está de acordo com as recomendações do ZEE, realizado em 2001 pelo Ipardes, para a regulamentação das práticas de agricultura para a região (Vaneski Filho, 2021, p. 79).

Para Flávia Donini Rossito, pesquisadora que igualmente trabalhou em sua tese de doutorado o conflito socioambiental do acampamento José Lutzenberger, a ocupação das terras pela comunidade agroflorestal José Lutzenberger é significativa para a reprodução sociocultural do povo caiçara, que habita o litoral do Paraná e que mantém seus modos de vida conectados com a Mata Atlântica. Para a pesquisadora,

> A experiência de resistência pela Agroecologia da Comunidade Agroflorestal José Lutzenberger em plena Mata Atlântica traz ao MST um amadurecimento em suas experiências de Agroecologia, que estão pautando as discussões da Reforma Agrária Popular no século XXI, que por sua vez tem sido a prática dos camponeses e agricultores tradicionais, que também se autodenominam como trabalhadores rurais sem-terra, em um processo de transição agroecológica para outro modelo de sociedade. (Rossito, 2020, p. 78)

A autora analisa o caso do acampamento conectado ao projeto de reforma agrária popular do MST. Em sua análise, a autora cita os objetivos do Programa Agrário do MST para o período de 2014-2019 e observa que a proposta agroecológica, que vem sendo construída pelo Movimento é essencialmente construída pelas ações coletivas dos agricultores e agricultoras e integra a essência do projeto de reforma agrária popular (Rossito, 2020, p. 104-106). No programa agrário do MST, cada projeto agroecológico vai observar as características socioambientais locais. O caso do acampamento José Lutzenberger apresenta um diferencial, justamente porque a localização do acampamento provoca um debate sobre a proteção da natureza e da possibilidade de ela ser realizada a partir "das suas gentes", isto é, contando com os saberes e práticas dos povos locais e tradicionais que ali habitam e que identificam sua relação com a natureza como sendo de pertencimento e troca. Para Flávia Donini Rossito, essa questão se apresenta como "cooperação agroecológica", a qual se coloca como essência do processo de transição agroecológica para outro modelo viável de sociedade e integra o projeto de reforma agrária, o qual encontra na natureza sua grande aliada. Assim, a cooperação agroecológica que caracteriza o Acampamento José Lutzenberger é um exemplo de uso coletivo da terra em respeito aos saberes locais e à natureza. E essa cooperação não acontece apenas entre os agricultores e agricultoras do acampamento, mas se estende para espaços de construção coletiva do MST, como as Jornadas de Agroecologia.[18]

As famílias da comunidade agroflorestal José Lutzenberger participam das Jornadas de Agroecologia, que surgiram no estado do Paraná pela articulação dos movimentos sociais do campo, entidades de assessoria e organizações não governamentais atuantes no estado do Paraná (Tardin, 2009, p. 1). O autor destaca que essa articulação decorre das discussões em torno da agricultura alter-

[18] Os agricultores e agricultoras do acampamento participam das Jornadas e foi exatamente em uma delas, na 16ª, realizada na cidade da Lapa, que a comunidade comemorou o recebimento do prêmio Juliana Santilli (Rossito, 2021, p. 73).

nativa e reúne entidades do movimento ecológico, organizações de direitos humanos e movimentos sociais, como o Movimento das Trabalhadoras e Trabalhadores Rurais Sem Terra. Seus objetivos se voltam a promover a Agroecologia, ao mesmo tempo que denunciam os impactos negativos à agrobiodiversidade, aos saberes e culturas do campo que vêm do modelo de agricultura dominante. Como evento anual, aproximando campo e cidade, as Jornadas reúnem em um espaço democrático agricultores(as), técnicos(as), consumidores(as) e pesquisadores(as) e promovem uma série de atividades que envolvem feiras de alimentos e artesanato, oficinas para a troca de experiências e sementes crioulas, debates para a formação, o cuidado com a saúde coletiva, dentre outras.

As Jornadas reúnem diferentes experiências agroecológicas, como as que vêm sendo realizadas pela Comunidade Agroflorestal José Lutzenberger. A produção agroecológica que vem sendo realizada em diversos acampamentos e assentamentos do MST oferece um aprendizado acerca da importância dos projetos de reforma agrária populares. A Agroecologia, entendida como uma política de enfrentamento ao modelo da agricultura dominante, é um elemento que qualifica a pauta da reforma agrária popular, porque apresenta a resistência diante da progressiva financeirização da natureza.

O MST participa das discussões do movimento ecológico nacional desde meados da década de 1980. Em 1984, em sua plataforma de objetivos gerais na luta pela reforma agrária, o Movimento enfatizou que nas conquistas de terra deveriam ser discutidas formas alternativas de uso e posse da terra (Stedile, 2012, p. 179). No ano de 1995, o movimento lançou sua proposta de reforma agrária incluindo que os projetos de desapropriação e assentamentos levassem em conta as realidades socioambientais e de suporte e ecossistemas (Stedile, 2012, p. 191), incentivando a produção agroecológica (Stedile, 2012, p. 198). Em 2014, em seu 6º Congresso Nacional, o MST enfatizou a importância da reforma agrária popular considerando a expansão do agronegócio e a necessidade de outro modelo de agricultura, que considere o avanço da mercantilização da natureza, "no estabelecimento de novas relações de produção e assumindo o desafio da transição para uma nova matriz tecnológica no campo, a Agroecologia; e na disputa das instituições do Estado para que estas reorientem sua atuação, que hoje apenas privilegia o agronegócio, em detrimento da agricultura camponesa" (Terra de Direitos, 2014).

No ano de 2020, em meio às ações efetivadas para o enfrentamento da pandemia, o MST apresentou o plano emergencial da reforma agrária, que se estrutura em: a) terra e trabalho; b) produção de alimentos saudáveis; c) proteção da natureza da água e da biodiversidade; e d) condições de vida digna no campo. A construção desse plano, para a qual participaram os povos do campo, das águas e das florestas e a Via Campesina, traduz na palavra emergência a essencialidade da Reforma Agrária. Como diz Kelli Mafort, da coordenação nacional do MST:

> Então o Plano surge como emergencial, porque nós continuamos defendendo, do ponto de vista estratégico, a Reforma Agrária Popular como uma medida fundamental. No entanto, agora existem questões urgentes necessárias que exigem medidas para poder, ao mesmo tempo, enfrentar o problema do vírus, mas também o problema da fome. E, na nossa visão, a Reforma Agrária Popular e as medidas emergenciais desta reforma são uma forma eficiente para a gente poder lidar com essas necessidades humanas, tanto de acesso ao trabalho, à alimentação, à moradia, mas sobretudo à vida. (Alcântara, 2020)

As propostas e planos do MST se encontram alinhados ao debate da reforma agrária popular e integral, que vem sendo pensada por movimentos populares da América Latina, com o apoio da Via Campesina. Segundo Claudia Korol (2016, p. 139), em 1999 a Via Campesina e a Organização pelo Direito Humano à Alimentação e à Nutrição Adequadas (FIAN) lançaram uma campanha pela reforma agrária cujos objetivos envolvem a luta para que os campesinos e campesinas tenham acesso efetivo aos bens ambientais e também aos bens produtivos, que garantam a igualdade de direitos das mulheres campesinas, indígenas e todos os agentes da reforma agrária. Em seus objetivos, encontra-se a necessidade da promoção de estudos de investigação sobre violações de direitos humanos e dos conflitos vinculados à injusta distribuição das terras, assim como a criação de programas de capacitação e trocas de experiências voltados a entender a questão legal da luta pela terra e também sobre a recuperação das terras. Para a autora, trata-se de um "plano político e de ação que permite pensar em um enfrentamento sustentado contra as forças do capitalismo extrativista" (Korol, 2016, p. 140).

A experiência dos assentamentos e acampamentos, como a vivência da Comunidade Agroflorestal José Lutzenberger, que se valem da Agroecologia como técnica, ciência e política, apresenta para a discussão da reforma agrária uma série de elementos, tais como a necessidade de pensar os usos da terra em vinculação com a proteção ambiental, a valorização das sementes crioulas/locais e/ou tradicionais, a educação e a assessoria técnica para outro modelo de agricultura, o respeito e a equidade às questões de classe, raça e gênero.

As Jornadas de Agroecologia realizadas no estado do Paraná são importantes para a construção das bases da reforma agrária popular, uma vez que nesses encontros se fortalece a luta dos agricultores e agricultoras em defesa da vida, seja em seus momentos de místicas, nos seminários e oficinas, na troca de sementes e nas atividades culturais. A todo momento, pode-se observar a preocupação com um processo de aprendizado comunicacional e direcionado para uma vida com saúde e dignidade no campo. Na feira de alimentos e na marcha pelas cidades (características marcantes das Jornadas de Agroecologia) vão sendo construídas articulações que denunciam os impactos negativos do modelo de desenvolvimento e as violências contra os povos do campo. Também nesses espaços de troca entre campo e cidade, constroem-se espaços de aprendizados, os quais demonstram que, a partir da garantia do direito à terra, é possível produzir alimentos saudáveis e acessíveis para todos(as), em sintonia com as culturas e a natureza.

Conclusões

O acesso efetivo à terra e ao território justifica pensar a ontologia relacional entre sociedade e natureza e assim se torna importante o resgate das experiências que vêm sendo construídas pelos povos originários e tradicionais, pelas agriculturas familiar e camponesa, bem como por todos os grupos sociais vulneráveis ao modelo hegemônico de desenvolvimento. Essas experiências colocam os direitos humanos e fundamentais para a reprodução da vida continuamente em movimento, demonstram saberes que denotam outras relações de maior equilíbrio com os ecossistemas locais e incentivam práticas comunitárias de cuidados com o outro e com a vida. Uma reforma agrária popular e integral reúne as agriculturas locais, tradicionais, originárias no signo da Agroecologia e reconhece a necessidade da democratização da terra para tratar das desigualdades sociais e das causas estruturantes da fome e da pobreza.

A ecologização das agriculturas familiar e camponesa não trata apenas da distribuição do espaço em termos de equidade ambiental, mas sim considera a desigualdade no acesso à terra e ao território. Na perspectiva democrática de garantia do acesso efetivo à terra e ao território, encontram-se o direito de autodeterminação e o direito de escolha das comunidades rurais, inclusive entendendo-se importante o direito a dizer "não" frente à implantação de projetos que, sob o argumento do desenvolvimento, venham a atingir as comunidades em seus corpos e territórios, poluindo as águas e os solos, provocando a erosão e a perda da biodiversidade. Tratar a reforma agrária como um processo contínuo de aprendizado para a transição ecológica é entender o mundo rural como espaço de vida em equilíbrio, respeitoso dos saberes e da diversidade.

As experiências agroecológicas dos acampamentos e assentamentos do MST, tal qual a vivenciada pela Comunidade Agroflorestal José Lutzenberger, indicam a emergência de uma reforma agrária popular e integral, como afirmou Kelli Mafort. As práticas vividas demonstram como é importante a desconcentração de terras para a produção do alimento saudável, com a denúncia dos impactos negativos do modelo de desenvolvimento dominante. A partir das Jornadas de Agroecologia foi possível resgatar alguns ensinamentos. Em primeiro lugar, destaca-se a importância de o direito à terra conectar-se com a soberania e segurança alimentar e nutricional. Essa conexão vem sendo levada adiante pela resistência das famílias agricultoras mesmo diante do perfil conservador do modelo dominante de desenvolvimento. Na reforma agrária popular e integral se encontram os direitos dos povos de decidir sobre o quê, como e para quem produzir. Assim, o direito de definir suas políticas agrícolas de produção e comercialização do alimento saudável se dá em contrapartida ao dever de o Estado asseverar políticas públicas que garantam o acesso aos insumos para a produção agroecológica e também assistência técnica e extensão rural que auxiliem na transição ecológica da produção agroalimentar, diminuindo a dependência dos insumos externos e aumentando a autonomia das comunidades rurais. A busca por autonomia e respeito à natureza leva à discussão da necessidade da busca da valorização dos saberes originários ou locais, da busca de tecnologias sociais de produção que contemplem formas coletivas de acesso aos bens ambientais, baseadas na reciprocidade. Com a reforma agrária, é possível discutir as alternativas viáveis de fazer frente aos impactos do modelo de agricultura dominante.

As experiências ensinam que as práticas comunitárias de cuidado e cooperação demandam pela garantia de direitos coletivos ligados com a permanência na terra em harmonia com a natureza. As práticas comunitárias, sejam elas de cuidado com a família, nos mutirões de produção, na coordenação de associações e cooperativas, na comercialização, no trato com os animais e com as plantações, traduzem uma preocupação de sobrevivência maior do que a procura pela satisfação por bens de consumo ou a reprodução lucrativa da vida. O compartilhamento de práticas e saberes, seja na comunidade ou na relação com agentes externos (universidades, entidades de assessoria, instituições públicas) estimulam uma cultura de respeito e valorização do agricultor e da agricultora e são um processo de aprendizagem comunicacional que auxilia a pensar coletivamente nas soluções para a crise ecológica a partir das relações campo e cidade.

Referências

ALCÂNTARA, Fernanda. *Plano Emergencial de Reforma Agrária Popular*: por trabalho, alimentação, moradia e vida digna. 2020. Disponível em: https://mst.org.br/2020/06/04/plano-emergencial-de-reforma-agraria-por-trabalho-alimentacao-moradia-e-vida-digna/. Acesso em: 31 maio 2022.

ASSESOAR. 13ª Jornada de Agroecologia: *Terra livre de transgênicos e sem agrotóxicos*. 2014. Disponível em: https://assesoar.org.br/13a-jornada-de-Agroecologia-terra-livre-de-transgenicos-e-sem-agrotoxicos/. Acesso em: 1 fev. 2022.

BERCOVICI, Gilberto. A questão agrária na Era Vargas (1930-1964). *Revista de História do Direito*. Curitiba, v. 1, n. 1, p. 183-226, jul./dez. 2020. Disponível em: https://revistas.ufpr.br/historiadodireito/article/view/78725. Acesso em: 26 jan. 2022.

BRASIL, Decreto n. 7.794, de 20 de agosto de 2012. Institui a Política Nacional de Agroecologia e Produção Orgânica. Disponível em: www.planalto.gov.br/ccivil_03/_ato2011-2014/2012/decreto/d7794.htm. Acesso em: 2 fev. 2022.

BRASIL, Decreto n. 591, de 6 de julho de 1992. Atos Internacionais. Pacto Internacional sobre Direitos Econômicos, Sociais e Culturais. Promulgação. Disponível em: www.planalto.gov.br/ccivil_03/decreto/1990-1994/d0591.htm. Acesso em: 2 fev. 2022.

BRANDENBURG, Alfio. *Ecologização da agricultura e reconstrução do ambiente rural no Brasil*. 2009. XXVII Congresso da Associação Latino-Americana de Sociologia. VIII Jornadas de Sociologia da Universidade de Buenos Aires. Associação Latino-Americana de Sociologia, Buenos Aires. Disponível em: https://cdsa.aacademica.org/000-062/348.pdf.

BRUNO, Regina. *Senhores da terra, senhores da guerra*: a nova face política das elites agroindustriais no Brasil. Rio de Janeiro: Forense Universitária, UFRRJ, 1997.

CAMPELO, Lilian. MP 759 expropria a população pobre do campo, explica Sérgio Sauer. *Brasil de Fato*, 25 maio 2017. Disponível em: https://www.brasildefato.com.br/2017/05/25/mp-759-expropria-a-populacao-pobre-do-campo-explica-sergio-sauer. Acesso em: 28 fev. 2022.

DIAS, Maria Odila Leite da Silva. *A interiorização da metrópole e outros estudos*. São Paulo: Alameda, 2005.

DOMINGUES, Eliane. Movimento dos Trabalhadores Rurais Sem Terra, Contestado e Canudos: algumas reflexões sobre a religiosidade. *Memoranum*, Faculdade de Filosofia e Ciências Humanas, UFMG, n. 8, p. 38-51, 2005. Disponível em: www.fafich.ufmg.br/~memorandum/artigos08/domingues01.htm. Acesso em: 26 jan. 2022.

EHLERS, Eduardo. *Agricultura sustentável*: origens e perspectivas de um novo paradigma. 2. ed. Guaíba: Ed. Agropecuária, 1999.

FERREIRA, Marieta de Moraes. Na presidência da República: A trajetória política de João Goulart – as reformas de base. Rio de Janeiro: Editora da FGV, 2006.

GILBERT, Jérémie. Direito à terra como direito humano: argumentos em prol de um direito específico à terra. *SUR*: Revista Internacional de Direitos Humanos, São Paulo, v. 10, n. 18, p. 120-143, jun. 2013. Disponível em: https://sur.conectas.org/wp-content/uploads/2017/11/sur18-port-jeremie-gilbert.pdf. Acesso em: 26 jan. 2022.

GIRARDI, E. P.; FERNANDES, Bernardo Mançano. A luta pela terra e a política de assentamentos rurais no Brasil: a reforma agrária conservadora. *Agrária* (São Paulo. Online), n.8, p. 73-98, 2008. Disponível em: https://doi.org/10.11606/issn.1808-1150.v0i8p73-98. Acesso em: 31 maio 2022.

INSTITUTO BRASILEIRO DE GEOGRAFIA E ESTATÍSTICA (IBGE). *Censo Agropecuário: Agricultura Familiar:* Primeiros Resultados 2006. Rio de Janeiro:

Instituto Brasileiro de Geografia e Estatística – IBGE, 2006. Disponível em: https://wp.ufpel.edu.br/consagro/files/2010/09/Censo-Agropecu%C3%A1rio-e-a-Agricultura-Familiar-2006.pdf. Acesso em: 2 fev. 2022.

INSTITUTO BRASILEIRO DE GEOGRAFIA E ESTATÍSTICA (IBGE). *Censo Agro*, 2017. Disponível em: https://censos.ibge.gov.br/2012-agencia-de-noticias/noticias/25126-em-alta-agricultura-organica-reune-todos-os-elementos-da-producao-sustentavel.html. Acesso em: 2 fev. 2022.

INSTITUTO NACIONAL DE PESQUISAS ESPACIAIS (INPE). *Estimativa de desmatamento por corte raso na Amazônia Legal para 2021 é de 13.235 km²*. 27 out. 2021. Disponível em: https://www.gov.br/inpe/pt-br/assuntos/ultimas-noticias/divulgacao-de-dados-prodes.pdf. Acesso em: 2 fev. 2022.

INSTITUTO SOCIOAMBIENTAL (ISA). *Divulgados os resultados do Prêmio Juliana Santilli de Agrobiodiversidadade 2017*. Disponível em: https://www.socioambiental.org/pt-br/noticias-socioambientais/divulgados-os-resultados-do-premio-juliana-santilli-de-agrobiodiversidadade. Acesso em: 1 fev. 2022.

INSTITUTO SOCIOAMBIENTAL (ISA). *O que o governo Dilma fez (e não fez) pela reforma agrária?* 2016. Disponível em: https://www.socioambiental.org/pt-br/noticias-socioambientais/o-que-o-governo-dilma-fez-e-nao-fez-pela-reforma-agraria. Acesso em: 28 fev. 22.

JULIÃO, Francisco. *Que são as ligas camponesas?* Rio de Janeiro: Civilização Brasileira, 1962.

KOROL, Claudia. *Somos tierra, semilla, rebeldía*: Mujeres, tierra y territorios en América Latina. GRAIN; OXFAM, 2016. Disponível em: https://grain.org/es/article/entries/5563-somos-tierra-semilla-rebeldia-mujerestierra-y-territorios-en-america-latina. Acesso em: 1 fev. 2022.

LOPES, Renato de Carvalho; OLIVEIRA, Marcelo Romarco Leles de. Considerações sobre a Lei n. 13.465/2017 e os possíveis efeitos em relação à política de Reforma Agrária no Brasil. *Research, Society and Development*, v. 10, n. 1, 2020. Disponível em: http://dx.doi.org/10.33448/rsd-v10i1.11165. Acesso em: 31 maio 2022.

MARÉS, Carlos. *A função social da terra*. Curitiba: Arte & Letra, 2021.

MATTEI, Lauro Francisco. A reforma agrária brasileira: evolução do número de famílias assentadas no período pós-redemocratização do país. *Estud. Soc. e Agric.*, Rio de Janeiro, v. 20, n. 1, p. 301-325, 2012.

MENDONÇA, Sônia Regina de. A classe dominante agrária: natureza e comportamento, 1964-1990. *In:* STEDILE, João Pedro. Questão agrária no Brasil v. 5. São Paulo: Expressão Popular, 2006.

NATIVIDADE, Melissa de Miranda. A Aliança para o Progresso e a questão agrária no Brasil: considerações iniciais. *In: XVIII Simpósio Nacional de História*, 27 a 31 de julho de 2015. Disponível em: www.eeh2010.anpuh-rs.org.br/resources/anais/39/1435676251_ARQUIVO_Anpuh2015AAliancaparaoProgressoeaquestaoagrarianoBrasil(1).pdf. Acesso em: 26 jan. 2022.

OLIVEIRA, Ariovaldo Umbelino de. *Modo de produção capitalista, agricultura e reforma agrária*. São Paulo: Labur, 2007.

ORGANIZAÇÃO DAS NAÇÕES UNIDAS (ONU). *Comentário Geral n. 12 do Comitê de Direitos Econômicos, Sociais e Culturais sobre o Direito Humano à Alimentação Adequada*. 1999. Disponível em: https://fianbrasil.org.br/comentario-geral-no-12-do-comite-de-direitos-economicos-sociais-e-culturais-sobre-o-direito-humano-a-alimentacao-adequada/. Acesso em: 26 jan. 2022.

ROSSITO, Flávia Donini. *Cooperação agroecológica, natureza e gente*. Tese de doutorado. Programa de pós-graduação em meio ambiente e desenvolvimento. Curitiba: Universidade Federal do Paraná, 2020.Disponível em: https://www.prppg.ufpr.br/siga/visitante/trabalhoConclusaoWS?idpessoal=41400&idprograma=40001016029P1&anobase=2020&idtc=35. Acesso em: 1 fev. 2022.

SALATI, Paula. Liberação de agrotóxicos em 2021 bate novo recorde na série histórica. Globo, G1, Agro, 6 dez. 2021. Disponível em: https://g1.globo.com/economia/agronegocios/noticia/2021/12/06/liberacao-de-agrotoxicos-em-2021-bate-novo-recorde-na-serie-historica-maioria-e-generico.ghtml. Acesso em: 31 maio 2022.

SILVA, Lígia Osório. As leis agrárias e o latifúndio improdutivo. *São Paulo em Perspectiva*, v. 11, n. 2, p. 15-25, 1997. Disponível em: http://produtos.seade.gov.br/produtos/spp/v11n02/v11n02_02.pdf. Acesso em: 26 jan. 2022.

SILVA, Lígia Osório. *Terras devolutas e latifúndio: efeitos da lei de 1850*. Campinas: Ed. Unicamp, 1996.

SORIANO, Rafael. *Dados da Reforma Agrária no governo Temer são mais que falha. É um projeto de aniquilamento*. 2018. Disponível em: https://mst.org.br/2018/03/07/dados-da-reforma-agraria-no-governo-temer-sao-mais-que-falha-e-um-projeto-de-aniquilamento/. Acesso em: 28 fev. 22.

STEDILE, João Pedro. História da Questão Agrária no Brasil. *In:* STEDILE, João Pedro (org.) *A questão agrária no Brasil*: programas de reforma agrária 1946-2003. v. 3. São Paulo: Expressão Popular, 2012.

SVAMPA, Maristela. As fronteiras do neoextrativismo na América Latina: conflitos socioambientais, giro ecoterritorial e novas dependências. São Paulo: Elefante, 2019.

TARDIN, José Maria. Jornada de Agroecologia: camponesas e camponeses em movimento construindo o sustento da vida e a transformação da sociedade. 2009. *In: VI Congresso Brasileiro de Agroecologia e II Congresso Latino-americano de Agroecologia*. Disponível em: https://terradedireitos.org.br/wp-content/uploads/2010/05/Artigo-de-Tardin-sobre-a-Jornada-CBA1.pdf. Acesso em: 1 fev. 2022.

TERRA DE DIREITOS. *Rumo ao VI Congresso, MST defende novo tipo de reforma agrária. 2014*. Disponível em: https://terradedireitos.org.br/noticias/noticias/rumo-ao-vi-congresso-mst-defende-novo-tipo-de-reforma-agraria/13076. Acesso em: 28 fev. 22.

UN ENVIRONMENT PROGRAM. *6 fatos sobre coronavírus e meio ambiente.* 2020. Disponível em: https://www.unep.org/pt-br/noticias-e-reportagens/reportagem/6-fatos-sobre-coronavirus-e-meio-ambiente. Acesso em: 2 fev. 2022.

VANESKI FILHO, Ener. *Entre a preservação e a destruição*: conflitos socioambientais e o caso do acampamento José Lutzenberger. Nova Xavantina, MT: Pantanal, 2021. Disponível em: https://editorapantanal.com.br/ebooks/2021/entre-a-preservacao-e-a-destruicao-conflitos-socioambientais-e-o-caso-do-acampamento-jose-lutzenberger/ebook.pdf. Acesso em: 1 fev. 2022.

VANESKI FILHO, Ener, *et al.* Conflitos socioambientais, apropriação da natureza e o direito à terra dos agricultores e agricultoras do acampamento José Lutzenberger do MST em Antonina/Paraná. *In:* QUADROS, Juliana, et al. (org.) *Anais do III simpósio brasileiro de desenvolvimento territorial sustentável.* 1. ed. Matinhos: Universidade Federal do Paraná – setor litoral, 2019. Disponível em: www.ppgdts.ufpr.br/?page_id=2071. Acesso em: 2 fev. 2022.

VARELA, Laura Beck. *Das sesmarias à propriedade moderna*: um estudo de história do direito brasileiro. Rio de Janeiro: Renovar, 2005.

VIZENTINI, Paulo Fagundes. *Relações Internacionais do Brasil*: de Vargas a Lula. São Paulo: Fundação Perseu Abramo, 2002.

ANEXOS

Programação de eventos das Jornadas de Agroecologia

Quadro 1: Atores participantes dos eventos da jornada de agroecologia

Atores	Eventos																	
	1	2	3	4	5	6	7	8	9	10	11	12	13	14	15	16	17	18
ABAI (Associação Brasileira de Amparo à Infância)														X	X	X	X	X
ADAF (Associação para o Desenvolvimento da Agricultura Familiar)	X	X																
APP SINDICATO	X	X													X	X	X	X
Associação de Agricultura Orgânica do Paraná (AOPA)	X	X	X	X	X			X	X					X	X	X	X	X
Agricultura Familiar e Agroecologia (AS-PTA)	X	X	X	X				X	X					X	X	X	X	X
Associação de Estudos, Orientação e Assistência Técnica Rural (ASSESOAR)	X	X	X	X	X	X	X	X	X	X	X	X	X	X	X	X	X	X
Associação de Reflexão e Ação Social de Maringá												X	X					
Articulação Estadual pela Articulação no Campo												X	X	X	X	X	X	X
Centro de Formação Irmã Araújo (CEFURIA)												X	X		X	X	X	X
Centro de Apoio e Promoção da Agroecologia (CAPA)		X	X	X	X			X	X					X	X	X	X	X
Centro Missionário de Apoio ao Campesinato (CEMPO)							X	X	X	X	X	X	X	X	X	X	X	X
Comunidades Tradicionais				X	X	X	X	X	X	X	X	X	X	X	X	X	X	X
Comissão Pastoral da Terra (CPT)	X	X	X	X	X	X	X	X	X	X	X	X	X	X	X	X	X	X
CPRA (Centro Paranaense de Referência em Agroecologia)														X	X	X	X	X
CRABI (Comissão Regional dos Atingidos por Barragens do Rio Iguaçu)				X	X	X	X											
CRESOL COOPERATIVA		X	X	X				X	X					X	X	X	X	
Departamento de Estudos Socioeconômicos Rurais (DESER)	X	X	X	X														
ENCONTRA (Coletivo de Estudos sobre o Conflito de Território e da Terra)														X	X	X	X	X
Escola Latino-Americana de Agroecologia (ELAA)					X	X	X	X	X	X	X	X	X	X	X	X	X	X
Escola Milton Santos de Agroecologia										X	X	X	X	X	X	X	X	X
Federação dos Estudantes de Agronomia do Brasil (FEAB)	X	X	X	X	X	X	X	X	X	X	X	X	X				X	
Federação dos Trabalhadores da Agricultura Familiar (FETRAF-SUL)	X	X	X	X				X	X					X	X	X		
Fóruns Regionais	X	X	X	X				X	X									
Grupos de Agroecologia de Ponta Grossa	X	X	X															
Grupos de Agroecologia de Maringá												X	X					
Grupos de Agroecologia de Londrina										X	X							

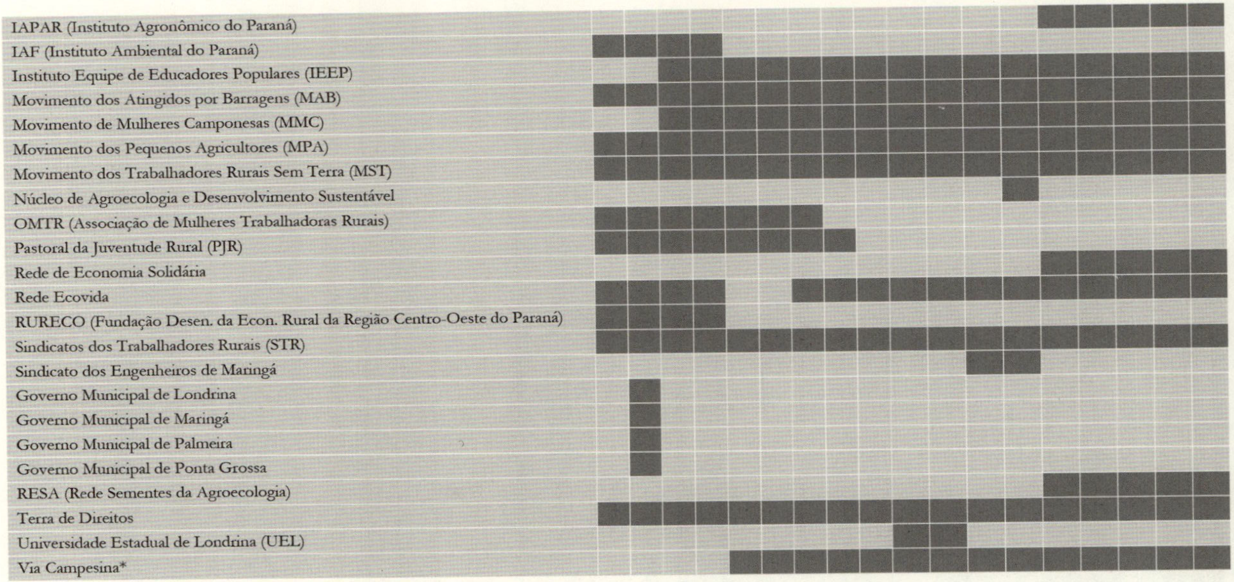

Fonte: Pesquisa de campo.

Eventos: 1 a 3 (2002 a 2004): Ponta Grossa; 4 a 7 (2005 a 2008): Cascavel; 8 e 9 (2009 e 2010): Francisco Beltrão; 10 e 11 (2011 e 2012): Londrina; 12 e 13 (2013 e 2014): Maringá; 14 (2015): Irati; 15 e 16 (2016 e 2017): Lapa; 17 e 18 (2018 e 2019): Curitiba. 2020 e 2021: Não houve eventos em função da pandemia.

*Via Campesina: organização formada por um conjunto de entidades (MST, MPA, MAB, MMC), mais a CPT, PJR, CEMPO, FEAB, Escola Latina, IEEP e Terra de Direitos

Quadro 2: Programação da 6ª Jornada de Agroecologia – Cascavel (PR)

	11 de julho
Manhã	Recepção das caravanas
	Ato Político
	Abertura Feira Feira de alimentos e sementes agroecológicas
Noite	Conferência Cuidando da terra, cultivando biodiversidade e plantando soberania alimentar – Frei Betto e Moema Viezer
	12 de julho
Manhã	Conferências Análise da estratégia do capital transnacional para dominar a agricultura e consequências – João Pedro Stédile Agronegócio e as questões ambientais dos nossos tempos – Sebastião Pinheiro
Tarde	Conferência A estratégia e o projeto para a autonomia camponesa – José Maria Tardin
	Seminários
Noite	Conferência Análise política da luta e resistência dos povos da América Latina – Nildo Ouriques
	13 de julho
Manhã	Ato Político Apresentação da Carta Política
	Conferência As sementes e a soberania alimentar – Egídio Brunetto
	Oficinas agroecológicas
Tarde	Oficinas agroecológicas
Noite	Apresentações culturais
	14 de julho
Manhã	Conferências Integração dos povos: a construção da nossa América – Fernando Lugo A ética do cuidado – Leonardo Boff
	Mística de Encerramento
	Troca de Sementes

Fonte: Adaptado de Jornada de Agroecologia (2007b)

Quadro 3: Programação da 7ª Jornada de Agroecologia – Cascavel (PR)

23 de julho	
Manhã	Recepção das caravanas Mística de abertura
Tarde	Conferência Análise da estratégia do capital transnacional para dominar a agricultura e suas consequências – João Pedro Stédile As transnacionais e o domínio das sementes e suas consequências – Sílvia Ribeiro
Noite	Documentário Nenhum minuto de silêncio – Fora Syngenta do Brasil Debate A estratégia de criminalização dos movimentos sociais
24 de julho	
Manhã	Mística Conferência As transnacionais do agronegócio na agricultura paranaense: cana-de-açúcar, grãos, pecuária, eucaliptos, pínus, agrocombustíveis e o controle da água – Horácio Martins Oficinas agroecológicas
Tarde	Marcha "Denúncia às milícias do agronegócio, os crimes da Syngenta e OMC" "Defesa da reforma agrária, soberania alimentar, agroecologia, sementes crioulas e biodiversidade" "Por um projeto popular para o Brasil"
Noite	Apresentações culturais
25 de julho	
Manhã	Conferência A necessidade da organização e a formação da consciência – Adelar Pizzeta A experiência da educação popular de São João do Triunfo com o túnel do tempo – Sivone Ernest Silva A educação como uma ferramenta que mobiliza, organiza e forma consciência libertadora – Izabel Grein Ato político
Tarde	Conferência Agroecologia e a cooperação como estratégia popular para construir a soberania alimentar – Sebastião Pinheiro Oficinas agroecológicas
Noite	Apresentações culturais Jornada Socialista – Keno e Eli vivem!
26 de julho	
Manhã	Conferência Mística, sementes e biodiversidade – Ademar Bogo O legado de Che e os valores socialistas da militância – Aleida Guevara Troca de Sementes
Atividades permanentes	
Túnel do Tempo O desenvolvimento da agricultura na história da humanidade	
Feira Produtos agroecológicos da reforma agrária e da agricultura familiar e camponesa	

Fonte: Adaptado de Jornada de Agroecologia (2008b)

Quadro 4: Programação da 8ª Jornada de Agroecologia – Francisco Beltrão (PR)

27 de maio	
Manhã	Recepção das caravanas Mística de abertura
Tarde	Marcha Reforma agrária, soberania alimentar, agroecologia, sementes crioulas e biodiversidade Construção de um projeto popular e soberano para a agricultura
Noite	Reunião Coordenação
28 de maio	
Manhã	Mística Conferências O movimento do capital transnacional na agricultura e suas consequências – Ariovaldo Umbelino Análise do projeto de integração empresas e consequências para a população – Dinarte Belato Exportações de frangos brasileiros e consequências para os povos africanos – Francisco Mari
Tarde	Oficinas agroecológicas Seminários
Noite	Apresentações culturais
29 de maio	
Manhã	Mística Conferências A contaminação dos alimentos e suas consequências para a população – Alfredo Benatto As sementes e a soberania alimentar – Frei Sergio Gorgen Apresentações culturais Festa das Sementes
Tarde	Debate Gênero e preparação para o lançamento da campanha contra a violência às mulheres Formatura Turma "Mata Atlântica" da ELAA Ato Político
Noite	Apresentações culturais
30 de maio	
Manhã	Mística Conferências O projeto popular e soberano para a agricultura brasileira – Marcos Rochinski O processo de construção do projeto popular para o povo brasileiro – Milton Viário O projeto de integração soberana dos povos – João Pedro Stédile
Atividades permanentes	
Túnel do Tempo O desenvolvimento da agricultura na história da humanidade	
Feira Produtos da reforma agrária e da agricultura familiar e camponesa – Sementes crioulas	

Fonte: Adaptado de Jornada de Agroecologia (2009b)

Quadro 5: Programação da 9ª Jornada de Agroecologia – Francisco Beltrão (PR)

	19 de maio
Manhã	Recepção das caravanas
Tarde	Marcha Reforma agrária, soberania alimentar, agroecologia, sementes crioulas e biodiversidade Construção de um projeto popular e soberano para a agricultura
Noite	Reunião Coordenação
	20 de maio
Manhã	Conferência Análise do movimento do capital na agricultura e suas consequências – Plínio de A. Sampaio O papel do Estado e as políticas públicas Os agrotóxicos e a contaminação dos alimentos – Letícia Silva Depoimentos
Tarde	Conferência Como organizamos nosso projeto popular e soberano para a agricultura para resistir e acumular forças nesse período histórico? – José Maria Tardin Direito dos agricultores: das práticas de melhoramento da agrobiodiversidade à construção de novos direitos – Larissa Packer Depoimentos Sobre a construção do projeto popular Sementes e soberania alimentar Relação comercialização cidade e campo Educação e formação Intercâmbio e solidariedade entre os povos
Noite	Apresentações culturais
	21 de maio
Manhã	Seminários Segurança e soberania alimentar Criminalização Crédito para a agricultura familiar "Questões Ambientais" Oficinas agroecológicas
Tarde	Seminários Legislação de orgânicos Gênero Soberania energética Oficinas agroecológicas Conferência Análise do período histórico atual e as tarefas da militância – João Pedro Stédile Apresentações culturais
	22 de maio
Manhã	Conferência As sementes e a soberania alimentar dos povos" – Ademar Bogo Ato político Apresentação da Carta Política Mística das Sementes
	Atividades permanentes
Túnel do Tempo O desenvolvimento da agricultura na história da humanidade	
Feira Produtos agroecológicos da reforma agrária e da agricultura familiar e camponesa	

Fonte: Adaptado de Jornada de Agroecologia (2010b)

Quadro 6: Programação da 10ª Jornada de Agroecologia – Londrina (PR)

	22 de junho
Manhã	Recepção das caravanas
Tarde	Marcha Pela agroecologia e integração campo e cidade Mística de Abertura
	23 de junho
Manhã	Mística Conferências A matriz do capital e a matriz soberana: a agroecologia – Sebastião Pinheiro Agrotóxicos e suas consequências ao ambiente a saúde pública – Raquel Rigoto Ato Político Lançamento campanha contra o uso dos agrotóxicos
Tarde	Oficinas agroecológicas Seminários Sistema participativo de garantia de orgânicos Agrotóxico é veneno! Sementes e agroecologia Educação do campo Gênero e classe Método de trabalho de base no processo de transição à agroecologia Conferência Agronegócio e o modelo dependente da agricultura brasileira – João Pedro Stédile
Noite	Lançamento de livros Apresentações culturais
	24 de junho
Manhã	Mística Conferências Como organizar a produção de alimentos e a geração de renda na agricultura familiar, agrária e camponesa – Álvaro Delatorre Desafios da educação popular na construção do projeto da classe trabalhadora – Conceição Paludo A necessidade da organização popular para avançar – Ademar Bogo Lançamento de livros
Tarde	Oficinas agroecológicas Seminários Novas tecnologias e a mercantilização da natureza O papel da pesquisa na Universidade Mística Agroecologia e políticas públicas Código Florestal e a agricultura camponesa Agroenergia e soberania dos povos Conferência Os impérios da biomassa contra a soberania alimentar – Pat Mooney
Noite	Apresentações culturais
	25 de junho
Manhã	Mística Troca de Sementes Ato Político - Carta Política
	Atividades permanentes
Túnel do Tempo Experiência de educação popular em agroecologia Feira Feira dos produtos agroecológicos da reforma agrária e da agricultura familiar camponesa	

Fonte: Adaptado de Jornada de Agroecologia (2011b)

Quadro 7: Programação da 12ª Jornada de Agroecologia – Maringá (PR)

07 DE AGOSTO	
Manhã	Recepção das caravanas
	Mística de Abertura
Tarde	Marcha Agroecologia, reforma agrária e agricultura camponesa
Noite	Ato de solidariedade
08 de agosto	
Manhã	Mística
	Conferências O projeto do capital para a agricultura. O agronegócio: análise e denúncia" – João Pedro Stédile Klabin: monocultura de eucaliptos" – Roberto Martins
	Seminários Denúncia em relação ao uso de agrotóxicos: caso Nortox Campanha contra o agrotóxico Situação da cana-de-açúcar Hidrelétricas e MAB Transgenia – novos casos
Tarde	Oficinas agroecológicas
	Seminário Bio(in)segurança e os 10 anos de transgênicos no Brasil: promessas não cumpridas – Marcelo Silva, Leonardo Malgarejo e Darci Frigo
	Abertura do Túnel do Tempo Histórico da Jornada de Agroecologia e da Escola Milton Santos
Noite	Apresentações culturais
09 de agosto	
Manhã	Mística
	Conferência A construção do nosso projeto popular e soberano para a agricultura"
	Oficinas agroecológicas
Tarde	Oficinas agroecológicas
	Seminários Direito dos agricultores e agricultoras ao livre uso da biodiversidade: a questão das sementes – Ana Carolina de Almeida, Luciano Ribeiro e Anderson Munarini
	Visita à feira
Noite	Apresentações culturais
10 de agosto	
Manhã	Mística
	Conferência Soberania alimentar
	Ato Político e Carta Política

Fonte: Adaptado de Jornada de Agroecologia (2013b)

Quadro 8: Programação da 13ª Jornada de Agroecologia – Maringá (PR)

	04 DE JUNHO
Manhã	Recepção das caravanas
	Mística de abertura
Tarde	Conferência O projeto do capital para a agricultura – agronegócio: análise e denúncia – Darci Frigo
	Lançamento de documentário O veneno está na mesa II – Sílvio Tendler
Noite	Assembleia Juventude
	05 de junho
Manhã	Mística
	Conferências As bases fundamentais de um projeto popular e soberano para a agricultura – Ademar Bogo As dimensões da educação e das escolas na construção da agroecologia – Edgar Kolling
Tarde	Marcha Agroecologia e alimentos saudáveis
Noite	Apresentações culturais
	06 de junho
Manhã	Mística
	Oficinas agroecológicas
	Seminários Reforma agrária, agroecologia e meio ambiente O plebiscito popular por uma Constituinte exclusiva A construção da reforma agrária popular no território
Tarde	Oficinas agroecológicas
	Seminários Políticas públicas para a agroecologia Os desafios da agricultura camponesa Juventude camponesa na reforma agrária popular
Noite	Apresentações culturais
	07 de junho
Manhã	Mística
	Troca de sementes
	Ato Político e Carta Política
	Atividades permanentes
Túnel do Tempo 30 anos de luta!	
Feira Feira da reforma agrária e da agricultura familiar e camponesa	

Fonte: Adaptado de Jornada de Agroecologia (2014b)

Quadro 9: Programação da 14ª Jornada de Agroecologia – Irati (PR)

26 DE JUNHO	
Manhã	Recepção das caravanas
Tarde	Marcha
Noite	Apresentações culturais
25 de junho	
Manhã	Mística
	Conferência Agricultura moderna, o capital e suas consequências – João Pedro Stédile
	Depoimentos Sobre as consequências do projeto do agronegócio Deserto verde Agrotóxico Transgênicos Trabalho escravo Criminalização das organizações Conflitos agrários
Tarde	Oficinas agroecológicas
	Seminários Educação no campo Sementes Agrotóxicos
Noite	Apresentações culturais
26 de junho	
Manhã	Mística
	Conferência Elementos filosóficos e políticos para a construção de uma sociedade socialmente justa e igualitária, culturalmente diversas e ecologicamente sustentável" – Leonardo Boff
	Depoimentos – Que expressam a construção de um projeto popular de sociedade Educação Produção comunitária de alimentos agroecológicos Políticas públicas Sementes crioulas Experiências de luta e resistência
Tarde	Oficinas agroecológicas
	Seminários Políticas públicas para a agroecologia Educação no campo
Noite	Apresentações culturais
27 de junho	
Manhã	Mística
	Troca de sementes
	Ato Político e Carta Política
Atividades permanentes	
Túnel do Tempo 100 anos da Guerra do Contestado	
Feira Feira de sementes e produtos da reforma agrária e da agricultura familiar e camponesa	

Fonte: Adaptado de Jornada de Agroecologia (2015b)

Quadro 10: Programação da 15ª Jornada de Agroecologia – Lapa (PR)

	27 de julho
Manhã	Recepção das caravanas
	Mística de abertura
Tarde	Conferências Análise do projeto da classe dominante para a agricultura e consequências para a população brasileira – João Pedro Stédile Os desafios atuais da agricultura familiar frente ao cenário político atual – Vanderlei Ziegler
Noite	Apresentações culturais
	28 de julho
Manhã	Oficinas agroecológicas
Tarde	Oficinas agroecológicas
Noite	Apresentações culturais
	29 de julho
Manhã	Mística
	Conferência O processo de construção do projeto popular e soberano na agricultura para a sociedade brasileira Agricultura e cultura da resistência – Ana Chã
Tarde	Seminários Agrotóxicos Sementes Educação e agroecologia Soberania alimentar e desenvolvimento comunitário nos assentamentos
	Conferência O cuidado com a casa comum – Leonardo Boff
Noite	Apresentações culturais
	30 de julho
Manhã	Mística
	Troca de sementes
	Ato Político e Carta Política
	Atividades permanentes
Túnel do Tempo 100 anos da Guerra do Contestado	
Feira Feira da biodiversidade camponesa e popular	

Fonte: Adaptado de Jornada de Agroecologia (2016b)

Quadro 11: Programação da 16ª Jornada de Agroecologia – Lapa

	20 de setembro
Manhã	Recepção das caravanas Mística de abertura
Tarde	Conferências Análise do projeto dos capitalistas para a agricultura e suas consequências – Neuri Rosseto Direitos Humanos, golpe e criminalização dos movimentos sociais – Darci Frigo
Noite	Apresentações culturais
	21 de setembro
Manhã	Oficinas agroecológicas
Tarde	Oficinas agroecológicas
Noite	Apresentações culturais
	22 de setembro
Manhã	Mística Conferência Nosso desafio na construção de um projeto popular e soberano para a agricultura – Cedenir Oliveira Gênero e agroecologia: o desafio da construção de novas relações de resistência e transformação – Keli Mafort
Tarde	Seminários Apresentações culturais Ato Político e Carta Política
Noite	Apresentações culturais
	23 de setembro
Manhã	Plenária estadual da frente Brasil popular Mística Conferência Contexto histórico e a conjuntura política nacional – João Pedro Stédile e Gleisi Hoffmann O plano popular de emergência e o trabalho de base permanente – Paulo Czekalski Como fortalecer e articular a comunicação popular no Paraná – Pedro Carrano Nossos desafios organizativos – Roberto Baggio Apresentações culturais

Fonte: Adaptado de Jornada de Agroecologia (2017b)

Quadro 12: Programação da 17ª Jornada de Agroecologia – Curitiba (PR)

06 DE JUNHO	
Manhã	Recepção das caravanas
Tarde	Abertura do Túnel do Tempo A história da agricultura, a luta pela terra e a construção do projeto soberano e popular
	Abertura da feira Feira da reforma agrária, da agricultura familiar e da economia solidária e da culinária da terra
Noite	Ato de abertura
	Conferência Os desafios atuais da humanidade e o cuidado com a casa comum – Leonardo Boff
	Apresentações culturais
7 de junho	
Manhã	Oficinas agroecológicas
	Seminário As políticas públicas para a construção do projeto popular e soberano para a agricultura Educação do campo e agroecologia na construção da emancipação
Tarde	Oficinas agroecológicas
	Seminário Consequências dos agrotóxicos à saúde humana e à natureza Soberania alimentar e o protagonismo das mulheres na construção da agroecologia
Noite	Conferência O golpe na democracia e nos direitos: o judiciário na criminalização da política e das lutas sociais – Vera Karam, Darci Frigo, Diorlei Santos e Katya Isaguirre
	Apresentações culturais
8 de junho	
Manhã	Plenária Plenária estadual dos comitês populares pela democracia
	Conferência Projeto para o Brasil e a construção da hegemonia popular – Neuri Rosseto
	Seminário Seminário de articulação das redes de economia solidária campo e cidade
	Oficina Saúde da trabalhadora e trabalhador do campo
Tarde	Seminário Campo e cidade: caminhos na construção de uma cultura política emancipadora
Noite	Lançamento de livros
	Apresentações culturais
09 de junho	
Manhã	Conferência A arte, a ciência e a cultura da luta na construção do projeto popular para o Brasil – Patrícia Jaime, Pastora Romi Bencke e João Pedro Stédile
Tarde	Apresentações culturais

Fonte: Adaptado de Jornada de Agroecologia (2018b)

Quadro 13: Programação da 18ª Jornada de Agroecologia – Curitiba (PR)

29 DE AGOSTO	
Manhã	Recepção das caravanas
	Abertura do Túnel do Tempo A história da luta pela terra e a construção da soberania popular no Brasil
Tarde	Abertura da feira Feira da agrobiodiversidade camponesa e popular e culinária da terra: comer é um ato político
	Aula pública O envenenamento do povo brasileiro: impactos dos agrotóxicos à saúde" – Wanderlei Pignati e Fran Paula
	Seminário Como criar um projeto de lei para reduzir os agrotóxicos e promover a agroecologia?
	Apresentações culturais
Noite	Ato de abertura
	Conferência Pastora Romi Bencke e Ricardo M. Fonseca
	Apresentações culturais
30 de agosto	
Manhã	Plenária Articulação paranaense por uma educação do campo
	Conferência A ciência, a semente e o alimento na construção do projeto popular e soberano para a agricultura – Leonardo Melgarejo, Janete Fabro e Armelindo da Rosa
	Apresentações culturais
Tarde	Abertura do Espaço Conhecimento em Movimento Espaço Conhecimento em Movimento: em defesa da educação pública
	Debate Agroecologia: cultura e ciência popular na resistência dos povos no território – Ana Chã, Roseli Caldart e José Maria Tardin
	Oficina Onde e como denunciar contaminações e intoxicações por agrotóxicos?
	Apresentações culturais
	Lançamento de livros
	Marcha Em defesa da educação pública
Noite	Aula Pública Em defesa da educação pública
	Apresentações culturais
31 de agosto	
Manhã	Conferência O Brasil é dos brasileiros: pré-lançamento do movimento pela soberania nacional e popular – Vivaldo Barbosa, Clair Martins, Requião e Juliano Medeiros
	Apresentações culturais
Tarde	Documentário Documentário do Coletivo de Mulheres do Assentamento Contestado
	Seminário Cartografia Social dos Agrotóxicos no Paraná Gênero, patriarcado e violência Crítica ao Programa Agrinho Cuidando da terra, cultivando a biodiversidade, colhendo soberania alimentar – Encontro guardiões e guardiãs de sementes da agroecologia: preservar é resistir! Contaminação das águas no Paraná
	Conhecimento em movimento
	Lançamento de livros
	Apresentações culturais
Noite	Apresentações culturais
01 de setembro	
Manhã	Apresentações culturais
Tarde	Ato de Abertura
	Conferência João Pedro Stédile
Noite	Apresentações culturais

Fonte: Adaptado de Jornada de Agroecologia (2019c)

Figura 1

4º ENCONTRO DA JORNADA DE AGROECOLOGIA
TERRA LIVRE DE TRANSGENICOS E SEM AGROTÓXICOS!
25 A 28 DE MAIO DE 2005

PROGRAMAÇÃO COMPLETA

25/05 – QUARTA-FEIRA

06h00 - Recepção e instalação de acampamento
Instalação da Feira de Alimentos e de Sementes Crioulas
09h00 – Inscrição
12h00 – Almoço
13h30 - Plenária – orientações gerais sobre o 4º Encontro.
14:00 - Marcha da Agroecologia por uma Terra Livre de Transgênicos e Sem Agrotóxicos – Ato de abertura: Praça da Catedral.
18h00 - Jantar
20h00 - Atividades Culturais

26/05 QUINTA-FEIRA

8h00 - Plenária – Mística e
8h30 Depoimento (Agricultor Mexicano)
8h45 - Conferências:
* Contra natura: O mundo feliz das novas tecnologias– **Silvia Ribeiro**
* Estratégia Mundial das Transnacionais do Agronegócio para Dominar a Agricultura – **João Pedro Stédile.**
12h00 - Almoço
13h30 – Oficinas

1. Sementes Crioulas
2. Agroflorestas
3. Política e Mística da Água
4. Gênero
5. Cultura Camponesa
6. Reforma Agrária e Meio Ambiente
7. Educação no Campo
8. Agrotóxicos
9. Transgênicos
10. Políticas Públicas Municipais de Incentivo à Agroecologia

13h30 – Cursos:

- Manejo ecológico de solos e nutrição de plantas
  Assessores: Sebastião Pinheiro e Ana Primavesi
- Dominación corporativa y nuevas tecnologías
  Assessora: Silvia Ribeiro – ETC México

17h00 - Mística e Ato Político-Cultural: **As Sementes São Patrimônio dos Povos a Serviço da Humanidade – livre intercâmbio de sementes**

Noite Cultural:

27/05 SEXTA - FEIRA

8h00 - Mística
8h45 - Conferência: *Agricultura Familiar Ecológica: Garantia da Segurança e da Sobêrania Alimentar* - **Sebastião Pinheiro e Ana Maria Primavesi.**
10h30 - Plenária – *Mesa Redonda: Políticas Públicas para a Agroecologia na Agricultura Familiar* - MDA, SEAB, Jornada de Agroecologia.
12h00 - Almoço.
13h30 – Oficinas
(exposição de experiências, debate e formulação de propostas de políticas públicas para a agricultura familiar ecológica e definição de prioridades de lutas)
Oficinas:

1. Biocombustíveis
2. Comercialização
3. Produção Agroecológica
4. Cana de Açúcar
5. Práticas para controle de pragas e doenças
6. Cadeia do Leite
7. Sistemas Agroflorestais
8. Rádios Comunitárias
9. Cooperativismo de Consumidores
10. Crédito para Agroecologia
11. Organização Cooperativista na Agricultura Familiar
12. Assistência Técnica Rural
13. Meio Ambiente e o entorno do Parque Iguaçu
14. Agroecologia e Experimentação
15. Infra-estrutura Rural
16. Plantas Medicinais
17. Transgênicos

Continuidade do Curso:

- Dominación corporativa y nuevas tecnologías
  Assessora: Silvia Ribeiro – ETC México

20h00 - Noite de Cultura Camponesa:
Orquestra de Viola

28/05 SÁBADO

8h00 - Mística.
8h30 - *Ato de apresentação das Propostas de Políticas Públicas para a Agroecologia na Agricultura Familiar Camponesa.*
Roberto Requião - Governo do Paraná, Ministra Marina Silva - MMA, Ministro Miguel Rosseto – MDA, Representantes da Jornada de Agroecologia.

12h00 - **Encerramento.**

12h30 - Almoço

Figura 2

8ª Jornada de Agroecologia
27 a 30 de maio de 2009 - Francisco Beltrão - PR
Terra Livre de Transgênicos e Sem Agrotóxicos
Construindo um Projeto Popular e Soberano para a Agricultura

OFICINAS, TROCAS DE EXPERIÊNCIAS E SEMINÁRIOS TEMÁTICOS

Como nos anos anteriores, durante a 8ª Jornada de Agroecologia, haverá o momento para dividir as propostas alternativas da agricultura popular, **na tarde do dia 28 de maio** (quinta-feira), **em dois horários** (das 14 às 15:45 h e das 16 às 18h), conforme a programação.

Apresentamos, a seguir, as oficinas e seminários que serão oferecidos, organizadas por grandes eixos temáticos, **identificados por cores,** para facilitar a localização dos locais de inscrição dentro do Parque de Exposições.

Coordenação das Oficinas - 8ª Jornada de Agroecologia

OFICINAS E TROCAS DE EXPERIÊNCIAS (das 14 às 15:45h e das 16 às 18h)

EIXO: TECNOLOGIAS DE PRODUÇÃO	
TÍTULO	**DESCRIÇÃO**
CONSTRUÇÕES BIODINÂMICAS: três experiências (Assesoar, Núcleo Sudoeste da Rede Ecovida e Claf Dois Vizinhos)	Apresentação de cisterna, forno de barro e aquecimento solar de construções alternativas com princípios da permacultura
PROJETO GALINHAS RAÇAS PURAS (Assesoar, Núcleo Sudoeste da Rede Ecovida)	Alternativa ao modelo de integração e resgate de raças de galinhas caipiras rústicas para produção de carne e ovos
COMPOSTAGEM - REUTILIZAÇÃO DE RESÍDUOS VEGETAIS E ANIMAIS (Francisco Amaro da Silva)	Como reutilizar os resíduos vegetais e animais na agricultura, reaproveitando os restos de palhada e esterco transformado em compostagem, produzindo assim um adubo natural
PRODUÇÃO AGROECOLÓGICA DE HORTALIÇAS (CEAGRO - Centro de Desenvolvimento Sustentável e Capacitação em Agroecologia/MST)	Demonstração da organização geral da horta desenvolvida no CEAGRO, com seus componentes (hortaliças, quebra-vento, viveiro de mudas, etc)
ABELHA SEM FERRÃO (Adão Ferreira – Assent. 19 de Junho/MST)	Condicionar a fiscalização de produção agroecológica feito pelas abelhas
SEMENTES CRIOULAS EM ASSENTAMENTO DO MST (ATES – Quedas do Iguaçu)	Produção de sementes crioulas e adubação verde, manejo de solos, armazenagem, organização dos agricultores e comercialização
SOJA DA AGRICULTURA FAMILIAR E COMERCIALIZAÇÃO (FetrafSul/CUT e COOPAFI)	Produção de soja pela agricultura familiar com critérios de sustentabilidade social e ambiental
ARTESANATO DE PALHA DE MILHO DA AGRICULTURA FAMILIAR DE SALTO DO LONTRA (FetrafSul/CUT e COOPAFI)	Reafirmar o valor da matéria-prima existente na propriedade e a possibilidade de transformação da mesma agregando valor
ENERGIAS RENOVAVEIS (MPA/PR - Movimento dos Pequenos Agricultores)	Apresentar técnicas de produção e utilização de energias renováveis na produção camponesa (ex: óleo vegetal, álcool, energia solar)
SEMENTES CRIOULAS (MPA/PR - Movimento dos Pequenos Agricultores)	Importância do resgate de variedades crioulas e métodos de classificação para armazenagem na casa dos camponeses
COMPOSTAGEM (ATES/Emater - Francisco Beltrão)	Importância, modo de fazer, tipos e a aplicação da compostagem
CULTURA DO BAMBU (Emater - Francisco Beltrão)	Cultivo e utilização do bambu para confecção de instrumentos
ALPORQUIA: produção de mudas de alto portes (Escola Milton Santos/MST)	Onde surgiu, há quanto tempo existe no Brasil, quem é beneficiado com esta experiência e como fazer.
HOMEOPATIA VETERINÁRIA (Sisclaf e Real H)	O benefício da homeopatia veterinária na agricultora familiar, redução de custos, vantagens, forma de utilização e manejo e resultados
ACUPUNTURA VEGETAL (ELAA – Escola Latino-Americana de Agreocologia/Via Campesina)	Consiste em aplicar a acupuntura para melhorar o crescimento e a produtividade
AQUECEDOR SOLAR DE BAIXO CUSTO (ELAA/Via Campesina)	Construção e utilização de aquecedores solares
MANEJO ECOLÓGICO DE PASTAGENS – PRV (ELAA/Via Campesina)	Manejo de pastagens em sistema de Pastoreio Racional Voisin, de modo ecológico, com redução dos custos de produção e equilíbrio ambiental
MANEJO DE BOVINOS NA PEQUENA PROPRIEDADE RURAL (ELAA/Via Campesina)	Noções gerais de manejo dos bovinos com ênfase na prevenção de problemas gerais sanitários no rebanho
MULTIPLICAÇÃO DE ABELHAS PARA PRODUÇÃO DE MEL ATRAVÉS DO MÉTODO DE DIVISÃO VERTICAL (ELAA/Via Campesina)	Apresentar o método de divisão vertical como prática para a multiplicação de enxames para pequenos agricultores. Método de fácil execução e alcança ótimos resultados em pouco tempo
PRODUÇÃO DE MUDAS EM BALAINHOS DE FIBRA DE BANANEIRA (ELAA/Via Campesina)	Produção de mudas em balainhos de fibra de bananeira que não gera custo

Sobre os autores e autoras

Ademir Fernandes. Agricultor. Integrante do Movimento dos Trabalhadores e Trabalhadoras Sem Terra (MST). Coordena o coletivo Produtos da Terra e faz parte da diretoria colegiada da Cooperativa Central de Reforma Agrária do Paraná (CCA-PR). Contato: ademirfernandes341@gmail.com

Adriano da Costa Valadão. Graduado em administração pela Universidade Estadual de Ponta Grossa. Mestre em Ciências Sociais Aplicadas pela Universidade Estadual de Ponta Grossa e Doutor em Sociologia pela Universidade Federal do Paraná. Atualmente é membro da Incubadora de Empreendimentos Solidários – IESol/UEPG. Contato: adrianocv01@yahoo.com.br

Alfio Brandenburg. Doutor em Ciências Sociais pela Universidade Estadual de Campinas, Unicamp (1997), mestre em Sociologia Rural pela Universidade de São Paulo– ESALQ/USP (1980). Realizou estágio pós-doutoral na Universidade de Paris X, Nanterre. Atualmente é professor titular, sênior, da Universidade Federal do Paraná com participação nos Programas de Pós-Graduação em Sociologia e Doutorado em Meio Ambiente. Tem experiência como docente e pesquisador na área de Sociologia, com ênfase em Sociologia Rural e Meio Ambiente, atuando principalmente nos seguintes temas: agricultura familiar, desenvolvimento rural sustentável e socioambientalismo, movimento ecológico, novos atores e ruralidade. Contato: alfiob@hotmail.com.br

Ana Paula dos Santos de Oliveira. Graduada em Direito pela Universidade Federal do Paraná. Assessora jurídica popular atuante junto à Rede Nacional de Advogados Populares (RENAP). Integrante do Movimento dos Trabalhadores e Trabalhadoras Sem Terra (MST). Contato: anasoliveira.juridico@gmail.com

André de Souza Fedel. Geógrafo, Mestre em Geografia pela Universidade Federal do Paraná. Membro da Articulação Paranaense por uma Educação do Campo. Educador Popular da Associação de Estudos Orientação e Assistência Rural (Assesoar). Contato andrefedel@assesoar.org.br

Cristiane Coradin. Graduada em Agronomia e Doutora em Meio Ambiente e Desenvolvimento pela Universidade Federal do Paraná (UFPR), Mestre em Extensão Rural pela Universidade Federal de Santa Maria (UFSM), Pós-doutoranda em Saúde Pública na Escola Nacional de Saúde Pública Sergio Arouca – Fundação Oswaldo Cruz (ENSP-FIOCRUZ), professora substituta_da Universidade Estadual de São Paulo (Unesp) e professora contratada da Pontifícia Universidade Católica de São Paulo (PUC-SP). Contato: cristianemottimcoradin@gmail.com

Islandia Bezerra. Mulher. Mãe. Pesquisadora. Extensionista e Professora Associada da FANUT/UFAL. Educadora Colaboradora na Escola Latino-Americana de Agroecologia (ELAA). Presidenta Nacional da Associação Brasileira de Agroecologia/ABA. Nutricionista/UFRN. Mestrado e Doutorado em Ciências Sociais/UFRN. Pós-Doutorado na Universidad Autónoma de Chapingo/UACh, México. Contato: islandia.bezerra@fanut.ufal.br

Jakeline Cristiane Furquim Pivato. Militante do Movimento dos Trabalhadores Rurais Sem Terra e da Coordenação da Jornada de Agroecologia e contribui na função da secretaria da Jornada desde a quinta edição em 2006 até os dias atuais. Atua também na coordenação nacional da Campanha Permanente Contra os Agrotóxicos e Pela Vida. Contato: jakefurquim@gmail.com

Katya Regina Isaguirre-Torres. Pós-doutoranda em Direito junto à Pontifícia Universidade Católica do Paraná. Doutora em Meio Ambiente e Desenvolvimento pela Universidade Federal do Paraná. Mestra em Direito Empresarial e Cidadania pelo Centro Universitário Curitiba. Advogada. Professora das disciplinas de direito ambiental e agrário junto ao setor de Ciências Jurídicas da Universidade Federal do Paraná. Professora do Programa de Pós-Graduação em Direito da Universidade Federal do Paraná. Pesquisadora colaboradora da unidade de Socioeconomia, Ambiente e Desenvolvimento (SEED), do Departamento de Gestão e Ciências do Ambiente da Universidade de Liége, Campus Arlon/BE. Coordenadora do Ekoa: Núcleo de Pesquisa e Extensão em Direito Socioambiental. Contato: kisaguirre@gmail.com

Kauê Pessoa. Graduado em Ciências Sociais pela Universidade Federal do Paraná. Mestre em Políticas Públicas pela Universidade Federal do Paraná e Doutor em Sociologia pela Universidade Federal do Paraná. Atua nas áreas de Sociologia Rural e Sociologia Ambiental. Contato: kaue.zero@gmail.com

Luiz Zarref. Engenheiro Florestal/UnB. Mestre em Agroecossistemas (UFSC) e Doutor em Geografia Agrária/UFG. Integrante do Setor de Produção, Cooperação e Meio Ambiente do Movimento dos Trabalhadores Sem Terra (MST). Contato: zarref@gmail.com

Maria Isabel Farias. Graduada em Geografia pela Universidade Estadual do Oeste do Paraná, Especialista em EdoC e desenvolvimento pela Universidade de Brasília (UnB), Mestre em Geografia pela Universidade Estadual Paulista (Unesp) e doutoranda em Geografia pela Universidade Estadual do Oeste do Paraná (Unioeste). Professora do Setor Litoral da Universidade Federal do Paraná. Membro da Articulação Paranaense por uma Educação do Campo. Contato: mariaisabel.farias@ufpr.br

Mirelle Gonçalves. Filósofa e Mestre em Filosofia pela Universidade Federal do Paraná (UFPR). Membro Movimento dos Trabalhadores Rurais Sem Terra (MST). Contato mirelle_g@hotmail.com

Nádia Luzia Balestrin. Graduada em Ciências Sociais pela Universidade Federal do Paraná. Mestre em Sociologia pela Universidade Federal do Paraná e Doutora em Sociologia pela Universidade Federal do Paraná. Durante dezesseis anos foi professora do Unibrasil – Centro Universitário, Curitiba/Pr. Atualmente integra o Centro de Estudos Rurais e Ambientais do Paraná (CERU) e o Grupo de Pesquisa das Jornadas Agroecológicas da UFPR. Contato nadiabalestrin@gmail.com

Olcimar da Rosa. Engenheiro Agrônomo/UFPR. Integrante do Movimento dos Trabalhadores e Trabalhadoras Sem Terra (MST). Atualmente é o presidente da Cooperativa Central de Reforma Agrária do Paraná (CCA-PR). Contato: olcimarrosa@gmail.com

Priscila Cristina dos Santos. Graduada em Ciências Sociais pelo Instituto Federal do Paraná– Campus Paranaguá. Especialista em Questão Social na Perspectiva Interdisciplinar pela Universidade Federal do Paraná– Setor Litoral. Mestre em Sociologia pela Universidade Federal do Paraná. Atualmente é professora de sociologia da rede estadual de educação do Paraná. Contato: priscilacristina.santos@hotmail.com

Priscila Facina Monnerat. Engenheira Florestal pela Universidade Federal de Lavras. Mestra em Geografia/UFPR. Agricultora, Educadora popular da Agroecologia e de agrofloresta. Integrante do Movimento dos Trabalhadores e Trabalhadoras Sem Terra (MST). Contato: pricamomila@gmail.com

Silvana dos Santos Moreira. Graduada em agronomia pela Universidade Estadual de Ponta Grossa – UEPG. Mestra em Desenvolvimento Comunitário pela Universidade Estadual do Centro-Oeste – UNICENTRO. Doutora em Ciências Sociais Aplicadas pela Universidade Estadual de Ponta Grossa – UEPG. Atualmente é docente do Eixo de Recursos Naturais do Campus Irati do Instituto Federal do Paraná – IFPR, atuando nos cursos de Bacharelado em agronomia e Técnico em Agroecologia. Contato: silvana.moreira@ifpr.edu.br

Silvana Silva. Doutora. em Sociologia pela UFPR (2017/2022) na área de sociologia ambiental, ruralidades, e, produção agroecológica em assentamentos de reforma agrária. Mestre em Ciências Sociais pela Universidade Estadual do Oeste do Paraná (Unioeste – Campus de Toledo/PR). Graduação em Ciências Sociais (2013) e em História (UEPG, 2018). Professora efetiva da Secretaria Estadual de Ensino (SEED) desde 2012 ministra aulas da disciplina de sociologia para turmas do Ensino Médio. Pesquisa MST e campesinato Contato: silvana.a.s@hotmail.com

Sônia Fátima Schwendler. Pedagoga e Mestre em Extensão Rural pela Universidade Federal de Santa Maria (UFSM). PhD em Estudos Ibéricos e Latino-americanos pela Universidade de Londres (Queen Mary College). Professora Associada do Setor de Educação da Universidade Federal do Paraná, com atuação no Programa de Pós-graduação em Educação. Vice-líder do Núcleo de Estudos de Gênero da UFPR e membro da Articulação Paranaense por uma Educação do Campo. Contato: soniafs@ufpr.br

Sonia Maria Pessoa Pereira Bergamasco. Possui graduação em Agronomia pela Universidade de São Paulo (1969) e graduação em Economia pelo Instituto de Ensino de Marília (1972), mestrado em Extensão Rural pela Universidade Federal de Viçosa (1976) e doutorado em Ciências pela Unesp (1974). Pós-doutorado pela Universidade Estadual de Campinas (1980), especialização em Extensão Rural para o Desenvolvimento Socioeconômico pela Wageningen University (1985), Pós-doutorado pela École de Hautes Études en Sciences Sociales(1990-91). É professora titular da Universidade Estadual Paulista – Unesp-Botucatu, atuando junto à Faculdade de Engenharia Agrícola na área de Planejamento e Desenvolvimento Rural Sustentável. Também foi Professora Visitante Sênior da Universidade Federal de São Carlos-Campus Araras (2014-217). Tem experiência nas áreas de Extensão Rural, atuando principalmente nos seguintes temas: Desenvolvimento Rural Sustentável, Reforma Agrária e Assentamentos Rurais e avaliação de Políticas Públicas para a Agricultura Familiar. Participou como Assessora do Ministério do Desenvolvimento Agrário (MDA-Brasil), do IICA, da FAO e do IFPRI, em trabalhos de formação de extensionistas, de avaliação de Política de Assistência Técnica e Extensão Rural, bem como de Políticas de Crédito Rural e Políticas de Comercialização para a Agricultura Familiar

Valter de Jesus Leite. Graduado em Pedagogia da Terra pela Universidade Estadual do Oeste do Paraná (Unioeste), Especialista em Trabalho, Educação e Movimentos Sociais pela Escola Politécnica de Saúde Joaquim Venâncio (EPSJV-Fiocruz), Mestre em Educação pela Unioeste e doutorando em Educação Universidade Estadual de Maringá (UEM). Membro do Setor de Educação do Movimento dos Trabalhadores Rurais Sem Terra (MST). Contato: valterleitemstpr@gmail.com

Vera Lúcia Silveira Botta Ferrante. Possui graduação em Ciências Sociais pela Universidade Estadual Paulista Júlio de Mesquita Filho – Unesp (1966) e doutorado em Sociologia pela Unesp (1974). Defendeu livre docência na Unesp (1992), defendeu concurso de Professor Titular em 1998. Atualmente é coordenadora do Programa de Pós-Graduação, Mestrado e Doutorado em Desenvolvimento Territorial e Meio Ambiente. Desde julho de 2016 foi designada a exercer a função de Pró-Reitora de Pós-Graduação Stricto Sensu e Pesquisa da Universidade de Araraquara. Bolsista de Produtividade em Pesquisa do CNPq – Nível 1A. Foi Vice-Presidente e Presidente da ALASRU (Associação Latino-americana de Sociologia Rural (2010-2014). Participa da rede de pesquisadores latino-americanos voltados à discussão das ruralidades e dilemas atuais do mundo agrário. Coordena, desde a década de 1990, o grupo de pesquisa NUPEDOR – Núcleo de Pesquisa e Documentação Rural e os Simpósios Reforma e Questões Rurais, os quais estão em sua décima edição. Tem experiência na área de Sociologia, com ênfase em Sociologia Rural, atuando principalmente nos seguintes temas: Assentamentos Rurais e Reforma Agrária, Políticas Públicas e Lutas Sociais. Editora do periódico Retratos de Assentamentos, parecerista continuada ativa do CNPq, Capes e da Fapesp